# 세계화와 복지국가

## 사회정책의 대전환

나남출판

나남신서 · 856

# 세계화와 복지국가

사회정책의 대전환

송호근 편

NANAM
나남출판

# 서 문

　세계화는 21세기 삶의 양식을 획기적으로 바꾸어 놓았다. 시민들은
민족과 인종에 기반한 공동체의 경계를 넘어 거세게 밀려오는 타자의
존재와 생활양식을 수용하지 않을 수 없게 되었으며, 국가는 시장과
자본의 작동원리에 순종하고 권력에 대한 시민사회의 감시와 규제를
허용해야 하는 상황이 되었다. 국가개입의 철회를 요구하는 '시장의
시대'는 새로운 현상은 아니다. 19세기 후반, 이른바 제국주의 시대에
생산량의 급증과 시장확대를 통하여 국가간 교역량이 급격하게 늘어났
을 때에도 시장은 국가와 시민사회의 기본적 운영원리로 위세를 떨쳤
다. 그러나, 오늘날의 시장은 20세기 국가운영 철학이었던 케인스주
의적 개입과정을 통과한 뒤 나타난 것이라는 점에서 19세기 경쟁자본
주의가 최고조에 달했을 때의 시장과는 근본적으로 다르다. 무엇보다
도, 정보혁명에 의해 상품과 지식의 유통속도가 빨라지고 생산과 노동
시장에 대한 금융자본의 지배가 심화되었다는 것이 시장의 질적 차이
를 만들어낸 동인이다. 시장론자들은 정보혁명에 기반한 금융자본의
유동성에 순종하는 길이 풍요한 삶과 밝은 미래로 나아가는 유일한

출구임을 확신시키고자 한다. 21세기적 시장에 대한 이러한 확신에 기초하여 세계 국가들은 시장질서를 보존하려는 목적에서 초국가적 기구를 결성하고 국가와 기업의 국제적 행위를 규제하는 힘을 위임하였다. 월러스타인의 '세계체제'가 규제되지 않은 시장에 기초한 원초적 형태의 지구촌화라고 한다면, 오늘날의 세계화는 국가간 합의된 규제체제 하에 강력한 시장기제가 작동하는, 그리하여 지배력이 훨씬 강한 금융 중심형 세계체제인 것이다.

세계화가 바꾸어 놓은 21세기적 삶의 양식 중에서 우리의 관심은 사회정책에 놓여 있다. 복지국가를 사회정책의 집합적 개념으로 본다면, 세계화는 복지국가의 기반을 침식하고 사회정책의 관용성을 약화시킨다는 것이 일반적 견해이다. 그런데, 복지연구자들은 '복지국가의 축소'가 모든 국가의 일관된 반응은 아니라는 데에 동의한다. 다시 말해, 국가의 정치적 특성, 국민들에게 널리 퍼져 있는 복지이념, 복지동맹의 저항력과 정치적 영향력, 산업구조 등에 따라 다양한 유형이 관찰되고 있다는 것이다. 그렇다면, 한국은 어떠한가? 주지하다시피, 한국은 IMF 관리하에 놓이면서 강도 높은 구조조정이 추진되었다. 그것이 신자유주의적인 외양과 내용을 갖게 된 것은 IMF와의 합의에 따른 것인데, 그 합의가 현 정권의 정치적 노선과 합치하는 것이었는지는 논외로 하더라도, 정리해고, 기업도산과 퇴출, 조직정비 등의 형태로 추진된 구조조정은 '직장의 상실'과 '경제적 공포'를 촉발했다. 사회정책은 바로 이런 상황에서 더욱 절실한데, 현 정권이 경제적 구조조정의 와중에서 사회정책의 비중을 높일 수 있었다는 점은 무척 다행스러운 일이다. 그러나, 최근의 의약분업 사태에서 돌출된 바와 같이, 현 정권은 사회정책의 방향설정에는 그런 대로 괜찮은 감각을 갖고 있음에 비하여, 정책실행과 사후처리에는 대단히 미숙한 면모를 보였다.

　세계 국가들의 개혁사례는 사회정책의 중요성이 어느 때보다도 높
아진 오늘날의 한국사회에 대단히 유용한 준거틀이 될 것이다. 이 연
구는 한국의 사회정책의 개혁에 준거틀을 만들어 보려는 노력의 일환
이다. 그래서, 세계를 세 개의 권역으로 나누고, 유럽, 라틴아메리카,
아시아의 일반적 추세와 개혁사례들을 검토하였다. 원래 이 연구는
2000년도 보건복지부의 사회정책 연구용역의 결과보고서로 제출된 것
인데, 스웨덴, 영국, 덴마크, 한국 사례를 부가하여 논의를 조금 더
풍요롭게 하고자 하였다. 한국의 사회정책과 최근의 변화에 대한 본격
적 연구에 앞서 세계 국가들의 동향과 추세를 총체적으로 고찰하기 위
한 선행연구에 해당된다. 세계화가 주요 국가들의 사회정책에 어떤 영
향을 미치고 있으며, 그 개혁과정에서 돌출하고 있는 문제들은 무엇인
지에 대한 사회과학적 인식이야말로 한국이 사회정책국가 또는 복지국
가로 전환하려는 이 시점에서 절실하게 요청되는 지혜일 것이다. 그런
준거가 독자들의 마음속에서 어렴풋이나마 만들어졌다면 이 책의 의도
는 절반 이상 충족된 셈이다. 독자들의 신랄한 비판을 기대한다.

2001년 5월 31일
필자를 대표하여
송 호 근

11

나남신서 · 856

# 세계화와 복지국가
## 사회정책의 대전환

차 례

# 제4부 결 론

제 1 장
## 세계화와 사회정책

송 호 근

## 1. 한국의 사회정책, 어떻게 평가할 것인가?

### 1) DJ정권의 사회정책

이 연구는 1980년대 초반 이후 현재까지 세계질서의 변화가 각국의 사회정책에 어떠한 영향을 끼쳤는지를 분석하고 이를 토대로 21세기 한국의 사회정책이 나아가야 할 방향과 윤곽을 설정하려는 데 그 목적이 있다. 주지하다시피, 1998년 IMF 사태 이후로 한국은 사회정책 분야에서 괄목할 만한 발전을 이루었다. 사회정책 분야의 관련학자들, 특히 사회복지를 전공하는 학자들은 지난 4년 동안 정부가 추진한 사회정책의 변화량이 해방 이후 1997년까지의 업적보다 훨씬 크고 폭넓은 것이었다는 점에 동의한다. 그것은 김대중 정부가 IMF 사태가 몰고 온 서민생활에의 충격을 완화해야 할 절대절명의 과제를 안고 있었다는 사실 외에도, 경제정책과 아울러 사회정책의 중요성을 인식하고 실천하였던 최초의 민간정부라는 점에 이유가 있다. 물론, 김대중 정부의 정책기조와 업적이 만족할 만한 것은 아니며, 또한 '패러다임적 전환'을 이룰 만한 것은 아니라고 할지라도, 지난 정권에 비하여 정부

정책 중 사회정책의 비중이 상당히 높아지고 몇 가지의 획기적인 조치
들이 이루어졌던 것은 부인할 수 없다. 그러나, 그 정책기조와 방향이
세계화(*globalization*)의 구조적 요건을 수용하면서 세계화가 몰고 오는
사회적 충격을 극복하는 것이었는가에 대하여는 많은 논란이 있는 것
도 사실이다.

김대중 정부는 IMF 사태를 극복하는 과정에서 실업정책과 빈곤정책
의 기초를 완성하였으며, 이익집단들의 갈등과 저항에도 불구하고 의
료보험 통합, 고용보험의 확대, 도시자영업자 연금확대, 국민기초생
활보장법 등을 추진하여 선진국형 사회보험제도의 골격을 다지고 있
다. 또한 서민생활자금대부, 공공사업, 중소기업 활성화, 근로자재산
형성, 종업원지주제도의 확대 등의 정책은 단기적으로는 외환위기로
가장 많은 타격을 입은 중산층과 하층민들의 생계를 우선 지원하고,
장기적으로는 경제적으로 안정적인 중산층을 육성하려는 데에 초점을
둔 시의적절한 조치들이었다. 그런데, 이에 대하여 두 가지의 상반된
평가가 팽팽하게 맞서고 있다.

하나는 자유시장론자(*free marketers*)들의 견해로서, IMF 사태의 극복
과 경제정상화를 위해서는 시장기능을 교란하는 정책은 금물이며, 만
약 필요하다면 절대적 빈곤과 사회적 위험을 방지하는 최소한의 사회안
전망(*social safety nets*)을 구축하는 데에 그쳐야 한다는 주장이다. 사회
정책은 제도적 규제와 개입을 원칙으로 하기 때문에 궁극적으로는 시장
의 유연성을 해치고 시장기능을 활성화하는 데에 도움이 안 된다고 본
다. 정부의 시장개입은 시장기능의 왜곡을 낳기 때문에 득(得)보다는
실(失)이 많다는 것이 이들의 입장이며, 따라서 규제완화와 유연성 강
화는 경제성장과 사회정의를 동시에 구현하는 최선의 정책이라고 믿는
신자유주의(*neoliberalism*) 이론과 일맥상통한다. 이들은 주로 고전경제
학의 분석적 유용성을 믿는 경제학자로 이루어져 있는데, 시장기능과
탈규제의 중요성을 강조하는 입장 때문에 자본의 이해관심과 자주 일치
하며 김대중 정부의 사회정책은 "너무 나간 것이며 경쟁력강화에 결코

도움이 되지 않는 비효율적인 것"이라고 보는 경향이 강하다.

　이에 반하여, 김대중 정부의 정책은 아직 사회안전망으로도 미흡한 보잘것없는 것이며, 더욱이 사회보장제도를 선진국 수준으로 발전시킨다는 정권의 목표에 비추어볼 때 국가의 능력과 의지가 턱없이 부족하다고 보는 진보론적 견해가 있다. 이들은 자유시장론자들과 같이 시장기능의 중요성을 인정하고는 있지만, 시장이 모든 것을 해결하는 것은 아니며, 특히 사회문제에 관한 한 시장은 무능력하고 무책임하다고 생각하는 경향이 있다. 시카고학파의 주장처럼, 시장은 '보이지 않는 손'에 의하여 사회적 폐단을 자체적으로 수정하는 정화기능을 갖고 있다는 데에 동의하지만, 시장의 불완전성을 가리키는 여러 가지 요인들 ― 불평등, 독점, 정보 편중, 기회의 제약, 익명성을 통한 책임분산, 무임승차 ― 의 부정적 결과를 결코 치유할 수 없다는 점에 주목하는 것이다. 주로, 케인스주의(*Keynesianism*)를 따르는 경제학자들과 시장의 불완전성을 우려하는 사회과학자들이 대종을 이루는 진보론적 학자들은 김대중 정부의 정책은 위기관리를 위한 임시방편이자 미봉책에 불과하기 때문에 '복지국가'(*welfare state*)의 요건을 충족시키려면 정책기조의 근본적 전환이 필수적이라고 주장한다.

　두 개의 견해를 평가의 양극단이라고 가정하면, 이 연구는 양자의 균형점에서 출발하면서 진보론적 견해에 더 많은 관심을 기울이고 있다. 그렇다고 자유시장론자의 견해가 전적으로 틀렸다는 것은 아니다. 세계화의 시대에 경제성장과 동시에 국가경쟁력을 배양하려면 자유시장론자의 주장처럼 시장유연성의 증대와 규제완화 없이는 불가능하기 때문이다. 그러나, 시장의 완전성에 입각하여 모든 사회문제의 해결을 시장기능에 맡기는 최소주의적 전략(*minimalist strategy*)에는 동의할 수 없다. 전 지구촌을 하나의 단위로 하여 진행되고 있는 세계화가 정치체제와 경제발전의 수준 차이에도 불구하고 모든 국가들에게 시장기능을 활성화하고 자유시장을 강화하도록 외적 압박을 가하고는 있지만, 최소한의 정부는 사회문제의 최대화와 악화현상을 수반할 것임이 틀림없기 때문이다. 이러한 문제의식하에, 이 연구는 전세계 주요 국가들의 사회정책(또는 복지정책)의 변화를 살펴보고, 이를 토대로 21세기 한국의 사회정책의 방향과 윤곽을 정립하려는 것이다. 1)

## 2) 연구대상과 범위

주지하다시피, 전세계국가들은 1973년 일차 오일쇼크를 거치면서 전후 '성장의 황금기'가 서서히 마감되고 있음을 인식하고 성장지향적 정책패키지를 바꾸기 시작하였다. 유럽을 기준으로 말하면, 복지국가의 전면 재편이 시작된 것이다. 복지국가의 재편은 국제질서의 변화가 본격화되었던 1980년대와 1990년대를 거치면서 대단히 복잡한 형태를 띠게 되었는데, 그 변화양상을 몇 가지 원리로 일반화하기란 사실상 불가능하다.

그런데, 1990년대 초반 동구사회주의와 소련이 붕괴된 이후 가속화된 '세계화'(*globalization*)는 복지국가의 전면적 축소를 초래하였다는 것이 일반적 견해인 듯하다. 앞에서 지적하였듯이, 시장기능과 유연성의 강화는 제도철회와 시장개입의 최소화를 뜻하기 때문에, 임금생활자에 대한 사회적 보호조치와 사회보장의 수준을 낮추는 것으로 나타날 수밖에 없었다. 그 결과는 '복지국가의 축소'였다. 1980년대 미국의 레이거노믹스(*Reaganomics*)와 영국의 대처리즘(*Thatcherism*)이 복지국가의 축소를 통해 경제성장을 이룩한 전형적 성공사례였는데, 호주, 뉴질랜드, 캐나다 등이 뒤를 따랐다. 이러한 신자유주의적 정책기조는 외채와 만성 적자에 허덕이던 라틴아메리카에 도입되어 유례없는 긴축정책과 구조조정의 이론적 기반이 되었다. 이에 반하여, 세계적인 복지제도를 구축하였던 스칸디나비아국가(스웨덴, 노르웨이, 덴마

---

1) 이 책에서는 사회정책과 복지정책을 혼용할 것이다. 복지국가는 사회정책의 집합적 특성 또는 선진적 사회정책을 실행하는 국가를 지칭한다.

크, 핀란드)와 독일은 복지제도의 축소보다는 제도 수정을 통해 기존
제도를 유지한 사례로 알려지고 있다. 이 국가들은 재정위기와 누적된
제도적 비효율성 때문에 복지제도를 축소해야 하는 절박한 상황에 처
한 것이 사실이지만, 복지혜택의 수준과 제도적 골격은 그대로 유지한
채 비효율성의 원천을 제거하고 제도간 상호조응과 일관성을 높이는
데에 주력하여 '미국화'(Americanization)의 압력을 벗어나려 한다.
　복지국가의 축소가 일반화되는 가운데에도 이와는 대조적으로 복지
정책의 확대발전이 일어난 국가군도 발견된다. 라틴유럽의 스페인,
포르투갈, 그리스 등이 그러한 예인데, 그 이유는 이 국가들이 세계화
와 민주화를 동시에 거치면서 시민사회의 요구, 특히 임금생활자들의
보호정책을 추진하지 않을 수 없었던 특수한 사정과 밀접하게 연관된
다. 세계화와 민주화를 동시에 추진하였던 한국도 이러한 예에 속한
다. 라틴아메리카 역시 민주화와 세계화를 동시에 겪은 국가들인데 오
히려 사회복지의 전면적 축소와 철폐를 단행한 것을 보면, 세계화의
영향력을 수용하는 방법은 국가마다의 독자적인 전략선택에 의하여 좌
우되고 있음을 알 수 있다. 여기서 주목할 것은 국가의 전략선택에 개
입하는 요인들이다. 정치체제, 유권자의 요구, 경제체제와 세계시장
에의 편입정도, 기술수준과 산업의 특성, 이익집단의 발전과 정치참
여의 정도, 복지제도의 전통, 노동조합의 교섭력과 조직구조 등이 중
요한 개입요인이라고 할 수 있다. 이에 대하여는 후술할 예정이다. 아
무튼 이 연구는 국가의 전략선택에 개입하는 요인들과 그 과정을 규명
하여 왜, 어떠한 상황에서, 어떤 정책으로, 각 국가들이 세계화의 충
격을 완화하고자 노력하고 있는지를 밝히는 데에 초점을 둘 것이다.
이 연구의 대상과 범위를 요약하면 다음과 같다.

　(1) 세계를 몇 개의 권역으로 나누어 사회정책 및 복지정책의 변화
양상을 분석한다. 관찰대상을 유럽, 라틴아메리카, 북미권, 아시아권
으로 나누고 각 권역에서 대표적인 국가들을 선정한다.

(2) 사회정책과 복지정책의 전반적 변화양상을 우선 고찰하여 변화의 방향과 윤곽을 파악하는 데에 초점을 둔다. 분석과정에서 세부적 정책항목을 고찰할 필요가 있을 때에는 사회보험의 핵심분야인 의료보험, 고용보험, 연금정책을 중요대상으로 설정하고, 고용정책과 관련하여서는 노동시장정책을 분석대상에 포함한다. 물론, 이 정책들은 거시적 경제정책 ― 재정정책, 성장정책, 인플레와 금융정책 ― 과 직결되기 때문에 경제정책의 변화 역시 자주 언급될 것이다.

(3) 세계화가 복지국가의 재편에 미치는 영향은 다면적이며 복합적이다. 다시 말해, 세계화를 복지국가의 축소로 연결시키는 견해는 단지 하나의 패턴일 뿐이다. 그렇다면, 왜 국가마다 세계화에 대한 대응전략이 달라지고 그 이유는 무엇인가에 대한 분석이 필요하다. '세계화는 곧 복지국가의 재편'이라는 인과관계에 개입하는 요인들을 밝히고, 그것의 구체적 작용양상에 주목할 것이다.


## 2. '세계화'란 무엇인가? 개념과 이론

### 1) 세계화의 배경과 요인

1980년대 초반 이후 세계질서는 급격히 변화하였다. 보호무역주의가 퇴조하고 자유무역의 중요성이 강조되면서 세계 각국들은 정부의 강력한 개입하에 운영되던 교역체제를 자유화하라는 압력을 받기 시작하였다. 이 압력은 이른바 '쌍둥이 적자'(재정적자와 무역적자)를 줄이려던 미국으로부터 왔다. 미국은 전후 세계의 경제성장을 주도해 온 국가로서 보호무역주의를 통하여 개발도상국가와 후진국들이 경제성장을 이룰 수 있도록 교역상 특혜를 허용해 주었다. 그것이 미국의 재정적자와 무역적자를 누적시키는 가장 큰 원인이 되자, 보호무역주의를 폐기하고 어떠한 혜택과 특권도 배제하는 것을 원칙으로 하는 자유무역과 자유경쟁원리를 강화하고 나섰던 것이다. 자유화(*liberalization*)는 1980년대에 전세계 국가가 공통적으로 추진한 교역정책으로 자리 잡았다. 여기에 1989년부터 파급된 동구사회주의와 소련사회주의의 붕괴가 가세했다. 사회주의의 갑작스런 붕괴는 세계의 정치체제를 자유주의와 민주주의로 수렴시키는 역할을 하였으며, 경제적으로는 자본주의와 시장경제를 유일한 대안으로 만들어버렸다. 두 개의 대립적 체제가 팽팽하게 맞서온 것이 냉전체제의 구조라면, 1990년대 탈냉전체제의 구조는 정치적으로는 자유민주주의, 경제적으로는 자본주의를 결합한 단일성을 특징으로 한다. 후쿠야마(Fukuyama)는 대립적 선택지가 소멸되고 시장경제에 기초한 자유주의 외에는 다른 대안이 당분간 불가능해 보이는 현실을 가리켜 '역사의 종언'(*The end of history*)이라고까지 표현하였다(Fukuyama, 1992). 후쿠야마의 조금 과장된 표현대로 '역사의 종언'일 것까지는 없으나, 1990년대 공산권의 붕괴 이후 진행된 세계질서의 변화는 너무나 빠르고 거센 것이어서 다른 대안이 성장할 여지를 없애버리는 것처럼 보인다. 여기에는 정보기술혁명(*Information Technology Revolution*)이 중대한 몫을 차지한다.

정보기술혁명을 활용하여 세계를 하나의 단일한 시장과 교역조건으로 통합하는 거대한 과정을 세계화(*globalization*)라고 부른다. 이런 의미에서, 국가간 교역장벽을 낮추고 정부의 시장개입을 최소화할 것을 요구했던 자유화조치는 세계화의 초기적 과정이자 통합적 질서를 구성하는 하나의 요인에 불과하다. 이에 비하면, 세계화는 복합적 과정이다. 정치적으로는 자유민주주의가 확대되는 과정이며, 경제적으로는 시장경제를 기초로 한 자유경쟁 원리가 모든 교역질서에 적용되는 과정이다. 또한, 기존에는 각 국가를 단위로 운영되던 금융시장, 상품시장, 생산시장, 소비시장이 전 지구촌을 단위로 통합되기에 이르렀다.

세계화는 전 지구적 차원에서 작동하는 금융시장이 특징적이다. 세계 금융시장은 1990년대 초반 이미 하나의 단일시장으로 작동할 만한 하부구조를 갖추고 있었는데, 국제금융기구(IFI, *international financial institutions*)의 세계적 네트워크와 각국의 은행과 금융제도 간 상호교역의 속도를 증폭시켜 준 정보화산업이 그것이다. 금융자본의 세계적 확장과 정보화는 세계화를 가속화시킨 두 개의 촉진제였다.

금융시장의 세계적 통합으로부터 촉발된 세계화는 이제 생산시장, 상품시장, 노동시장에 그 원리를 관철시키고 있는 중이다. 이른바 생산, 상품유통, 노동의 모든 영역에서 금융시장의 통합에 기초한 글로벌 스탠더드(*global standard*)는 가장 중요한 기준으로 정착되었다. 그것은 국가의 고유한 행위양식과 조직방식을 파괴하고, 지난 10년 동안 형성된 국제적 표준을 수용할 것을 각 국가들에게 명(命)하고 있다. 20세기가 각 국가들이 자신들의 정치상황과 경제적 기반에 적합한 체제를 모색하였던 시대였다면, 세계화의 거센 조류에 휩쓸린 21세기는 시장과 과학기술이 요구하는 바를 수용할 수밖에 없는 대단히 냉혹한 시대인 것만은 분명하다. 그것은 시장의 시그널을 교란하는 국가의 간섭을 최소화하고, 기계와 기술에 대한 인간적 통제를 중시하였던 20세기의 지배철학을 더 이상 효율적, 과학적인 것으로 간주하지 않게 되었음을 알리는 신호이다. 시장과 기술에 대한 인간적 통제로 국가경쟁력을 증진시키고자 했던 것이 20세기적 제도의 대전제였다면, 그것을 통제하던 제도적 개입을 철회하는 것, 즉 국가의 시장개입의 철회와 기업규제의 완화, 그리고 첨단과학기술의 발전을 통한 이윤의 극대화가 21세기의 행위양식과 사고양식의 핵심적 덕목으로 자리를 잡았다.

세계화는 전 사회적 과정에 자유시장의 원리와 무한경쟁을 적용한다. '국가의 시대'를 '시장의 시대'로 교체하고자 하는 자유시장론자(*free marketers*)들은 인류사회를 괴롭혀온 전통적 난제들 — 불평등, 빈곤, 경기침체, 실업 — 이 정부의 실패에서 기인한 것이며, 시장을 수정하고자 하는 제도적 기제들이 오히려 시장기능을 저해하는 데에서 비롯된 것임을 주장한다. 자유시장론자들의 이러한 입장은 1970년대와 80년대 세계가 경험하였던 경제침체에 의하여 더욱 설득력을 갖게 되었다. 시장기능을 저해하는 제도적 기제들을 해체하거나 수정하는 데에는 여전히 국가가 필요하며, 그렇기 때문에 더욱 시장의 시대에도 국가의 존재가 약화된 것은 아니라는 국가중심론자들의 반격이 거세게 일어났지만, 세계의 추세는 이미 자유시장론자들 쪽으로 기울었음을 부정할 수 없다(Boyer, 1995).

세계화를 촉진하는 두 개의 핵심기제는 국제기구와 정보과학기술이다. 이른바 세계화동맹(*alliance of globalization*)으로 일컬어지는 G7은 세계시장의 통합과 글로벌 스탠더드의 지배력 강화를 위하여 1993년 국제무역기구(WTO)를 창설하고 국제교역, 자본투자, 정보교환과 교류 등을 비롯한 모든 형태의 상호 교역에 공정경쟁의 원리를 적용하고 있다. WTO의 기본원칙과 의사결정이 중·후진국의 입장을 충분히 반영하는 것이 아니라 오히려 몇몇 선진국들에 의하여 독점되는 구조라는 점에서 그것은 G7의 세계관을 전세계에 관철시키는 기구이다. 이런 면에서 World Bank, IBRD, IMF와 같은 국제재정기구들도 마찬가지이다.

국제기구가 세계화의 정치(*politics of globalization*)를 담당하는 상부구조라면, 정보과학기술은 그것을 가능케하는 물적 토대, 즉 하부구조(*infra-structure*)에 해당한다. 많은 정보화론자들이 공통적으로 지적하였듯이, 컴퓨터로 대표되는 첨단산업과 정보산업의 발전은 제조업 중심의 사고를 정보산업 중심으로 전환시켰으며, 생산력과 생산관계의 기본 구도를 획기적으로 바꾸어 놓았다. 정치와 경제에 관한 20세기적 제도들은 제조업을 주축으로 한 대량생산과 대량소비를 전제로 한 것이었다. 예컨대, 20세기 생산체제의 대명사로 불리던 포디즘(*Fordism*)은 대량생산과 대량소비의 결합을 통하여 생산성향상과 이윤 극대화를 추구하던 체제였다. 그것은 단체교섭을 통한 집단적 임금결정제도를 낳았고, 저렴한 상품의 대량소비를 권장하는 신용제도와 사회시스템을 만들었으며, 이들의 집단적, 계급적 이해관심을 관철시키는 정치제도를 낳았다. 그러나 정보산업화는 생산체제와 작업장의 구조를 변환시키고, 생산품들의 유통과 소비구조를 현격히 바꾸어놓음

26

으로 해서 20세기적 제도들의 기초를 여지없이 허물어뜨렸다. 정보과
학기술 혁명은 경제적 영역뿐만 아니라 정치, 사회, 문화의 제 영역에
서 새로운 원리를 만들어내고 있는 중이다. 이런 의미에서 정보과학기
술을 동반한 세계화 추세를 '제 2 차 대변혁'(*second great transformation*)
이라고 할 만하다.

## 2) 세계화의 개념

그런데, 세계화를 보는 관점에 따라서 그에 대한 개념규정은 대단히
다양한 양상을 보인다. 예를 들면 세계화가 촉진하는 상호연관성과 통
합기능을 강조하는 견해는 세계화를 다음과 같이 정의한다(McGrew,
1990).

> 세계화는 근대적 세계체계를 구성하던 국가의 경계를 뛰어넘어 복합적
> 상호연관성과 상호연결을 촉진한다. 그것은 세계의 한 곳에서 일어나는
> 사건, 행위, 의사결정이 지구촌의 다른 쪽에 있는 개인과 공동체에 심
> 대한 영향을 미치게 되는 전반적 과정을 지칭한다.

한편, 자본과 상품의 전세계적 유통과정과 그로부터 파생되는 경제
적, 정치적 변화에 초점을 두는 학자는 이렇게 정의한다(Cerny, 1995).

> 세계화는 국제정치경제의 기반을 구성하는 상품과 자산의 특성 변화—
> 특히, 상품과 자산의 구조적 분화의 증가—로부터 기인하는 일련의 경
> 제적, 정치적 구조와 과정을 지칭한다.

세계화의 복합적 성격을 분석한 라이히는 세계화를 보는 시각을 대
체로 네 가지 정도로 유형화한다(Reich, 1998).
(1) 역사적 시기(*historical epoch*)로서의 세계화 : 최근의 세계질서가
새로운 것이기는 하나, 냉전체제가 무너진 이후 탄생되었다는 점에서

특정 시기의 현상이라고 보는 관점이다. 1990년대 이후 진행된 일련의 변화들은 근대화론적 시각으로는 파악할 수 없으며, 또한 근대화의 핵심적 제도들이었던 계급타협, 포디즘, 대량생산체제, 코포라티즘, 냉전구도 등은 세계화시대에는 무용지물로 화하거나 효율성을 상실하였다는 것이다.

(2) 경제적 현상(*economic phenomena*)으로서의 세계화 : 자본, 상품, 노동시장을 규제하던 규칙들이 소멸되고 이른바 신경제(*new economy*)라 불릴 수 있는 새로운 경제질서가 생겨난 것을 강조하는 개념이다. 예를 들어, 세계국가들의 경제적 통합과정에 주목하여 "경제적 통합은 선진자본국들보다 후진국가의 성장을 더욱 빠르게 촉진할 것"이라는 지적은 세계화가 경제적 수렴을 가져올 것이라는 낙관론에 근거한다(Lawrence, 1996).

(3) 미국적 가치의 지배현상(*hegemony of American Value*)으로서의 세계화 : 세계화는 미국이 주창하고 성공한 근대화론의 영광을 물려받은 개념이다. 자본주의와 민주주의적 원리에 대한 동질적 합의와 프로테스탄트적 가치관에 계몽적 기치를 전세계적으로 확대하는 과정이며, 이는 바로 미국적 가치의 세계적 확대과정과 일치한다. 베를린 장벽이 무너짐과 동시에 자유시장과 경영마인드는 세계관리의 유일한 대안이 되었는데, 그것의 도덕적, 이론적 원천으로서의 미국적 가치는 통합된 세계에서 하나의 시대정신(*Zeitgeist*)으로 자리잡았다.

(4) 기술 및 사회혁명(*technology and social revolution*)으로서의 세계화 : 이 시각은 정보과학기술혁명과 이에 따른 사회조직과 기업의 급격한 구조변화에 초점을 둔 것이다. 정보기술혁명은 기업구조를 네트워크로 바꾸어버렸을 뿐만 아니라, 산업엘리트들의 행위양식과 사고양식, 기업 내 권력구조, 의사결정 구조 등을 획기적으로 변화시켰다. 사회적으로 규제가 가능했던 자본은 이제 정보과학기술의 정교함과 자유시장의 물결을 타고 '고삐 풀린 자본'(*unfettered capital*)으로 화하였고, 각국의 노동시장은 국가경계를 넘어 지역별, 권역별로 통합되고

있으며, 새로운 직업군의 탄생으로 전통적 직업개념과 노동개념 자체
가 바뀌었다. 신경제로 불리는 이러한 현상들은 사회영역에서 '패러다
임적 전환'을 가속화한다는 것이다.

  그러나, 세계화를 어떤 '뚜렷하고 단절적이며 전혀 새로운 현상'으로
보고자 하는 이러한 견해에 대하여 반론도 만만치 않게 제기된다. 세
계화론자들이 주장하는 '새로운 현상'을 분석하면 그다지 새로운 것도
발견할 수 없고 기존과는 다른 단절적인 패러다임적 전환에 해당하는
것도 별반 없다는 것이다. 요약하자면, 세계화론자들(Globologists)의
주장은 과장된 것이거나 경험적 근거가 희박한 것들이 대부분이다. 그
들의 저술을 일별한 뒤 프릭스타인은 그 인상을 다음과 같이 서술한다
(Fligstein, 1998) : "세계화의 개념정의와 부합하는 모든 증거들은, 그
러나 세계경제의 성장이 생산조직과 경쟁질서를 근본적으로 변화시켰
다는 그들의 주장을 충분히 입증하지 못한다." 더욱이, 한 영역에서의
변화가 사회의 모든 영역을 연쇄적으로 변화시켰다는 논리는 과장에
그칠 가능성이 많다. 따라서, 세계화론자들의 주장을 액면 그대로 받
아들일 필요는 없으며 용의주도한 검증이 요구된다는 것이다. 프릭스
타인은 세계화론자들이 중시하는 정보화산업을 예로 들어 반박한다.
정보화가 국내기업과 다국적기업의 구조에 질적 변화를 초래했다는 증
거는 아직 희박하다는 것이다. 네트워크조직이 다국적기업의 전통적
구조를 대치했음을 입증할 자료도 없으며, 세계경제의 15%만이 국가
간 교역에 참여하고 있는 현재의 상태에서 정보화가 기업구조를 혁신
적으로 변화시켰다고 주장하는 것은 무리라는 것이다. 세계화가 어떤
거대한 변화의 물결인 것만은 분명한데, 정확한 증거와 체계적 자료
없이 이러저러하게 정의하는 시각의 오류를 지적하는 것이다.

  사실, 세계화의 신기성(newness)을 부정하는 견해도 세계화론자들
의 주장만큼이나 다양하다. 프릭스타인의 견해가 전형적인 것이라고
할 수 있으며 이 외에도 (1) 오늘날 국가간 교역이 보여주는 상호연관
성과 상호의존성은 역사적으로 전혀 새로운 현상이 아니며, 오히려 통

계적으로 분석하면 이차 대전 이전과 별다른 차이가 없다, (2) 교역의
상호의존성은 북-북(North-North) 관계 내에서만 진행된 것이지, 북-
남(North-South) 간 교역은 여전히 미미하다. 이와 동시에 유럽-북미-
동아시아의 삼자관계(tridization)가 더욱 깊어진 것일 뿐이다, (3) 자유
시장의 확대와 지역적 통합이 진전되더라도 국가의 역할은 축소되지
않을 것이다. 왜냐하면 자유시장이 작동하기 위해서는 정부의 개입이
절대적으로 필요하기 때문이며 이런 의미에서 국가의 소멸을 전망하는
것은 잘못된 견해이다, 등 다양한 주장들이 개진되었다.

그럼에도 세계화의 실체를 부정하는 이 견해들은 세계화의 불확실성,
개념적 오류와 과장의 가능성, 비체계성, 다면성과 복합성 등을 주의하
라는 과학적 경고로 받아들여도 좋을 듯하다. 말하자면 세계화는 실체
적 과정이다. 그것은 엄연히 현실로 작용하고 있으며, 오늘날 우리의
사고와 행위를 규정하는 가장 중대한 힘이다. 세계화를 실체적 힘으로,
그것도 가장 중대한 외적, 내적 변화과정으로 받아들인다면 세계화론자
들의 개념정의로부터 다음과 같은 공통점을 추론할 수 있겠다.

세계화는 정보과학기술혁명을 활용하여 전 지구촌을 하나의 단위로 통
합하고, 자본과 상품의 유통이 국가경계를 뛰어넘어 신속하게 이루어지
며, 이것을 규제할 국가의 능력이 축소되고, 자유시장의 원리가 모든
국가에 관철되고 있다. 이러한 일련의 과정은 기업과 사회조직의 구조
를 바꾸고, 사람들의 행위양식과 사고양식을 정보화의 요건에 맞게 변
화시킨다. 상호의존성과 상호연관성이 증대하기 때문에 세계화를 주도
하는 선진자본국가들 — 특히, 미국을 위시한 서방국가들 — 의 정책결
정, 행위, 지배이념 등에 적응해야 할 외적 긴장과 압력이 급속히 증가
한다.

## 3. 세계화와 사회정책의 변화[2]

### 1) 세계화의 충격 : 상반된 견해

여기서, 우리의 관심은 세계화가 사회정책과 복지제도에 어떤 영향을 미치고 있는가의 문제이다. 이에 관한 연구는 대개 두 가지 방향으로 나뉜다. (1) 세계화가 긍정적인 사회적 효과를 창출하고 있다는 낙관적인 견해, (2) 그와는 반대로 사회적 혼란과 전이를 초래하여 부정적인 폐단이 더 많다는 비관론적 견해가 그것이다.

우선, 세계화를 선도하고 있는 세계화동맹(*allies of globalization*)은 시장개방과 탈규제가 단기적으로는 사회적 희생을 초래할는지 몰라도 장기적으로는 더 많은 사람들에게 보다 많은 물질적 풍요와 기회를 제공할 것으로 확신한다. 세계화동맹의 이념적 자원인 신자유주의는 현대자본주의가 안고 있는 여러 가지의 사회적 문제를 해결하는 기제로서 시장만큼 효율적이며 선한 것이 없다는 점에 근거한다. 대부분의 신자유주의자들은 유럽국가들이 성장의 황금기를 거쳐 제로 성장 혹은 장기적인 경기침체 국면을 벗어나지 못하고 있는 것은 바로 케인스주의에 근거한 '정부의 실패' 때문이며, 이를 치유하려면 시장기제의 전면적 도입과 시장기능의 활성화임을 믿어 의심치 않는 것이다. 이들에게 '세계화'는 인류사회가 지향할 가치있는 목적이기에 그 과정에서 치르는 사회적 문제들은 대(大)를 위하여 소(小)를 희생하는 것과 같다고 본다.

자유시장론자들의 낙관적 약속은 세 가지로 요약된다. (1) 시장은 인류사회에 미증유의 경제적 풍요를 선사할 것이며, 앞에서 언급한 난제들은 시장기능의 회복을 통하여 해결된다는 것, (2) 자본주의사회의

---

2) 송호근, "세계화와 사회적 합의 : 한국적 의미," 노사정위원회(편), 《사회합의제도와 참여민주주의》(나남, 2000)에서 부분 발췌, 수정함.

가장 취약한 점인 분배문제 역시 생산과 소비의 사회적 통제나 국가적 기획을 통해서는 결코 해결될 수 없다는 것이 밝혀졌으며, 오히려 장기적인 안목에서 시장의 분배기능에 기대를 걸 수 있다는 것, (3) 그리고 시장은 개인적 자유의 공간을 확대하여 준다는 것이 그것이다. 세계화는 자유시장론자들의 이러한 약속을 입증하는 거대한 변혁이자 지구상의 어느 국가도 거스를 수 없는 불가항력적 추세라는 것이다.

그러나, 자유시장론자들의 이러한 믿음을 뒷받침해 줄 증거가 그다지 풍부하지 않다는 데에 문제가 있다. "세계화가 사회적 혼란과 폐단을 극복할 수 없다는 주장의 근거 역시 취약하다"고 반박하는 반덴부르크의 주장에도 불구하고(Vandenbroucke, 1998), 오히려 세계의 현실은 자유시장론자들과 세계화론자들의 논지를 반박할 반증 자료들이 보다 많이 발견된다. 우선, 세계화가 선진국들에게 가한 충격은 긍정적이기보다는 오히려 부정적인 것이 더 많다(Hirst와 Thompson, 1996). 세계화가 진행되면서 임금생활자들은 사회적 희생과 혼란(*dislocation*) 속에 던져졌으며, 실업, 소득불안정, 기업합병과 도산에 따른 직무불안정, 소득불평등 등에 시달려야 했다. 1980년대 중반 이후로 치솟기 시작한 유럽의 실업률은 평균 8% 수준에 달하였으며, 완전고용을 자랑하던 스웨덴도 1993~4년간에 12%의 높은 실업률을 기록하였다. 일자리 부족, 정보화혁명, 미숙련노동자의 고실업, 대량해고 등은 유럽을 완전고용으로부터 '장기고실업'의 지대로 바꾸어 놓았는데, 이 모든 사회적 폐해들이 세계화와 직간접으로 연관되어 있다는 데에 이의를 제기할 사람은 없다.

세계화가 개발도상국들에 미치는 영향도 다를 바 없다. 1980년대의 자유화와 1990년대의 세계화 과정이 개발도상국들에 어떠한 영향을 끼쳤는지를 분석한 한 연구는, 분석대상 국가 중 아르헨티나와 멕시코를 제외하고 경제성장에 긍정적인 효과를 선사받은 국가는 없으며, 사회적 측면에서는 긍정적인 효과를 받은 국가가 전혀 발견되지 않는다는 것이다. 다시 말해, 세계화의 사회적 효과는 기껏해야 중립적이거

<표 1-1> 세계화의 성장효과와 사회적 효과 분석

사회적 효과(*social impacts*)

| | | 긍정적 | 중립적 | 부정적 |
|---|---|---|---|---|
| 성장효과 | 긍정적 | | | 아르헨티나(1997년까지)<br>멕시코(1995년 이후) |
| | 중립적 | | 쿠바, 터키 | 인 도<br>한 국<br>멕시코(1995년 전) |
| | 부정적 | | 콜롬비아 | 러시아<br>짐바브웨 |

출처 : Janine Berg와 Lance Taylor(2000), p. 6.

나 아니면 대부분의 경우 부정적으로 나타났다(Berg & Tayor, 2000).
세계화의 성장효과와 사회적 효과를 분석한 버그와 테일러의 연구결과
를 요약 제시하면 〈표 1-1〉과 같다.

세계화가 긍정적인 성장효과를 창출한 것은 아르헨티나와 멕시코에
한정되어 있으며, 대부분의 국가에게는 경제성장에 별로 도움이 안되
었거나 부정적인 영향을 미친 것으로 나타난다. 사회적 효과는 대부분
중립적이거나 부정적인 것 일색이다. 다시 말해, 세계화는 선진국에
서뿐만 아니라 개발도상국에게도, 적어도 단기적으로는, 그다지 좋지
않은 영향을 미치고 있는 것이다.

2) 일반적 시각

그리하여 세계화 충격에 대한 각국의 대응전략에 어떤 공통적인 추
세가 발견된다는 것이 많은 연구자들이 도달한 일반론적 견해이다. 일
반론의 내용은 다음과 같다.

(1) 임금, 고용, 기업구조의 시장적응 능력을 촉진하고 유연성(*flexi-bility*)을 증대하는 것은 모든 국가의 공통된 목표이다. 그런데 (2) 유연성 증대는 선후진국을 막론하고 임금생활자에게는 실질생활의 불안정이 급격히 증가함을 의미한다. 세계 주요 국가들의 정책성향과 방향을 관찰해 보면 이것을 완화·수정하지 않은 채 그대로 임금생활자에게 전가하는 국가와, 사회보험을 확대하고 사회정책의 다양한 수단을 개발하여 그 충격을 완화해 주는 국가로 구분된다.

이를 정부의 정책영역을 중심으로 보다 구체적으로 고찰할 필요가 있을 것이다. 세계화와 관련하여 가장 급격하게 변화하고 있는 세 가지 정책영역을 살펴보는 것이 필요하다.

(1) 임금, 소득, 물가정책 : 노동자의 임금양보가 이루어질 경우 정부는 물가억제와 소득보전을 통하여 임금상실분을 보완해 준다. 유럽과 라틴아메리카의 몇몇 국가에서는 1970년대의 사회적 합의에 의거하여 임금과 물가를 서로 연동시키는 제도를 채택하고 있었으나, 그것이 물가상승요인으로 작용하고 산업경쟁력을 훼손하는 결과를 낳게 됨에 따라 이를 폐지하는 조치가 취해졌다. 그리하여 기업지불능력과 산업생산력에 의하여 임금인상분을 결정하고, 실질소득의 상실분에 대하여 정부가 사회정책적 수단을 통하여 보상하는 방법이 강구되었다. 1980년대와 90년대에 걸쳐 이탈리아, 독일, 오스트리아, 호주, 네덜란드, 스웨덴, 덴마크에서 나타난 사회적 합의의 주요 내용은 바로 이런 수정조치들을 담고 있었다.

(2) 고용안정과 단체교섭구조 : 기업규모축소와 정리해고제의 도입으로 발생하는 고용불안정과 대량실업을 방지하려는 데에 목적을 둔다. 국가마다 역시 그 정도는 다르지만, 기업조직의 유연성과 자본자율성을 증대시키기 위하여 중앙집중적 단체교섭구조를 산업과 기업단위로 분산시키고, 때로는 노동조합의 교섭력을 약화시키는 조치들이 단행된다. 단체교섭구조의 분산화와 노동조합 교섭력의 제한조치들은

장기고실업 현상을 겪는 지난 1990년대에 대부분의 국가에서 공통적으로 추진되었다. 기업이 시장요구에 맞추어 종업원규모를 조절할 수 있으려면 채용과 해고과정에 개입하는 제반 규제들을 완화하는 것이 필요하고, 따라서 노동조합의 영향력을 축소하는 것이 요청되었기 때문이다. 단체교섭구조의 분산은 그것을 위한 필수적 조치였는데, 그 결과 노동조합의 세력약화가 세계 곳곳에서 발생했다. 이러한 정책기조에 대한 노동조합의 불만과 저항이 거세게 일어나자 각국 정부들은 노동조합을 달래기 위한 여러 가지의 수용전략을 짜내었는데, 이 과정에서 노사정합의라는 협약정치적 전략이 활용되었다. 근로시간단축과 일자리 나누기(worksharing)는 정규근로자의 감소에 따른 노동조합의 세력약화와 실업률 증대에 의한 근로자의 희생을 줄이기 위한 노동조합의 대응전략이었으며, 유럽 여러 국가에서 노사정합의로 이 제도를 채택하여 많은 성과를 거두었다. 특히, 독일의 노사정합의는 근로시간단축과 일자리 나누기를 중심으로 이루어졌으며, 2000년 1월 9일 사민당 정부가 발표한 "고용, 훈련 및 경쟁력을 위한 연대" 합의도 일자리 나누기와 근로시간단축을 통한 고용안정에 목표를 두고 있다.

(3) 사회보험과 사회안전망 : 각종 사회보험의 수정, 사회안전망의 구축, 노동시장정책 등이 세 번째 정책영역이다. 이 정책영역은 〈표 1-2〉와 같이 구성되어 있다.

대부분의 국가에서 복지제도는 공적 부조, 사회보험, 취업관련제도로 짜여져 있다. 공적 부조는 절대빈곤계층을 대상으로 한 정책으로서 빈곤정책에 해당된다. 사회보장은 질병, 노령, 의료, 실업보험으로 구성되고 여기에 국가에 따라 소득보전 정책이 부가된다. 취업관련제도는 노동시장정책으로서 직업훈련, 재적응, 취업알선 등의 제반 정책적 수단을 포함한다. 대부분의 국가에서 사회보장은 복지제도의 핵심이기 때문에 사회지출비의 비중이 가장 높으며, 공적 부조와 취업관련제도의 순으로 예산이 배정되었다. 그러나, 최근에는 근로연계복지(workfare)의 중요성이 부상됨에 따라 공적 부조가 줄고 취업관련제도

〈표 1-2〉 복지제도의 구성요소

| 유  형 | 대  상 | 프로그램 |
|---|---|---|
| 1. 공적부조<br>(Public Aids) | 절대빈곤층/장애인/<br>노령자/취약계층 | 미국 : OASDHI, AFDC-up,  WIN;<br>독일, 스웨덴 : 기초생활보장 |
| 2. 사회보장<br>(Social Security) | 전국민 | 4대 보험 + 소득보장<br>(family allowance) |
| 3. 취업관련제도<br>(Employment<br>Related Programs) | 임금생활자 | ALMP;   JOBS/CETA<br>(유럽)       (미국) |

의 비중이 점차로 높아지는 양상을 띠게 되었다. 세계화의 조류는 노
동시장에서 수혜대상자를 제도적으로 분리시켜 혜택을 제공하던 과거
의 복지원리를 일과 연계시켜 노동시장 내부로 끌어들이는 것으로 바
뀌고 있다. 즉, 복지는 생산력 증대와 국가경쟁력 배양에 공헌해야 한
다는 효율성 가설에 입각하여 복지(welfare)를 근로연계복지로 전환하
고 있는 것이다. 전환의 정도와 속도는 물론 국가마다 다르지만, 근로
복지연계는 모든 국가에서 일반적으로 나타나는 현상이라고 할 수 있
으며, 한국의 생산적 복지도 이 범주에 속한다. 근로복지연계로의 전
환과 함께 다음과 같은 일반적 추세가 발견된다.

· 자본시장의 개방에 따라 국가의 재정자율성이 위축되고 시장개입의
   여지가 축소되었다. 케인스적 복지국가의 전형으로 꼽히던 스웨덴
   역시 자본시장의 개방에 의하여 국가의 시장개입이 현저하게 축소
   되었으며, 그 결과 '적극적 노동시장정책'(active labor market policy)
   정도가 유일한 개입정책으로 남았다.
· 복지수혜의 자격요건이 강화되어 취업을 전제하지 않았던 복지혜택
   들도 취업을 전제하는 쪽으로 바뀌었으며, 프로그램에 따라서는 수
   혜기간도 단축되었다.

- 기업주와 정부의 사회보장세 부담이 크게 줄어드는 대신 임금생활자의 부담이 증가하였다. 이는 재정적자를 줄이거나 피하기 위한 방법으로서 근로연계복지의 원리를 강화한 것으로 평가된다.
- 사회보험의 민영화가 추진되었다. 이는 사회보험의 기능을 민간기업에게 이양한 라틴아메리카에서 주로 나타나는 현상인데, 유럽에서도 부가연금과 같은 일부 기능에 한하여 민영화가 진행되고 있다.
- 노동시장정책의 개발 및 실행과 관련하여 노사정위원회의 위상이 대폭 약화되었다. 영국은 신자유주의적 정책수행에 걸림돌이 되어왔던 삼자협의기구를 1988년 폐지하였으며, 다른 국가들도 이러한 정책을 수행하는 과정에서 노사정위원회의 위상이 약화되거나 자본이 빠진 '노정위원회'로 기능이 변질되었다. 단, 북구에서는 약화된 노사정위원회에 여전히 많은 기대를 걸고 있다.
- 신자유주의적 긴축정책으로 발생하는 사회적 폐단을 완화하려는 목적에서 사회안전망을 확대하는 양상이 전개되었으며, 라틴아메리카의 경우 국제재정기구의 권고를 받아들여 사회비상기금(social emergency fund)을 신설, 운영하기도 하였다. 그러나 그 성과는 매우 제한적이다.

세계화가 촉진하는 급격한 환경변화에 적응하기 위하여 각국 정부는 구조조정을 서두르는 한편, 재정적자의 축소와 정책효율성 증대를 위하여 긴축정책을 실행한다. 이는 국가경쟁력 배양이라는 목표를 위한 것이지만 그 대가로 실업, 고용불안정, 소득불평등, 신기술 적응이라는 긴장을 임금생활자에게 전가한다. 그리하여 각국 정부는 임금생활자를 보호하는 각종 시장제도와 복지제도를 근본적으로 수정해야 하는 상황에 직면한다. 그러나, 이것은 일반론일 뿐 각국마다 대응방식에서 많은 차이가 나타난다는 사실이 중요하다. 다시 강조하면, 경험적으로 나타나는 현상은 이와는 사뭇 다르다. 복지국가의 축소가 전면 진행되고 있다는 일반론과는 달리, 실제로는 각국이 처한 국내외적 환경과 조건에 따라 복지제도의 확장, 현상유지 및 수정, 축소라는 세 가지 형태의 개혁이 진행되고 있는 것이다. 그렇다면 그것은 구체적으로 어떠하며, 대응전략의 차이를 어떻게 설명할 수 있을 것인가?

### 3) 사회정책의 변화 : 복합적 패턴

사회정책에 관한 영향에 대한 대부분의 연구들은 자본과 노동의 자유로운 유통과 모든 행위자간의 자유경쟁을 촉진하는 세계화가 결과적으로 임금생활자에 대한 제도적 보호기제를 약화시켜 복지제도의 축소(*retrenchment*)와 해체(*dismantling*)를 초래한다는 점을 부인하지 않는다. 이는 자유시장론자들의 약속과는 정면으로 대치되는 견해이다. 장기적으로는 세계화가 자유시장론자들의 약속처럼 물질적 번영과 기회균등을 가져다줄는지 모르나, 세계화가 활발하게 진행되는 와중에 처해 있는 오늘날의 현실은 오히려 시장경쟁력이 없거나 취약한 계층의 희생과 사회적 혼란을 가중시키고 있다. 임금생활자가 겪는 고통은 자못 심각하다. 세계화는 지난 성장의 황금기에 구축하였던 복지제도의 기반을 침식하여, 적어도 단기적으로는 임금생활자들로 하여금 시장의 임의성과 냉혹성에 노출하도록 한다는 것이다. 그리하여 세계의 임금생활자들이 고용불안정, 소득불안정, 실업의 위험에 직면하는 정도가 과거의 어느 때보다 한층 높아졌다. 이와 동시에 금융시장의 통합과 자본의 유연성 강화는 정부의 정책능력을 위축시켰다. 정부의 역할이 축소되고 시장기능이 중시되는 시대에 임금생활자들은 시장경쟁에서 생존하는 방법을 찾아야 하며, 만약 경쟁력을 배양하지 못하면 퇴출위험을 각오해야 한다. "케인스가 죽고 하이에크가 부활한 시장의 시대"(*Keynes is dead and Hayek is back*)에 정부의 개입은 시장의 왜곡과 비효율성을 낳는 것으로 간주되고 있으며, 탈규제와 구조조정의 결과 임금생활자들과 기업은 무한경쟁에 노출되었다.

38

세계화가 임금생활자의 고용불안정, 소득불안정, 실업위험을 증대
시킨다는 것은 많은 연구들이 반복해서 지적하고 있다. 미국 브루킹스
연구소의 로드릭(Rodrik)은 세계화가 전지구적 차원에서 국가간, 소득
계층간 경제적 불평등을 촉진하기 때문에 효율성이라는 득(得)보다 사
회적 혼란(social dislocation)에 의한 실(失)이 커서 정부의 적극적 역할
이 필요하다고 역설하였다. 시장론자들이 주장하는 것과는 달리, '작
은 정부'보다 '큰 정부'가 그 어느 때보다 필요한 시기라는 것이다
(Rodrik, 1998; Wood, 1994). 이는 '개방경제 또는 시장기능의 활성화
= 작은 정부'로 연결되는 시장론자들의 등식을 반박하는 논리이다.

같은 논지에서, 세계화의 시대에 국가경쟁력을 강화하기 위해서는
시장기능을 왜곡하는 복지제도를 철회하는 것이 중요하다는 복지축소
론(또는 복지해체론) 역시 논리적 추론일 뿐이지 경험적 현실과는 맞지
않는 주장이다. 세계화는 국가의 재정정책의 수단을 축소시키기 때문
에 적극적이고도 능동적인 재정정책을 필요로 하는 복지제도의 약화를
초래하고 있다는 것이 일반적으로 받아들여지고 있는 견해이다. 그러
나 유럽국가들을 대상으로 양자의 인과관계를 검증한 프릭스타인은
"세계화와 복지국가의 재정위기는 상호연관성이 없으며, 좌파·우파·
중도파 모두 복지국가의 해체와 축소를 원하지 않는다는 것이 보다 적
합한 관찰"임을 강조한다(Fligstein, 1998). 복지제도의 정치적 역학에
주목하는 다른 연구는 설령 세계화가 복지국가의 재정위기를 악화시키
고 축소의 필요성을 촉발한다고 하더라도 실제로 축소를 단행하는 것
에는 정치적 비용이 따른다고 지적한다(Pierson, 1996). 미국, 영국,
독일, 스웨덴의 비교연구에서 그가 도달한 결론은 세계화와 복지국가
의 축소를 연결하는 일반론적 견해에 쐐기를 박는다(Pierson, 1996:
178~9).

복지국가를 선도적으로 공격하는 것은 선거에 있어 위험부담을 무릅쓸
공산이 크다. 오늘날의 복지정치는 위험회피정치이다. 정부가 복지제도

를 과감하게 축소하려 한다면 정치적 비용이 최소화되는 영역에 한정해서일 뿐이다. 그러나, 그러한 정치기술을 확보하기란 불가능하다. (…) 모든 국가에서 복지국가의 축소는 실행되기 어렵다. 복지국가는 전후 정치경제에서 가장 신축적인 영역이다.

세계화가 작은 정부를 요구한다는 일반론적 견해와는 달리 정부의 역할도 두 가지 유형으로 구분된다. 세계화의 구조적 요건을 받아들여 사회적 보호기제를 축소하는 것과, 이와는 달리 적극적 능동적으로 대응하여 복지제도를 유지 존속하는 유형이 그것이다. 전자의 행위는 '효율성가설'(*efficiency hypothesis*)에, 후자는 '보상가설'(*compensation hypothesis*)에 각각 근거하고 있다.

효율성 가설은 정부역할의 축소가 시장기능의 강화에 필연적으로 요청되는 전제조건이며, 정부의 사회지출 부담을 줄여야 시장기능의 회복과 경제성장에 효율적이라는 견해에 입각한다. 이 가설에 따르면, 정부는 기존의 개입양식을 대폭 축소, 수정하고, 적극적 시장개방을 통하여 외국자본의 대량유입을 위한 인센티브를 개발하고, 임금생활자를 보호하는 사회적 제도와 복지제도를 축소하는 것이 전체적인 국가경쟁력의 배양에 필요한 조치라고 본다.

이에 반하여, 보상가설은 세계화의 충격에 대하여는 의견을 같이하지만, 효율성 가설과는 대조적인 처방을 제시한다는 점에서 구분된다. 즉, 시장통합과 자유경쟁체제로의 전면 이행에 따른 사회적 희생과 충격을 완화해 주는 제도의 존재를 중시하여 소득불평등, 고용불안정, 실업위험에 대처하는 적극적인 정부개입이 필요하다는 것이다. 그리하여 지난 시대의 복지국가를 축소하기는커녕 오히려 사회지출비의 증액과 복지제도의 확대개선이 더욱 요청된다고 주장한다. 보상가설에 따르면, 세계화가 임금생활자에게 주는 충격이 크면 클수록 복지국가의 질적 발전과 확대가 필요하다.

사실, 개별 국가에서 일어나고 있는 사회정책 내지 복지제도의 변화양상을 살펴보면, 복지제도의 축소와 사회지출비의 전면 삭감이 세계화에 대응하는 일반적 방식이라는 견해와는 사뭇 다른 모습이 많이 발견된다. 세계화의 폐해와 충격을 완화하기 위하여 복지제도의 질적 확대와 사회지출비의 증액을 시도하고 있는 국가들도 많다는 점은 대단히 흥미롭다. 따라서, 시장의 시대에 정부 역할은 반드시 축소되어야 한다거나 사회지출비의 감액과 사회보장제도의 축소가 필연적으로 요청된다는 주장은 효율성을 옹호하는 신자유주의적 관점에 따른 것이다. 보상가설(또는 사민주의 가설)은 세계화가 촉진하는 국가간 경제적 상호의존성의 증대와 시장개방은 임금생활자에게 커다란 희생을 가져오기 때문에 오히려 국가역할은 강화되고 정부의 복지제도는 확대되어야 한다고 주장한다. 세계 각국에서 진행되는 정책개혁의 패턴에는 이 두 가지 양상이 혼재되어 있다. 어떤 국가에서는 시장기능의 강화와 정부축소가 진행되고, 또 다른 권역에서는 정부기능의 확대와 함께 복지제도의 질적 발전이 동시에 일어나고 있는 것이다.

세계화가 복지제도에 미치는 영향에 관한 여러 가지 이론을 네 가지 가설로 묶어 각 가설의 경험적 적합성을 검토하고 있는 한 연구는 대단히 흥미있는 결론을 제시한다(Bowles & Wagman, 1997). 네 가지 가설은 다음과 같다.

(1) 하향 평준화 가설 : 세계화는 국가의 경제정책의 자율성을 위축시키기 때문에 복지지출비를 감축함과 동시에 복지제도를 축소할 수밖에 없다.

(2) 상향 수렴가설 : 세계화에 따른 시장개방은 경쟁국들에게 기술발전의 기회를 제공하고 선진문물을 수용할 수 있는 창구를 마련해 준다. 각 국가들은 국제적 노동분업에 의해 발생하는 사회적 긴장을 완화해 줄 필요성에 직면하게 되는데, 이것이 곧 복지제도의 발전과 복지지출비의 증액으로 나타난다. 그 결과 복지제도의 수준은 상향 조정된다.

(3) 특성집단별 수렴 가설 : 세계화에 대한 국가의 대응은 정치체제

의 특성과 경제의 발전수준에 따라 달라진다. 코포라티즘적 국가군과 그렇지 않은 국가군을 나누어 고찰해야 일관성 있는 인과관계를 도출할 수 있다. 예를 들어, 유럽경제연합(EEC)은 복지국가를 유지 존속시키려는 노력이 두드러지는 데 반하여, 북미자유무역협정(NAFTA)의 국가들은 축소현상이 일반화되어 있다.

(4) 무관련성 가설 : 세계화가 사회정책과 복지국가의 재편에 중대한 영향을 미치고 있다고 보는 것은 이론적 오류일 가능성이 많으며, 아무런 관계가 없을 수도 있다. 경제적 상호관련성과 상호의존성은 분명히 증가일로에 있지만, 대부분의 경제활동이 국가 내부에서 이루어지고 있음을 생각하면 양자간에 어떤 인과관계를 설정하는 것은 잘못된 판단이다.

연구자들은 교육, 의료, 사회보장비의 변동추세와 GDP대비 정부의 복지지출비 추이를 기초로 네 가지 가설을 검증하였는데, 그 결과 '특성집단별 수렴가설'이 가장 경험적 현실을 잘 반영하고 있는 것으로 나타났다고 지적한다(위 논문 : 14). 다시 말해, 비교적 높은 동질성을 보이고 있는 OECD 국가군에서도 세계화와 복지국가의 재편 간에는 다양한 경로와 인과관계가 발견된다는 것이다. 이들이 제시하는 분석결과는 이 연구 전체에 대단히 유용한 시사점을 제공하기 때문에 몇 가지로 요약 제시하는 것이 좋을 듯하다.

- 1970년대의 복지지출비 증가율은 상당히 높았음에 반하여, 1980년대에는 서서히 완화되었다. 이는 세계화가 복지지출을 억제하는 외적 압력으로 작용하였음을 입증하는 증거이다.
- 그러나, 하향평준화가설과 상향조정가설을 입증할 만한 충분한 증거는 발견되지 않았다.
- 코포라티즘 국가군은 복지지출비가 약간 상승하는 공통적 현상을 보이고 있음에 비하여, 그 밖의 국가군에서는 일관성 없는 다양한 패턴이 발견된다.

· 1980년대에 교육비와 사회보장비는 모든 국가에서 하향 조정되었
  으나, 의료보험비는 증액되었다. 이는 세계화가 정부의 교육투자
  기능을 제외하고 모든 영역에서 복지 자율성을 위축시킨다는 일반
  적 견해와는 사뭇 다른 현상이다.

이러한 발견으로부터 연구자들이 도출하는 결론은 이 연구 전체를
이끌어가는 기본전제에 해당한다 : "1980년대에 세계화는 복지국가에
대한 심각한 위협요인으로 작용하였다. 그러나, 그 위협에 대한 각국
의 대응은 상당히 달랐다. 그럼에도 코포라티즘 국가가 그런대로 유사
한 대응전략을 구사한 것을 보면, 관리능력을 벗어나는 외적 경제적 조
건변화에 대응하는 방식을 결정하는 데 있어 제도적 구조(institutional
structures)가 얼마나 중요한 것인가를 알 수 있다."(위 논문: 15).

  4) 이 연구의 구도

세계화와 복지제도(또는 사회정책) 간의 관계가 이렇게 복합적으로
나타나는 이유는 국가가 처한 경제환경, 경제구조, 시장개방의 정도,
국내정치적 구조 등 대단히 다양한 요인으로 설명된다. 예를 들면, 재
정정책과 무역정책의 특징, 체제성격, 산업구조, 복지혜택에 대한 시
민들의 기대수준, 정당구조, 국가의 정책개발 및 수행능력, 국제관계
조정능력 등이 세계화와 복지국가의 인과관계를 변형시키는 요인들이
다. 앞에서 시사한 대로, 세계화가 임금생활자에 미치는 영향을 어떤
형태로 대응하고 있는가를 관찰하면 세 가지 방식으로 요약된다. 복지
제도의 확장(expansion), 현상유지 및 부분 수정(modification), 전면 축
소(retrenchment)가 그것이다. 〈그림 1-1〉은 지금까지의 분석을 바탕
으로 세계화와 복지제도 재편의 관계를 요약한 것이다.

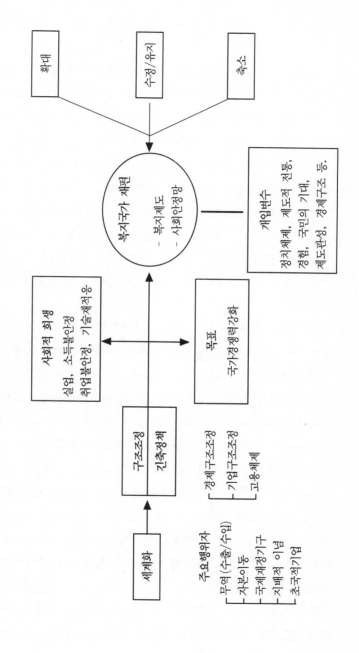

〈그림 1-1〉 Welfare State 의 재편구조 : 世界化의 구조

이 연구의 기본골격을 형성하고 있는 분석틀을 설명하면 다음과 같다.

- 세계화를 촉진하고 있는 경제적 요인은 개방경제와 무역의 크기, 자본과 노동 이동, 국제재정기구, 신자유주의적 이념, 그리고 초국 적기업 등이다. 세계화를 경제적 현상에 국한시키는 시각에 문제가 없는 것은 아니지만(경제결정론적 오류의 편협성), 세계화의 우선적 촉진자가 이러한 요인들이라는 점에는 이견이 없을 것이다.
- 각 국가들은 세계화의 구조적 요건을 충족시키기 위하여 구조조정 과 긴축정책을 실행한다. 재정정책과 금융정책을 국제기준(*global standard*)에 맞추어 개편하고 국제자본의 변화무쌍한 유입과 퇴장에 대비하는 정책패키지를 도입하는 중이다. 정리해고를 입법화하여 기업구조조정을 단행하고, 유연성을 높이는 방향으로 고용체제를 재편한다.
- 그 결과는, 적어도 단기적으로 사회적 희생과 혼란이 가중되는 것 으로 나타난다. 임금생활자는 시장의 변동에 그대로 노출되며 개인 간 시장경쟁이 격화된다. 그리하여, 시장경쟁력이 취약한 계층인 미숙련, 노년, 청년, 여성노동자의 희생이 증대하며, 장기고실업의 주요 대상집단으로 전락할 위험에 처한다. 정부는 이러한 희생을 치러서라도 국가경쟁력을 회복하는 것을 최대의 목표로 설정한다.
- 각국은 세계화의 도전에 대응하여 복지제도를 개편한다. 어떤 국가 에서는 구조조정과 긴축정책의 효과를 최대화하기 위하여 복지제도 의 축소를 단행하거나 사회지출비를 획기적으로 줄이는 정책을 펴 기도 하고(축소), 어떤 국가에서는 사회보장의 수준을 높여 임금생 활자에게 가해지는 세계화의 충격을 상쇄하고자 한다(확대). 복지 제도의 수준이 높은 국가에서는 제도간의 불일치성을 제거하여 동 맥경화증(*sclerosis*)을 치유하기도 하고, 수혜의 자격요건을 강화하 거나 제도간의 비중을 상호조정하는 정도로 세계화에 대비하고 있 다(수정/현상유지).

• 대응의 패턴이 이렇게 달라지는 것은 복지정치(*politics of welfare policy*)의 구조와 여건이 각국마다 다르기 때문이다. 이를 개입변수라고 한다면, 중요한 개입변수로는 다음과 같은 것들이 있다.

> · 세계경제에의 통합/편입 정도
> · 재정정책, 국제무역정책의 전통과 성공의 정도
> · 첨단산업과 기술산업의 생산성 수준과 경쟁력, 교육과 R&D에 대한 공공투자
> · 계급정치의 구조, 사회정책을 위한 정치적 연합의 기회구조
> · 과거 경험에 기초한 국민적 기대
> · 정당구조와 연대자원으로서의 사회조직
> · 국가의 정책혁신과 적응력
> · 국제관계에 영향을 줄 수 있는 정치적 수단

이 연구는 위의 구도에 기초하여 각 권역별로 세계화에 대응하는 사회정책이 어떻게 변화하였으며, 변화의 특징은 무엇인지를 우선 규명할 것이다. 그리고 그 변화의 배경에 놓인 정치적·경제적·사회적 요인을 밝혀 복지제도의 재편과 사회정책의 변화양상을 꿰뚫고 있는 일반적 법칙이 무엇인지를 모색하려 한다. 이 작업은 곧 한국사회의 복지제도 개편과 사회정책의 수립에 많은 시사점을 제공할 것이다.

연구대상 국가를 선정할 때에 정책변화 내지 복지국가의 재편이라는 관점에서 시사점이 많은 사례들을 우선적으로 고려하였다. 그리하여 2부에서는 유럽의 일반적 경향을 총체적으로 조망함과 동시에 독일, 스웨덴, 덴마크를 사례연구로 설정하였다. 3부에서는 신자유주의의 전형적 사례인 미국, 영국, 라틴아메리카를 고찰하였으며, 4부에서는 아시아국가 중 일본과 한국의 정책변화를 분석하였다. 결론은 이 책의 논의를 종합한 것인데, 각국의 '복지정치'가 큰 폭으로 변동하는 데에는 전환의 비용, 특히 정치적 비용을 감수해야 함을 강조하였다. DJ정권 역시 이런 면에서 예외가 아니며, 다음 정권 역시 사회정책의

발전을 위해서는 훨씬 더 강력한 정치적, 경제적 모멘텀이 필요하다는
사실을 알게 될 것이다.

# 유 럽

복지국가의 재건을 향한 몸부림

제 2 장
# 세계화, 탈산업화, 그리고 사회정책 개혁
네덜란드, 이탈리아, 스웨덴

강 명 세

## 1. 서론

현재 선진국이 경험하고 있는 복지국가의 위기에 대해서는 이견이 없다. 복지국가의 위기가 왜 발생하게 되었는가에 대해서는 크게 보면 두 가지 이론이 대립하고 있다. 위기의 원인 및 진단과 관련한 현재의 논쟁을 단순화시키면 외인설과 내재설이 존재한다. 외인설은 넓은 의미의 세계화론의 하나로서 한편에서는 복지국가의 위기를 낳은 주 요인으로 세계화의 영향을 지목하였다(Scharpf, 1999; Garrett, 1998; Stephens, 1996). 이같은 주장은 현재 복지국가 위기를 포함하여 전반적 구조조정과 관련한 세계적 변동의 역할에 무게를 두는 입장의 하나이다(Strange, 1997). 특히 유럽통화통합의 출범은 세계화의 유럽판으로서 참여국은 물론 비참여국에게까지 막대한 영향을 주고 있다(Frieden, 1999).

다른 한편에서는 위기를 국내적 측면에서 찾는다. 내재론은 세계화론자의 주장이 잘못되었고 따라서 정책을 오도한다고 주장한다. 특히 피어슨은 세계화가 복지국가의 위기를 가져왔다는 주장에 대해 날카로운 반론을 제기하였다. 피어슨에 따르면 세계경제의 변화는 중요한 요인이다. 그러나 성숙한 복지국가의 위기를 낳은 일차적 요인은 풍요한 민주주의 사회에서 일어나고 있는 사회적 경제적 전환이다(Pierson, 1998: 540). 여기서 사회적 전환의 내용은 생산성 담보, 복지국가의 한계, 노령인구의 증가 등이다. 내재론이 말하는, 선진 민주주의에서 발생하는 복지국가의 위기 징후는 복지국가의 성공에 따른 후유증의 일환이며 각 사회에 내재한 제도적 요인을 강조한다. 예를 들어, 정보혁명으로 특징지어지는 후기 산업사회의 본격화(Ferrera and Rhodes, 2000; Esping-Anderson, 1998; Pierson, 1998), 복지국가의 포화에 따른 국가재정의 악화, 전통적 가족구조의 해체, 인구학적 요인(노령인구의 증가) 등으로 복지국가는 재편의 위기에 있다는 것이다. 그러나 위의 양대 요인은 분석적으로는 분리할 수 있지만 실제적으로 상호 엉켜 있다. 내적 요인이 주로 복지국가 건설의 후유증이라면, 외적 요인은 복지국가에 내장된 문제점을 더욱 증폭시키는 역할을 하였다. 내적 문제점을 해결하려는 시점에서 유럽통합이 가속화되었기 때문에 위기는 증폭되었던 것이다. 유럽의 경우 세계화는 EMU 결성과 함께 세계 어느 지역보다도 많은 영향을 주었다.

유럽통화통합에 대한 각국의 대응에 대해서는 반응이 엇갈리고 있다. 한편의 입장(수렴론)은 세계적 수준에서 일어나는 거대한 구조조정은 예외없이 모든 나라로 하여금 동일하게 반응하도록 강요한다는 주장을 펴고 있다. 자본의 국제적 이동은 노동에 대한 자본의 상대적 힘을 유리하게 만든다. 자본은 과거와는 달리 최상의 투자 장소를 따라 다른 곳으로 이동할 수 있는 반면 노동은 아직 그렇지 못하기 때문이다. 다른 한편, 자본주의의 구체적 양식이 다른 것처럼 세계화 위기에 대해 각국은 자국이 발전시킨 고유한 제도적 방식에 따라 대처한다는 주장이 논리가 있다. 이 글에서는 다양한 대처방식 가운데 네덜란드, 이탈리아 및 스웨덴의 세 가지 사례를 선택하였다. 자유주의 모델은 영국, 미국, 뉴질랜드 등이며 이 책에서는 송호근이 미국사례를 취급하였기 때문에 균형을 고려하여 이 글에서는 다루지 않는다. 이 세 나라는 복지제도와 노동시장의 양면에서 각각의 고유 특징을 갖고 있다. 에스핑-앤더슨(Esping-Anderson, 1990, 1999)의 분류에 의하면, 이탈리아는 보수주의적 또는 대륙적 체제에 속하며 스웨덴은 사민모델의 전형이다. 한편 네덜란드는 양면을 동시에 갖고 있는 야누스적이다. 네덜란드를 분류하는 어려움은 익히 알려져 있다(Cox, 1998). 에스핑-앤더슨(Esping-Anderson, 1999)은 네덜란드가 어느 그룹에도 편입시키기 어려운 사례임을 인정하였다. 네덜란드는 연구자에 따라 다르게 분류되었다. 사회보장정책의 측면에서는 기여중심적이기 때문에 보수적 또는 대륙체제라 할 수 있으나, 소득지원의 보편원칙이 강하고 관대하다는 점에서는 스칸디나비아 국가와 유사하다. 네덜란드 수수께끼는 사민주의와 보수주의적 측면 모두가 결합된 야누스적이라는 점이다(Esping-Anderson, 1999: 88). 네덜란드와 이탈리아를 포함시킨 이유는 이 두 나라가 유럽에서 복지개혁에 비교적 성공하였던 점을 고려했기 때문이다. 삼자협력을 통한 복지 및 노동개혁을 성공시킨 사례가 네덜란드와 이탈리아이다. 노동은 과거와 같은 힘을 발휘할 수 없지만, 사회적 합의를 필요로 하는 사회정책의 개혁이 정당성을 얻자면 노동과의 협의가 필요한 것이다. 한편 스웨덴 노동은 연금개혁에서 배제되었다. 전후 복지국가의 금자탑으로 일컬어졌던 스웨덴은 1980년대 후반 이후 심각한 실업증대와 복지국가의 후유증에 시달려 왔으며 최근 전국적 협상구조는 와해되었고 부분적 복지축소를 단행하였기 때문에 비교적 관점에서 취급할 가치가 있다. 글 순서는 다음과 같다. 우선 유럽통합이나 세계화 등 외적 환경의 변화가 국내적 영향을 줄 때는 국내적 제도장치의 여과를 거치게 된다고 보기 때문에 이 문제에 대한 설명을 하였다. 두 번째는 대처 방식으로 사회협약의 모델에 의존한 네덜란드와 이탈리아 사례를 분석할 것이다. 세 번째는 협약이 깨진 스웨덴의 경험에서 복지개혁이 어떻게 이루어지는가를 설명한다. 마지막은 결론이다.


## 2. 중간 제도의 여과


유럽에서 세계화는 유럽연합으로 가장 적나라하게 드러나고 있다. 세계화의 파급은 거의 동일하게 나타나지만 그 대응은 사뭇 다르다. 유럽통화통합의 형성과정은 유럽의 복지국가의 진로에 가장 중대한 영향을 준 외적 요인이다. EMU 창설이 말해주듯 국제금융시장의 변화는 유럽 국가들에게 새로운 환경을 부여하였다. 새로운 환경은 과거와는 다른 제약이다. 새로운 제약조건 밑에서 정부정책은 인플레 억제를 중시하는 통화주의의 방향으로 전환하였다(Sanholz, 1993). 국제금융시장의 발전과 생산의 세계화를 의미하는 세계경제의 통합은 자본통제의 논리적 근거를 부정하였고 정부의 정책자율성을 제한하였다. 국제적 수준에서 보면 자본이동은 국제통화체제의 변화를 가져온 결정적 요인이다(Andrews, 1994; Cohen, 1993). 자본의 국제적 이동이 제한되었던 브레튼 우즈 체제에서 국가는 고정환율제와 독자적 통화정책을 동시에 추진하는 것이 가능하다. 그러나 자본이동이 자유로우면 고정환율제와 통화정책의 독자성 두 가지 가운데 어느 하나를 선택해야 한다. 자본의 국제적 이동은 통화정책을 중요하게 만들었다. 통화정책이 마을의 유일한 게임으로 등장한 것이다. 통화정책이 부각된 이유는 여러 가지이다. 1970년대 이후 재정적자의 악화로 인해 거시경제적 안정을 목표로 재정정책을 더 이상 활용하기 곤란하게 되었다. 재정정책의 효용이 의문시되었고 중앙은행의 독립성은 강화되었다. 1970～80년대 동안 각국의 경제정책 기조는 인플레 퇴치에 있었다. 프랑스 중앙은행은 1993년, 영국은행은 블레어 정부가 출범한 1997년, 각각 독립성을 인정받았다.

그러나 세계화가 각국의 사회정책에 주는 효과는 직선적 또는 직접적이기보다 간접적이다. 사회정책은 부의 재분배에 영향을 준다는 점에서 대표적 국내정치의 산물이다. 통화연합이 국내적 파급효과를 가장 적나라하게 보여준 사건은 1995년 가을부터 겨울까지 계속되었던 프랑스 노동자들의 파업이다(강명세, 2000). 세계화가 사회정책에 미치는 영향은 중간에 존재하는 제도를 통한다. 복지체제의 재편이 극히 어려운 이유는 바로 세계화의 영향이 여과되는 제도가 개혁이나 변화에 강력하게 저항하기 때문이다(Pierson, 1994). 복지해체의 정치에 초점을 맞춘 피어슨(Pierson, 1994, 1996)의 연구는 두 가지 이유 때문에 복지체제의 재편이 어렵다고 주장한다. 첫째, 복지제도의 신설은 복지수혜자를 양산하며 이들은 기존의 수혜를 지키기 위해 개혁에 저항한다. 둘째, 복지개혁은 이들의 이해를 정면으로 부정하는 반면 국민 다수에게 돌아가는 개혁의 혜택은 미미한 수준이다. 소수 반대세력의 강력한 이해관계는 다수 찬성세력의 미약한 지지도와 결합하여 개혁은 힘들다. 에스핑-앤더슨(1999)은 복지레짐의 개혁이 과정의존적 특성을 갖는다고 주장하였다. 청년 부문과 관련된 실업연금제도의 개혁을 시도했던 세 나라 영국, 덴마크, 독일의 경험을 비교한 연구에 따르면 개혁의 성패는 각국에서 고유하게 발전한 제도에 달려 있다(Clasen, 2000). 에스핑-앤더슨의 복지체제 분류에 의하면 영국, 덴마크 및 독일은 각기 다른 그룹, 즉 자유주의, 사민주의 및 대륙의 기민주의 체제에 속한다. 이 세 나라를 포함한 유럽의 실업연금제도의 개혁은 실업연금의 성격을 권리와 함께 의무를 강제하는 것으로 만들었다. 다시 말해서, 과거의 무조건식 그리고 관대한 수혜로부터 향후 일할 의지를 부과하는 등 수혜기준을 엄격히 제한하는 방향으로 바꾸는 것이었다.

첫째, 복지국가는 사회 속에 다양한 비토세력이 존재할 때 변화하기 어렵다(Huber and Stephens, 1998: 722)는 국가구조, 즉 연방제, 대통령제, 양원제, 소선거구제 등이 복지확충이나 축소를 어렵게 만드는 요인이라는 가설을 제시하였다. 국가구조가 정책에 미치는 영향을 강조한 연구는 정부형태나 선거제도의 역할에 주목하였다. 연방제는 주별로 분산된 노동계급의 단결을 어렵게 만들 수 있기 때문에 노동의 복지에 불리한 정치제도이다. 노동배제적인 사회구조는 복지제도의 확충을 저해한다(Hicks, 2000: 162; Huber and Stephens, 1998: 721). 따라서 국가별로 다르게 존재하는 비토세력의 수와 범위는 복지개혁의 성공여부를 말해 준다. 스웨덴과 스위스는 극적인 대조사례이다. 스웨덴의 중앙집중적 국가는 일단 정해진 정책을 수행할 능력이 높은 반면, 국민발의제도 등 다양한 세력의 참여기회가 보장된 스위스의 연방제에서는 정책의 개혁이나 변화는 어렵다. 영국과 덴마크가 실업연금의 지급수준과 그 수혜기준을 강화하는 등 적극적 사회보호정책을 추진하는 데 성공한 반면 독일은 실패하였다. 이같은 대조적 성과는 독일정책의 형성과정에 참여하는 다양한 비토세력의 존재에서 찾을 수 있다. 독일의 특수한 실업연금의 복잡한 운영구조 외에 연방제, 강력한 중앙은행, 헌법재판소 및 양원제 등은 개혁을 어렵게 하는 제도적 장치들이다(Clasen, 2000: 104~5; Manow and Seils, 2000: 139). 동일한 기금에서 충당되어야 하기 때문에 실업이 증가하게 되면 실업혜택에 대한 지출은 적극적 사회보호정책에 필요한 재원을 축소시킨다.

두 번째, 정부형태, 정당체제 및 선거제도를 포함한 정치제도의 차이는 다른 복지국가를 만들어낸다. 정부의 정치적 색채는 복지제도의 성격을 결정한다. 기민당 정부가 오랜 집권하게 되면 소득재분배보다는 직접적 소득지원과 같은 시장순응적 복지제도가 창출되고 지속된다. 반면 사민당이 강한 나라의 복지정책은 소득재분배의 방향을 강조하고 국가가 시장을 대체하는 방향으로 진행하기 때문에 공공부문이 팽창한다(Huber, Stephens, and Ragin, 1993: 717~8). 또한 복지제도는 국가구조의 차이에 따라 다르게 발전하였다. 단일국가/연방국가는 복지국가의 변화에 영향을 줄 수 있다. 연방제 국가인 독일의 능동적 사회보장정책은 중앙정부와 지방정부의 갈등으로 좌절되었다. 이 점과 관련, 중앙연방정부와 지방정부의 이해가 대립하였다(Manow and Seils, 2000). 연방정부는 재정적자를 줄이는 데 이해를 갖고 있기 때문에 기여에 기초한 실업연금의 개혁보다는 조세에서 지원하는 실업부조를 개혁할 필요성을 느낀다. 1982년 사민당 정부는 실업부조를 폐지하려고 시도했으나 지방정부의 반대로 실패하였다. 지방정부는 지방에서 재정을 담당하고 있는 실업부조, 특히 장기실업자가 몰려 있는 실업부조를 폐지하게 되면 지방재정에 불리하다고 보았다. 반면 지방정부는 실업연금을 관리하는 입장에 있기 때문에 실업부조가 아니라 재정필요상 실업연금의 개혁에 일차적 관심을 갖는다. 1990년대 동안에도 연방정부는 동일한 개혁을 두 차례 시도하였지만 번번이 지방정부의 거부에 봉착하였다. 연방정부가 제시한 능동적 사회보호정책의 주 담당자는 지방정부이기 때문에 지방정부는 이를 반대하게 된다. 주정부의 이해를 대변하는 상원(*Bundesrat*)은 바로 지방정부의 재정적 필요를 이유로 실업부조의 폐지를 거부하였다. 중앙정부는 사회부조 프로그램에서 발을 빼고 싶어한다. 독일의 경쟁적 정당체제는 복지개혁을 어렵게 만든 또 하나의 요인이다(Manow and Seils, 2000: 139). 끝으로 선거제도와 정당구조는 개혁의 성패에 영향을 준다(Huber and Stephens, 1998: 721). 비례대표제는 중앙당의 권력을 보장함으로써 사회이익의 영향으로부터 자유롭다. 반대로 미국의 의사협회가 의회에 가하는 로비에서 나타나는 것처럼 소선거구제에서는 정당이 소속의원에 대한 영향력이 약하기 때문에 이익집단은 복지정책의 결정에 영향을 주기 쉽다.

　마지막으로 복지국가의 문제는 복지국가의 형성 자체에서 발생한다. 일단 만들어진 복지제도는 나름의 독자적 영향력을 발휘한다는 점에서 과정의존적(*path-dependent*)이기 때문이다(Huber and Stephens, 1998). 프랑스의 기여중심적 사회보장제도는 과정의존적 결과의 대표적 사례이다. 피보험자는 자기가 기여한 만큼 사회보장의 혜택을 누릴 수 있다고 믿기 때문에 사회정책 개혁은 복지혜택을 줄이는 방향이 아니라 기여분을 늘리는 방향으로 진행한다(Palier, 2000: 127). 기여-혜택의 사회보장제도는 개혁의 장애물이다. 이처럼 과정의존적으로 계속 진행할 때, 사회보장제도는 경제위기의 희생물이 아니라 거꾸로 사회적 및 경제적 위기의 원인이 된다. 사회보장제도는 특히 세 가지 경로를 통해 경제적, 사회적 및 정치적 문제의 근원지를 이룬다. 첫째, 기여에 따른 급부는 일자리 창출을 방해한다. 기여중심적 실업복지는 노동시장 외부에 있는 실업자를 구제할 수 없다. 특히 청년실업자는 노동시장에 진출해 보지도 못했기 때문에 기여를 할 수 없으므로 사회보장에서 제외되고 장기실업자는 오랫동안 노동시장 바깥에 있었기 때문에 기여할 기회를 갖지 못한 관계로 적당한 수준의 실업수당을 받을 수 없다. 둘째, 기여에 따른 혜택이라는 특징으로 인해 복지제도는 사회통합이 아니라 사회적 배제가 강화된다. 기여가 없으면 혜택이 없는 제도로 인해 혜택을 누릴 수 있는 노동시장 내부와 혜택으로부터 원천적으로 배제된 외부의 균열이 더욱 깊어진다. 복지제도는 사회적 배제를 강화할 뿐만 아니라 실업을 증대시키는 것이다. 셋째, 사회 파트너 간의 공동경영으로 운영되는 사회보장제도는 복지운영의 무책임성을 조장하고 경영위기를 만든다. 사회보장제도가 만들어진 1945년 프랑스는 민주주의 증진과 관료제의 경직성을 배제한다는 명분하에 사회보장제도의 운영을 당사자인 기업과 노조에게 위임하였다. 경영자와 노조는 자신들의 복지에 대한 수요증대에 따라 기여를 늘리면 되기 때문에 방만한 운영의 덫에 빠지는 것이다. 1980년대 들어 복지기금이 적자를 기록하였다. 1999년 사회보장기금 전체의 적자는 자신의 0.3%이며, 특히 의료복지기금의 적자는 2%에 달하였다. 기여분의 증가는 노동비용을 상승시켜 국가의 경쟁력을 약화시키고 실업이 늘어나게 한다. 프랑스 정부는 기업과 노조의 무책임한 운영을 가리켜 사회보장기금을 약탈한다고 비난하였다.

　신자유주의의 대명사로 불리는 대처와 메이저의 보수당 정부가 의료보험제도에 시장을 적용하는 데 성공할 수 없었던 이유는 마찬가지로 기존 의료복지체제 자체의 저항에 있다. 보편적이고 포괄적으로 출발한 영국의 의료보장제도, 의료복지는 영국의 복지국가를 일반적으로 설명하는 자유주의 체제와는 달리 사민주의 체제이다. 모든 의료서비스는 기본적 사회권으로 인정되기 때문에 그 재정은 국가가 담당하며 모든 국민은 무료로 이용한다. 이는 이미 국민 다수를 수혜계층으로 만들었으며 또한 관료행정체계의 구축은 대처가 시도하는 시장개혁을 거부하였기 때문이다. 시장을 도입하기 위해서는 기존의 행정체계에 의존하지 않을 수 없었고 이에 따라 대처의 원래 구상과는 달리 의료복지체계는 시장과 국가의 혼합형으로 진행하였다(Gaimo and Manow, 1999: 973).

> 우리 시대의 아이러니는 사회적 보호에 대한 요구가 더욱 필요한 것이 현재의 상황인 데 반해 복지국가는 더 이상 지탱하기 곤란하다는 사실이다(Esping-Anderson, 1999, p. 146).

## 3. 복지개혁과 삼자협약 : 이탈리아와 네덜란드

19세기 말 복지제도가 처음으로 도입된 이후 노동시장의 개혁과 복지국가는 불가분의 관계를 형성하여 왔다(Regini, 1999). 코포라티즘의 전성기였던 1960년대에 복지국가가 공고화되었던 것은 우연이 아니다. 노동계급의 성장으로 임금요구가 거세지자, 정부와 기업은 노조에 임금자제를 요청하고 그 반대급부로서 광범한 복지정책을 실현하였던 것이다. 코포라티즘의 소득정책 또는 정치적 교환은 노동계급이 임금을 자제하는 반대급부로서 국가가 케인지안 경제정책 및 사회정책을 추진하였다. 사회정책은 임금자제-물가안정을 위해 노동의 사회적 임금을 보전시키는 것이었다. 1990년대 동안 유럽의 많은 나라들이 다양한 협약을 실험하였다. 〈표 2-1〉에서 나타나는 것처럼, 협약의

58

강도는 달랐다. 영국이나 프랑스에서는 복지개혁에 대한 노사정의 협조적 노력이 존재하지 않았다. 한편 네덜란드, 이탈리아 및 아일랜드에서는 협약이 가장 빈번하게 그리고 강력히 실시되었다.

그러나 1990년대의 삼자협약은 60~70년대의 협약과 성격을 달리한다. 전후의 전통적 코포라티즘에 기초한 협약이 거시협약이라면, 최근 협약의 성격은 미시적이다. 즉 협약의 구조는 전국적 수준으로부터 사업장 수준으로 하향하는 추세를 보인다[협약 이론의 상세한 논의에 대해서는 강명세(1999) 참고]. 80년대 이후 계속되는 국제경쟁으로 고실업이 지속되자 노동의 힘은 상대적으로 약하게 되었다. 이러한 상황에서 임금투쟁을 비롯한 노동의 파괴력은 취약할 수밖에 없다. 노동은 국가 또는 자본이 제시하는 협약을 외면할 수 없게 되었고 차선책으로 고용을 유지하기 위해 협약에 임했다. 국가와 자본은 기업 경쟁성을 이유로 노동시장과 복지국가의 유연화를 요구하였다. 다시 말해, 노동의 희망이 최소한 고용을 보장하거나 증대하는 것이라면, 자본과 국가는 국제경쟁에 필요한 복지개혁과 노동시장의 유연화를 도모하는 것이 삼자협약의 주된 내용이었다. 네덜란드와 이탈리아는 이러한 삼자협약의 대표적 성공사례를 보여준다.

1996년 이탈리아 노동, 자본 및 국가는 노동시장의 유연성을 높이기 위한 고용협약을 맺었다. 고용협약은 고용관련 국가기관, 파트 타임 노동, 계약노동제 및 지역공동체 노동 등을 포함하였다. 네덜란드에서는 기업과 노조는 파트 타임 노동과 기관노동을 장려하였다. 고용창출의 추가조치와 더불어 노동시장은 유연하게 변화하였다. 한편 양국의 정부는 장기실업자를 위한 특별 프로그램을 도입하였다(Regini, 1999: 72). 네덜란드 정부는 소수인종을 대상으로 한 정책을 도입하였다. 이탈리아 정부는 32세 미만의 실업자, 장기 실업자 그리고 장애인 노동자를 고용하는 기업에게 감소혜택을 주었다. 나아가 이탈리아 삼자협약은 직업훈련을 포함하였다.

1980년대 후반 이후 비활동 노동력이 증가하였다. 네덜란드와 이탈

<표 2-1> 유럽의 사회협약

| 국가 | 년도 |
|---|---|
| 협조적 노동시장 개혁<br>오스트리아 | |
| 네덜란드 | 1982 와세나르 고용 협약<br>1990 소수인정의 일자리 창출 협약<br>1993 신 방향 : 1994년 단체교섭을 위한 지침<br>1997 2002 아젠다 |
| 아일랜드 | 1987 국가회복 프로그램<br>1990 경제 및 사회발전 프로그램<br>1994 경쟁성과 일자리 프로그램<br>1997 포용, 고용 및 경쟁성을 위한 2000 파트너십 |
| 이탈리아 | 1992 물가-임금 연동제 철폐에 대한 3자 합의<br>1993 치암피 의정서: 노동비용에 관한 합의<br>1996 고용협약<br>1998 성장과 고용을 위한 사회협약(크리스마스 협약) |
| 덴마크 | 1987 사회파트너 간의 합의 |
| 핀란드 | 1991 안정조치<br>1995 사회협약<br>1998 사회계약 |
| 제한적 협조 | |
| 그리스 | 1997 경쟁성 협약 |
| 스페인 | 1994 톨레도 협약 (고용주는 불참)<br>1997 3자 합의 |
| 포르투갈 | 1996 단기 3자 합의 (CGTP 노조는 불참)<br>1997 전략적 사회협약 |
| 벨기에 | 1993 세계화 플랜 (합의 없었음)<br>1996 합의 및 향후 고용에 대한 협의<br>1998 부문 교차 단체협약 |
| 독일 | 1996 일자리와 공장폐쇄 방지를 위한 동맹(합의 실패)<br>1998 일자리, 직업훈련 및 경쟁성을 위한 동맹 |
| 스웨덴 | 1999 성장협약 |
| 협조가 없는 국가 | |
| 영국, 프랑스 | |

자료 : Anke Hassel and Reiner Hoffmann, National Alliances for Jobs and Prospects for a European Employment Pact, p. 11~12.

리아에서 조기은퇴와 질병으로 노동이 불가능한 연금수혜자의 비중이 높아졌다. 이탈리아 복지국가에서는 35년 근무가 지난 노동자는 어느 때고 노령연금의 혜택을 누릴 수 있었다. 네덜란드 노조는 노동시장의 압력을 낮추기 위해 그리고 고용주는 생산성이 낮으면서 고용이 보호되는 노동자를 줄이기 위해 장애연금을 대대적으로 추진하였다(Visser and Hemerijck, 1997). 80년대 초 조기은퇴 및 장애연금이 상대적으로 높은 비중을 차지했던 네덜란드와 이탈리아에서 위와 같은 조치는 기여분을 낮추고 이전소득의 비중을 더욱 높여 노령연금 및 장애연금에 대한 재정압박이 갈수록 높아갔다.

## 1) 이탈리아

이탈리아의 1990년대는 사회정책과 노동정책의 분야에서 개혁의 계절이었다(Ferrera and Gualmini, 2000). 이탈리아 복지국가는 대내외적 한계점에 도달하였다. 외적으로 유럽통화연합은 공공부채나 재정적자가 이미 심각한 수준에 온 이탈리아에게 사회비 삭감을 요구하는 것이었다. 유럽연합과 비교할 때 1993년 이탈리아의 재정적자는 118%를 초과하여 벨기에와 그리스 다음으로 높았다. 유럽통화연합에 가입하려면 재정적자를 60%로 낮추어야 하며 이는 사회비의 대폭 삭감을 의미했다. 한편 국내적으로 경제성장이 둔화되고 실업률이 상승함에 따라 세수는 감소하고 사회비 지출은 증가하고 있었다. 사회정책의 분야에서는 노인연금체제의 변혁, 각종 직업연금체계의 변화가 두드러진다. 한편 노동정책과 관련, 아마토와 치암피 정부하에서 노사관계 및 소득정책, 일자리 창출 등에서 급격한 변화가 일어났다. 이탈리아 개혁정책이 유럽의 다른 나라들과 다른 특징은 삼자협약이다(Regini, 1997; Ferrera and Gualmini, 2000). 삼자협약을 통한 복지개혁이 추진된 이유는 이탈리아의 독특한 복지제도의 발전에 있다. 이탈리아 복지제도의 특징은 이중적 복지구조이다. 정규노동자에게는 과도한 복지수혜(garantismo)가 돌아가는 반면 비정형노동자를 비롯한 비공식 부문의 노동을 위한 복지는 극히 빈약하다. 소기업, 전통적 서비스업, 농업, 비공식부문 노동자 그리고 청년 및 장기실업자 등 노동시장의 외부에 있는 노동에게는 사회적 안정망이 취약하다. 이탈리아를 비롯한 지중해 복지체제에 대한 자세한 설명은 Ferrera(1996) 참고하라.

   이탈리아 복지체제는 후견인적 체제이다. 전통적으로 사회에 대한 국가침투가 취약한 상황에서 복지는 정치적 후견제도와 결합하였다(Ferrera, 1996: 25). 관료제가 미약하고 그 대신 정당의 이익취합 기능이 강하게 발전하였다. 1960년대 등장한 장애연금(INPS)은 후견적 복지제도의 전형적 종류이다. 1960~71년 동안 장애연금 수혜자는 3배로 증가하였고 72년에는 노인연금 수혜자 수를 넘었다. 1982년 이탈리아 인구 10명 중 1명이 장애연금을 받았다. 후견적 복지제도는 정당과 노조의 조직적 연계 그리고 복지행정 연결망을 기반으로 하였다. 정당-노조 연결망은 취약한 직종의 노동자가 장애연금 혜택을 받도록 움직였다. 장애연금에 대한 정보제공과 신청절차와 관련하여 신속한 처리, 관료 및 법원에 대한 압력 등을 통해 특혜를 주었다. 다른 한편 정당에 소속된 복지관료는 정당이 추천하는 장애연금 신청자를 특별 우대하였으며 장애연금 내의 위원회는 수혜심사에서 탈락한 대상자를 재심사에서 구제하는 역할을 통해 정당의 후견적 복지정책을 도왔다. 즉 정당은 정치동원을 위해 비공식부문 등의 노동에게 접근하여 정치적 지지를 받는 대신 선별적 복지혜택을 제공하였다. 또한 정당은 노동조합을 매개로 표와 복지를 교환하였다. 과거 기민당은 특히 저발전 지역인 남부에서 공공부문의 일자리 제공을 미끼로 표를 동원하거나 복지관료에 영향을 행사하여 개인들에게 복지지원을 주었다. 1992년 아마토 정부는 처음으로 사회보장제도의 개혁을 시도하였다. 1992년 아마토 정부의 복지개혁 내용은 다음과 같다(Ferrera, 1997: 240~41). 민간부문 은퇴연령은 여성의 경우 55세에서 60세로 남성의 경우는 60세에서 65세로 2002년까지 점차적으로 상향되었다. 노령연금 수혜에 필요한 의무

기여기간은 10년에서 20년으로 점차 상향하였고, 연금 해당 표준소득을 과거 5년에서 10년으로 상향하였다. 공무원을 포함한 모든 노동자를 대상으로 한 조기은퇴에 필요한 기여기간은 36년으로 점차 확대하였다. 그리고 연금재정의 건전화를 위해 기여율을 높였다. 아마토의 시도는 1993년 치암피 정부에서 고용 및 소득정책에 대한 합의의 도출로 이어졌고, 1996년 프로디 연정하에서는 일자리를 위한 협약 그리고 1998년에는 달레마 수상하에서 크리스마스 협약이 맺어졌다.

이러한 일련의 협약에서 노동은 임금의 물가연동제(*scala mobile*) 폐지, 임금자제, 연금개혁 등을 양보하는 대신 개발을 통한 고용증진 등 중장기적 약속을 얻었다(Ferrera, 2000: 187~8). 그동안 이탈리아 복지제도의 가장 큰 문제는 연금제도였다. 이탈리아의 1993년 GDP 대비 사회비 지출(25.8%)은 유럽연합의 평균(28.5%)보다 낮지만, 연금이 사회복지비에서 차지하는 비중은 GDP 대비 15.4%로서 유럽연합 평균 11.9%보다 훨씬 높다. 급증하는 연금지출은 높은 재정적자 그리고 감소하는 노동력을 고려할 때 심각한 문제로 대두하였다. 베를루스코니 정부가 추진했던 급진적 연금개혁은 대규모 시위와 파업에 봉착했으며 이에 따라 좌절되었고 1995년 디니 정부와 1997년 프로디 정부는 노조와 함께 온건한 연금개혁을 모색하였다.

그러나 이러한 개혁에도 불구하고 재정적자는 계속 상승하였고 특히 연금적자가 악화되고 IMF, OECD 및 EU 등 국제기구의 압력이 거세짐에 따라 이탈리아 정부는 1993~94년 보다 포괄적 개혁을 추진하였다(Ferrera, 2000). 1993년에는 보충연금의 수혜자격이 강화되었다. 치암피 정부는 당시 사회에 만연된 연금의 허위수령을 방지하기 위해 노령연금에 대해 새로운 규제를 도입하고 장애연금의 수혜조건을 강화하였던 것이다. 1994년 베를루스코니 정부는 은퇴연령을 점차로 늘리는 동시에 모든 노령연금 혜택을 동결시키려 하였다. 이에 노조는 정부와 새로운 광범한 개혁을 논의하기 시작하여 1995년 디니 정부는 새로운 개혁안을 노조와 합의하는 데 성공하였다. 1995년의 새로운 합의는 다음과 같다.

- 2013년부터 연금제도는 소득연계 형식에서 기여중심 형식으로 전환한다.
- 2008년부터 유연한 은퇴연령제(57~65)를 도입한다.
- 공공부문 및 민간부문 노동자에 대한 연금규제를 통합하고 점진적으로 소득에 따른 유가족 지원제도를 도입한다.
- 장애연금 및 노동소득 수령액 그리고 수혜자에 대한 규제를 점진적으로 강화한다.

  이탈리아에서 90년대 들어 새로운 형태의 삼자협약이 발전한 이유는 유럽통합으로 구체화되는 경제적 환경의 변화에 있다(Regini, 1997: 267). 경제적 환경의 변화는 탈규제와 유연생산의 방향으로 진행되었다. 국제경쟁의 가속화는 사업장 수준에서 노사관계를 크게 바꾸어 놓았다. 임금억제는 과거처럼 중앙수준에서의 합의가 아니라 사업장 특성에 따라 비공식적으로 이루어졌다. 사업장에서 구체화된 구조조정과정에서 가장 중요한 변수는 유연성이었다. 구조조정과 대량실업의 발생에 따라 임금상승은 억제되었기 때문에 임금억제가 아니라 유연성 확보가 주요 과제가 된 것이다. 레지니는 이탈리아에서의 3자협약 성공을 국가의 재등장이며 여기서 국가의 역할은 과거와는 달리 복지건설이 아니라 국가경쟁력의 확보라고 하였다. 복지국가가 완성된 단계에서 노동은 더 이상 복지혜택을 요구할 입장에 있지 않기 때문에 작업장 조직을 강화하고 분산화와 탈규제에 적응해야 했던 것이다. 기업의 입장에서 보면, 세계적 경쟁에서 생존하기 위해서는 탈규제와 유연화는 피할 수 없는 현상이기 때문에 적극적으로 작업장 수준에서 생산적 노사관계를 구축하는 것이 낫다고 판단하게 된다.
  요약하면 이탈리아가 협약을 통해 복지 및 노동시장 개혁에 성공할 수 있었던 요인은 내부적 및 외부적 조건에 있다. 내부적 요인은 정치제도적 변화이다. 이탈리아 정당체제는 1992~93년 대변혁을 겪었다.

정치개혁은 부패스캔들에 의해 촉발되었지만 광범한 결과를 낳았다. 이익전달체계로서의 정당체제는 부패스캔들로 인해 그 정통성을 상실하였고 이에 따라 정부의 권위는 취약해졌다. 이와 같은 정당체제의 변화는 노조와 같은 사회 파트너로 하여금 정당을 제치고 정부와 직접 상대할 수 있는 새로운 공간을 가져다주었다. 외부적 요인은 세계화로부터 연유된 유럽통합 과정이다. 특히 통화통합이 부과한 재정 및 통화정책의 제한은 복지국가의 개혁을 압박하였고 인플레 억제를 위한 소득정책의 필요성을 부각시켰다. 이러한 내외적 조건하에서 후견적 복지제도의 개혁을 위해서 노조의 참여는 불가피한 것이었다. 앞에서 언급한 것과 같이 이탈리아 노동은 국가가 취약한 상황 속에서 후견적 복지국가의 운영에 간접적 또는 비공식적으로 관여하고 있었기 때문에 개혁이 성공하자면 노동과의 합의가 필요했었다.

## 2) 네덜란드

세계화의 여파는 상대적으로 작은 나라에 강력하다. 카첸스타인을 포함한 많은 연구에서 무역의존도와 이익대표체계는 밀접한 관련을 갖는다. 이 분야는 많은 연구가 경제규모가 작을수록 외적 충격에 민감하다는 점을 강조하였다(Lehmbruch, Katzenstein, Wallerstein). 작은 나라에서 코포라티즘 기제가 발전한 것은 우연이 아니었던 것이다. 생존을 위해 무역에 의존해야 하는 소국에게 유류파동과 같은 외적 조건의 변화는 큰 나라에 비해 경제적으로 막대한 영향을 준다. 에스핑-앤더슨의 분류에 따르면 네덜란드는 독일 등과 함께 비스마르크식 또는 기독교 민주주의적 복지체제에 속한다(Esping-Anderson, 1990, 1996). 사회적 보호는 기본적으로 노사의 기여에 기초한다. 고용관련 사회보장정책의 중심은 소득대체이며 수혜기준은 가족 전통을 유지하기 위해 남성 노동자를 가정한다. 따라서 복지 비용 가운데 사회서비스 비중이 약하며 대신 소득이전에 집중되어 있다. 노동시장정책은 소극적이다.

외적 조건의 절대적 영향에 있기 때문에 국내적 갈등보다는 국제적 갈
등이 더욱 중요하다.  이같은 상황은 합의주의 정치를 만들었다
(Daalder, 1966).  레이파트는 네덜란드 정치체제를 가리켜 합의주의의
전형이라고 주장하였다.  합의 민주주의(consociational democracy)에는
네덜란드 외에 오스트리아, 벨기에, 스위스 등이 포함된다.  정책은 사
회 내 모든 이익의 동의하에 결정되기 때문에 민주적이지만 결정하는
데 많은 유무형의 비용이 따른다.  사회의 비토세력이 다양하게 존재하
는 만큼 정책 변화나 개혁은 쉽지 않았다.

  임금정책과 사회정책은 밀접히 관련된다.  사회보장비용은 기업의 경
쟁력, 그리고 결국 고용/실업에 영향을 주기 때문에 임금정책은 사회
정책의 영향을 받는다.  그러나 양자의 관련은 복지체계의 성격에 따라
다르다.  기민주의 복지체제처럼 기업과 노동자가 복지를 책임지는 기
여 중심의 복지에서는 임금 또는 비임금성 인건비는 기업의 경쟁력을
좌우할 수 있다.  이 때문에 네덜란드에서 사회보장제도가 임금협상의
중대한 쟁점이 되었다.  1980년대 초 네덜란드 경제는 심각한 상황에
직면하였다.  제2차 석유위기 이후 기업의 이윤은 악화되고 부채는 높
아져 파산이 대거 속출하였다.  1984년 실업은 80만에 이르렀다.  노동
력 증가를 고려할 때 실업증대는 중대한 문제로 대두하였다.  불황 속
에서 정치는 표류하였다.  1981년 출범한 기민-사민 연립정부는 9개월
만에 붕괴되고 1982년 선거에서 루버스 기민당수를 수상으로 한 기민-
자유 연립정부가 들어섰다.  루버스 정부는 실업을 퇴치하기 위해 기업
이윤의 회복과 건전재정을 강조하였다.  정부의 개혁을 강조하는 한편,
노사는 1982년 11월 여름부터 노동재단이 준비한 합의에 도달하였다.
이것이 그 유명한 와세나르 협약이다(강명세, 1999; Visser and
Hemerijck, 1997; Hemerijck and Visser, 2000).  와세나르 합의는 엄밀
히 말하면 노사의 상호 권고이다.  그러나 무게가 실린 권고로서 향후
협약과 같은 의미를 갖게 되었다.  실업률이 두 자릿수를 넘는 상황에
서 와세나르 합의를 통해 노조는 임금파업을 할 수 없었고 기업은 국가

개입을 물리칠 기회로 생각하였다. 대량실업의 현실 속에서 노조는 기업의 이윤-투자 없이는 일자리도 있을 수 없다는 것을 깨달았다.

와세나르 합의는 효과적으로 나타났다. 1년도 되지 않아 단체협의의 3분의 2가 2년간 갱신되었고 물가-임금 연동제는 사라졌다. 1985년 실질임금은 9% 낮아졌다. 와세나르 합의로 임금정책이 실효를 발하자 루버스 정부는 공공부문 개혁에 착수하였다. 1983년 공공부문 임금을 포함한 수당이 동결되었고 나아가 1984년 정부는 공공부문 임금을 3% 삭감하였다. 루버스의 개혁이 성공함에 따라 1986년 선거에서 기민-자유 연립의 중도우파 정부는 재신임되었다. 2기 루버스 정부의 개혁과제는 사회보장 부문이었다. 네덜란드 복지체제는 노사의 높은 기여분에 의존하기 때문에 기업의 경쟁력을 약화시킨다는 비판을 받아왔다. 일자리를 잃은 노동자가 복지제도로부터 받는 소득(사회임금)은 일자리를 가진 평균 노동자 소득과 비교하여 1980~5년의 65%에서 1990~93년에는 70%로 상승하였다(〈표 2-2〉). 복지비용을 부담하는 기업의 입장에서 보면 불필요한 노동력을 유지할 필요가 없이 해고하여 복지국가에 떠넘기는 것이 생산성 증대에 더 유리하였다. 네덜란드 복지제도하에서 노동자도 실업을 크게 걱정할 필요가 없었다. 대부분의 기업은 단체협약에 의해 기업을 떠나는 인력에게 과거 임금의 100%에 해당하는 질병수당과 산재보상금을 지급해야 했다. 기업은 복지기관과 결탁하여 산재가 아닌 경우에도 유휴인력을 처분하는 방법으로 산재보험제도를 악용하였다. 산재 및 실업수당이 임금에 모자라지 않기 때문이다. 그 결과 복지수혜자 수는 크게 증가하였다. 1986년 55~64세 연령층의 노동자 중 산재보험 수혜자 수가 일자리를 갖고 있는 노동자 수보다 많을 정도였다. 네덜란드 복지국가는 복지의 덫에 빠져 있었던 것이다. 복지의 덫은 대륙 복지체제의 일반적 현상이었다. 다만 덫에 빠지는 길만이 달랐다. 독일과 프랑스의 정책은 조기은퇴를 유도하였고 벨기에에서는 실업보험의 확장이 그리고 네덜란드에서는 질병 및 산재보험이 노동시장으로부터의 퇴출을 낳았다. 55~64

세 사이의 노동자 1만 명당 질병 및 산재보험의 수혜자 수를 비교하면 1987년 현재 독일은 262명, 벨기에는 434명인 데 반해 네덜란드는 무려 980명이나 되었다(Visser and Himerijck, 1997: 138). 1990년 7백만의 노동력 인구에서 1백만이 복지수혜자였다. 루버스 정부는 1987년 수혜자격을 강화하는 동시에 지급액을 최종 임금의 80%에서 70%로 하향시켰다.

그러나 네덜란드 복지체제의 아킬레스건은 네덜란드 사회보호의 광범하지만 수동적인 체계였다(Hemeijck and Visser, 2000: 329). 남성 가정위주의 복지제도는 여성의 노동참여를 억제하였기 때문에 전체적 노동참가율은 낮았던 것이다. 노동참여율을 높이기 위해 루버스 3기 정부(1989~93)와 자유-노동 연립정부(1993)는 적극적 정책을 강력히 추진하게 된다. 또한 루버스 3기 정부는 1, 2기와는 달리 수혜액이나 조건이 아니라 수혜자 자체를 감축하는 방향으로 선회하였다 (Hemerijck and Visser, 2000: 241). 1987년 네덜란드에서는 장애연금이 삭감되었고 수혜자격에 대한 검증이 더욱 엄격히 제한되었지만 별다른 성과는 없었다. 대규모 반대와 선거패배 이후 1993년 네덜란드 중도우파 정부는 사회복지개혁의 타협에 도달하였다. 1992년 의료개혁은 일대 분수령이다. 1990년 정부는 질병 및 산재보험에 대한 대대적 수술을 선언하였다. 개혁에는 50세 이하의 모든 노동자에 대한 소득대체율을 연령수당 외에 최저 임금의 70%로 낮추고 수혜를 계속 받기 위해서는 의료진단이 추가되는 등 자격조건을 강화하였다. 정부의 조치에 대해 노동은 전후 최대 규모의 파업을 시도하였지만 정부는 굴하지 않고 추진하였다. 한편 노사는 1990년대 초 경제가 다시 악화되어 실업이 더욱 증가하자 독일 통일의 여파로 네덜란드 국내금리가 상승하고 투자가 위축되어 실업이 증가하였다고 보고, 제 2의 와세나르라 할 수 있는 정부와는 독자적으로 노사자율의 신노선 협약을 맺었다. 신노선은 와세나르 합의의 정신을 계승하여 분산화와 유연성을 강조하였다. 기업은 노동시간 단축을 더 이상 반대하지 않았고 노동은 임금을 자제하기로 합의한 것이다.

네덜란드와 이탈리아에서의 경과를 보면 뚜렷한 패턴이 나타난다. 즉 복지개혁은 온건한 임금협상으로 시작되어 제도적 개혁으로 전환하는 것이다. 개혁의 제도화란 임금협상의 분산화, 공공고용정책의 강화, 사회이전소득제도의 전면재정비 등을 말한다. 양국 정부는 공공부분 임금에서 노조의 양보를 얻는 데 주력하는 대신 그 반대급부로서 고용증대 및 감세정책을 실시하였다. 뒤이어 사회보장제도의 변화와 이전소득의 삭감이 실시되어 노조와의 갈등은 낮은 수준을 유지하였고 마침내는 노동과의 불협화는 사회적 타협으로 해결되었다(Regini, 1999: 73).

네덜란드와 이탈리아 복지개혁에서 드러나는 두 번째 특징은 정부의 주도적 노력이다. 개혁의 추동자는 정부이다. 정부는 사회 및 노동 정책을 바꾸기 위해 강력한 의지를 표출하였다. 1982년 네덜란드 루버스 정부와 1992년 이탈리아 아마토 정부는 노조의 반대를 무릅쓰고 임금상승을 억제할 것을 천명하였다. 정부가 강력한 의지를 갖고 임금협상에 일방적인 개입하겠다고 나서자 노조는 임금정책에 대한 종래의 입장을 재고하게 되었던 것이다. 정부의 의지는 사회보장제도의 개혁에 대해서도 마찬가지로 강력하여 타협을 이끌어 낼 수 있었다. 네덜란드 정부는 전통적으로 노사가 자체적으로 유지해 오던 사회보장기금의 운영을 바꾸었고 노동, 자본 및 국가의 삼자기구가 기금운영을 맡도록 하였다. 한편 프랑스와 독일의 실패사례는 대조적이다. 프랑스의 발라뒤르 우파 정부는 1993년 5년 고용을 입법하였다. 이 법안의 내용은 고용주의 사회보장기여를 축소하고 기존의 고용제도를 정비하고 청년 장기실업을 감축하는 것이었다. 마찬가지로 콜 정부는 고용을 증대하는 동시에 노동시장의 유연성을 높이는 일련의 조치를 도입하였다. 그러나 양국 정부는 사회정책 및 임금협상 등과 관련하여 노사 등 사회 파트너와의 협조를 구할 수 없었고 이들 사이에는 고용정책에 대해서도 명시적 또는 묵시적 합의가 없었다.

## 4. 세계화, 노조갈등, 복지국가 : 스웨덴

세계화의 가장 큰 피해자는 스웨덴을 비롯한 북구유럽의 스칸디나비아 국가들이다. 스칸디나비아 국가들의 복지제도에 대해서 방대한 문헌이 쏟아졌다. 특히 주목할 만한 저술로는 Esping-Anderson (1990; 1996), Stephens(1996), Hicks(2000) 등이 있다. 전후 스칸디나비아 국가들은 특히 1970년대 제 1차 석유위기를 거뜬히 극복하는 가운데 효율성과 평등성의 모범적 결합사례로서 칭송받았다. 1980년대까지 OECD 국가들 가운데 거의 완전고용을 구가하였던 스웨덴은 1990년대 들어 대공황에 맞서는 실업률에 허덕이게 되었다. 실업률 지표는 스웨덴에서 일어난 경제적 변화를 가장 두드러지게 보여준다. 1989년 불과 1.5%였던 실업은 1993년에는 8.3%로 늘어났으며 재훈련 과정을 포함하면 두 자리 수치가 될 것이다. 노동시장의 문제는 곧바로 복지국가의 위기로 발전하였다(Stephens, 1996; Scharpf, 1999). 실업증가 및 고용감소는 복지국가에게 이중의 부담을 안겨준다. 고용이 감소하면 조세재원이 축소되는 동시에 복지에 대한 요구가 증가하기 때문이다. 높은 실업률의 주범으로서 많은 이들은 스칸디나비아 국가들이 전후 구축하였던 복지국가를 지목하였다. 이들은 관대한 복지제도가 게으른 노동력을 양산하였고 경직된 노동시장은 일자리를 빼앗아 갔다고 주장하였다.

복지국가의 전형으로 일컬어지던 스웨덴은 1980년대 경제성장이 감속하면서 위기에 직면하였다. 스웨덴 복지국가가 가능할 수 있었던 것은 지속적 경제성장이었다. 1970년대 석유위기, 브레튼 우즈 통화체제의 붕괴, 그리고 무역, 자본 및 금융의 국제화, 제조업 쇠퇴와 서비스 부문의 팽창 등으로 나타난 세계경제의 구조적 변화는 스웨덴 복지모델에 심대한 충격을 가하였다(Huber and Stephens, 1998). 경제적 위기로 인해 1976년 선거에서 사민 정부가 패배하고 보수 정부가 등장하게 되었다. 이후 1982년까지 집권했던 보수 정부는 국제경쟁력을 회복하기 위해 복지체제에 손을 대기 시작하였다. 1980년 정부는 파트타임 노동자에 대한 연금지급액을 축소하고 질병보상에 대한 대기일을 도입하였다. 보수당 정부는 파트타임 노동자의 연금지급을 소득의 65%에서 50%로 삭감하고, 의료 및 주택 서비스에 대한 수혜자 부담원칙을 도입을 하였고 많은 사회혜택에 대한 계산방식의 변경을 통한 비용절감을 꾀하였다. 1982년 선거에서 최대 쟁점이 되었던 분야는 질병보상금 지급에 대해 이틀의 대기일을 도입한 것으로 이는 보수당이 선거에서 패배하게 만든 요인이었다. 1983년부터 시행 예정이었던 대기일 제도를 포함하여 보수당의 복지개혁은 사민당 집권으로 폐기되었다. 보수 정부의 복지축소 정책은 스웨덴 유권자의 저항에 부딪쳐 1982년 선거에서 사민당에 패배하였다. 사민당은 복지정책에 기대로 집권하였지만 변화된 세계경제 환경에 대처하기 위해서는 새로운 정책이 요구된다는 점을 인식하였다. 1982~91년 동안 집권한 사민당 정부는 일부 복지를 확대하는 동시에 일부 복지를 축소하는 정책을 취하였다. 첫째, 사민당 정부는 1983~89년 동안 환율 평가절하에 따른 경제성장과 재정적자의 감소에 힘입어 아동수당을 증액하고 실업수당을 늘리는 등 사회권과 관련된 복지를 확대하고 강화하였다. 다른 한편 사민당 정부는 복지삭감의 개혁을 시도하였다(Swank, 2000: 107).

〈표 2-2〉는 1980~1993년 동안 스웨덴 복지비용이 국민총생산에서 차지하는 비중을 시기별로 그리고 국가별로 비교정리한 것이다. 표는 Swank(2000)에서 가져온 것이다. Swank는 복지체제를 사민주의, 가톨릭 사민주의, 기민주의 및 자유주의로 분류하였다. 스칸디나비아 국가들은 사민주의에 속하며, 오스트리아와 네덜란드는 가톨릭 사민주의, 기민주의에는 독일, 벨기에, 프랑스, 이탈리아 등이며 영국, 미국, 호주, 뉴질랜드는 자유주의 복지체제이다. 〈표 2-2〉는 스웨덴의 복지국가가 어떻게 변화하였는가를 보여준다.

첫째, 정부는 질병보상 및 소득관련 연금(ATP) 등의 복지비 증가를 막기 위한 방안을 마련하기 위해 위원회를 설치하였다. 사민당 정부는 1983년 의료혜택법을 제정하였다. 중앙정부는 의료혜택에 관한 권한을 지방정부에 위임하였고 의료혜택에 대한 중앙정부의 지원금을 삭감하였으며 지방 소득세를 동결하여 의료혜택의 비용증가를 억제하였다. 다음 표에서 나타나는 것처럼, 스웨덴의 1980~93년 동안의 각종 복지비 지출을 비교하면 GDP 대비 사회보호 지출은 1980~84 기간에 비해 1990~93년의 비중은 3% 이상 증가하였음에도 불구하고 공공의료비 지출은 같은 기간동안 거의 2% 줄었다. 사회비 지출의 축소에 관한 한 사민당도 예외가 아니었다(Kuhnle, 2000: 221). 1993년 보수당 정부는 사민당의 반대에도 불구하고 사회보장 급부를 80%로 낮추었다. 한편 1994년 재집권한 사민당 정부는 질병급부를 75%로 낮추었다.

1990년대 스웨덴 의회는 여야 공동으로 일련의 복지개혁을 추진하였고 이러한 노력은 1998년 입법화되었다(1990년대 후반 이후의 복지개혁에 대해서는 Kuhnle(2000)을 참조). 1998년 복지개혁법은 복지국가의 방향을 혜택 중심에서 급여중심으로 전환하였다(Kuhnle, 2000: 213~4). 또한 부분적으로 스웨덴 복지체제의 특징인 보편성이 약화하는 경향을 보이고 있다. 의료 및 사회서비스 부문의 복지는 부분적으로 강화되었다. 경제적으로 어려웠던 1990년대 초 일인당 의료에 대한 공공지출은 상승하였다. 특히 노인 및 장애자에 대한 공공지출이 그러하다. 보편성의 약화는 노인연금, 질병보험 및 노인연금 등에 집중되었다. 예를 들어 이제까지 고용소득과 관계없이 지급되던 노인연금은 1998년의 연금개혁으로 2000년부터 고용소득이 전혀 없거나 낮은 사람에게만 지급토록 바뀌었다. 질병급여도 그 자격조건을 강화함으로써 보편성 원칙은 약화되었다. 질병보험은 두 가지 점에서 개혁이 요구되고 있었다. 첫째, 질병보험은 그동안 직장결근을 조장하여 생산성을 저하시킨다는 비판을 받아왔다. 둘째, 80년대 이후 장애보험의 수혜자가 대폭 증대하여 보험재정을 압박하면서 질병보험에 대한 개혁 필요성이 제기되어 왔었다. 1981~1994년 동안 질병보험의 수혜자 수

### 〈표 2-2〉 복지비 구성(%)

| | 총 사회보호비 | | | 사회 임금 | | |
|---|---|---|---|---|---|---|
| | 1980~4 | 1985~9 | 1990~3 | 1980~4 | 1985~9 | 1990~3 |

#### 사민주의 복지체제

| 북구 | | | | | | |
|---|---|---|---|---|---|---|
| 덴마크 | 27.0 | 25.8 | 28.0 | 69.7 | 61.0 | 58.7 |
| 핀란드 | 19.4 | 22.8 | 30.1 | 26.6 | 52.9 | 59.1 |
| 노르웨이 | 21.3 | 25.2 | 30.5 | 42.6 | 61.5 | 61.5 |
| 스웨덴 | 29.8 | 30.0 | 33.1 | 76.4 | 84.2 | 81.0 |
| 평균 | 24.4 | 26.0 | 30.4 | 53.8 | 64.9 | 65.1 |

#### 가톨릭 복지체제

| 오스트리아 | 22.3 | 23.9 | 24.4 | 31.8 | 34.8 | 32.5 |
|---|---|---|---|---|---|---|
| 네덜란드 | 29.1 | 27.4 | 28.3 | 65.0 | 70.0 | 70.0 |
| 기민주의 복지체제 | 24.5 | 24.4 | 25.5 | 34.0 | 35.4 | 36.0 |
| 자유주의 복지체제 | 21.0 | 16.4 | 17.4 | 31.2 | 30.8 | 29.2 |
| 전체평균 | 21.0 | 21.5 | 22.9 | 39.7 | 34.8 | 32.5 |

| | 사회서비스 | | | 공공의료 | | |
|---|---|---|---|---|---|---|
| | 1980~4 | 1985~9 | 1990~3 | 1980~4 | 1985~9 | 1990~3 |

#### 사민주의 복지체제

| 북구 | | | | | | |
|---|---|---|---|---|---|---|
| 덴마크 | 4.7 | 4.5 | 4.5 | 5.7 | 5.3 | 5.4 |
| 핀란드 | 1.8 | 2.2 | 2.8 | 5.3 | 5.8 | 7.0 |
| 노르웨이 | 1.8 | 3.4 | 4.9 | 6.5 | 6.9 | 7.5 |
| 스웨덴 | 4.2 | 3.6 | 5.3 | 8.7 | 7.8 | 7.0 |
| 평균 | 3.2 | 3.6 | 4.4 | 6.6 | 6.5 | 6.8 |

#### 가톨릭 복지체제

| 오스트리아 | 0.3 | 0.3 | 0.2 | 5.5 | 5.6 | 5.8 |
|---|---|---|---|---|---|---|
| 네덜란드 | 1.1 | 1.0 | 1.1 | 6.1 | 5.8 | 6.3 |
| 기민주의 복지체제 | 0.6 | 0.6 | 1.4 | 6.0 | 6.2 | 6.4 |
| 자유주의 복지체제 | 0.4 | 0.4 | 0.5 | 5.4 | 5.4 | 5.9 |
| 전체평균 | 1.2 | 1.2 | 1.5 | 5.9 | 5.9 | 6.2 |

* 사회임금은 평균 실업노동자에 대한 소득대체율을 말한다.

〈표 2-3〉 스웨덴 보험별 사회지출 비교(1990~1995, %)

|  | 1990 | 1995 |
|---|---|---|
| 가족/유아 | 14. 9 | 11. 4 |
| 실업 | 4. 2 | 11. 1 |
| 의료 및 질병 | 33. 9 | 21. 7 |
| 노인 및 장애 | 45. 1 | 49. 5 |

자료 : Kuhnle(2000), p. 217.

는 30% 증가하였다. 유아급여에 대해서는 부모의 휴가 기간은 64주로 확대되었으나 임금유급보상은 축소되었다. 실업연금 역시 그 급여율이 삭감되었고 전에는 존재하지 않았던 대기기간이 도입되었다.

〈표 2-3〉에서 보는 것처럼, 1990년대 실업의 급증으로 전체 사회지출에서 실업보험의 비중은 1990년 4. 2%에서 95년에는 11. 4%로 대폭 상승하였다. 지출 상승이 일차적 개혁의 대상이었다.

1980년대 이후 스웨덴은 과거와는 전혀 다른 세계환경에 직면하였다. 스웨덴 복지국가를 떠받치고 있었던 기둥은 변동환율, 코포라티즘, 국가의 세제 및 기업보조정책의 세 가지이다(Moses, 2000: 63). 그러나 세계환경의 변화는 위와 같은 세 가지 정책을 어렵게 만들었으며 이에 따라 스웨덴의 보편적이며 포괄적인 복지정책의 보전도 도전받고 있다. 외환통제의 폐기와 국제적 자본이동은 스웨덴이 국제경쟁력을 높이기 위해 종종 의존하였던 평가절하를 무용화시켰다. 1982년 변동환율제를 폐기하고 고정환율제를 채택한 이유는 세계경제 환경의 변화에 따라 변동환율제가 더 이상 국제경쟁력에 도움을 주지 않는다고 판단했기 때문이다. 스웨덴에서는 변동환율제에 대한 두 가지 비판이 제기되었다(Moses, 2000: 76~77). 첫 번째 비판은 환율의 잦은 변동은 투기자본의 유출입과 함께 재정불안을 증폭시킨다는 것이다. 재정불안은 크로나에 대한 시장의 신뢰를 약화시켜 금리를 상승시켜 결국 투자의욕을 약화시키기 때문이다. 두 번째, 평가절하는 수입가를 상승시켜 국내부문을 과도하게 활성화시켜 물가불안을 낳는다. 이러한 이유로 스웨덴은 1982년 고정환율제를 채택하게 된 것이다. 자본의 국제적 이동과 외환 자유화는 코포라티즘을 통한 노동시장의 규제도 별 쓸모없게 만들었다. 코포라티즘이 유효한 역할을 발휘하는 데는 노동과 자본의 힘이 균형을 이루어야 한다. 그러나 국제적 조건의 변화에 더불어 자본-노동의 균형이 깨지면 코포라티즘은 효과를 볼 수 없게 된다.

국제경쟁은 스웨덴 복지국가의 재정수입을 압박하였다. 각국이 앞다투어 투자유치를 위해 기업우대 세제를 실시하게 되면서, 스웨덴 정부는 기업에게 높은 과세를 부과할 수 없게 되었다(Scharpf, 1999: 24). 또한 국민들의 조세저항이 일어났다. 이러한 재정압박에 대해 스웨덴 정부는 사회비 지출을 축소하였다. 1993년 GDP에서 차지하는 사회비 비중은 37.4%였다가 2년 뒤인 1995년에는 33.4%로 낮아졌다. 이는 공공부문의 고용이 축소되었기 때문이다. 동일한 기간동안 공공고용은 26.1%에서 21.9%로 낮아졌다.

스웨덴 복지국가의 위기에 대해서는 다수의 학자들이 동의한다. 다만 그 원인과 관련한 두 가지 다른 주장이 제기되었다. 첫째 주장은 자본의 국제적 이동에 무게중심을 실어 복지제도의 위기 원인을 설명한다. 모세스는 자본이동 또는 유럽통화체제의 출범은 자본의 상대적 우위를 보장하게 함으로써 사민주의 코포라티즘에 기초한 전국적 임금교섭구조를 해체하였다고 설명한다. 다른 한편 국내제도에 설명의 우선 순위를 두는 입장은 국제환경의 변화는 언제나 존재했던 것이며, 스웨덴 모델의 위기를 가져온 본질적 요인은 노동 내부의 갈등에 있다고 주장하였다. 국제적 영향이 국내적으로 여과되는 국내적 제도의 우위성에 대한 많은 문헌이 있다. 힉스는 노동조합과 사민당이 건재하는 한 사민주의 복지체제는 쉽사리 해체되기 어렵다는 점을 강조한다. 또한 스티븐스는 계급적 기원의 연장선상에서 사민모델의 해체에 대해 부정적이다. 스웨덴 모델의 특징은 노동연대에 기초한 전국적 임금협상이다(Pontusson, 1997; Huber and Stephens, 1998; Kjellberg, 1998).

사민주의 복지모델에 속하는 다른 나라들에서는 임금협상의 패턴은 스웨덴과 다르게 발전하였다. 노르웨이가 중앙집중화와 분산화의 반전을 거듭하였다면 핀란드와 오스트리아 임금협상은 중앙집중이 강화되었다. 수출부문에 집중된 스웨덴 금속산업 사용자연합(VF)은 1970년대 말부터 이미 분산화를 추구하였다. 그러나 LO와 사민당의 반대로 성사되지 못하였다가 1990년대에 와서 산별협상으로 분화하고 있는 추세이다. 분산화의 원인에 대해서는 Huber and Stephens(1988)와 Kjelleberg(1998)를 참고하라. 노동연대는 임금평등, 즉 동일직종 동일임금을 주창하였다. 임금평등화를 둘러싸고 계속되어 온 블루칼라(LO) 대 화이트칼라(SACO) 그리고 민간부문 대 공공부문(TCO) 간의 갈등으로 1983년 처음으로 전국적 단체협상은 와해되기 시작하였다. 전국적 협상을 기피한 쪽은 사용주였다. 사용주가 전국협상에 참여한 동기는 임금자제의 이점이었다. 그러나 탈산업화와 더불어 공공부문 가입 노조원의 수는 1970년대 이후 꾸준히 증가하였다. 1970년 전체 노조원 가운데 공공부문 노조원이 차지하는 비중은 15.6%였던 것이 1990년대에는 33%로 두 배 이상 증가하였다(Kjellberg, 1999: 99; Visser, 1989). 반면 민간부문 노조를 대표하는 LO의 비중은 같은 기간 동안 66%에서 56%로 하락하였다. 1950~89년 동안의 노동조직 비교연구는 스웨덴 블루칼라 노조의 영향력이 화이트칼라 노조에 비해 약해져 왔음을 보여준다(Golden, Wallerstein and Lange, 1998). 공공부문의 증대는 스웨덴 탈상품화 복지국가의 산물이다. 그러나 이제 공공부문의 증대는 스웨덴 복지체제의 근간을 형성하는 노동단결을 저해하는 것이다. Garrett and Way(1999)에 따르면 공공부문의 증대는 비록 노조의 노동시장 지배율이 높더라도 노동세력의 분절화로 인해 인플레와 실업에 악영향을 준다고 주장하였다.

전국적 단체교섭이 공공재가 되기 위해서는 자본의 이동이 불가능해야 한다. 만약 자본이 국경 밖으로 나갈 수 있다면 자본의 교섭력이 상대적으로 향상되는 것을 의미하기 때문에 노동은 전국적 수준의 교섭을 지킬 수 없다. 국제적으로 이동할 수 있는 자본은 노동의 임금자제는 스웨덴뿐 아니라 다른 곳에서도 가능하기 때문에 노동의 협상력은 약화되는 것이다. 국제경쟁의 격화는 내수부문과 해외부문의 균열을 조장하였다. 세계 가격의 지배를 받는 해외부문은 그렇지 않은 내수부문의 이해와 다르다. 만일 국내부문이 높은 임금을 요구하여 이것이 해외부문의 단가에 영향을 준다면 세계시장을 상대로 하는 해외부문은 존속하기 힘들다.

그러나 스웨덴 정치경제의 이러한 구조적 변화에도 불구하고 급격한 복지개혁은 이루어지지 않았다. 스웨덴 복지국가의 특징상, 노동은 물론 중산층을 포함한 광범한 복지수혜층이 존재하기 때문에 보수정부마저도 역사적으로 형성된 복지국가에 대한 사회적 합의를 허물지 못하였다. 보수 및 사민당은 정치적 비용이 큰 복지축소보다 각 정파의 타협에 기초한 점진적 개혁을 선호하였다. 엘리트와 유권자 모두에게 복지정책은 국가가 계속 제공하여야 한다는 광범한 정치적 합의가 존재하였다(Kuhnle, 2000: 219). 따라서 개혁은 복지부담을 다른 쪽에 전가하는 방향으로 움직였다. 특히 국제경쟁과 관계가 없는 부문에게 부담을 전가하였다(Scharph, 1997). 저항이 가장 미약한 부분, 예를 들어 소비세나 사회보장기여분에 대한 세제를 증가하여 복지비용을 유지하는 것이다.


## 5. 결론

이 글에서 취급했던 전후 선진국 복지국가의 특징은 두 가지이다. 첫째, 전후 선진 민주국가 가운데 복지모델로 여겨지던 스웨덴의 복지체제가 균열되기 시작하였다. 오랜 동안 탈상품화 및 사회임금을 통한 복지국가의 성장은 극에 달하였다. 선진국 중 국민총생산에서 가장 많은 몫을 복지비용에 넣어왔던 스웨덴에서의 세계화와 노조갈등은 스웨덴 모델을 떠받치고 있던 동일 직종 동일 임금의 임금연대를 무너뜨렸다. 한편 급격한 복지개혁은 심지어 보수 정부하에서도 이루어지지 않았다. 자본-노동 간의 힘의 균형을 포함한 그 간의 제도적 저항이 만만치 않기 때문이다. 그러나 최근의 연구결과는 과거와 같은 식의 복지는 더 이상 지탱하기 어렵다는 것을 말해준다. 유럽통화연합의 여파는 직간접적 영향을 주기 때문에 과거에 스웨덴이 행사하였던 일국중심적 케인지안 정책들을 사용하기 어려울 것이다. 탈산업화와 국제경쟁의 동시진행에 따라 스웨덴 기업과 정부는 사회비를 삭감하지 않을 수 없었다. 그러나 스웨덴 정치경제의 구조적 변화에도 불구하고 급격한 복지개혁은 이루어지지 않았다. 스웨덴 복지국가를 특징짓는 중산층을 포함한 광범한 복지수혜층의 존재로 인해 심지어 보수 정부도 오랜 동안 구축된 복지국가에 대한 사회적 합의를 허물지 못하였다. 보수 및 사민당은 정치적 비용이 많이 소요되는 복지삭감보다 각 정파의 타협에 기초한 점진적 개혁을 선택하였다. 개혁은 비용절감이 아니라 복지부담의 배분을 다르게 하는 방향으로 움직였다. 미온적 개혁으로 끝나게 된 것은 노동의 분열에 있다. 따라서 통일된 노동을 바탕으로 한 사회적 합의를 통한 개혁은 거의 불가능해졌다. 탈산업화의 결과 스웨덴 노동총연맹의 핵심을 구성하는 수출제조업 노동자의 힘은 약해져 있었으며 복지국가의 성숙으로 공공부문이 성장하였지만 낮은 생산성으로 인해 공공부문이나 화이트칼라 노조의 임금인상 요구는 민간제조업 부문의 노동과 갈등을 빚었다.

다른 한편 네덜란드와 이탈리아에서는 사회협약을 통한 복지/노동개혁이 성공하였다. 네덜란드와 이탈리아에서 복지개혁은 온건한 임금협상으로 시작되어 제도적 개혁으로 전환하였다. 개혁은 임금협상의 분산화, 공공고용정책의 강화, 사회이전소득제도 등을 통해 제도화되었다. 양국 정부는 공공부문 임금에서 노조의 양보를 얻는 데 주력하는 대신 그 반대급부로서 고용증대 및 감세정책을 실시하였다. 역사적으로 양국의 노조는 복지제도의 운영에 깊숙이 침투하고 있었기 때문에 노동과 복지개혁이 성공하기 위해서는 노동의 참여가 결정적이었다. 네덜란드와 이탈리아 복지개혁에서 주목할 만한 점은 개혁과정에서 정부가 주도적 역할을 했다는 것이다. 예를 들어, 1982년 네덜란드 루버스 정부와 1992년 이탈리아 아마토 정부는 노조의 반대에도 불구하고 임금상승을 억제하고자 노력하였다. 정부의 강력한 의지를 확인한 노조는 임금정책에 대한 종래의 입장을 수정할 수밖에 없었다. 양국 노조는 정부와의 오랜 갈등과 타협을 경험하면서 유연한 대응을 습득하고 있는 것이다.

제 3 장
# 독일 사민당과 '신중도'

박근갑

## 1. 머리말

  자유주의 이론가 다렌도르프(R. Dahrendorf)는 일찍이 1987년에 자신의 유명한 한 저서에서, 복지국가의 사회보장 공급이 이미 과잉상태에 이르렀기에 시장력 조절에 대한 사회적 합의를 고수해 온 사회민주주의의 역사적 소명은 소멸되었으며, 이제는 개인의 책임과 전반적인 탈규제를 이끌게 될 자유주의의 시대가 개입주의 시대를 대신하게 될 것이라고 내다보았다(Dahrendorf, 1987). 케인스주의 수요관리와 복지 합의에 대한 신자유주의의 공세가 전세계적으로 승리를 거둔 시점에 이루어진 이와 같은 진단은 이로부터 약 10년 후에 사회민주주의가 20세기 중반기의 '황금시대'에 이어 다시 한번 유럽 대부분의 국가들에서 정치적 헤게모니를 장악하게 됨으로써 오늘날 하나의 오류로 판명되었다. 그럼에도 불구하고 최근에 이르러 사회민주주의 진영 내부에서, 자유시장의 원리가 국민국가의 경계를 초월하는 세계화의 추세에 직면하여 전통적인 평등과 복지의 원리와 결별하려는 경향이 점점 두드러지게 나타나고 있다면, '사회민주주의 시대의 종언'에 대한 진단은 도

대체 어떻게 평가될 수 있을까? 사회민주주의 정치의 역사에서 모범적 사례를 제공하는 독일의 경험이 이러한 질문에 대한 하나의 답변을 제 공할 수 있을 것이다.

독일 사민당은 '신중도'(*Neue Mitte*)의 슬로건을 내걸고서 1988년에 드디어 16년간에 걸친 오랜 정체성의 위기와 '스스로에 대한 회의' (Meyer, 1988: 63)를 극복하고 재집권에 성공하게 되었다. 선거 캠페 인과 이후의 정책입안 과정에서 사회민주주의의 쇄신방안으로 정립된 '신중도' 노선은 많은 부분에서 평등과 복지를 향한 사회적 연대라는 '낡은' 원리와 결별하려는 경향을 보임으로써(Schroeder, 1999) 수정주 의 역사에 새로운 장을 기록하게 되었다. 모든 정당운동이 일반적으로 사회의 발달과 경험수준에 따라, 그리고 이데올로기와 실천 사이의 괴 리가 점증하는 상황 속에서 끊임없이 새로운 방향을 모색하면서 끈질 긴 생명력을 유지해 왔다는 사실에 주목하면, 새로운 사회민주주의 프 로그램 그 자체를 결코 경악이나 비난의 대상으로 간주할 수는 없을 것 이다(Meyer, 1999: 454). 정강정책의 수정이란 대체로 정체성의 위기 에서 비롯되기에 '신중도' 또한 하나의 '위기관리 전략'으로 자리매김할 수 있을 것이다. 따라서 문제는 그것의 배경과 방향설정에 있다.

이러한 맥락에서 이 글은 독일 사회민주주의의 정체성을 위협하는 위기의 진원지와 거기에 대처하는 '신중도'의 개혁방향을 밝히고자 한 다. 이를 위해 먼저, 복지국가 '독일 모델'의 형성기에 주목하여 완전고 용을 전제로 확립된 사회보장체계가 오늘날과 같은 만성적 실업국면에 서 급여재정의 악화와 복지합의의 퇴조라는 구조적 문제점에 대응할 완 충장치를 결여하고 있다는 사실을 규명하게 될 것이다. 다음으로, 복 지국가 정체성을 위협하는 불완전 고용국면이 경기변동과 밀접한 관련 을 맺고 있다는 견지에서 세계화의 압력이 비용과 생산성, 그리고 기술 혁신의 측면에서 국민경제의 성장에 끼치는 영향력을 밝히고자 한다. 마지막으로, 독일 사회민주주의의 혁신방안으로 표방된 '신중도'를 이 와 같은 위기유산과 외적 긴장에 대한 대응전략으로 파악하여 급변하는 세계시장의 여건에 직면하여 경기부양과 고용효과를 동시에 도모하는 새로운 정책과제를 분석하게 될 것이다. 이 글은 전체적으로, 세계화의 압력에 대한 개별 국민국가의 대응방안은 '제도적 구조'(*institutional structures*)에 따라 다양한 모습으로 나타나며, '신중도' 노선이 수정주의의 성격에도 불구하고 코포라티즘적 합의구조에 근거하여 사회민주주의 복지정치의 근간을 유지하게 된다는 사실을 밝히고자 한다.

## 2. 복지국가의 위기

### 1) 물려받은 유산

복지후진국에 모범적 사례를 제공하여 사회정책의 역사에 뚜렷한 족적을 남긴 '독일 모델'의 근간은 '임노동에 집중된'(Vobruba, 1990) 강제보험제도로서, 그것의 연원은 비스마르크(Bismarck) 시대의 보험입법에로 소급된다. 이 제도에서 보험가입의 의무와 사회보장 시혜의 권리는 원칙적으로 고용여부에 달려 있으며, 이러한 점은 모든 생업종사자 또는 성인 주민 모두를 대상으로 하는 사회보장제도와 뚜렷이 구별된다. 또한 '독일 모델'은 임금수준에 비례하는 보험료와 보험급여 사이의 '공평한 교환'을 도모하는 보험료등가방식을 채택하고 보험재정을 원칙적으로 소득에 상응하는 보험당사자 분담금에 의존한다는 점에서, 공적 재원을 충원하여 전국민의 최저보장을 우선적으로 지향하는 기본보장제도(*Basis system*)와 차별성을 지닌다(Doering, 1999, 11ff.).

전체적으로 볼 때 '독일 모델'은 사회적 복지수혜(*soziale Leistung*)를 시장지향의 경제적 성과(*wirtschtliche Leistung*)에 결부시키고 있다는 특징을 지닌다. 이와 같은 성격의 사회보장제도는 지속적인 경제성장으로 달성되는 완전고용, 정교한 보험체계, 그리고 복지에 대한 사회적 합의라는 원만한 삼각관계에 근거할 때 최대한의 효율과 정당성을 획득하게 된다. 이러한 견지에서 오늘날에까지 이어지는 '독일 모델'이 실질적으로 2차 대전 이후의 번영기에 확립되었다는 사실에 주목할 수 있을 것이다. 1948년의 화폐개혁과 한국전쟁의 특수에 기댄 아데나워 (Adenauer) 시대의 '경제기적'은 우선 1952년과 1966년 사이에 달성한 연평균 6.3%의 경제성장률로 입증된다. 같은 기간에 독일은 무역초 과수지의 결과로 미국에 이어 세계 두 번째의 수출강국으로 부상했다. 이러한 성과로 1950년에 11.0%에 달했던 실업률이 5년 뒤에는 5.6% 로, 다시 5년 뒤에는 1.3%로 하강했으며, 1965년에는 그것이 0.7% 에 머물게 되어 실질적인 완전고용을 달성할 수 있었다. 경제적 번영 의 시기는 또한 노사평화를 가져다주어 자율협정을 원칙으로 하는 단 체교섭제도가 확립되었으며, 공동결정과 노동자의 경영참여에 관한 노사합의 또한 이 시기의 노동정치를 특징짓는 사례이다. 이 모두는 1956년과 60년 사이에 연평균 4.6%, 그리고 그 다음 5년 사이에 연 평균 5.3%에 이르는 실질임금 인상의 기반이 되었다(Schneider, 1989, 272ff.).

이처럼 임노동에 집중된 복지수요의 원리(Bedarfsprinzip)를 보험료 등가방식의 급여체계(Beitragsaequivalenz)에 결합시킨 사회보장제도에 서 사회구성원의 고용 수준이 복지의 효율과 정당성의 정도를 결정하 게 되며, 바로 여기에 복지국가의 '핵심적 딜레마'(Doering, 1999, 17f.)가 잠재해 있다. 높은 고용률은 사회보험 재정의 풍요와 안락한 복지 혜택을 보장하지만, 불완전 고용 또는 대량실업의 충격에 직면했 을 경우에는 이에 대한 완충장치가 결여되어 있기에 급부재정의 악화, 보험료율 인상, 공적 재원의 지원 상승, 사회적 불평등의 심화, 복지 합의의 퇴조 등의 현상이 연쇄적으로 나타나게 된다. 따라서 '독일 모 델'의 위기에 대한 논의는 우선적으로 고용정책에 영향을 끼치는 구조 적 요인들에서부터 출발한다. 이러한 맥락에서 새로운 사회민주주의 정권의 수반이 된 슈뢰더(G. Schroeder)는 연금제도와 조세제도 개혁 입법안을 추진하면서 다음과 같이 주장하고 있다 : "사회민주당의 현대

〈표 3-1〉주요 국가 실업률 비교 (1960~1995, %)

|  | 1960~70 | 1971~80 | 1981~90 | 1991~95 |
|---|---|---|---|---|
| 미 국 | 5.0 | 6.5 | 7.0 | 6.5 |
| 영 국 | 1.7 | 4.0 | 9.5 | 9.5 |
| 독 일* | 0.7 | 2.6 | 7.1 | 7.5 |
| 프랑스 | 1.8 | 4.2 | 9.3 | 10.9 |

자료 : Hein/Truger, 2000, p.85(표 3-2).

적 정치는 예컨대 다음과 같은 문제점에 맞서고 있다 ; 복지국가의 개혁 없이는 독일의 너무 높은 노동비용을 절감할 수 없다. 그리고 더 많은 일자리를 만들지 않는 한 복지국가의 재정조달은 불가능하다"(Schroeder, 1999: 444).

〈표 3-1〉에서 보듯이 1970년대 초반을 기점으로 '독일 모델'의 영광을 안겨다준 완전고용은 끝나고 이후에 수십 년 동안 불완전고용 국면이 지속되고 있다. 높은 실업률은 유럽 대부분의 국가에서 일반적인 현상이다. 1990년대 중반에 이르기까지 독일의 실업률은 유럽 연합 국가들의 평균치를 밑돌고 있었다. 문제는 그것이 90년대 후반에 이르러 상승세를 보이면서 약 10%대에 진입하고 있다는 점이다. 독일의 등록된 실업자수는 1999년 현재 약 400만 명에 이른다. 이 수치는 전대미문의 실업률(44.4%)을 기록한 1932년도 실업자수의 60%를 상회한다. 고용국면이 개선될 뚜렷한 징후가 보이지 않는 가운데 날이 갈수록 과격해지는 실업 청년들의 나치즘 부흥운동은 히틀러 체제의 망령을 떠올리게 될 것이다. 이러한 상황에서 고용국면을 전환시킬 경기부양책과 관련하여 독일 복지모델에 대한 회의와 비판이 광범위하게 제기되고 있다. 여기에 따르면 일자리를 보장하는 기업의 경쟁력을 키우기 위해 우선적으로 사회적 비용과 임금 및 임금부대비용이 삭감되어야 하며, 이러한 성격의 경기부양책은 점증하는 세계화의 압력에 직면하여 더욱 절실하게 요청된다. 그러나, '복지병'에 대한 진단의 실체는 종종 이데올로기의 '외피'로 가려져 있기에 장기실업의 구조적 원인

과 세계화 추세에 직면한 독일 산업의 현황을 사실적 근거에서 가려볼 필요가 있다.

## 2) 세계화의 압력?

일반적으로 실업은 노동력 수요가 공급에 미치지 못할 때 발생하며, 그것의 희생자는 주로 질적으로 하급 노동력을 보유한 계층이다. 1994년의 한 통계자료는 실질적으로 특정한 직무훈련을 거치지 않은 계층의 실업률이 직업학교를 졸업한 경우의 3배, 그리고 전문학교를 수료한 경우보다도 4배 이상 높다는 사실을 보여준다(Zukunftskommission, p. 230). 1970년대 이후로 차츰 늘어난 여성 잠재노동력도 실업률 증가의 한 주요 요인이다. 여기에 더하여 독일 통일이 구 동독지역 주민을 광범위한 미숙련 실업자로 만들었다. 노동력 공급의 측면에서 볼 때 무엇보다도 먼저 1980년대 이후의 산업합리화가 일자리를 늘리는 확대투자로 이어지지 않았다는 점을 지적할 수 있겠다. 노동을 대체하는 자본 역할의 중요성은 당분간 줄어들지 않을 전망이다. 이러한 상황에서 높은 실업률이 역으로 소비재 수요의 감소로 이어져 만성적인 경기침체의 주요한 원인으로 작용하고 있다.

복지국가 '독일 모델'의 정당성을 위협하고 있는 불완전 고용국면이 이처럼 국민경제의 불균등 발전에 기인한다면, '세계시장의 자유화'는 여기에 어느 정도의 '외적 긴장'으로 작용하는가? 우선 해외교역 현황을 살펴보면, 독일 산업이 세계시장에서 강력한 경쟁력을 구축하고 있다는 사실을 알게 된다. 1980년 이래로 독일은 미국에 이어, 그리고 일본에 앞서 세계 두 번째의 수출대국 지위를 고수하고 있으며, 90년대 중반기 이후에는 사정이 더욱 호전되어 세계 수출시장에서 10~12%의 점유율을 과시하고 있다. 독일의 해외시장에서 특히 큰 비중을 차지하는 제조업 상품의 경우에 미국을 제치고 선두위치를 점하고 있으며, 더욱이 수출 점유율을 인구비례로 환산할 때 독일의 해당 비율은 미국 혹은 일본의 경우를 2배 이상 능가한다. 수출의 지역적 구조를 볼 때도 독일의 경쟁력이 돋보인다. 미국과 일본의 교역대상지역이 전세계적으로 분산된 가운데서 주로 아시아와 남미의 신흥 성장시장에 집중된 반면, 독일의 전체 교역량 중 70%는 치열한 각축의 대상인 서유럽 국가들과 거래된다. 이와 같은 독일 산업의 경쟁력은 긍정적인 무역수지 관계로 나타난다. 1986년의 1,126억 마르크에 이어 1989년의 1,345억 마르크에 달하는 경이로운 수출초과액은 통독 이후에 급격히 하락했지만 90년대 중반기 이래로 다시 증가하기 시작하여 1980년대의 호황수준에 가까이 다가가는 추세를 보이고 있다(Zukunftskommission, 1998, p. 66ff.).

세계화 논의에서 흔히 '일자리를 수출하는' 해외 직접투자의 증가가 약화된 산업 경쟁력의 지표로 등장한다. 독일의 경우 이 부문의 대차대조표는 1980년대 이래로 대단히 부정적인 결과를 보인다. 예컨대 1998년에 독일에 유입된 직접투자액은 240억 마르크에 불과한 반면 유출된 액수는 1,220억 마르크에 달한다. 이와 관련해 먼저 이러한 현상이 주요 경쟁국들(미국, 일본, 영국, 프랑스)에서도 일반적이며, 또한 국내 총 시설투자자본에 대한 유출자본의 비율이(직접투자 유출 비율: 1986/89, 5.9%; 1990/93, 5.9%; 직접투자 유입 비율: 1986/89, 1.6%; 1990/93, 1.7%) 미미한 수준에 머물고 있다는 사실에 주목할 필요가 있다(Koedermann, 1999: 146f.). 사정이 그러하다 할지라도 이와 같은 부정적인 결산이 독일의 산업 경쟁력을 압박하는 높은 노동비용에 근거하며, 그것이 다시 실업률에 어떠한 영향을 미치는가?

일반적으로 기업의 투자결정은 기대이윤에 좌우되며, 그것이 투자대상지역과 관련될 때 노동비용과 더불어 노동생산성에 영향을 미치는 사회간접자본 시설 및 노동력 수준 등을 함께 고려하게 된다. 이러한 맥락에서 절대적인 임금가격보다는 임금단위가격(국민총생산에 대한 임금 및 부대비용 총액 비율)이 투자결정에 더욱 큰 영향을 미친다고 볼 수 있을 것이다(Flassbeck, 2000: 161ff.). 임금단위가격을 국제적으로 비교한 연구결과들에 따르면 1980/90년대 독일의 그것이 대체로 OECD 가입 국가들이나 강력한 경쟁국가들의 평균치를 밑돌고 있음을 보여주는데(〈표 3-2〉), 이는 곧 노동생산성과 관련하여 독일 기업의 경쟁력이 평균 이상으로 건전하다는 사실을 입증한다.

실업률, 노동생산성 및 임금단위가격의 추이를 비교한 다음의 〈표 3-3〉을 통하여, 우선 증가추세의 노동생산성은 사회간접자본의 설비와 노동력 수준의 향상으로 노동생산성이 계속해서 증가추세에 있으며, 다음으로 노동생산성 이윤이 다만 부분적으로 임금비용에 보전되었으며, 이어서 임금단위가격과 생산성 변동으로 실업률 추이를 직접적으로 가늠할 수 없다는 사실을 알 수 있다. 그리고 1995/96년간의 겨울에 독일의 한 연구소(ifo Institut)가 국제적인 영업활동에 적극적인 독일기업들을 대상으로 설문한 조사결과에 따르면, 해당 기업의 3분의 2 이상이 해외 직접투자의 '가장 중요한'(sehr wichtig) 동인을 시장개척에 두고 있다(Koedermann, p. 149f.).

세계화의 압력을 이처럼 비용(Kosten)의 측면에 한정해서 볼 때, 점점 격화되는 세계시장의 경쟁에도 불구하고 독일 산업의 생산성은 상당히 건전한 수준을 유지하고 있다고 평가될 수 있을 것이다. 그러나 세계화를 동시에 기술 패러다임의 변화를 요구하는 외적 긴장으로 이해하면, 독일 산업의 구조적 취약점이 드러난다. 국민경제의 경쟁력은 일반적으로 기술력 수준으로 가늠되며, 장기적인 전망에서 볼 때 그것은 무엇보다도 지속적인 기술혁신을 요구한다. 이러한 견지에서 독일 특유의 사회적 시장경제의 근간을 이루는 '병렬적'(koordiniert) 생산체제(Produktionsregime)에 주목할 수 있을 것이다. 국가개입이 공정한 규칙의 조정에 한정되는 가운데서 공동결정권을 통해 노동의 경영참여가 보장되는 독일의 생산체제는 특히 탄력적 직무훈련과 높은 수준의 생산성 유지에 크게 기여한다. 이를 바탕으로 독일 산업은 고숙련 노동력에 근거하는 '다품종 고가생산'(diversifizierte Qualitaetsprodukte)의 전략을 수립할 수 있었으며, 이는 곧 세계시장에서의 경쟁력 강화

〈표 3-2〉 주요 국가 임금단위가격 비교 (1980 = 100)

|  | 1995년 | 1998년 |
|---|---|---|
| 독 일 | 89.0 | 84.3 |
| 프랑스 | 88.0 | 86.7 |
| 일 본 | 92.1 | 91.1 |
| 영 국 | 96.5 | 96.6 |
| 미 국 | 98.2 | 99.5 |

자료 : Koedermann, 1999, p. 154.

〈표 3-3〉 실업률, 노동생산성, 임금단위가격 (1985~1998)

|  | 실업률(%) | 노동생산성 (1980 = 100) | 임금단위가격 (1980 = 100) |
|---|---|---|---|
| 1985 | 7.2 | 107.8 | 104.9 |
| 1990 | 4.8 | 118.2 | 100.6 |
| 1993 | 7.9 | 122.1 | 100.4 |
| 1995 | 8.2 | 128.8 | 97.7 |
| 1998 | 9.8 | 139.4 | 92.6 |

자료 : Koedermann, 1999, p. 157.

로 이어졌다(Soskice, p. 205 ff.). 사회적 합의(*Korporatismus*)에 바탕을
둔 독일의 생산체제는 그러나 기술 패러다임의 혁신에 적응하는 속도
가 느리다는 단점을 지니고 있다. 독일의 국민경제는 기계, 화학, 자
동차 등의 전통적 산업분야에서 강력한 해외경쟁력을 구축하고 있는
반면, 신흥 하이테크 부문에서는 그러하지 못하여 내수시장에서조차
경쟁자들의 위협에 직면하고 있다. 이러한 상황은 탈규제 시장경제를
선호했던 보수주의 정권이 첨단기술개발에 대한 국가의 재정지원을 계
속해서 삭감해 왔다는 사실과 더불어 신속한 투자전환이나 기업 구조
조정을 가로막는 유연성 결함에 기인한다(Zukunfskommission, p. 96ff.).
  이러한 맥락에서 독일 사회민주주의의 새로운 노선을 기술 패러다
임의 혁신에 가해지는 세계화의 압력에 대한 하나의 대응전략으로 이

해할 수 있을 것이다. '신중도'는 우선 과거 보수주의 정권 아래에서 다소 느슨해진 사회적 합의구조를 더욱 강화하여 노동시장과 자본시장의 유연성을 도모하려 한다. 슈뢰더가 새로운 수상에 취임한 직후에 개최된 '고용, 직무훈련, 경쟁력 강화를 위한 연대'(*Buendnis fuer Arbeit, Ausbildung und Wettbewerbsfaehigkeit*)의 제 1차 회의에서 기업과 노조의 대표들은 이미 세제개혁, 직무훈련 강화, 노동시장의 유연화, 연금개혁 등의 사항에 합의하였다(Arbeit fuer soziale Gerechtigkeit, p. 11f. ; 선한승, p. 10). 이를 바탕으로 '신중도'는 다음에서 보듯이 지식기반사회에서 부상하는 개인주의를 적극적으로 수용하여 사회민주주의의 가치관을 새롭게 정립하고 사회정책과 경제정책을 개정하여 국민경제의 경쟁력을 강화하려는 전략을 수립하고 있다.

## 3. 위기관리 전략 : '신중도'

### 1) '중간'의 의미

독일 사민당은 전통적으로 유럽의 다른 형제정당들과 마찬가지로 노동자층으로부터 강력한 지지를 받았으며, 이러한 점에서 그것은 "노동계급 정치의 가장 성공적인 표현"(Esping-Anderson, 1985 : 3)이 될 수 있었다. 오늘날 그러나 사민당이 노동계급의 지지를 거의 독점해온 '황금시대'는 이미 옛말이 되고 말았다. 독일의 모든 정당들에서 공통적인 현상으로 이념지향의 선거환경이 변화되어 1960년대에 80%에 이르던 고정표가 1980/90년대에는 절반으로 줄어드는 추세 속에서 사민당 지지세력의 무게중심도 변화되었다. 1970년대 중반에 사민당 지지세력의 절반 이상이 블루칼라 노동자층(52. 7%)이었으며, 그 다음으로 하위 화이트칼라층(35. 9%)이 중요한 위치를 차지했다. 1990년에 이르면 하위 화이트칼라층의 비중(34. 0%)이 크게 바뀌지 않은 가운데 블루칼라층의 그것은 34.4%로 크게 하락했으며, 대신에 이전에 각각 4.4%와 13.5%에 머물렀던 상위 화이트칼라층(중간 경영자 및 고용된 자유직업)과 기타세력(자영업, 기업가, 농어민 등)의 지지비율이 24.1%와 24.7%로 증가했다(Meyer, 1988: 88).

고정표의 감소, 즉 부동표와 투표에 참여하지 않은 사표의 증가는 여러 가지 복잡한 이유에 근거하겠지만, 사민당의 입장에서 볼 때 그 것은 무엇보다도 먼저 개인주의화(*Individualisierung*)의 귀결이다. 개인주의는 많은 부분에서 사회민주주의가 오랫동안 정체성의 이념으로 견지해 온 집산주의와 그것의 옹호 아래 수립된 복지연대와 대립한다. 그러나, 자율적 판단과 의사결정에 대한 의식의 성장은 역설적으로 복지국가의 산물이다. 예컨대 경제적 욕구충족, 직업생활에 필요한 교육기회, 재난에 대한 예방과 보호, 이 모두는 집단에게보다는 개인에게 부여되는 사회적 권리이자 혜택이며, 이로부터 '자율적 개인'의 자의식과 성찰이 성장한다. 이러한 의미에서 새로운 개인은 곧 '제도화된 개인'(Beck, 1998)이다. 개인주의화는 동시에 세계화의 영향으로 발생한 사회적 분화와 문화 다양화의 산물이기도 하다. 이러한 결과로 종종 조직된 노동운동에서 나타나듯이 거대 집단에 대한 소속감을 대신해 개인의 가치관과 판단력이 연대의식을 형성한다. 탈 물질주의(*postmaterialistisch*) 가치관과 쾌락주의(*hedonistisch*) 생활양식이 이러한 변화의 징표이다(Giddens, 1998: 74ff; Meyer, 1998: 90ff.). '신중도'는 이와 같은 사회적 분화와 생활양식의 변화에 적응하여 사회민주주의의 새로운 정체성을 확립하려 하며, 그것은 다음과 같은 사회세력의 가치관과 생활문화의 다양성을 아우르는 '분화전략'(*asdifferenzierte Strategie*)이다 (Meyer, 1988: 96).

(1) 전통적인 사민당 지지세력인 블루칼라와 중하위 화이트칼라 : 사회민주주의의 미래 계획을 위해 계속해서 포기할 수 없는 세력이며, 이들이야말로 사회민주주의가 추구하는 사회정의를 위한 정치에 가

장 관심이 많으며 또한 이로부터 직접적인 혜택을 받는다.

(2) 특히 첨단산업 분야에서 성공적인 사회성취를 이룬 신흥 화이트칼
라층과 자유직업 종사자 : 이 집단은 신기술과 정보통신 영역에 대
해 정확한 지식과 관심을 지니고 있으며, 이념적 편견에 얽매이지
않고 열린 자세로 정치적 토론에 참여하지만 대체로 지지정당을 확
정하지 않는 경향이 강하다.

(3) 평균 이상의 교육수준으로 사회, 문화 영역에서 상층 직업세계에
종사하는 지식인들 : 자유의 원리와 탈 물질주의 가치관을 신봉하는
이들은 문화적 관용에 관심이 많으며, 정치적 참여가 시민사회 영
역으로 확대되기를 바란다. 이들은 이념적으로 다분히 자유주의에
가까이 있지만, 그럼에도 불구하고 역사적 경험과 안목에 근거하
여 다양한 사회 계층들, 그 중에서도 특히 소외계층의 공평한 통합
이 사회 안정과 번영의 전제조건이라는 사실을 잘 알고 있다.

(4) 다양한 사회적 출신성분의 여성들 : 이들의 중요한 정치적 관심사는
예나 지금이나 평등한 권리이다(Grundwertekommission, 1999:
8f; Meyer, 218f.).

이처럼 다양한 현실적, 그리고 잠재적 지지자들 중에서 독일 사민당
이 새로운 정체성 확립에 중심적인 역할을 부여하는 세력은 지식기반
사회로의 이행과정에서 점점 그 수가 증가하는 첨단산업 분야의 신흥
화이트칼라층과 자유직업인들이다. 이들은 쾌락주의적인 동기에서 직
업적 성공을 이루려는 경향이 강하지만, 그럼에도 불구하고 새로운 지
식정보사회에서 나타나는 정치적 핵심사안에 대해 합리적이고 비판적
인 책임의식을 강하게 지니고 있다. 이들은 대체로 선거과정에서 부동
층의 중요 부분을 형성한다. 따라서 이 집단을 사회민주주의의 고정
지지세력으로 흡인하기 위해서는 기술 혁신, 경제적 진보, 사회적 책
임과 권리, 그리고 적절한 환경정책 등에 관한 구체적인 프로그램이
마련되어야 한다. 사회민주주의의 입장에서 볼 때 이 집단이 곧 현실
적, 그리고 잠재적 지지세력의 다양한 성향과 이해관계 속에서 본질적
인(*eigentlich*) '신중간'(*Neue Mitte*)을 형성하며, 여기에 사회민주주

미래가 달려 있다(Grundwertekommission, 1999: 8).

독일 사민당의 사회적 무게중심은 이렇게 전통적인 육체노동자로부터 전문가집단으로 이동했다. 이와 더불어 사회민주주의의 기본가치 (*Grundwert*)에 속하는 사회적 정의와 평등의 의미가 달라지게 된다. 소득과 재산의 불평등을 줄이는 것이 곧 사회정의라는 '낡은' 원리를 대신해 개인의 자발성에 대한 보장으로 기본가치의 중심이 이동하면서 평등개념이 상대화된다. 즉, "사회적, 경제적 불평등과 이를 조장하는 정치적 방책은, 그것들이 극빈자들에게 유용할 뿐만 아니라 정치적 판단에 따라 이들을 위한 최대이익을 유발한다면 용인될 수 있다 ; 특정한 불평등이 사회적으로, 그리고 경제적으로 유용한 능력과 에너지를 활성화함으로써 모든 사람들에게 이익을 가져다준다면, 그것은 사회적으로 정당하다고 간주될 수 있다." 이러한 견지에서 사회정의는 "자유를 누릴 평등한 기회"(*gleiche Freiheitschancen*)로 규정되는데, 그것은 법률적 보장을 통하여 정치적 결정과정에 동참할 수 있는 기회와 개인의 창의성 계발에 필수 불가결한 사회적, 문화적 기회의 균등을 의미한다. 이에 따라 소득과 재산의 불균등은 그것이 모든 사람들의 자유기회를 조장하는 한 정당하다고(*gerechtfertigt*) 간주된다(Grundwertekommission, p. 30).

## 2) '생동하는 사회정책'

독일 사민당은 이렇게 사회정의에 대한 기본가치를 재정립하여 복지국가의 구조를 변화된 경제적, 문화적 조건에 부응하여 보다 '효율적인' 방향으로 개편하려고 한다. '신중도'의 옹호자들은 비록 "위에서 아래로 내려오는 혜택 배분에 의존하기 때문에 복지국가는 비민주적이다"라는 기든스의 주장에 반대하지만, 그러나 신자유주의의 비판에서처럼 복지제도가 비효율적인 관료제의 영향으로 "개인의 자유에 대해 충분한 공간을 제공하지 않아" 복지시혜가 원래의 목표에서 벗어나 잘못된 결과를 낳게 되었다는 그의 충고를(Giddens, 1998: 173) 진지하게 받아들인다(Schroeder, 1999: 444).

사회보장 지출의 과도한 증가가 '복지국가의 한계'를 불러왔다는 신자유주의의 주장은 독일의 경우에 그다지 타당하지 않다. 예컨대 1997년의 국민총생산에서 사회비용이 차지하는 비율은 1975년의 그것에 비해 다만 1% 가량 증가했을 따름이다. 문제는 오히려 사회정책의 효율성을 잠식하는 '복지국가의 내적 봉쇄'(innere Blockaden des Sozislalstaates)에 있다(Grundwertekommission, p. 7). 앞에서도 지적했듯이 독일의 복지제도는 사회보장의 강제의무를 부담하는 노동인구와 그렇지 않은 부문 사이에 대체로 엄격한 구분선을 긋고 있다. 오늘날 지식정보사회에서 전일제노동과 평생직장이 차츰 비정규직과 유연노동으로 바뀌고 있는 상황에서 이와 같은 사회보장제도는 조직적, 재정적 측면에서 많은 문제점을 드러내고 있다(Ritter, 1996: 396ff; Doehring, 1999: 20ff.). 예컨대, 역전되는 연령분포 피라미드, 능동적 노동인구의 소득을 압박하는 수동적 노동인구의 증가, 의존적 국민정서를 조장하는 복지공급, 이 모두는 '자력구제(Selbsthilfe)와 외부지원(Fremdhilfe) 사이의 분업 관계'를 재조정하도록 요구하고 있다. 따라서 '신중도'는 "배후에서 지원하는 재분배에 기대기보다는 인간의 창조성과 가능성을 진흥시키는 사회정책의 올바른 길"을 모색한다(Schroeder, 1999: 446).

사민당은 '생동하는 사회정책'(aktivierende Sozialpolitik)으로 이러한 요구에 부응하려 한다. 기든스가 제안한 '적극적 복지사회'(Giddens, 1988: 171 ff.)에서처럼 이 새로운 정책과제는 "예방을 더욱 강조하고 자력구제에 대한 진정한 후원에 그 방향을 둠으로써 복지국가를 더욱 효율적으로 재편하고 그것의 정당성에 대한 토대를 새롭게 구축하는" 목표를 지닌다(Grundwertekommission, 1999: 37). 이처럼 개인에게 '더 많은 자기책임'을 부과하는(Hombach, 1998: 66) 새로운 정책과제에 따라 전통적 복지국가의 정당성을 유지해 온 위험과 보호 사이의 관계가 변화된다. 즉, 급속하게 발전하는 정보기술 사회에서 평생직장이란 다만 '이례적인 경우'에 한하여 유지될 수밖에 없기에, 과거에 '위기보호'(*Risiko-Absicherung*)에 치중했던 복지국가의 과제는 이제 '기회관리'(*Chancen-Management*)로 이전된다 : "누군가 더 나은 기능을 습득하기 위해 수련기간과 직무기간을 맞바꾸게 되어 자신의 생업활동에 단절을 초래하는 위험에 처하게 된다면 그는 위기에 처하게 되지만 복지국가가 공급하는 기회 또한 획득한다. 많은 사람들이 만약 그들의 운명을 경제적인 측면에서 스스로 떠맡게 된다면, 그것은 창의력과 개인의 자유에 의존하는 경제성장에 크게 기여하는 기회가 된다." (Schroeder, 1999: 446).

'신중도' 옹호자들의 진단에 따르면, 지금까지의 사회보장제도가 '평균소득자들'의 재산증식을 가로막는 '하나의 감옥'으로 작용했기 때문에, 사회정책의 개혁이 더욱 절실하게 요청된다(Bischoff, Detje, 1999: 36에서 재인용). 따라서 '생동하는 사회정책'은 "도약판에 뛰어오르려는 요구에 부응하여 사회적 안전망을 개인의 책임으로" 전환해야 한다는 주장이 가능하게 된다(Schroeder, Blair-Papier, p. 201). '신중도' 사회정책은 여기에서 또다시 "경제적 부양비를 직접 제공하기보다는 '인적 자본'에 투자하라"는 기든스의 '사회투자 국가' 건설안 (Giddens, 1988: 178)을 적극적으로 수용하여, 지식기반사회의 노동시장에서 '배제된' 실패자들에게 먼저 자활과 재기의 기회를 보장하는 데 우선적인 개혁과제를 부여하고 있다. 지식정보사회에서 직무기능의 효력이 장기간 유지될 수 없기에 지속적인 경제활동을 위한 재교육 기회의 확장이 사회정책의 중요한 현안으로 등장한다. 날로 치열해지는 노동시장의 경쟁관계에서 요구되는 것은 직업지식뿐만 아니라 급변하는 상황에 대처하는 '개개인의 방향설정 능력'이다. 따라서 '신중도' 사회정책은 "내일의 노동세계에서 아마도 결정적인 역할을 맡게 될 사회적, 그리고 정보전달 능력을" 배양하는 데에 역점을 두고 있다 (Grundwertekommission, p. 8, 38).

이처럼 개인의 역량과 책임에 보다 많은 위험보장의 의무를 부과하

는 사회정책 개혁안에 따라 국가의 기능과 역할이 재정립된다. "방향
을 조종하되 노를 젓지 않으며, 통제하기보다는 격려하는 국가"가 새
로운 사회민주주의의 모토이다(Schroeder, Blair-Papier, p. 199). '신중
도'는 곧 극단적인 개입주의와 시장지상주의 사이의 '중간'을 의미한다 :
"현대적 사회민주주의자들은 국가신봉주의자가 아니며 그렇다고 정치
적, 국가적 규제의 반대자도 아니다. 그들은 경제와 사회의 현대화가
국가의 개입과 신뢰할 만한 규율 없이는 원하는 바대로 성공을 거둘
수 없음을 잘 알고 있다. … 그러나 그들에게 국가란 결코 자기 목적이
아니다. 국가의 개입과 규제는 시민들이 자신들의 생활환경과 노동영
역에서 사회적 문제를 스스로의 책임으로 해결하는 능력을 키우는 목
표에 기여해야만 한다."(Grundwertekommission, p. 41). 이러한 맥락
에서 '신중도'는 현대적 조성설(*Subsidiairitaetsprizip*)의 정치원리에 찬
성하면서 복지행정기관과 자발적인 상조기구 사이의 협력관계를 보다
강화시키려 한다. 사회보장의 관리와 운영을 부분적으로 시민사회가
책임지는 전략적 방안이 모색되는데, 그것은 사회보장제도의 구조적
문제점으로 말미암아 복지합의가 퇴조하고 있는 현실에 직면하여, 이
전에 국가를 중심으로 형성된 사회적 연대가 이제는 시민사회를 중심
으로 실현되어야 할 현실을 반영하고 있다(김호균, 2000: 60).

　전체적으로 볼 때 '신중도'가 추구하는 새로운 사회정책은 위기관리
에 대한 사회적 책임을 부분적으로 개인의 부담으로 이전시킴으로써
시장지향성을 한층 강화하고 있다는 사실을 알 수 있다. 사민당이 녹
색당과 더불어 공동으로 제안한 '연금법개혁안'(*Rentenreform 2000*)이
이에 대한 사례를 제공한다. 지금까지의 연금제도에서 보험료는 전체
연금가입자 평균임금의 2배까지 인정되는 납부 상한선 임금에 보험료
율을 곱하여 산정되며, 이를 가입자와 사용자가 절반씩 균등하게 부담
한다. 보험재정은 부과방식(*Umlageverfahren*)으로 운영되는데, 보험료
등가 원칙에 기초한 이 방식은 연금수령자와 보험납부자 사이의 세대
간 균형이 무너질 때 재정이 불안정해진다는 단점을 지니고 있다. 이

에 더하여 보험 외 급여를 부담하는 국고보조금이 지금과 같은 높은 실업률에 직면하면 국가재정의 위기로 이어질 수 있다. 노령인구의 증가율이 취업세대의 그것을 앞지르는 상황에서 안정적인 보험재정 확보는 곧 지속적인 보험료율의 인상을 의미하는데, 이는 획기적인 임금인상과 기업이윤의 확대가 보장되지 않는 한 가계소득과 생산비용에 다같이 부정적인 영향을 미치게 된다(Ritter, 1996: 398f; 김상호, p. 7f.). '연금법개혁안'은 이러한 문제점에 대한 하나의 대응방식이다.

'신중도'가 제시하는 새로운 연금법은 우선 보험료율을 당장 지금의 20.3%에서 19.5%로 인하하고 앞으로 2030년까지 이를 최고 22% 수준에 묶어두려 한다. 이렇게 되면 연금급여율이 최저 64%까지 내려갈 수 있는데, 이 결손부분은 추가적인 노령급여로 충당하게 되리라는 계획이다. 개혁연금제도가 제시한 추가급여는 부과방식과는 달리 적립방식(Kapitaldeckungsverfahren)으로 확보된 재원에서 충당된다. 연소득 35,000 마르크와 70,000 마르크 사이의 중하위 소득자로 그 대상이 제한된 추가노령보험은 2001년에 총소득의 0.5%에서 출발하여 2008년에는 그것의 4%까지 적립금으로 투자할 수 있게 된다. 추가보험의 적립자본은 예외 없이 사적 기관으로 운영되며, 이에 따라 기업단위의 연금보험도 가능하게 되었다(Beschluss des SPD-Parteivorstandes, Vol. 3. 7. 2000).

개혁연금제도의 제안 설명에서 강조되고 있듯이, 새로운 노령보험은 뚜렷한 장점을 지니고 있음을 인정할 수 있다. 우선 지속적인 보험료율의 인상을 막을 수 있으며, 또한 기업의 경쟁력 신장에 기여하게 될 것이다. 보험료와 급여 사이의 관계도 호전되어 이 제도의 효력이 완전히 나타나는 2050년에는 연금급여율이 최고 82.48%에 이르게 되리라고 전망된다(Rentenreform, 2000: 8). 그리고 노령복지에 대한 개인의 책임성이 강해져 경제적 성취 수준이 향상될 것이며, 이는 곧 사회 전반적인 경쟁력 신장으로 이어지게 될 것이다. 그럼에도 불구하고, 이 제도가 그렇지 않아도 상존하는 노령세대의 경제적 불평등을 더욱 심화시키게 되리라는 비판이 제기될 수 있다. 그리고 기업단위 노령보험의 재정과 운영은 노자협상의 대상이 되는데, 이 경우에 그것의 순기능에도 불구하고 보험급여 수준과 임금 가이드라인이 연계되어 노동조합의 교섭력이 손상될 위험이 존재한다(Doere u. a., Strategie, 1999; Weit vor der Truppe, Spiegel 33, 2000). 그러나, '신중도'의 새로운 기본가치에 따르면, 이 모두는 자유기회의 균등이라는 사회적 정의에 합당한 것이다.

## 3) 공급지향의 경제정책

'생동하는 사회정책'에서 이처럼 강하게 드러난 시장경제 지향성은 '신중도' 경제정책에서 보다 구체적인 모습을 갖춘다. 사회정책의 경우가 그러하듯이 새로운 경제정책 또한 변화된 여건 속에서 국가의 효율성과 경쟁력을 높이는 데 중점을 둔다. "능률적이고 혁신적인 경제활동의 전제조건을 조성하고 유지하는"(Grundwertekommission, 1999: 33) 시장정책은 사회민주당의 역사에서 전혀 새로운 것이 아니다. 이미 40여 년 전에 고데스베르크 강령은 "자유로운 소비와 직업의 선택이 사회민주주의 정치의 중요한 바탕이며, 자유로운 경쟁과 기업창의성이 그것의 중요한 요소이다"라고 밝힌 바 있다. 문제는 주기적으로 변동하는 시장경제의 경기와 거기에 대한 대응방안에 있다. 독일 사민당은 이 강령 이래로 전후의 아데나워 정부로부터 물려받은 사회적 시장경제를 케인스주의 수요정책에 결합시킨 혼합경제로 경기위축과 구조적 실업에 대처하였다(Miller, Potthoff, 1988: 199ff., 370ff.).

케인스주의 경기조절정책은 1960년대의 경제위기 국면에서 수요 활성화와 완전고용이라는 사회민주주의의 중요한 경제적 목표를 달성시켰을 뿐만 아니라, 그렇게 함으로써 사회화문제에 걸린 오래된 부담으로부터 사민당을 해방시켜 주었다. 이렇게 형성된 사회민주주의 지배의 정당성은 그러나 1970년대 후반기 이래로 자본시장과 금융시장의 세계화 추세에 따라 수요 진작을 위한 국민국가 단위의 금리와 조세 관리능력이 현격하게 떨어지기 시작하면서, 신자유주의의 공세에 위협받게 되었다. 국민국가를 대신해 금리정책과 조세정책에 대한 국제적 관리전망이 당분간 불투명한 상황에서 두 가지 서로 성격이 뚜렷이 구별되는 대안이 독일 사회민주주의 진영 내부에서 제시되었다.

경제적 '현대화'의 슬로건으로 표방된 하나의 대안은 슈뢰더를 중심으로 하는 중도파의 개혁안인데, 그것은 국민국가의 테두리 내에서 자본의 가치증식 조건을 가능한 한 최대화하는 데에 역점을 두는 '공급지향'(*angebotsorientiert*)의 경제정책을 수용한다. 토니 블레어의 '신노동당'(New Labour) 경제정책과 보조를 같이하는 이 방안은 노동비용의 절감, 노동시장의 유연화, 조세감면 등의 조처로 자국 자본의 시장 적응력과 경쟁력을 강화하는 데에 우선적 비중을 둔다. 이렇게 하여, 비록 완전고용의 목표가 현실적으로 불가능할지라도 가능한 한 많은 일자리가 창출되리라고 기대한다. 다른 하나의 대안은 오스카 라퐁텐(Oskar Lafontain)을 필두로 당내 좌파의 지지를 받는 '신 거시경제 정책혼합'(*neuer makrooekonomischer Programm-Mix*)이다. 지식정보사회에서 요구되는 기술혁신과 노동의 유연성을 전통적인 수요관리와 사회보장제도에 결합시킨 이 방안은 다음과 같은 정책과제를 제시한다.

(1) 국민국가의 테두리 내에서 아직도 실현가능성이 있어 보이는 국가 개입을 통하여 수요 활성화 요인들을 동원하고, (2) 독일 산업의 세계시장 적응력과 경쟁력 강화를 위해 기술혁신 진흥책을 마련하며, (3) 지식정보사회에서 점점 그 수가 줄어드는 일자리를 모든 취업인구에게 공평하게 나누기 위해 노동의 분업과 유연성을 조성하는 프로그램을 수립하고, (4) 이와 동시에 소비재 상품의 수요를 안정시키고 현대화과정의 희생자들에게 인륜적 피난처를 배려하기 위해 복지국가의 사회보장 제도를 계속 유지한다.

1988년의 선거국면에서 이처럼 서로 엇갈리는 두 가지 경제개혁안이 절묘한 분업을 이루어 한 가지 방안은 신흥 화이트칼라와 자영업자들에게 복음을, 또 다른 방안은 전통적인 블루칼라와 실업자들에 희망을 제공하였다. 이렇게 하여 사민당은 16년 만에 다시 정권을 회복할 수 있었지만, 선거 직후에 라퐁텐이 수요 활성화 방안을 위해 그토록 염원했던 재무장관직과 모든 당직에서 스스로 물러나게 됨으로써 경제개혁을 둘러싼 두 가지 대안 사이의 균형이 무너지게 되었다. 이러한 결과로 '신중도' 경제개혁안은 '공급지향'의 경기부흥책으로 무게중심이 이동하게 된다 : "사회민주주의자들은 과거에 종종 성장과 높은 고용률이 성공적인 수요조절만으로 가능하다는 인상을 불러일으켰다. 현재의 사회민주주의자들은 공급지향의 정책이 중심적이고 보충적인 역할을 수행해야만 한다는 사실을 깨닫게 되었다"(Schroeder, Blair-Papier, p. 200).

이른바 '좌파의 공급정책'(Hombach, 198 : 16)이 우선적으로 지향하는 목표는 기업의 경쟁력 강화를 통한 경기회복이다. 1997년 당시 사민당의 수상 후보였던 슈뢰더는 자신의 선거 프로그램에서 새로운 사회민주주의가 지향해야 할 경제정책의 개혁과제를 다음과 같이 밝힌 바 있다 : "우리는 노동 부문의 부담을 경감하고 진정한 기업활동을 다시금 매력적으로 만들 것이다. 그리하여 우리는 유럽의 경쟁시장에서 살아남아 독일이 계속해서 매력적인 투자지역이 되도록 할 것이다. … 사회적 시장경제의 진정한 르네상스란 자극과 경쟁 메커니즘을 통해 자원이 효율적으로 이용될 수 있는 환경에 의존하기에, 우리는 '탐색 방법으로서의 경쟁력'에 더욱 강력한 힘을 부여할 것이다."(Bischoff, Detje, 1999 : 27에서 재인용) '신중도'의 경제정책은 먼저 기업가들의 "모험심, 발빠른 시장전환, 그리고 혁신을 가로막는 규제와 제도, 그리고 정신상태" 등의 개혁을 기업 경쟁력 회복의 전제조건으로 지적한다(Grundwertekommissin, p. 33). 새로운 경제정책에서 강조되는 규제완화의 필요성은, 과거 국가의 시장력 조절정책이 행정비용의 낭비와 관료제의 비대화를 야기했으며, 또한 기업의 창의력과 자기 책임의식이 항상 "보편적인 시장보호정책의 뒷전으로 밀려나게 되었다는" 반성에서 비롯한다. '신중도' 경제정책은 따라서 모든 공적 영역에서 관료제를 축소하고 그 효율성을 높여서 기업의 자율성과 창의성을 강화하는 '긍정적인 풍토' 조성의 과제를 지니게 되었다(Schroeder, Blair-Papier, p. 198f.). 예컨대, "소기업 수십만 개의 창업을 방해하고 그리하여 일자리 창출을 방해하는" 수공업법의 개정안이 이러한 개혁과제의 사례이다(김호균, 2000: 56).

공급지향의 경기부양책은 다음으로, 노동의 분업과 유연성에 대한 당내 좌파의 실업대책을 어느 정도 수용하는 동시에, 더욱 근본적으로는 취업노동과 기업의 공과금 부담을 줄여서 소비재 상품의 구매력을 늘리는 한편, 자본의 투자의욕과 시장적응력을 높이려는 과제를 지닌다. '신중도' 경제개혁은 먼저, 과거의 사회민주주의 정치와 결부된 두 가지 잘못된 인상, 즉 (1) 사회민주주의는 복지재정의 확보를 위해 높은 세금, 그 중에서도 특히 과중한 기업세를 요구해 왔으며, (2) 높은 공공지출을 목적으로 국가채무를 확장하는 것이 곧 사회민주주의 고용관리와 경기부양의 지름길이라는 명제에서 탈피하려 한다. 여기에서 다시 한번 사회민주주의의 전통적 기본가치인 사회정의를 대신하는 경쟁력이라는 효율성이 강조된다 : "사회정의의 도로는 경쟁력, 고용, 그리고 혹은 민간지출에 미치는 결과와 영향력을 고려하지 않은 채 항상 높아만 지는 공공지출로 포장된다. … 그러나 사회정의는 공공지출의 높이수준에 따라 가늠되지 않는다. 사회의 수준은 이러한 지출이 어떻게 이용되며, 그것이 어느 정도로 사람들을 스스로 돕도록 변화시키는가에 달려 있다."(Schroeder, Blair-Papier, p. 188)

사회민주주의의 전통을 특징짓는 공공지출에 근거한 수요관리정책은 이렇게 거부되고 '미래지향적이며 고용에 유리한' 공급정책이 이를 대신하게 된다. 2000년 7월 14일에 연방상원의 의결로 확정된 '21세기를 향한 조세개혁'(Steuerreform 2000)은 이러한 선상의 출발점이다. "독일 역사상 가장 큰 규모의 조세감면 프로그램이 이와 더불어 성공적인

궤도에 오르게 되었다"는 이 세제개편으로 아직도 케인스주의 수요관
리에 미련을 갖고 있는 이른바 좌파의 '전통주의'와의 다툼에서 슈뢰더
수상이 이끄는 '현대화주의'가 일단 승리를 거두게 되었다. 2005년도부
터 연간 약 870억 마르크 정도의 조세부담이 경감될 것으로 전망되는
이 개혁안은 다음과 같은 세 가지 핵심 내용으로 이루어져 있다.

(1) 개인소득세 : 현재 12,300마르크의 면세 대상 연간 개인소득액이
    2005년에는 15,000으로 상향된다. 그리고 현재 최저 22.9%, 최
    고 51%에 달하는 개인소득세율이 2001년부터 단계적으로 낮아져
    2005년에는 각각 15%와 42%로 줄어들게 된다. 이에 대한 구체적
    인 사례를 들어보면, 연간 약 4만 마르크의 소득을 올리는 독신 노
    동자의 경우 현재 6,367마르크에 달하는 소득세가 2005년에는
    4,437마르크로 줄어들어 2,000마르크 가량의 감세 혜택을 받게 된
    다. 그리고 연간 180,000마르크의 소득으로 50,729마르크의 세금
    을 부담하던 기혼 영업직의 경우에는 약 7,400마르크, 연간
    1,000,000마르크 수입의 기혼 자영업자의 경우 100,500마르크 가
    량의 세금지출을 절약할 수 있게 되었다.
(2) 법인세와 양도매각세 : 기업에 부과하는 법인세율은 2001년부터 일
    률적으로 지금의 30%에서 25%로 하향 조정된다. 개인 투자가들
    의 경우에는 개인소득세의 범주 내에서 주식배당소득의 절반에 대
    해서만 세금을 납부하게 되며, 이미 기업으로부터 납부된 법인세
    부문이 정산된다. 자본의 시장전환을 원활하게 지원하기 위해 이제
    까지 기업매각으로 발생하는 소득분의 60%에 대해 세금공제 혜택
    을 부여한 데 반하여, 이제부터 최소 1년이 경과한 기업매각 소득
    은 조세의 의무에서 벗어나게 된다.
(3) 영업세 : 개인기업의 영업세는 개인소득세 의무에 합산하여 계산됨
    으로써 영업세계상 총액의 1.8배까지 감세 대상이 될 수 있다. 이
    부문은 세무조사의 대상에서 제외되기에 영업세는 경상비지출로서
    공제대상이 된다. 이러한 결과로 예컨대 지금까지 100,000마르크
    의 연간 소득에 대해 25.3%의 영업세를 납부한 개인기업은 2005
    년부터 19.0%의 영업세만을 납부하게 되어 약 25%의 조세감면

혜택을 누리게 된다.

　전체적으로 볼 때 '21세기를 향한 조세개혁'은 한편으로 전반적인 취업노동의 조세감면을 통하여 소비재 구매력을 높이는 데에 역점을 두고 있으며, 다른 한편 그것은 더욱 본질적으로 '중산층'(Mittelstand) 기업에 대한 세제혜택으로 전반적인 경기회복과 실업극복의 효과를 기대하고 있다. '중산층'이란 500명 이하의 종업원을 보유하고 100만 마르크에서 1억 마르크 사이의 연간 매상고를 기록하는 기업을 일컫는다. 독일 전체 산업에서 '중산층' 기업이 차지하는 중요성은 모든 취업노동의 68％, 모든 수련노동의 80％가 여기에 고용되고 있으며, 모든 기업의 총생산량 중 53％, 그리고 자본투자 총액의 46％가 이 부문이 달성하는 경제성과이다. 그리고 전체 기업의 조세수입 총액 중에서 개인소득세 의무에 해당하는 개인기업의 부담률(84％)이 법인세 의무에 해당하는 주식회사 부담률(16％)보다도 약 5배 가량 높다. 따라서, 획기적인 영업세와 개인소득세 감면혜택이 우선적으로 중소기업의 시장적응력과 경쟁력을 강화하게 되리라고 기대한다. 이렇게 하여 2005년에 6억 2천 5백만 마르크로 예상되는 개인소득세 감면분 중에서 중산층의 감세혜택은 2억 3천만 마르크 가량에 이를 것이다. 이러한 필요성은 지식정보사회에서 첨단부문에 대한 모험적 투자가 더욱 확산되어야 한다는 인식에 근거한다(Steuerreform 2000 ist gezielte Mittelstandsfoederung). 여기에서 다시 한번 '신중도' 전략의 핵심이 곧 '본래 의미의 신중간'에 놓여 있다는 점을 확인할 수 있다.


## 4. 한국에의 함의

　과도한 사회비용의 지출이 이른바 '복지병'의 진원이라는 신자유주의의 오랜 주장과는 달리 복지국가 '독일 모델'의 위기는 이미 그것의 형성기에 구조적으로 내재해 있었다. 비스마르크와 아데나워가 주도한 보수주의 지배정치의 산물로 등장한 '보험료등가방식'의 복지체제에서 사회구성원의 고용수준이 복지효율의 정도를 결정하게 되며, 따라서 실업사태가 발생하면 사회보장의 부담과 시혜 사이에 심각한 균열이 발생하게 된다. 사정이 이렇다 할지라도 복지국가의 정체성을 위협하는 고용의 불안정과 경기변동의 상관관계를 고려하면, 국민경제의 경쟁력을 압박하는 세계시장의 외적 긴장에 주목하게 될 것이다. 코포라티즘적 합의구조에 바탕을 둔 독일의 생산체제는 생산성과 비용의 측면에서 볼 때 고숙련 노동력을 기반으로 해외시장에서 강력한 경쟁력을 구축하고 있는 반면, 자본시장과 노동시장의 유연성 결함으로 말미암아 기술 패러다임의 혁신에 가해지는 세계화의 압력에 신속하게 대처하지 못하는 단점을 지니고 있다. 급변하는 세계시장의 여건 속에서 전통적인 제조업에서보다는 신속한 기술혁신을 요구하는 첨단산업 부문에서 고용확대의 가능성이 전망된다는 점에서 '독일 모델'에 가해지는 외적 긴장의 정도를 가늠해 볼 수 있을 것이다.

'신중도' 노선은 곧 이러한 상황에 대한 적극적인 대처방안이다. 사회민주주의 정치의 개혁방향은 한편으로 전통적인 노사정 협조체제를 더욱 강화하여 탄력적인 노동시장의 개편을 유도하고, 다른 한편으로 사회민주주의의 '낡은' 원리들을 수정하여 복지체계를 재정립하는 데에 중점을 두고 있다. 이에 따라 '신중도'는 먼저 정보기술사회의 새로운 가치관으로 부상한 개인주의를 적극적으로 수용하여 사회민주주의 정체성의 무게중심을 전통적인 분배의 정의로부터 개인의 기회와 책임으로 이동시켰는데, 이것은 신흥 화이트칼라층과 전문가집단을 사민당의 지지세력으로 끌어들일 필요성에 부응한 것이다. 이를 바탕으로 위기관리에 대한 사회적 연대를 부분적으로 개인의 책임으로 이전시켜 직무기능의 효율성을 제고하는 사회정책의 개혁안과 '중산층' 자본의 경쟁력을 높여 기술혁신에 대한 세계화의 압력에 적극적으로 대처하기 위해 전통적인 수요관리정책을 대신하는 공급중심의 경제정책이 수립된다.

이 연구를 통하여 결론적으로, 1980년대 이래의 세계화 추세는 복지국가의 정당성에 대한 위협요인으로 작용하고 있지만, 이에 대한 개별 국민국가의 대응이 '제도적 구조'에 따라 다양하게 전개된다는 사실을 알 수 있다. '신중도'로 표방되는 독일 사민당의 혁신방안은 기존의 코포라티즘적 합의구조를 바탕으로 급변하는 세계시장의 여건에 부응하여 복지제도의 구조적 문제점을 개선하는 데에 중점을 두고 있다. 이와 같은 성격의 '수정 모델'은 개별 '제도적 구조'의 현격한 차이로 말미암아 한국의 '생산적 복지'와 직접적으로 대비될 수 없을 것이다. 그럼에도 불구하고 '신중도' 노선에 잠재된 다음과 같은 문제점들은 우리에게 타산지석의 교훈을 제공할 수 있을 것이다.

첫째, 개별 국민국가의 노동시장에 가하는 세계화의 압력으로 고소득 숙련노동과 저소득 미숙련노동 사이의 사회적, 경제적 간격이 더욱 커지는 경향이 두드러지게 나타나는데(Hanesch, 1999: 5f.), '신중간'의 세계화 적응력을 높이는 데에 중점을 두고 있는 독일 사민당의 개혁방향이 이러한 추세를 더욱 가속화시킬 가능성이 있다. '신중도'는 여기에 대한 몇 가지 사회적 안전망을 고려하고 있지만, 이러한 현상이 그렇지 않아도 취약한 기본보장체계(Basissystem)의 문제점으로 말미암아 멀리는 복지국가의 정체성에, 그리고 가까이는 사민당의 선거구도에 부정적인 영향을 끼치게 될 것이다.

둘째, '개인주의화' 경향의 적극적 수용은 세계화의 충격에 대한 긍정적인 대처방안으로 평가될 수 있겠지만, 이러한 경향이 정책과정 전반에 영향을 미칠 경우에 기존의 사회적 합의구조의 균열이 발생할 우려가 있다. 이미 기술혁신과 생산방식의 자동화추세에 따라 다양한 형태의 노동참여 방식이 요구되면서 중앙집중의 통일적 단체교섭이 점점 와해되어 가는 추세를 보이는데, '개인주의화' 경향은 산업별 협의조직을 사업장 또는 기업 단위로 하향조정하여 결과적으로 노동조합의 교섭력을 약화시키게 될지도 모른다.

제 4 장
## 세계화와 스웨덴 사회정책의 전환

이 헌 근

홀륭한 복지제도의 시금석(*touchstone*)은 좋은 시절 경제적 번영의 시기
에 성취할 수 있는 것이 아니라, 경제가 위기일 때 보통사람의 삶의 조
건들을 안정시키는 정도에 달려 있다.
— 1930년대 후반 스웨덴 보건사회부 장관
구스타프 묄러(Gustaf Möller), 1946

## 1. 서론

20세기 말부터 유럽에서 진행되고 있는 유럽통합의 물결은 탈냉전
과 정보화로 인해 더욱 거세게 일고 있다. 이러한 통합의 물결은 유럽
민족국가들간 협력을 증대시키는 결과를 가져왔고, 이는 또한 국제화
와 세계화 혹은 신자유주의라는 무한 경쟁의 논리와 뒤엉켜 기존 국민
국가의 정치경제는 물론 사회적인 부문에의 변화를 가속화시키고 있기
도 하다. 이러한 분위기 속에서 '제3의 길'을 찾으려는 유럽 내의 움직
임과 개별 국가들의 적응 노력이 더 한층 활발하다. 즉 경제정책의 수

정, 복지국가 재편, 임금 적정화를 통한 새로운 노사간 합의 도출, 국가 경쟁력 및 효율성 추구라는 상호 복합적인 얽힘 등이 오늘날 유럽 국가들이 안고 있는 주요 고민 영역이 되고 있다.

따라서, 이 글에서 다루고자 하는 복지국가 재편 혹은 위기와 관련된 논의는 전혀 새로운 것은 아니다. 1970년대 세계적인 경제위기 이후 일련의 학자들은 복지국가와 관련하여 '국가의 재정위기', '정부 과부하의 위기', '정당성의 위기' 나아가 '자유민주주의의 위기' 등을 문제점으로 지적한 바 있다. 그럼에도 불구하고 스칸디나비아 복지국가들은 1980년대와 1990년대 복지비용의 증대를 이루어왔고, 그 중에서 특히 스웨덴은 오랜 세월동안 복지국가의 한 모델로서 세계의 이목을 받아왔다. 그리고 1990년대에 와서는 유럽통합, 신자유주의와 세계화의 도전과 관련하여 복지국가 재편에 관한 논의가 활발하다. 그러나 세계화 논의만이 유럽의 현존 복지국가 체제와 노동시장 규제를 압박하는 초국적 요인(supra-national factor)이 될 수 없으며, 이는 유럽통합의 과정에서 기인하는 압력요인들과 밀접하게 결부되어 있다(C. Hay 외, 1999).

일반적으로 복지국가의 대내외적 변화 요인들은 다음에 기인한다. 우선 크게는 경제의 세계화(economic globalization) 및 유럽화(European ization) 추세, 지식기반 경제를 비롯한 탈산업화 구조와 가치관의 변화, 인구구조의 변화라는 세 가지 요인을 지적할 수 있다. 구체적으로는 가족구조의 변화(lone family, 이혼, 동성가족, 동거의 증대 및 정식결혼의 감소), 출산율의 하락과 노동력 부족, 이민의 증대 및 노동의 자유로운 이동, 노동구조의 변화(여성노동과 공공부문, 파트 타임 노동의 증대), 가치관의 변화(비공식적 가족복지 감소와 개인주의 확산, 복지에 대한 도덕적 해이와 정당성 문제의 제고) 등이 서로 얽혀 복지국가 재편 요인으로 작용하고 있다.

이러한 복지국가의 도전에 대해서는 최근 스웨덴의 노사가 함께 인정하고 있으며, 이에 대한 다양한 대응 전략이 논의되고 있다. 예컨대 복지국가 재편을 위한 연금제도개혁, 임금협상의 새로운 모델 구축 노력을 하며, 나아가 스웨덴 노동조합총연맹(LO)은 유럽연합 내에서 노동의 적극적 연대 노력을 통하여 노동권·복지수급권을 확보하기 위한 전략을 구축하고 있다.

이 글은 세계화와 신자유주의의 도전과 관련된 복지국가 스웨덴의 대응을 일련의 사례를 통해 고찰하기 위함이다. 스웨덴은 복지국가 재편이라는 면에서, 특히 세계화와 신자유주의에 대응하는 사회정책 전환의 한 모델을 이루고 있다는 점에서 여전히 중요한 의미를 지닌다 할 것이다.

특히 필자는 사회정책 전환의 구체적 사례인 1998년의 연금개혁, 1980년대 이후 임금협상제도의 표류와 사회보장과의 관계, 나아가 유럽연합 속에서 스웨덴이 안고 있는 고민 등을 중심으로 복지국가 스웨덴의 현실과 미래를 논의해 나갈 것이다. 그리고 이 논의를 보다 분명히 하기 위해서, 스웨덴과 유럽의 복지국가들이 신자유주의로 수렴되어 가는가 혹은 여전히 차이가 존재하는가를 비교 분석하는 방법을 부분적으로 취하기로 한다.

그러나 앞으로 논의해 나가겠지만, 스웨덴 복지국가에 대한 논의와 평가에는 여전히 상반된 시각이 존재한다. 1980년대 초반 연대임금정책의 실패로 사실상 '스웨덴 모델'이 종언을 고하였다는 평가와 1990년대 후반에 이루어진 연금개혁은 여전히 스웨덴이 '노동친화적인' (work-friendly) 사회보장 및 복지제도의 흥미로운 성공사례로 간주될 수 있다는 시각이 그것이다. 그럼에도 불구하고 다수의 학자들은 스웨덴 복지국가의 후퇴(retrenchment)를 인정하는 추세이며, 결국 중장기적으로 복지국가의 해체 혹은 민영화로 방향전환할 것이라는 주장이 스웨덴 내에서도 늘고 있는 실정이다. 따라서 이 글에서는 1990년대 이후 변모하고 있는 스웨덴 사회정책의 변화를 연금개혁과 임금협상제도의 변화라는 사례를 중심으로 고찰하고, 나아가 스웨덴 복지국가의 미래를 조망하기로 한다. 스웨덴이 오랜 기간 복지국가의 한 모델로 이목을 끈 점과 복지국가 재편을 둘러싼 스웨덴의 새로운 실험은 21세기 새로운 사회정책 모델을 구축하려는 국가들에 타산지석이 될 수 있다는 점에서, 오늘날 변모하는 스웨덴 사회정책 고찰은 여전히 중요한 의미를 지닌다 할 것이다.


## 2. 세계화와 복지국가 재편


유럽의 복지국가는 사회적, 경제적 안전망(*safety net*)으로서의 역할을 하여왔다. 그러나 1990년대 유럽통합과 세계화의 물결 속에 유럽의 중도좌파 정권들이 출범하였고, 영국과 독일, 프랑스의 경우 '제3의 길', '새로운 중도', '쇄신좌파'라는 다양한 이름만큼이나 경제정책에 대대적인 수정을 가하고 있는 실정이다. 이러한 경제정책의 변모는 결국 기존 사회정책을 변모시킬 수밖에 없다는 점에서, 서유럽의 복지국가는 새로운 귀로에 놓여 있다 할 것이다.

서유럽의 경우, 특히 북유럽 국가들에서 복지국가는 이념적으로 사회민주주의 좌파 정부에서 훨씬 적극적인 면을 보여왔고, 또한 복지국가를 발전시켜 왔다. 그러나 아이러니컬하게도, 우리는 유럽에서 처음으로 정부의 복지 제공에 대한 논의와 정책적 실행이 우파 정부에 의해서 이루어졌다는 사실에 주목할 필요가 있다. 1880년대 독일의 비스마르크 정부에 의해 복지국가가 첫발을 내디뎠고, 2차 대전 이후 영국의 맥밀란(Mcmillan) 정부, 서독의 아데나워(Adenauer) 정부, 프랑스의 드골(de Gaulle), 미국의 닉슨(Nixon)과 케네디(Kennedy) 정부에 의해 복지국가의 도입 및 확대가 이루어졌기 때문이다.

그럼에도 불구하고 지난 50여 년 이상, 복지국가는 좌파진보 정부들이 형평과 효율성이라는 목적을 조화시키는 주요한 수단으로 기여해 왔다. 케인스주의의 관점에서, 세금으로 충당된 복지비용은 '자율적

조정자'(automatic stablizer) 로서의 역할을 제공했다. 조합주의의 시각
에서, 복지비용은 임금억제를 노동운동이 수용하게 하는 강력한 보상
으로서의 '정치적 거래'(political exchange) 를 원활히 하는 바퀴의 역할
을 하였다. 그리고 심지어 신자유주의 시대에서도 복지비용은 심화된
국제적 경쟁과 대중들의 실직 증대를 형성하는 시장개혁에 대한 대중
의 묵종을 얻어내도록 도와왔다(Levy, 1999: 239).

그러나 세계화의 시대인 1990년대에 와서 예산 적자와 베이비 붐
세대의 은퇴에 대한 관심이 고조되어, 복지비용은 심각한 압력에 직면
하게 되었다. 이러한 복지국가에 대한 도전 요인들과 더불어 1990년
대 유럽은 정치적으로 사민주의 정부들이 집권여당으로 복귀하는 특성
을 보여주었다. 유럽연합의 15개 회원국 가운데 13개 국가에서 좌파
정당들이 단독 혹은 연립정부를 이끌고 있다. 오늘날 유럽은 제3의
길, 새로운 중도(die neue Mitte), 급진 중도(radical centre) 라는 이름하
에 새로운 사회민주주의의 변혁이 진행되고 있다. 이와 더불어 유럽
복지국가의 틀과 사회정책 전환의 방향에 대한 논의 역시 활발하다.
물론 오늘날 서유럽 복지국가들을 기존 연구들이 유형화하였듯이, '하
나의 정형화된 틀'로 복지국가모델을 제시할 수는 없다. 그럼에도 불
구하고 서유럽 복지국가의 새로운 모델에 대한 논의에서 1990년대 중
반 이후 덴마크와 네덜란드의 성공사례(Danish and Dutch miracles) 들에
주목하는 연구들이 많은 것 또한 사실이다. 비제(Jelly Visser) 와 하멜
링크(Anton Hemerijk) 는 '네덜란드의 기적'(Dutch Miracle) 이라는 표현
을 통해 복지개혁과 독특한 코포라티즘을 칭송하고 있다. 이는 이 두
나라의 경우 오늘날 유럽에서 제3의 길을 모색하는 주요 축인 독일,
영국, 프랑스보다 빠른 시기에 사민주의 정부를 구성하였다는 점과 사
회정책을 성공적으로 개혁하여 경제적 성과를 이룩하였다는 공통점 때
문이다. 이러한 환경 변화와 관련하여 르 그랭(Julian Le Grand, 1999:
142) 은

> 복지국가는 사회민주주의의 핵심이다. … 그러므로 사회민주주의에 대
> 한 재고(rethinking)는 복지국가의 재평가를 포함하여야 할 것이다.

라고 하여 복지국가 재편 역시 불가피한 사민주의의 선택임을 강조하
고 있다. 이러한 좌파의 딜레마는 독일, 오스트리아, 프랑스, 이탈리
아, 스페인, 네덜란드 등을 포함한 일련의 서유럽의 이른바 기독민주
적 복지국가들로 불리는 그룹에서 나타나고 있다. 1)

복지국가의 두 가지 주요 업적은 완전고용과 제도적 복지국가로 표
현하기도 하지만, 과연 이는 더 이상 양립할 수 없는 것인가? 이에 찬
성하는 입장은 복지국가가 과도한 세금과 사회보장비용 충당만으로 더
이상 일자리 창출을 할 수 없기 때문이라고 주장한다. 결국 이러한 딜
레마는 이데올로기의 수준과 정책 수준에서 복지국가를 새로운 방향으
로 나아가게 하고 있다.

또한 선진 복지국가들은 다음과 같은 문제들로 인해 복지비용 증대
와 보다 나은 서비스 요구에 대한 압력에 직면하고 있다. 즉 불안정한
경제성장과 높은 실업률, 연금과 의료보험 비용을 증대시키는 노령 인
구, 의료기술의 복잡성 증대, 가정 붕괴율의 증대, 비공식적 가족중심
복지(informal family-centred welfare) 2)의 쇠퇴, 보다 향상된 복지와 사
회 서비스에 대한 요구 증대, 유럽통합에 따른 EMU의 수렴 기준
(convergence criteria for EMU) 등이 당면한 국민국가의 고민이다.

한편 복지국가 재편과 세계화라는 대외적 요인과 관련하여 그레이
(John Gray, 1998)는

> 예전의 사회적 시장경제(social market economies)가 하향 조화를 원하는

---

1) 기독민주적 복지체제는 보수주의 가톨릭, 가톨릭 조합주의, 대륙의 보수주의,
   대륙 유럽의 복지국가를 포함하고 있다(Green-Pedersen 외 2000). 이 글에
   서는 단지 분류화의 단순화를 위해 '기독민주적'이란 용어만을 사용한다.
2) 저축 등의 방법으로 가족의 안녕에 대비하는 전통적인 개별복지(필자 주).

세력들과 새롭게 행동할 수 있다는 생각은 세계시장(global market)과
결부된 환상들 가운데 가장 위험한 것이다. 이는 오히려 사회적 시장제
도가 환경, 사회, 노동비용이 더 저렴한 경제와 보다 평등하게 경쟁할
수 있기 위하여 스스로를 과감하게 강제적으로 해체 당하는 것이다.

라고 평가함으로써, 세계화의 직접적 효과와 위험성, 복지국가 쇠퇴
와의 상관성에 주목하고 있다.

　그러나 세계화란 용어에 대한 해석이 다의적으로 이루어지고 있으
며, 따라서 이를 분명하게 정의하기란 쉽지 않다. 이와 관련된 박길성
교수의 지적처럼, 즉 "세계화 논의의 어려움은 무엇보다도 세계화가
완결된 현상이 아니라 아직도 다양한 가능성을 내포하는 미완결의 진
행 과정이라는 점에서 비롯된다. 뿐만 아니라 세계화의 구성이 각기
독자적인 논리를 가지고 있는 정치, 경제, 문화 등의 다차원적인 사회
영역으로 구성되어 있음으로 이해, 세계화 개념은 물론이고 논의의 추
상성 수준(level of abstraction) 역시 일관성을 유지하기가 어렵다는 데
있다"(박길성, 1996: 30)는 주장은 적절하다. 다만 이 글에서 필자가
사용하는 세계화 개념은 경제의 세계화(economic globalization), 즉 자
본, 시장, 노동의 자유로운 이동 혹은 개방을 의미한다. 물론 이 세계
화란 의미는 신자유주의(neoliberalism)의 정치 및 이데올로기에 의해
본질적으로 주도되어 온 것이다. 다만 이러한 신자유주의가 주도하는
경제의 세계화 논리만이 오늘날 복지국가의 축소를 주도하고 있는 것
으로 분석하는 것은 물론 편협한 시각으로 볼 수 있다. 공산주의의 몰
락과 시장경제의 모순에 대한 대안 부재가 신자유주의 주도의 복지국
가 축소를 가속화하고 있다. 물론 산업경제에서 지식기반경제로의 급
속한 이동, 기존 복지국가의 제도적 한계, 복지에 대한 사회적 인식의
변화 등이 앞서 언급한 세계화의 흐름과 복합적으로 결합하여 사회정
책의 대대적 수정을 요구하는 새로운 논리로 작용하고 있는 것이다.
　특히 경제의 세계화는 완전고용과 평등을 목표로 하여온 케인스주

의 복지국가의 약화를 야기하는 것으로 일반적으로 평가되기도 한다. 한편 국제화와 세계화의 차이는 경제 개방성의 정도, 이데올로기의 개입 여부와 관련된 것으로 볼 수 있다. 즉 세계화는 정치와 이데올로기에 의해 추진된 경제적 현상이며, 이로 인한 국민국가의 통제력이 약화되는 것을 의미하는 것이다.

세계화로 인한 세계금융의 영향은 국민국가의 민주주의를 약화시킬 수 있다. 2차 세계대전 이후 서구의 복지국가 건설을 가능하게 했던 전제조건인 국가의 경제개입이 국제경제질서가 재편됨으로 인해 그 효력이 약화되고 있다.

이와 관련하여 정진영은 특히 세계금융이 민주주의에 미치는 부정적 효과들로 사회적 합의의 파괴, 정책자율성의 상실, 정치와 시장의 지리적 분리, 민주적 정당성의 위기를 지적(정진영, 1998)한 바 있는데, 이는 오늘날 스웨덴을 비롯한 유럽 복지국가들의 재편이 당면한 불가피성을 설명하는 데도 유효하다. 즉,

> 경제의 세계화 추세, 특히 세계금융의 도래는 자본의 활동에 방해가 되는 규제를 가능한 한 최소화하고 노동이나 복지에 대한 지출을 줄여 가는 이른바 '바닥을 향한 경쟁'(*race to the bottom*)이 일어난다. 이러한 추세는 사회적 불평등을 증대시킴과 동시에 국가를 통한 사회적 보호도 감소시키기 때문에 민주정치의 안정에 필요한 사회적 합의의 기반을 파괴한다. 그 결과 정치적 불안정이 초래될 위험이 있고, 마르틴과 슈만의 표현을 빌리자면, '사회적 지진'에 이어서 '정치적 지진'이 발생할 것이다. … '지리적 경계에 기초한 정치와 경계가 없는 시장'(*bounded politics, boundless markets*) 사이의 분리가 민주주의에 미치는 영향은 시장에 의한 정치의 압도, 정치의 실종을 초래하고 있다. 시장의 논리는 국경이 없지만 정치의 논리는 국경 내에 머무르고 있기 때문에 세계시장의 논리와 국가정치의 논리 사이에 긴장이 증가한다. 결국 세계금융으로 인해 정부가 정치의 장으로부터 쫓겨나고 있으며, 세계적 수준에서 사회와 정치를 삼키고 있다. 다른 한편, 정치의 영역은 세계시장의 규율과 국제기구의 권한으로 대체되고 있다(정진영, 1998: 189~

190, 192~3).

라는 주장처럼 스웨덴 역시 비단 세계금융의 영향만으로 보기는 힘들
지만 사회적 합의에 긴장이 일고 있다. 결국 국민국가의 복지체제를
유지하기 위해서 일국적 차원의 대응방식은 점차 한계를 보이고 있다
할 것이다. 세계화에 대한 스웨덴 복지국가의 대응은 '신다자주의'(new
multilateralism)적 특성을 보인다. 즉 유럽연합 내에서 스웨덴은 민주
성과 투명성 제고를 위해 다수투표제 포기와 협의제 도입, 집단의장제
도입 등을 요구하고 있다(Svensson, 2000). 이는 신다자주의에 기초한
국가들의 협력을 통해 스웨덴의 고민을 해결하고자 하는 정부, 노조의
선택이다. 국가들이 서로 협력하여 세계금융을 길들일 때에야 민주주의
도 안전할 수 있고 국제질서도 안정될 수 있다(정진영, 1998: 200~203).
  한편, 유럽의 사회정책 전환과 관련하여 핀란드 수상 리포넨(Paavo
Lipponen)은 1999년 1월 런던에서 개최된 국제회의에서 노르딕 국가
들의 사회민주주의 모델, 즉 노르딕 모델이 경제적 구속을 복지국가에
적용하는 데 성공적이었으며, 세계의 다른 지역들에 비해 상대적으로
평등한 사회보장과 소득 재분배를 유지하고 있다는 점을 강조한 바 있
다. 즉

> 복지국가는 직업 창출이라는 능력이라는 점에서 더욱 경쟁적으로 변해
> 야 한다. 그러나 우리는 임금 격차의 확대와 노조와 고용자를 분리시키
> 는 임금제도를 통하여 경쟁력 추구하려는 신자유주의의 사고를 거부해
> 야 한다. 블레어의 신노동당은 노르딕식의 사고방식과 점점 닮아가고
> 있다. 노르딕 사민주의와 신노동당이 공유하는 공통된 접근은 적극적
> 시민이 되도록 직업을 통하여 개인을 돕는 것이다(Eagle Street,
> January 1999).

라는 주장은 스웨덴을 포함한 북유럽, 나아가 유럽 사회정책의 변화
방향을 예측하는 데 참고가 될 수 있다.

　이처럼 복지국가의 개혁은 당면한 유럽의 정치적 의제가 되고 있다. 높은 실업률, 경제의 세계화와 사회인구적 변화에 따른 도전으로 인해, 대다수 정부들은 사회보장제도를 개혁하지 않으면 안 되었다. 그러나 북유럽은 서유럽에 비해 여전히 사회보장에 있어 차별성이 존재한다. 즉 핀란드 사회민주당 의회그룹 의장인 에리카 튜오미오자(Erikki Tuomioja)는 "영국과 미국의 복지정책은 어떠한 면에서도 노르딕 국가들과 유사하지 않으며, 대다수 노르딕 국민들은 이들 국가를 복지국가로 여기지 않는다"라고 하여 영국과 미국의 사회정책 수정 노력을 폄하하고 있다. 나아가 그는 "노르딕 복지국가는 앵글로-색슨의 비판적 견해와는 달리, 빈곤 퇴치에 성공적이었다"라고 주장한다. 비록 많은 문제점이 존재하지만, 노르딕 여론은 여전히 복지국가에 반대하고 있지 않다는 것이다. 따라서 노르딕 사회민주주의자들은 서유럽에 비해 상대적으로 높은 국민적 지지에 기초하여 복지국가가 경제적·사회적으로 지속될 수 있도록 사회정책 전환 노력을 다양한 분야에서 경주하고 있다.

　콕스(Cox, 1998: 13)는 오늘날 유럽에는 복지국가가 사회부조의 최적 수준을 제공해야 한다는 관념에서 멀어지는 운동이 일고 있는 반면, 복지국가가 최소 수준의 보조(support)를 보장하는 것 이상이 되어서는 안된다는 관념의 수용이 점차 확산되고 있다고 주장한다. 그는 노르딕 국가들의 연금개혁은 비스마르크의 사회보험모델에 더 근접한 것인 동시에 비스마르크와 베버리지의 유산인 전통적 사회보장모델들이 서유럽에서 의문시되는 것이라고 지적한다. 이처럼 복지예산의 삭감은 정도의 차이가 있으나, 서유럽에서 보편적인 현상으로 나타나고 있다.

　이와 관련하여 스웨덴은 국제적 압력에 의한 복지국가 개혁의 고전적 경우로 언급되고 있으며, 반면 덴마크와 네덜란드는 경제정책 및 복지정책 수행에 성공적으로 적응하여 생존 가능성을 보여준 경우에 해당한다. 이 국가들은 제도적인 면에서 차이를 보이고 있다. 덴마크는 스웨덴, 네덜란드와 달리 임금협상의 중앙화와 조합주의적 요소가 부족하다. 또 하나의 차이는 덴마크와 스웨덴이 '스칸디나비아 복지국가' 모형에, 네덜란드는 '대륙형 복지국가' 모형으로 분류된다는 점이다. 이는 경제의 국제화 여파가 과연 복지국가를 저해하는 요인으로 작용하는가 라는 점을 설명할 수 사례들이다(Paul Hirst, 1999).

결국 이 3개 국가들의 비교연구(이헌근, 2000a)는 고도로 국제화된 소국(小國)들이 당면한 국제화의 압력이 복지국가 개혁에 어떠한 영향을 미치는가에 대한 중요한 결과를 제공할 것이다. 특히 스웨덴의 위기는 국가사회주의와 자유방임의 자본주의 사이에서 사민주의적 제3의 길을 추구하는 국제적 모형이 되어 왔다는 점 때문에 주목할 필요가 있다. 스웨덴의 문제는 경제구조적 요인, 정책 실패라는 복합적인 것으로 볼 수 있다. 스웨덴의 경제는 다국적 제조수출업에 대한 의존도가 높고, 공공고용의 정도가 두 나라에 비해 상대적으로 높다는 점이다.

2000년 3월 리스본 정상회담(Lisbon Summit)에서 'EU의 완전고용' 및 남녀평등 증대 등을 목표로 결의한 바 있다. 그리고 니스(Nice) 정상회담에서 유럽노조연맹(ETUC)은 EU 회원국들의 사회적 아젠다(social agenda)를 요구하여 성과를 거둔 것으로 평가하고 있다. 그러나 스웨덴은 환경·자본·기업세금에 관한 거부권 행사를 삼가려는 ETUC의 요구를 거부했다. 그리고 유럽연합의 운영과 관련하여 '다수결의 원리' 역시 거부하였다. 스웨덴 LO의 입장은 세금 문제에 대한 다수투표제의 조건은 소득세들의 확대를 포함시켜야 한다는 것이며, 이는 EU 기업들의 '세금 천국'(tax paradises)을 종식시키는 데 기여할 것이다. 니스회담에서 합의한 것은 2001년 3월 스톡홀름 정상회담 이전까지 모든 회원국들은 자국 연금제도의 유지 전략을 수립하여야 한다는 것과 2001년 6월까지 국민국가 수준의 사회적 배제(social exclusion) 문제 해결을 위한 행동 계획을 제시하여야 한다는 것이었다(LO News, 2000.12.14). 이러한 유럽의 변화과정 속에서 스웨덴은 유럽연합 각료위원회의 21세기 첫 순환의장국으로 6개월간 유럽연합을 이끌어가고 있다. 이에 앞서 스웨덴 정부와 노조들(LO, TCO, SACO)

은 다음의 네 가지 영역에서 의장국으로서 특별한 노력을 기울이기로
합의하였다. 즉 실제 사회적 자원(social dimension)의 발전, EU 공동
고용정책에 참여, 보다 개방적이고 확대된 EU 건설을 위한 노력, 남
녀평등을 위한 노력이 그것이다.

유럽경제통합이 국민국가 수준의 민주적 자결을 감소시킴으로써 개
별 복지국가들의 미래가 직접적으로 도전을 받게 된다. 이는 곧 '민주
주의의 종말'을 의미하며, 결국에 가서는 개별 복지정책들은 통합된
유럽시장 속에서 경제적 경쟁성의 원리에 의해 좌절하게 될 것이다.
그리고 재분배정책들의 책임은 국민국가에서 유럽수준으로 이전되어
야만 한다(Scharpf, 1996).

오늘날 유럽 복지국가들이 당면한 주요 이슈들과 관련하여 리스터
(Ruth Lister)는 사회권의 본질과 잔여주의(residualism) 요구의 압력,
사회권·의무·노동의 재상품화(recommodification)의 관계, 시민의 책
임, 정부(agency)의 책임, 초국적 시민, 유럽연합의 사회권, '이방
인'(outsiders)의 대우 문제 등을 지적하고 있다. 나아가 그는 유럽의
대다수 국가들은 미국식 사고와 실천에 큰 영향을 받고 있다고 주장한
다(Ruth Lister, 2000). 그리고 유럽의 적극적 복지국가의 개념이 잔여
적 혹은 제한적(conditional) 복지 옹호의 개념에 의해 대체되고 있다

〈표 4-1〉 스웨덴 복지국가 변화 요인들

|  | 복지 축소의 압력들 | 복지 확대의 압력들 |
|---|---|---|
| 세계적 요인 | ·고도의 자본 및 노동 이동<br>·정보화와 지식기반산업의 확대<br>·이데올로기의 변화<br>·복지의 경제적 부담 | ·시장 희생자의 보호<br>·정치적 안정과 사회적 조화 |
| 유럽적 요인 | ·EMU 기준 및 생겐협정 | ·사회적 유럽 |
| 국내적 요인 | ·산업·인구구조의 변화<br>·납세자들의 불만<br>·실업과 복지비용<br>·이민의 증대 | ·복지 계급의 저항<br>·인간 욕구의 향상<br>·노동시장 불안정 증대 |

(Hay, 2000a). 예컨대 네덜란드의 사회보장 개혁은 장애인연금, 환자급여, 실업급여의 축소인 반면 덴마크는 실업급여, 조기퇴직급여의 축소에 초점을 맞추었다(Green-Pedersen et al., 8~9). 그리고 스웨덴의 경우 역시 연금기여금의 증대 및 수급액의 차등화, 질병급여의 축소에 초점을 맞추었다. 최근 스웨덴 정부의 유럽연합 각료위원회 의장국으로서의 접근전략은 '4+2 공식'에 바탕을 두고 있다. '4'라는 숫자는 자국 정치의 오랜 특성이 되어온 환경보호, 양성평등(gender equality), 투명성(transparency) 그리고 고용을 의미하며, '2'는 유럽연합의 확대와 러시아와의 관계개선이라는 외교정책상의 중요한 문제를 의미한다. 그러나 최근 스웨덴은 '3E', 즉 확대(enlargement), 고용(employment), 환경(environment)을 우선적으로 강조하고 나섰다(Svensson, 2000). 스웨덴은 2001년 3월 25일 생겐협정에 가입하였는데, 노사간의 상이한 입장과 국민의 반대여론에도 불구하고 EMU 가입은 피할 수 없는 상황이었다. 2000년 11월 EMU 가입에 대한 여론은 찬성 27.8%, 반대 47.2%, 무결정 25.0%로 나타나고 있다. LO의 회원노조 18개 가운데 16개 회원노조들이 EMU 가입을 받아들였고, 2개 노조(상인노조와 수송노조)만이 가입을 유보하였다. 이 결정은 2003년 가을 스웨덴 총선 이후에 결정될 것으로 보인다.

한편 스웨덴 사민당정부는 일국 정부 주도보다 오히려 집단의장제 추구 의도를 선언한 바 있다. 그러나 스웨덴 정부의 가장 큰 고민은 유럽연합의 정책에 관련된 것이라기보다 오히려 자국 정치에서 의회 내 다른 정당들의 지지를 획득하는 데 있다. 즉 유럽연합에 회의적인 좌익당과 녹색당, 그리고 이들이 주도하는 반유럽통화동맹(anti-EMU) 캠페인을 비롯한 많은 스웨덴인들의 EMU 가입 반대여론을 극복하는 것이다.

일반적으로, 특히 서유럽의 경우 세계화와 관련하여 사회정책과 경제정책 사이에 상호 적대주의(antagonism)가 증대하는 것으로 여기는 경향이 있다. 그러나 세계화의 개념 그리고 영향에 대한 진지한 논의

없이, 세계화를 단순히 '피할 수 없는 과정'으로 인식하는 것은 오히려 복지국가 개혁의 역효과를 낳을 수 있다(Hay and Marsh, 2000). 즉 사회정책 개혁의 즉각화(instantiation)는 시간이 흐름에 따라 더한 새로운 문제들을 야기할 수 있음에 주목해야 한다. 앞의 〈표 4-1〉에 요약하였듯이 앞으로 논의할 스웨덴의 복지개혁은 세계적 요인과 스웨덴 국내적 요인의 변화, 특히 유럽연합이라고 하는 변인이 동시에 작동하고 있다. 따라서 심층적이고 중장기적인 사회정책 전환에 관한 논의는 단순한 국민국가의 문제가 아닌, 오히려 초국적 대응을 필요로 하는 21세기의 과제가 되고 있다.

## 3. 스웨덴의 복지개혁

복지국가에 대한 유용성 논의는 노동의 동기부여를 제거하고 나아가 노동윤리와 사회의 도덕을 저해한다는 주장과 관대한 사회보험이 노동참여에 이익을 연계하기 때문에 오히려 노동력의 참여를 이끌어내는 데 기여한다는 주장으로 대별된다(Esping-Andersen, 1985). 이와 관련하여 인구의 변화, 노동시장에서의 성균형과 변화들에 따른 복지국가에 대한 사람들의 욕구를 변모시켰고, 따라서 복지국가 프로그램의 개혁을 당연한 것으로 받아들이게 되었다. 또 하나의 변화 요인은 복지국가의 효율성과 정당성에 대한 의문이 고조되었다는 사실이다. 그러나 인구문제가 전 세계가 당면한 모든 사회보장 문제들의 비난점이 되어서는 안된다. 일부 사회학자들의 분석에 따르면, 복지국가에 대한 지지는 결국 쇠퇴할 것이라고 주장하기도 한다. 그 이유 중 하나는 개인주의의 증대와는 별개로, 중산층의 생활수준 성장에 기인한다는 것이다(Gundelach and Riis, 1992: 236 재인용). 그러나 복지국가의 효율성과 정당성에 대한 일부의 비판에도 불구하고, 복지국가에 대한 대중의 지지 하락 경향을 증명하기란 쉽지 않다(Gundelach and Riis, 1992: 255). 최근 실업문제에 대한 대처 노력과 이에 따른 상황 호전, 그리고 경제적·사회적 발전 모델로서의 복지국가에 대한 대중의 지지가 여전히 강하기 때문에 노르딕 모델, 특히 스웨덴 복지모델의 부고를 전하기에는 너무 이른 감이 있다.

스웨덴 모델의 두 핵심은 완전고용과 평등이다. 평등이란 사회적인 동시에 경제적인 의미를 지닌 것으로, 남녀간의 사회적 차별 감소, 노동자들의 임금 격차의 축소를 의미하는 것으로 볼 수 있다. 따라서 경제적 의미에 있어서의 평등이란 결국 시장이 야기한 불평등한 현상들을 감소시키는 것으로, 이는 곧 복지국가의 목표 가운데 하나가 되어왔다.

전통적으로 임금정책과 연금 제도의 운영은 고용의 형태와 복지 개혁에 가장 중요한 형태로 나타나고 있다. 따라서 이 글에서는 스웨덴의 연금개혁과 임금협상제도의 변화를 중심으로 사회정책 전환의 특성과 미래를 고찰하기로 한다.

## 1) 연금개혁

선진국에 있어서 연금제도는 19세기 말과 20세기 초 산업화와 도시화로 인한 사회경제적 변화들에 대한 정치적 대응으로 도입되었다. 그러나 새로운 사회경제적 변화들이 현 연금제도의 수정을 요구하는 명분과 정치세력들을 조성하고 있다.

예컨대 연금급여 가운데 실업급여는 복지국가 비판의 대상이 되어왔다. 실업급여와 관련된 상반된 두 가지 시각이 존재할 수 있는데, 그 하나는 실업급여가 실직근로자의 새로운 구직을 위한 노력을 약화하는 경향 때문에 문제를 심화한다는 것이며, 반면 근로자의 실업은 사회적 문제에 의한 희생이기 때문에 다른 방법으로 실업의 원인들을 해결해야 한다는 것이다(Hatland, 1998). 이 글에서는 스웨덴 연금제

120

도의 개혁 배경과 특성을 중심으로 복지국가 스웨덴이 당면한 고민의 이해를 통해, 스웨덴 복지의 방향을 고찰하기로 한다.

스웨덴은 1914년에 처음으로 공적 연금제도를 도입하였다. 이 제도 는 노령연금과 장애보험으로 구성되어 있으며, 67세부터 소액의 연금 을 수령하게 하였다. 1947년 기본연금 개혁 이전의 스웨덴에서 노령 인구는 곧 빈곤층과 동의어로 볼 수 있었다. 따라서 1948년 기본 퇴직 연금제도의 개혁이 이루어지기까지, 대다수 스웨덴 노인들은 빈곤한 처지에 놓였다. 개정된 퇴직연금제도는 기존에 비해 상당히 개선되었 음을 의미하나, 여전히 퇴직은 개인 생활수준에 있어서 중대한 몰락을 의미하였다. 이를 보완하기 위해 1960년에 도입된 보충연금제도 (*National supplementary pension scheme*, 이른바 *APT*)는 복지재원의 원 천징수제도(*pay-as-you-go [PAYG] system*)[3]였다. 그러나 1960년 보편 연금제도가 도입될 당시 연금은 급여가 아닌 후불근로소득(*deferred earnings for work done*)으로 간주되었다. 1960년 이래 스웨덴은 모든 거류민에게 정액의 보편연금을 지급하는 기초연금과 소득비례의 보충 연금을 제공하는 이중적 체제인 강제연금제도를 운영하여 왔다. 하지 만, 이 연금제도는 1980년대와 1990년대에 이르러 점차 비판에 직면 하게 되었고, 이에 따라 스웨덴 연금체계 개선에 대한 정치적 합의가 점차 형성되기에 이르렀다(The Pension Reform-Final Report, June 1998). 1984년 연금제도 개편을 위한 연금위원회가 지명되었고, 이 위원회에 의해 1990년 초안이 제시되었다. 1994년 7개 정당대표자들 이 참가하여 노령연금 제도개혁을 위한 가이드라인을 작성하여 의회에 제출하였다. 이후 1998년 6월 8일 의회는 5개 정당들[4]에 의한 새로운 연금제도 개혁법안을 마침내 의회에서 승인하였다. 이처럼 스웨덴에

---

3) 소득의 원천과세를 의미하며, 이를 '부과체제'로 옮기기도 한다. 영국에서는 이를 pay-as-you-earn [PAYE]이라고도 한다.
4) 연금개혁법안은 사민당, 보수당, 자유당, 중앙당, 기민당의 참여로 이루어졌다.

서의 연금개혁은 그 문제점에 대한 인식에도 불구하고 10여 년간의 오랜 정책과정의 정체를 경험하게 된다.

오늘날 유럽의 복지국가들은 "탈산업주의로의 급속한 전환, 가속되는 세계화, 인구구조와 사회적 관계의 급속한 변화, 초국가적 통합의 경향, 그리고 탈냉전의 새로운 정치"(Ferrera and Rhodes, 2000:1) 등과 같이 역사적으로 볼 때 전혀 새로운 성격의 도전들에 직면하고 있다. 이와 관련하여 현대복지국가에 있어서 연금제도의 개혁 원인들은 대체로 다음에 기인하며, 특히 스웨덴의 경우 더욱 그러하다. 우선 노동인구 대비 노령연금수령자의 수가 증대하였고, 이는 인간의 수명 증대와 이에 따른 연금 수혜기간의 증대와 관련된다.[5] 둘째, 경제의 저성장과 관련된 연금지급비용의 증대는 연금제도 개혁의 주요 원인이 되고 있다. 셋째, 기존 연금제도의 불평등성에 대한 재고이다.

쿤레(Kuhnle)는 "1990년대 말부터 본격적인 준비에 들어간 스웨덴 연금개혁은 제도의 투명성을 제고함과 동시에 모든 노인들에 대한 보편적인 소득보장의 요소를 잃지 않음으로써 연금체계를 보다 '노동친화적'인 것으로 만든 것이었다고 할 수 있다"라고 긍정적인 시각에서 평가하고 있다(Kuhnle, 2000: 69).

그렇다면 1998년 스웨덴 연금개혁의 주요 내용 및 특징은 무엇일까? 스웨덴 정부 자료에 의거하여, 개정 연금제도의 특징을 요약하면 다음과 같다(Final Report, 1998: 9~26). 첫째, 스웨덴은 개정 연금제도를 점차 노령연금체계로 단일화하여 대체할 것임을 밝히고 있다. 현행 조기퇴직연금, 장애연금은 65세가 되면 노령연금으로 대체된다. 이는 현재의 연금제도가 지속적 경제성장에 기반하고 있고, 저성장에 따른 연금비용의 증대를 수용하는 데 한계에 이르렀다는 판단이 연금개혁의 중요한 이유였다. 만약 연금제도의 개혁이 이루어지지 않는다

---

5) 스웨덴의 경우 2000년 100명의 근로자가 30명의 노령연금자를 부양하였으나, 2025년 41명의 노령연금자를 부양하여야만 한다.

122

면, 1940년대 세대들이 은퇴하는 2010년경에는 상당한 문제점이 노출
될 것이다. 둘째, 생애소득의 원리가 연금 개혁의 기본 요소이다. 현
행 연금제도는 15년 동안의 최고 소득 기준, 최소 30년간 자격 기간이
라는 두 가지 기준을 적용하다 보니, 같은 액수의 연금기여금을 납부
하였더라도 실제 연금수령액은 다르게 나타나는 불합리성이 존재한
다. 따라서 소득과 연금 사이의 연계가 모호하고 불분명하다는 약점을
지녔다. 즉 국민연금제도에 의한 연금급여는 한 개인의 소득이 가장
높았던 15년간의 소득평균에 의해 산출되었다. 이에 반해, 개정 연금
제도는 개인의 일생소득(경제활동의 대가 및 각종 연금 및 수당 포함)을
바탕으로 하는 소득비례 연금급여가 강화된다는 점이 특징이다. 완전
연금(*full pension*) 수령 조건이 1979년 20년간의 연금기여에서 1999년
까지 40년 이상 스웨덴 거주자 혹은 최소 30년 이상 일을 한 사람으로
조건이 강화되었다. 셋째, 개정 연금제도의 특징 가운데 하나는 '생존
자 덤'(*survivor bonus*) 제도의 도입이다. 즉 은퇴 이전에 사망한 개인
들의 연금재원은 생존자들의 몫에 더해진다. 따라서 연금재원은 생존
자 덤에 의해 상향조정된다. 그리고 생존자 덤은 59세 이하 노동자들
의 몫으로 분배된다. 만약 45세에 사망하면, 그의 소득비례연금자산
은 다른 45세 가입자들의 몫으로 분배되며, 따라서 연금의 실제 액수
는 어떤 경우든 줄어들지 않는다. 넷째, 노령연금보험의 행정비용은
연금자산에서 공제된다. 이는 곧 국가가 부담하던 연금행정에 소요되
던 비용을 개인에게 이전하는 국가예산 절약방법의 하나가 될 것이다.
다섯째, 개정 연금제도는 전반적 경제지수(임금 및 물가 인상, 경제 성
장률 등)에 의해 연금제도가 연동적으로 조정되는 연금지수제가 특징
이다. 예컨대, 연금지급액은 평균 1.6%의 소득 증대와 연계하고 있
다. 마지막으로 지적할 수 있는 개정 연금제도의 특징은 적립연금
(*prefunded pensions*) 제도의 도입이다. 이 연금은 61세부터 요구할 수
있으며, 65세 이상이 되어도 계속 납입할 수 있는 등 납입연령의 제한
이 없다. 적립연금은 연금액 전액 혹은 부분(1/4, 2/4, 3/4)적으로 수

령이 가능하다. 그리고 이 연금가입자들은 적립연금을 61세 이후 일생 동안 수령하거나, 또는 배우자 혹은 자녀에게 지급하도록 하는 선택권을 갖는다. 이를 위해 스웨덴에서는 〈적립연금청〉이라는 새로운 기관이 구성되었고, 이는 정부의 사회보험청과 재정감독국의 이중적 감독하에서 활동하고 있다. 이미 개정 연금제도가 도입되기 이전인 1995년부터 연금소득의 2%는 개인의 적립연금계좌에 이전되어 왔다. 적립연금제가 시행된 1999년부터 기여금의 2.5%로 상향조정되었고, 개인이 적립연금 가입을 원치 않는 경우 그 돈은 별도로 국민연금보험기금의 보험료저축기금(premium saving fund) 계좌에 적립되어 관리된다.

기타 개정 연금법에는 연금수급권(pension rights)과 관련된 규정이 과거에 비해 강화되거나 혹은 제한적이다. 예컨대 어린이 육아를 위한 부모 중 1명만이 연금수급권 자격을 갖게 되고, 부모와 어린이는 육아연금을 수령하는 해에 모두 스웨덴에 거주해야 하며, 부모는 최소 연간 6개월 이상 어린이와 함께 살며 돌보아야 한다는 규칙 등이 강화된 연금수급권의 내용들이다. 그리고 노령연금자를 위한 특별기초공제가 폐지되고, 모든 연금에 과세하는 것도 변화된 내용이다.

사회보험청은 매년 3월말까지 모든 대상들에게 연금통지서를 발송한다. 이를 통해 가입자들은 전 년도와 비교하여 그들의 소득비례연금과 적립연금의 규모를 알 수 있고, 나아가 미래에 수령할 연금 규모를 예측할 수 있는 근거를 제공받는다.

1998년에 개정된 연금제도의 구조 및 특징을 〈그림 4-1〉과 〈표 4-2〉, 〈표 4-3〉을 통해 간략하게 소개하기로 한다. 이에 따르면, 현재의 스웨덴은 개정 연금제도와 기존 연금제도를 이중적으로 운영하고 있으며, 개정 연금제도 역시 이중의 시스템으로 구성되어 있다. 즉, 두 가지 종류의 노령연금제도, 즉 PAYG 연금과 적립연금제도가 이중적으로 운영되고 있다. 16%의 연금소득(pensionable income)은 PAYG 국민연금계좌에 적립되고, 이에 따른 연금수령액은 소득지수(income index)와 생존자 덤의 계상 및 행정 경비 공제 후 조정된다.

124

<표 4-2> 65세 기준 연금수령액 및 비율

| 연금수령연령 | 제수 | 월 수령 연금 | 65세 대비(%) |
|---|---|---|---|
| 61 | 18.2 | 7.000 | 72 |
| 62 | 17.6 | 7.600 | 78 |
| 63 | 17.1 | 8.200 | 84 |
| 64 | 16.5 | 8.900 | 92 |
| 65 | 15.9 | 9.700 | 100 |
| 66 | 15.3 | 10.600 | 109 |
| 67 | 14.7 | 11.600 | 119 |
| 68 | 14.2 | 12.700 | 130 |
| 69 | 13.6 | 13.900 | 143 |
| 70 | 13.0 | 15.300 | 157 |

자료 : Ministry of Social Health and Social Affairs, 2000. 3.

<표 4-3> 출생연도에 따른 연금제도의 적용 비율

| 출생연도 | 개정 제도에 의한 연금의 비율 | 기존 제도에 의한 연금의 비율 |
|---|---|---|
| 1938년 | 4/20 | 16/20 |
| 1939년 | 5/20 | 15/20 |
| 1940년 | 6/20 | 14/20 |
| 1941년 | 7/20 | 13/20 |
| 1942년 | 8/20 | 12/20 |
| 1943년 | 9/20 | 11/20 |
| 1944년 | 10/20 | 10/20 |
| 1945년 | 11/20 | 9/20 |
| 1946년 | 12/20 | 8/20 |
| 1947년 | 13/20 | 7/20 |
| 1948년 | 14/20 | 6/20 |
| 1949년 | 15/20 | 5/20 |
| 1950년 | 16/20 | 4/20 |
| 1951년 | 17/20 | 3/20 |
| 1952년 | 18/20 | 2/20 |
| 1953년 | 19/20 | 1/20 |
| 1954 - | 20/20 | 0 |

자료 : Ministry of Social Health and Social Affairs, 2000. 3.

〈그림 4-1〉 스웨덴 개정 연금제도의 구조

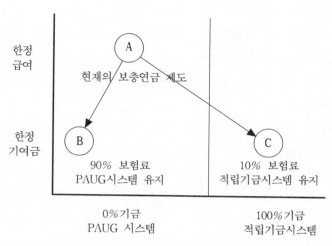

한정
급여

현재의 보충연금 제도

한정
기여금

(A)

(B)
90% 보험료
PAUG시스템 유지

(C)
10% 보험료
적립기금시스템 유지

0%기금
PAUG 시스템

100%기금
적립기금시스템

자료 : Ministry of Health and Social Affairs, "Pension Reform in Sweden : a short summary," Stockholm, 2000.

〈표 4-2〉는 65세를 기준으로 연금수령액의 차이와 비율을 나타낸다. 그리고 〈표 4-3〉은 나이를 기준으로, 즉 출생연도가 1938년에서 1953년까지에 해당하는 사람은 기존 연금제도와 개정 연금제도의 기준을 이중적으로 적용하고 있음을 보여준다. 1937년 이전 출생자는 기존 연금제도에, 1954년 이후 출생자는 개정 연금제도에 의해 연금을 지급하도록 하고 있다.

노르딕 복지국가들의 공통성으로, 경제적 지위 혹은 시민권과 관계 없는 모든 거주자 대상이라는 포괄적 복지, 기초보장(평준화된 기본 급여)과 표준보장(standard security, 소득비례 급여분의 연금기여금 보장)의 결합, 보편적 급여, 유급노동을 통한 생계유지 기회를 모든 남녀에게 제공하는 데 목표를 둔 적극적 노동시장정책 등을 지적할 수 있다. 그러나 1980년대 이후 시장이데올로기의 승세적 발전(triumphant progress), 공적 예산 문제(공공비용의 증대는 예산적자와 재정위기를 초래)와 실업의 증대 등은 기존 복지국가를 압박하는 요인이 되고 있다. 즉 소련의

계획경제가 붕괴하면서 개인의 경제적 대가가 경제발전을 추진하는 힘
이라는 관념이 새로운 이데올로기의 핵심으로 자리하고 있다. 이러한
관념은 사회정책을 비롯한 모든 영역에 점차 영향력을 행사하고 있다.
이와 함께 실업에 대한 새로운 경제이론들, 즉 임금보전이론(*theory of
reserve wage*)과 도덕적 위기론(*theory of moral hazard*)에 대한 관심이
증대하였다.

그 결과, 사회보장에 대한 인센티브 문제가 1990년대 노르딕 국가
들의 정치엘리트들에게 실질적인 문제로 수용되었다. 예컨대 스웨덴
경제와 정치에 관한 보고서를 발간하는 린드백 위원회(Lindbeck
Commission)는 과잉보험과 남용을 방지할 수 있는 공·사적 보험의
상한선을 제한하는 안을 제시하였다. 즉 인간들의 상황변화에 따라 연
금체계가 변화한다면, 연금 수준 역시 변화하여야 한다는 내용을 담고
있는 연금개혁안을 제시한 것이다(SOU, 1993: 16).

스웨덴은 연금제도를 국가가 보증하는 '세대들간 계약'의 일종이라
고 정의하고 있다. 새 연금제도 역시 2010년 이후는 보장하지 않으며,
다시 새로운 계약이 이루어져야 할 것임을 밝히고 있다(Final Report,
1998: 8). 소득이 증대할수록 연금지출비용 역시 증대한다. 따라서 신
규연금자들이 노령연금자들보다 더 많은 보충연금을 수령하게 된다.
그리고 낮은 성장과 소득 증대에 따른 연금 수령의 불균형은 연금개혁
의 중요한 이유이다.

한편, 소득의 손실에 대한 보상을 의미하는 사회급여들(*social
benefits*)을 수령하기 위해서는 법 조항에 따른 일정 소득기간과 그 기
간 동안의 최소 소득을 요구한다. 이러한 조건들은 1997년에 북유럽
국가들에서 강화되었다. 스웨덴의 경우 파트 타임 근로자의 조건을
1996년에 강화하였고, 1995년에는 사회급여의 5일 대기제를 도입하였
다. 이러한 변화는 개인의 책임 강조와 단기 실업을 피하려는 개인의
경제활동 동기를 강화하기 위한 노력이다. 스웨덴의 경우 실업급여의
수령기간을 일반적으로 60주로 한정하고 있다. 다만 55세 이상의 실

업자는 90주까지 가능하다. 1990년대에 와서 급여 수준은 이전 소득
의 90%에서 80%로, 1996년에 와서는 75%로 삭감되었으나, 1997년
에 다시 80% 수준으로 인상되었다.

노르딕 국가들에 있어서 실업급여(혹은 기타 사회보장급여들)를 받는
사람들은 적당한 직업 혹은 직업훈련을 수용하여야 한다는 것이 오랜
전통이었다. 이 전통은 '활동원칙'(activation principle, 덴마크)과 '노동
원칙'(work principle, 스웨덴과 노르웨이)으로 새롭게 발전하고 있다. 예
컨대, 덴마크의 경우 실업급여의 최대 수령기간은 5년인데, 첫 2년을
'수혜기간'(the benefit period), 나머지 3년을 '활동기간'(the active period)
으로 분류하고 있다.

이처럼 실업급여의 삭감 노력에도 불구하고, 스웨덴을 비롯한 북유
럽에서는 노동윤리에 대한 긍정적 인식이 여전히 강하게 나타난다. 또
한 스웨덴 연금개혁의 과정과 내용을 고찰하면서 필자가 느낀 복지국
가 스웨덴의 고민은 완전히 공정한 연금제도를 구축할 수 없다는 사실
을 정부가 인정하고 있다는 점이다. 개정 연금제도 역시 향후 10년간
보장할 뿐이다. 이와 관련하여 린드백(A. Lindbeck)과 페르손(Mats
Persson)은 국가에 의한 연금제도는 '실현할 수 없는 계약'(unrealistic
contract)을 체결하였다는 것이 근본적인 문제라고 지적하고 있다. 즉
정부는 개인의 모든 부(wealth)에 정확하게 과세하는 것이 불가능하
고, 다양한 상황 변화에 대처하는 능력이 부재하다는 것이다. 결국 정
부에 의한 연금제도의 지속은 어떠한 연금제도를 채택하더라도, 정부
는 부채를 관리하면서 다음 세대에게 그것을 이전하는 것 이상을 얻을
수 없다는 것이다. 따라서 연금제도 개혁의 첫 조치는 보험산출의 급
여원칙에 따른 민영화이며, 경쟁을 통한 보험산출원리를 보장하는 것
을 통해서 정부는 연금제도의 투명성과 안정성, 나아가 정치적 위험성
을 감소시킬 수 있다는 주장이 스웨덴 내에서 활발히 제기되고 있는
실정이다.

## 2) 임금협상과 사회보장

스웨덴의 오랜 전통이자 '스웨덴 모델'의 특성이 되어왔던 적극적 노동시장정책, 연대임금정책 및 중앙임금교섭은 산업평화와 안정화에 기여하여 왔다. 또한 스웨덴 사민주의가 목표로 내세운 완전고용과 평등을 실현하는 한 방법으로 노동과 자본 간의 합의에 의해 연대임금정책이 시행되어 왔다. 그러나 1950년대 이래 '역사적 타협'의 산물인 연대임금정책이 1983년을 분기점으로 붕괴되면서 스웨덴의 산업평화에 새로운 변화를 보이고 있다. 이는 또한 복지국가 재편의 요인으로 지적되기도 한다.

연대임금정책과 중앙임금교섭제도는 심리적 · 실질적 노동자의 권익 보호라는 측면에서 사회보장의 기능을 수행하여왔다는 점에서, 이에 대한 논의는 스웨덴 사회정책을 이해하는 데 중요하다. 또한 연대임금정책의 미래는 곧 노조의 미래와 밀접하다는 점에서, 사회정책의 변화와 더불어 중요한 의미를 갖는다.

스웨덴 연대임금정책 및 중앙임금교섭의 형성 및 붕괴 과정, 그리고 그 의미에 대한 역사적 고찰[6]은 이 글에서는 논외로 한다. 다만 최근의 스웨덴 노사관계의 회복 노력을 중심으로 논의하기로 한다.

스웨덴의 산업평화와 산업안정화는 1983년 연대임금정책의 붕괴라는 사건으로 인하여 사실상 위기를 맞고 있는 것으로 평가하는 주장들이 많다. 노동운동의 분열과 자본의 국제화에 의해서 사민당과 LO의 관계가 변모되었고, 이에 따라 1991년 LO대회에서 연대임금정책에 대한 혁신적 대안으로 '연대적 노동 조직'(*solidaristic work organization*) 정책이 제시되었다. 이는 LO가 연대임금정책을 유지하면서 지방과 중앙조직 간의 균형을 추구하겠다는 것이다. 기존과는 달리 지역노조 (*local unions*)들에게 더 많은 임금협상 조정 권한을 주면서 노동조직을

---

6) 이 부분에 대한 자세한 논의는 필자의 글, 1998 및 1999a, 2000b 참조.

개선하려는 이중의 의미가 담겨 있다.

실질적인 면에 있어서 스웨덴 모델의 또 하나의 포괄적인 목표인 평등은 정부의 보편적 복지정책에 의해서 지지되어 왔다. 그리고 노동과 자본 간 합의의 결과인 연대임금정책은 평등을 추구하는 한 방법으로 볼 수 있다. 메이드네르는 연대임금정책의 미래는 곧 노조들의 미래와 관련되며, 이는 곧 중앙과 지역노조들 간의 협조에 의해 결정될 것이라고 주장한 바 있다(Meidner, 1992: 167~168). 그러나 1983년 이후 LO는 연대임금정책의 수정을 통한 새로운 '연대노동정책'(solidaristic work policy)을 제기하였고, 그 이유들을 다음과 같이 설명하고 있다.

> 첫째, 열악하고 위험한 직업들이 여전히 존재하고 있으므로, 임금정책은 이러한 위험들을 제거하기 위하여 힘을 모아야 한다. 둘째, 인간의 삶에 있어서 노동의 중요성에 대한 견해를 발전시켜야 한다. 즉 노동자들은 공정한 임금뿐만 아니라 지식습득(learning), 책임감 인식, 그리고 더욱 적극적으로 업무를 습득하여야 한다. 그리고 더 많은 직업 창출이라는 요구를 통해 더 나은 임금을 또한 요구한다. 셋째, 임금정책은 모두를 위해서 업무의 보다 공정한 분배와 더 많은 직업개발(job development)의 가능성과 더욱 생산적인 노동 조직의 개발을 지지해야 한다. 넷째, 대안은 사용자의 (임금)분산화 정책과 개별임금협상의 발전에 따라 달라져야만 한다. 마지막으로 임금 인플레이션(wage inflation)은 사라져야만 한다. 이것은 더 많은 노동의 요구와 생산성 향상이라는 점에 기초한 개인 임금개선의 새로운 가능성을 제시하는 한 방법이다. 따라서 임금인상의 목표는 무엇인가 혹은 임금인상이 정의(justice)의 원칙보다 개별 임금협상과 시장력을 합리화하는 방법이 아닌가에 대해 연구하고 사고하는 문제가 중요하다(Sandberg, 1995: 102~114).

결국 연대노동정책의 기본 목표는 노동조직 개선과 지역노조들의 영향력 증대라는 두 가지 목적을 하나의 정책으로 대처하자는 데 있다. 이를 위해서 노조는 조직의 광범위한 개선과 교육, 직업훈련을 통한 직업의 확대를 임금인상과 연계시켜 나가야만 한다는 것이다. 따라서 연대노동정책은 노동자들에게 더욱 나은 임금을 제공할 수 있는 새로운 직업들을 창출할 수 없는 기업들을 도태시킴으로써 산업 재구조화에 기여할 수 있음을 의미한다. 결국 노조의 목표는 모든 노조원들에게 훌륭한 직업을 갖게 하는 것이며, 연대노동정책은 그 전략이라는 것이다.

이처럼 스웨덴의 임금협상은 중앙협상을 선호하는 LO의 입장과 이에 반대하는 SAF의 입장이 대립하고 있는 비정규적 과도기의 현상을 보이고 있다. 이와 관련하여 LO는 전통적인 연대임금정책에서 일보 후퇴하여 '연대노동정책'을 제시한 바 있고, 1998년 10월 이후에는 SAF와 함께 노조들이 제시한 '성장을 위한 동맹'(*Alliance for Growth*)이라는 새로운 협력 방안을 제시하여 노사간 타협을 위한 노력을 경주하고 있다.

1998년 10월 23일 SAF, LO, TCO, SACO는 '합동언론회견'을 통하여 '성장을 위한 동맹'이라는 새로운 협력을 추구하기로 합의하였다. 이들은 성장과 고용을 위한 장기적 조건들을 증진하기 위한 예비적 논의를 시작하였다. 이들의 공동 관심은 발전, 완전고용 및 직업 안정을 위한 기업의 번영·경쟁력·능력을 향상함으로써 유럽에서 스웨덴의 지위를 강화하는 것이라고 한다.

이같은 스웨덴 노사간의 새로운 논의는 1998년 스웨덴과 독일 총선 이후 새로운 협력을 위한 의지의 표출로 나타난 것으로 볼 수 있다.[7] 스웨덴의 사용자와 노조들은 좌익당과 녹색당의 지지를 통하여 의회에

---

7) 1998년 9월 20일 실시된 스웨덴 총선 결과 각 정당의 득표율(%)은 다음과 같다. ( )는 1994년 총선 결과임. 사민당 36.6(45.4), 보수당 22.7(22.2), 좌익당 12.0(6.2), 기민당 11.8(4.1), 중앙당 5.1(7.6), 자유당 4.7(7.2), 녹색당 4.5(5.0). www.nnn.se/nordic/election/results.html(검색일자 1999. 6. 29); Hannu Reime, "Swedes support welfare state in elections," *Eagle Street*, September 1998.

서 생존할 수밖에 없는 약화된 사민당정부가 야기할지도 모르는 잠재
적 결과에 대한 두려움을 나타낸 것이다. 좌익당과 녹색당은 사민당을
압박하여 사용자와 노조들의 이익을 해칠 수 있는 노동시간 단축, 핵
발전 금지, 노동시장의 갈등을 중재하기 위한 중재기구 설립 등과 같
은 법개정을 추구할지도 모른다는 것이다. 의회에서는 이미 이에 관한
중요한 조사들이 완성 단계에 있다. 그것은 아마 노동법의 개정, 공공
임금정책(*public wage policy*)일 수도 있다. 단체협정은 급진적인 법 제
정을 차단하는 데 있어 오히려 선호될 수 있다. 더욱이 사용자들은
EMU 가입을 위한 국민투표 이전에 여론에 영향을 미치고 있는 LO의
적극적인 지지를 획득할 필요성을 인식하고 있기 때문이다(Pestoff,
1999: 12).

SAF의 의장인 샤프(Anders Sharp)에 따르면,

> '성장을 위한 동맹'이 성공하기 위해서는 네 가지의 기본 조건이 있다.
> 첫째, 스웨덴이 유럽통화동맹(EMU)에 가입하기를 원한다는 점을 분명
> 히 증명하여야만 한다. 둘째, 각종 세금과 사용자의 사회적 비용을 삭
> 감하기 위한 계획이 필요하다. 셋째, 노동법이 개정되어야만 하고, 마
> 지막으로 기업들의 능력 개선을 위한 가능성이 제고되어야만 한다. 만
> 약 정부와 의회가 SAF, LO, TCO, SACO가 동의한 '성장을 위한 동맹'
> 의 네 가지 영역에 대한 결정에 도달할 수 없다면, 이것은 빈말로 남게
> 될 것이다(Dagens Nyheter, p. 4, 24/10~98).

라는 입장을 보이고 있다. 반면, 일곱 개 산업노동조합의 지도자들은

> 합리적이고 경쟁력 있는 생산체계가 추진되고, 산업에서의 성장이 증대
> 되어야만 한다. 그러므로 우리는 사용자들과 단체협정에 필요한 논의를
> 할 준비가 되어 있다. 산업에서 사용자들과의 협력은 단체협정에서 시
> 작하여 교육, 연구, EMU 문제로 확대되어야만 한다(Dagens
> Nyheter, p. 4, 8/11~98).

라고 하는 상반된 입장을 보이고 있다.

이처럼 1990년대 이후 스웨덴의 단체교섭은 다음과 같이 두 가지로 상반된 경향을 보이고 있다. 즉 첫째, 지속적인 분산화의 경향과 동시에 경제안정화를 위한 산업관계의 삼자조정이라는 이름하에 국가 조정과 규제의 증대, 둘째, 스웨덴 경제의 급속한 국제화와 스웨덴 기업의 외국시장 의존도 및 국외 생산활동의 증대가 그것이다. 특히 생산의 초국적화는 외국직접투자(FDI)의 증대가 보여주듯이, 초국적 기업(TNCs)의 규모와 수가 급속히 증대하는 것을 의미한다. 1986년과 1990년 사이, 외국으로의 투자가 880억 달러에서 매년 26% 정도 증대하여 2,250억 달러에 달하였다(UN, 1992: 14). 1989년에 와서 외국투자액이 국내투자액을 초과하였고, 1996년 외국직접투자는 3,470억 달러에 이른다. 또 하나 주목할 만한 점은, 1980년대 이래 진행되어 온 중앙임금교섭의 분산화는 임금의 재분배라는 전통적인 평등주의 임금정책에 부정적인 영향을 미쳤고, 그 결과 임금 불평등이 증대하고 있다는 사실이다(Hibbs and Locking, 1995). 결국 1990년대 이후 스웨덴 모델은 단체교섭의 분산화와 재중앙화, 스웨덴 경제와 정치의 세계화, 스웨덴 공공행정의 탈코포라티즘(de-corporatization), 새로운 '성장을 위한 동맹'의 시도와 같은 사회적 파트너십을 추구하려는 복합적 양상을 띠고 있다. 그러나 '성장을 위한 동맹'에 대한 스티븐스(John D. Stephens)의 최근 논의에 의하면, 노동조합의 다양성(즉 LO의 약화)과 사용자들의 임금협상의 재중앙화에 대한 회의주의로 인해 실패한 것으로 단정하고 있다(Stephens, 2000). 또 한편으로는 스웨덴 정부가 1998년 이후 추진하는 다양한 노동시장정책들은 노조보다 오히려 사용자들에게 유리한 점으로 작용할 수 있고, 이는 결국 노사관계의 새로운 합의에 도출 가능성을 약화시키는 면이 있다.8) 이처럼 '성

---

8) 사용자에게 실업자 취업 보조금 제공(1998. 1. 1 시행), 노인 일시적 공공근로법(1998. 12. 31) 등 사용자 지원 및 실업복지 축소라는 특성이 강화되고

장을 위한 동맹'이라는 새로운 타협의 시도는 노동시장 내부의 변화와 세계화라는 외적 요인에 의해 현재까지는 가시적인 효과를 거두지 못하고 있다. 그럼에도 불구하고 자율적이며 합의 지향적(consensus-oriented)인 스웨덴 사회의 정치문화적 특성으로 볼 때, 새로운 시도를 '완전한 실패'로 인식하는 것은 성급한 판단이며, 오히려 새로운 타협의 가능성을 만들어가고 있는 과정으로 해석하는 것이 타당할 것이다.

단체교섭의 가장 중요한 기능은 노동 평화의 유지에 있고, 또한 집단적 합의는 노사관계를 상호 계약에 의해 인정한다는 점에서 산업 평화라는 가치 규범의 창출 기능(a norm-creating function)을 한다. 그러나 스웨덴은 1980년대 이후 임금교섭체제의 분산화로 노사간의 산업 평화를 위한 새로운 실험을 하고 있다. 노조 역시 피할 수 없는 변화의 물결을 인식하여 보다 적극적으로 노동시간 조정, 일자리 창출과 노동자의 새로운 기술 습득을 위한 재훈련에 열성을 보이고 있다. 전통적으로 모든 노동조합은 임금 인상과 노동자의 복지에 기본적으로 관심을 보여 왔다. 그러나 오늘날의 노동조합은 그 역할에 있어서 기업과의 공생 관계 인식, 실업 방지, 물가 상승의 요인 제거, 노동자 재훈련 등을 통한 새로운 변화에의 적응 노력 등과 같이 적극적으로 변화하는 모습을 보이면서 스스로의 존재 가치를 발견하고 있다. 결국 LO는 전통적인 연대임금정책의 고수보다는 연대노동정책, 성장을 위한 동맹이라는 정책에 우호적인 입장으로 변모한 것으로 볼 수 있다.

반면 SAF 역시 유럽연합 내 좌파(혹은 중도좌파) 정부의 확산, 스웨덴 내 사민당의 약화와 좌익당·녹색당의 성장에 따른 환경 변화, 임금 불평등의 증대와 유럽통화동맹 가입에 반대하는 국내 여론의 확산, 경제안정화를 위한 삼자조정에 적극적으로 참여하고자 하는 정부의 힘 증대 등으로 인하여 LO와 협력하여야 하는 동병상련의 입장에 놓여 있다. 따라서 스웨덴의 노사는 정부 간여의 배제와 산업평화라는 전통

────────────

있다(Swedish Institute, 1999).

적 가치규범의 고수를 위해 '성장을 위한 동맹'이라는 '역사적 타협'을
통하여 새로운 임금협상모델 구축을 위한 실험을 하고 있는 것이다.
그러나 '성장을 위한 동맹' 역시 효율성과 경쟁력의 논리가 주도하는
무한경쟁의 신자유주의 물결에 표류하고 있는 현실이다. 이에 따라 오
늘날의 스웨덴은 SAF의 재중앙협상 의지의 약화, 노동조합들의 분산
화 및 LO의 영향력 약화로 인해 새로운 합의 도출에 어려움을 겪고
있다. 무엇보다 LO 영향력의 분산화는 노조 내 여성의 힘 증대, 금속
노조(Metall)와의 관계 복원 실패, 공공부문의 성장 등과 관련되며,
중앙은행의 독립성을 강화하여 유럽차원의 통화정책에 참여하여야 하
는 정부의 입장과 맞물려 스웨덴의 새로운 실험은 가시적인 성과를 보
이지 못하고 있다. 이처럼 스웨덴은 임금적정화에 대한 합의의 중요성
이 기업 수준에서 혹은 정부의 중재로 인한 성공 사례인 네덜란드와
덴마크의 경험(이헌근, 2000a)과 비교할 때, 자율적 노사관계를 형성
하려는 새로운 시도라는 점에서 관심과 의의를 가질 수 있을 것이다.
    LO는 여전히 단체임금협상 유지의 중요성 강조, 노동환경 개선을
위한 공정한 산재보험, 작업장과 노동시간 통제, 고용과의 전쟁, 성인
교육 증대와 노조 교육 강화 등을 위한 노력을 경주하고 있다. 2000년
10월 9일 LO, SACO, TCO는 '공동제안'을 통해 5일간의 유급휴가 추
가안을 제시하였고, 이에 따르면 2001년부터 매년 하루씩 점차적으로
시행할 것을 요구하였다. 이에 앞서 5월 2일 LO집행위원회에서는 노
동시간 단축을 제의한 바 있다(LO, 2000. 10. 13).
    스웨덴의 연대임금정책 혹은 중앙임금협상은 산업평화와 안정화,
나아가 복지재원의 안정화에 기여한 바 있다. 그러나 중앙임금협상의
붕괴와 신자유주의 이데올로기는 일자리 창출 노력 약화 및 고용 악
화, 실업 증대를 가져올 수 있고, 이는 국가의 복지재정에 부담으로
다가올 수밖에 없다. 이러한 측면에서 임금협상과 사회보장의 연계는
오랜 스웨덴의 전통으로 볼 때 밀접한 의미를 갖는다. 직업상실과 관
련된 경제적 위험을 노동자 자신이 떠 안아야 하는 상황에서는, 노동

자들이 일자리의 유지를 위해 격렬하게 저항하게 되고, 이는 결국 노동시장의 유연성을 저해하게 된다. 따라서 적절한 사회보장체제는 노동시장의 '동맥경화증'을 치료할 수 있는 명약이 될 수 있다(Kuhnle, 2000: 63). 네덜란드가 이러한 경우의 성공적인 사례에 해당한다. 네덜란드는 1963년까지 공식적으로는 1970년까지 양자협상이 정부가 제시한 연간 가이드라인에 따른 법정임금정책을 전후 오랜 기간 실시하였다. 이후 정부는 1970~1982년 기간 동안 7차례에 걸쳐 임금협상에 간여하였고, 임금동결 혹은 임금개선에 대한 권리를 보유하였다. 총임금형성은 산업과 경제의 여타 부문을 형성하는 대기업의 임금협상에 의해 지배되었다. 정부의 간여를 사전에 배제하기 위하여, 사회적 파트너는 전반적인 노동비용 감소 및 1983~4년에 물가연동제의 연기에 목표를 둔 임금 적정화(*wage moderation*)를 위한 역사적인 바세나르 협정(Wassenaar Accord)을 1982년에 체결하였다. 이 협정의 주요 내용은 임금은 생산성 증대 이하에서 유지하며, 노조는 물가인상분의 보상을 주장하지 않는다는 것이었다. 놀라운 것은 전통적으로 임금협상에 있어 갈등을 보여온 네덜란드가 1980~1984년 기간 사이에 연간 1.7%정도의 실질임금 하락을 스스로 결정하였다는 것이다. 마침내 1984년 물가·임금연동제, 공공부문의 물가연동제 및 사회적 이전비용은 폐기되었고, 네덜란드는 여전히 비용에 있어서 경쟁적인 국가로 남게 되었다. 또한 1990년대에 임금결정은 물가와 생산성 증대분 이하로 유지하고 있다. 1993년 새로운 양자협정인 신노선(*New Direction or New Course*)을 채택하여 임금개선의 계속적 이행을 위한 책임을 약속하고 있다(Ebbinghaus and Hassel, 1999: 13).

결론적으로 오늘날 스웨덴 노조는 여전히 중앙임금협상을 원하고 있고, 정부 역시 이에 우호적인 입장을 보이고 있다. 중앙임금협상의 복원을 위한 노조의 노력은 스웨덴 모델의 두 목표인 완전고용과 평등에 대한 염원의 지속으로 해석할 수 있다. 이는 또한 중앙임금협상이라는 제도적 메커니즘이 스웨덴 노동자들에게 심리적·실제적 안정을

136

제공하여 왔다는 점에서 사회보장적 의미에서 순기능의 역할을 해온 것으로 볼 수 있다. 결국 스웨덴의 오랜 역사적 타협의 전통으로 볼 때, 임금 적정화와 일자리 창출이라는 두 요소가 사회적 파트너들간의 합의에 의해 새롭게 이루어질 것으로 전망된다. 즉 스웨덴의 임금교섭이 유럽통화동맹 가입을 위한 협상과정에서 전통적인 중앙임금협상으로 복귀할 가능성이 높다고 보여진다.

## 4. 결론

1970년대 중반 석유파동으로 인한 세계적 경제위기 이후, 유럽 복지국가의 위기에 대한 인식이 팽배하였다. 그러나 북유럽국가들, 특히 스웨덴에서 복지국가 위기와 관련된 논의는 적어도 1980년대 초부터 시작된 것으로 볼 수 있다.

이미 살펴본 연금개혁과 임금협상의 논의에서 기존 복지정책 유지를 위한 정부 능력의 한계를 고찰하였고, 따라서 오늘날의 스웨덴은 보편적 복지라는 고유성이 약해지는 특성을 보이고 있다. 결국 복지국가 스웨덴의 미래는 민간복지의 확대와 차별적 복지, 그리고 유럽 수준에서의 영향력이 증대할 수밖에 없는 현실이다.

이 글의 논의를 통해, 복지국가에 대한 신자유주의, 혹은 세계화의 도전에 응전하는 스웨덴의 제도적 노력에서 하나의 중대한 교훈을 얻을 수 있다. 즉 민주적이며 안정적인 제도는 예상치 못한 새로운 문제에 적응할 수 있는 능력을 가지고 있다는 점이다. 특히 스웨덴 사회의 '역사적 대타협'을 주도하였던 사민당 정부와 노조들은 세계화로 인한 스웨덴의 내적 한계를 잘 인식하고 있으며, 이를 극복하기 위한 대내외적 대안을 모색하기 위한 노력을 다양하게 추진하고 있는 듯하다. 이 과정에서 오랜 스웨덴의 역사적 전통이 되었던 노사정의 3자협의가 여전히 유효한 방법으로 작동하고 있다는 점에서 스웨덴 복지국가의 힘을 느낄 수 있을 것이다. 비록 중앙임금협상의 붕괴를 비롯한 국내외적 도전에도 불구하고, 산업평화를 유지하려는 노사간의 노력은 여전히 계속되고 있다.

복지논리냐, 경제논리냐에 대한 우월적 인식은 복지를 통한 국민의 화합, 재분배를 통한 사회적 갈등의 조화가 이루어지지 않을 때, 생산적인 국가의 경쟁력이 가능한가 라는 근원적 물음에서 찾을 수 있을 것이다. 이는 결국 신자유주의 복지정책이 갖는 근본적 한계일 수밖에 없을 것이다. 어느 사회이건 국민의 다수는 항상 '복지지향적'일 수밖에 없고, 이는 정치 혹은 경제 논리로 해결할 수 없는 딜레마인 동시에 영원한 인간의 과제가 아닌가? 비록 정부가 정책을 수립하고 집행해갈 수는 있을지라도, 국민의 마음을 얻는 데는 실패하기 마련이다. 결국 오늘날 전 세계적으로 경험하고 있는 정부의 한계, 국가의 위기는 결국 정부의 재정 위기가 아닌 인식, 사유의 위기 곧 정신의 위기에서 비롯된 것임을 되새겨볼 필요가 있지 않을까? 복지국가의 운명은 세계화의 세력에 불가피한 항복이 아닌 제도적 구조와 정책적 결정에 달려있지 않은가? 오늘날 복지정책 개혁을 둘러싼 유럽 주요 국가들의 논의에서 결코 근본적인 해결책을 찾을 수는 없을 것이다. 이는 사회적인 문제는 자본주의제도 내에 항상 존재할 수밖에 없고, 자본주의의 종식만이 이 문제를 해결할 수 있을지 모를 일이기 때문이다.

샤프는 세계화에 대한 대응 노력으로서 국민국가 수준의 전략적 대안을 다음과 같이 몇 가지로 제안하고 있다(Scharpf, 1996).

첫째, 노동과 자본 간의 거래가 자본의 우세로 기울어진다면, 여전히 평등주의 목표를 지향하는 정당과 노조들은 임금과 세금정책에서 자본의 재분배로 관심을 바꿀 필요가 있다. 이러한 역사적 예로 메이드네르(Rudolf Meidner)의 '임금소득자기금'이라는 스웨덴의 경험으로 되돌아가는 것도 유용할 것이다. 둘째, 임금과 세금인하가 경쟁 전략으로 수

138

용될 수 없다면, 노조와 정부는 다른 방법으로 기업의 이익 증대를 도
와주는 노력을 경주하여야만 한다. 셋째, 복지비용의 많은 부분을 소비
세로 이전해야만 한다. 마지막으로 복지국가가 고실업과 실업률의 증대
에 의해 파산한다면, 정부는 완전실업(*full-time unemployment*)에 복지
비용을 지원하기보다 저임금고용(*low-wage employment*)을 보조하는 등
의 방법으로 '고용의 양'(*employment content*)을 증대하기 위해 노력하
여야 한다(Scharpf, 1996).

이처럼 샤프의 주장에서 스웨덴의 경험은 세계화 시대에도 여전히 유
용할 수 있다는 가능성을 발견할 수 있다.

그러나 복지계급(*welfare classes*, 공공고용자, 연금수혜자 등)의 저항
에도 불구하고, 복지의 상업화(*commercialized welfare*)가 유럽의 추세이
다. 복지국가의 개혁 대상은 대표적으로 연금, 질병보험, 사회적 서비
스들, 세금제도, 복지행정 개편 등에서 나타나고 있지만, 사실은 이
글에서는 논외로 한 지방자치제의 개혁이 불가피한 요인이 되고 있다.
국가에 의한 사회보장의 상당 부분을 지방자치단체로 이전하고 있는
특성이 스웨덴에서 나타나고 있는 것이다. 9)

---

9) 복지의 보편주의 모델과 반대로, 20세기 하반기 대다수 서유럽국가들은 사회
   보장, 사회서비스, 완전고용이라는 현재의 형태에 대한 대안적 전략으로 분권
   화(*decentralization*)와 민영화(*privatization*)로 향하고 있다(Friedmann et
   al., 1987). 여기서 분권화란 중앙정부가 관장하는 사회서비스의 상당 부분을
   지방정부로 이전하는 것을 의미한다. 이러한 노력은 1983년 몇몇 지방자치단
   체에 '자유코뮨'을 설립하여 운영한 것을 시작으로 1990년대 후반 사실상 스웨
   덴의 모든 행정구역에서 확대 실시되고 있다. 스웨덴의 개정 사회서비스법
   (SoL)은 이전과 달리 시민과 지방자치단체의 책임을 높이고 있다. 이 법안에
   의하면 지방자치단체는 노인 및 장애인의 치료 및 간호를 담당할 수 있는 특수
   시설을 갖추도록 하였고, 만성질환자 혹은 노인, 장애인을 친지가 돌보는 것
   을 지원하는 새 조항을 신설하였다. 즉 지방자치단체에 사회서비스의 상당 부
   분을 이양하고 있다. 예컨대 1997년 육아를 지방자치단체가 관장하는 학교제
   도(*school system*)의 책임으로 돌렸고, 1999년 초 전국 지방자치단체의 50%
   이상이 재택간호(*home nursing*)의 책임을 지고 있다.

스웨덴 사회정책의 전환 방향은 장기적으로는 기본연금의 점차적 축소, 적립연금의 확대를 바탕으로 하는 복지의 민영화가 불가피할 것으로 여겨진다. 비록 개정연금제도 역시 시한적 한계를 인정하고 있으나, 스웨덴은 이웃의 덴마크·핀란드·네덜란드에 비해 여전히 보편주의적 요소가 상대적으로 강한 것으로 분석할 수 있다. 그러나 향후 스웨덴의 사회정책은 복지계급의 저항에도 불구하고, 단기적으로는 연금관리의 민영화 요소가 강화되는 '핀란드식 모델'로, 중장기적으로는 개인의 복지기여금이 의무적으로 확대되는 '네덜란드식 모델' 혹은 싱가포르 모델인 준비기금제(*Provident Fund*: 자기 부담의 사회복지 혜택)[10]로 나아갈 것으로 전망된다.

---

10) 싱가포르에서는 모든 사람이 임금의 20%를 개인저축예금구좌에 적립해야 하는데, 이 구좌에는 고용주로부터 나온 20%도 포함된다. 이 은행투자기금의 반은 개인에 의해서 그리고 나머지 반은 정부에 의해 운영되며, 그것들은 오직 의료보호, 교육, 주택 그리고 자신의 노후를 위해서만 사용되어질 수 있다. 노인들을 위한 세금이 젊은이들에게는 징수되지 않는다(Lester C. Thurow, 1997: 158~9).

제 5 장
# 세계화와 사회조합주의
### 덴마크 단체협상제도 변화의 정치경제학

김 인 춘

## 1. 머리말

이 논문은 1980년대 초반에서 현재까지 덴마크 단체협상제도의 변화를 분석하고 어떻게 덴마크가 1990년대에 와서 스웨덴을 대신하여 바람직한 사회조합주의 모델로 평가받고 있는지를 살펴보는 데 그 목적이 있다. 또한 덴마크의 사례를 통해 세계화 시대에 사회조합주의의 가능성을 모색하고자 한다. 사실 덴마크는 스웨덴의 성공적인 사회조합주의에 가려 별로 주목받지 못하였으나, 세계화가 심화된 후 덴마크가 단체협상 및 3자 협의제도에서 다른 북유럽 나라들에 비해 매우 두드러진 발전을 보였다는 주장들이 최근에 많이 나타나고 있다.[1] 이러한 사실은 세계화가 사회조합주의를 약화시킬 수밖에 없다는 신자유주의적 논의를 의심하게 만들고 동시에 덴마크는 어떻게 하여 그러한 성과를 갖게 되었는지에 대해 의문을 품게 만든다. 이 글은 바로 이러한

---

1) Wallerstein and Golden(2000) ; Paul Hirst(1999).

142

의심과 의문에 대해 하나의 답을 제시하는 데 그 의의가 있다.

북유럽의 사회조합주의[2] 체제는 1950년대부터 전국 수준의 중앙노사협상제도를 발전시켜 왔으며 3자 협의제도를 통해 노사정 공동의 이해를 조정시켜 온 것으로 잘 알려져 있다. 전후 북유럽의 괄목할 만한 경제성장과 임금평등 또한 이러한 중앙임금협상제도와 밀접하게 관련되어 있는 것으로 보인다. 사회조합주의는 노동과 자본, 그리고 정부가 사회경제정책의 입안과 실행에 관해 상호 의견을 교환하고 자본과 노동의 이해관계를 조정하는 양식을 일컫는 이익집단 정치의 한 개념이다. 사회조합주의는 국가 정책을 통해서 노동과 자본의 이해가 절충되는 방식으로 계급타협이 이루어지며 북유럽에서 성공적으로 실행되어 왔다. 북유럽의 사회조합주의는 노동과 자본의 상호인정과 조직적 차원에서의 제도화된 단체교섭을 통하여 임금 및 노사문제를 공동으로 조정해 왔으며 국가, 노동, 자본의 3자 합의제도를 통해 국가가 노사 간의 이해를 조정하는 기제로 작동하여 왔다. 사회조합주의는 곧 중앙 차원의 단체협상[3]과 3자 협의제도를 의미하는 것이었다.

그러나 1970년대 말부터 북유럽의 사회조합주의는 경제적 문제뿐 아니라 사회정치적으로도 심각한 도전을 받게 되었다. 1970년대 중반의 석유파동으로 재정적자가 크게 증가하였고 실업률이 높아졌으며, 보수세력의 공세 및 사회계급간 갈등, 신자유주의의 등장과 세계경제의 통합으로 큰 위기에 직면하게 된 것이다. 그 결과 중앙단체협상제도와 3자 협의제도가 약화되고 1980~90년대 임금협상의 분권화

---

2) 이 글에서는 사회조합주의를 사민적 조합주의(social democratic corporatism)와 같은 의미로 사용한다. 사민적 조합주의란 북유럽 국가들에서처럼 사회민주주의계열 정당이 상당히 지배적인 위치를 갖는 상황에서 사민주의적 정책이 반영될 수 있는 노사협상과 3자협의 체제가 제도화된 것을 말한다.
3) 월러스타인과 골든은 협상수준의 지표를 (1) 공장별 임금설정, (2) 산업별 임금설정, (3) 제재가 없는 중앙차원의 임금설정, (4) 제재가 있는 중앙차원의 임금설정의 4단계 수준으로 구분하고 있다(Wallerstein & Golden 2000, p. 113).

(*decentralization*) 현상이 나타나게 되었다. 4)

사실 임금협상의 분권화는 북유럽 나라 중 덴마크에서 1981년 가장 먼저 시행되었다. 덴마크 금속산업부문의 노사가 분권화된 임금협상을 시작한 것이다. 스웨덴에서는 1983년 사용자 측의 중앙협상 탈퇴로 임금협상의 분권화가 이루어졌다. 그러나 북유럽의 국가들이 일률적인 방식으로 분권화된 것은 아니었다. '스웨덴 예외주의'(*Swedish exceptionalism*)가 회자될 만큼 스웨덴의 임금협상체제는 상당한 정도로 급격히 분권화되었다. 반면 노르웨이와 핀란드는 별다른 변화를 겪지 않고 여전히 중앙차원의 협상체제를 유지하고 있다. 덴마크의 경우는 매우 애매하다. 연구자에 따라 덴마크는 스웨덴과 같이 분권화된 나라로 분류되기도(Iversen, 2000) 하고 노르웨이, 핀란드와 같이 분권화를 별로 겪지 않은 나라로 분류되기도(Wallerstein & Golden, 2000) 하기 때문이다. 또한 덴마크는 스웨덴과 같은 수준의 분권화는 겪지 않았지만 노르웨이와 같이 높은 수준의 중앙협상체제를 지속시키지는 못했기 때문이기도 하다.

덴마크에서는 전통적인 중앙협상제도가 약화되었음에도 불구하고 스웨덴에서처럼 본격적인 분권화가 발전하지는 않았다. 대신 초산업적 협상카르텔(*supraindustry bargaining cartel*)이라는 새로운 방식의 협상제도가 만들어져 시행되고 있는 특징을 가지고 있다. 정확히 말한다면 덴마크는 1980년대에 분권화의 경향이 있었으나 1990년대 들어 새로운 형태의 집권화된 단체협상제도가 만들어졌다. 뿐만 아니라 덴마크의 단체협상은 유연성과 경직성을 동시에 추구하면서 노사관계와 노동시장이 경제의 효율성과 근로자의 고용 및 소득 안정성에 기여하도록 해왔다. 그리고 이러한 과정에서 국가는 더욱 적극적으로 단체협상에 관여하였으며 정부는 중재적 역할을 매우 충실히 해왔다는 점에서

---

4) 이 글에서는 탈중앙화와 분권화, 중앙화와 집중화를 각각 같은 의미로 사용하게 된다.

도 스웨덴과 대비되고 있다.

이 글은 바로 이러한 덴마크 협상제도의 특성, 즉 분권화하면서도
중앙화된 시스템을 지니고 있는 덴마크의 단체협상체제를 분석하면서
중앙화와 분권화, 경직성과 유연성의 이중전략이 덴마크를 성공적인
사례로 만든 중요한 요인임을 보여주고자 한다. 그리고 이러한 이중전
략이 가능할 수 있었던 것은 3자 협의제도라는 정치적 개입이 그 역할
을 다했기 때문이라고 생각한다. 그러면 세계화와 사회조합주의의 관
계, 덴마크 노사관계의 발전과정과 특징을 살펴보고 지난 20년간 덴마
크의 노사관계가 어떻게 변화되어 왔는가를 분석하고자 한다.

## 2. 세계화, 사회조합주의, 노사관계

이익집단 정치의 하나로서의 사회조합주의 모델은 이익집단들이 스
스로 과도한 집단이기주의적 이익추구행위를 규제하는 사적이익정부
(*private interest government*)의 역할을 담당하고 이러한 사적이익정부간
합의와 협상을 통해 이익갈등을 해결하는 방식이다(김의영, 1999). 이
모델은 자본주의체제에서 가장 심각한 이익갈등인 산업관계, 즉 노사
갈등을 노사의 사적이익정부라고 할 수 있는 노동의 정상조직과 기업
의 정상조직 간 협의를 통하여 풀어나가는 방식이라 할 수 있다. 가장
대표적인 성공사례로 꼽히는 북유럽 국가들의 사회조합주의는 1950년
대부터 1970년대까지 중앙 차원의 노사협상을 통하여 경제성장, 완전
고용, 산업평화, 그리고 연대임금이라는 사회민주주의의 목표들을 달
성하여 왔다. [5]

---

5) 북유럽의 이러한 사회조합주의적 노사타협은 몇 가지의 조건을 충족시켰기 때
   문에 가능하였다. 먼저 노동과 자본의 정상조직이 포괄적이고 중앙집권화 되
   어 단위노조와 기업을 통제할 수 있을 만큼 권위가 있어야 한다. 또한 협상이
   가능할 수 있을 만큼 노동의 정상조직과 기업의 정상조직 간 어느 정도 힘의

사회조합주의에서 단체협상의 수준과 방식이 중요한 이유는 무엇보다 높은 수준의 임금협상이 경제적 효율성과 양호한 거시경제 성과를 가져온 사례가 많기 때문이다(Goldthorpe, 1984; Crouch, 1985; Marks, 1986). 이는 근로자들의 임금자제가 실업 및 물가의 동반상승을 차단할 수 있는 역할을 할 수 있기 때문이다.6) 그러나 노동조합이 단기적 이익을 희생하고 임금자제를 선택할 유인을 가지려면 정부가 장기적 혜택으로 이를 보상하는 사회임금을 약속해야 할 것이다. 사회조합주의는 임금자제와 사회임금을 서로 주고받는 '정치적 교환'을 가능하게 하는 조직 및 제도적 조건을 갖추고 있기 때문에 좋은 경제성과를 가져올 수 있다는 것이다(Lange, 1984). 협상수준이 중요한 또 다른 이유는 중앙임금협상이 중요한 사회민주주의적 노동시장제도로서 불평등, 불안정, 빈곤을 감소시켜주는 정책으로 간주되기 때문이다. 임금배분을 둘러싼 단체협상의 수준과 특징은 바로 평등의 척도가 되기 때문이다. 마지막으로 단체협상의 방식이 중요한 것은 그 자체가 사회조합주의의 정도를 나타낼 뿐 아니라 계급적 연대의 강도를 보여주기 때문이다.

그러나 이러한 사회조합주의는 생산자본의 이동이 용이하지 않은 일국자본주의의 조건을 가정한 것이었다. 자본의 국제 이동성이 증가할수록, 그리하여 자본의 협상력이 강화될수록, 국가정책은 임금억제를 통한 인플레 경향의 차단, 노동시장의 탈규제와 유연화, 환율안정, 균형예산, 저조세 등에 맞추어지게 된다. 이는 곧 종래의 노동정치와

---

균형이 이루어져야 한다. 이에 더하여 양자의 협약을 중립적인 입장에서 중재하고 협약의 준수를 보장하며 협약에 따르는 단기적 희생을 복지 및 사회안전망 등 사회정책을 통하여 보상해 줄 수 있는 국가의 능력을 필요로 한다. 마지막으로 친노동자 정당의 존재와 양보와 타협의 문화도 중요한 요소가 된다.

6) Calmfors & Driffill, 1988; Moene, Wallerstein & Hoel, 1993; Moene & Wallerstein, 1999 참고. Iversen(2000)은 임금협상의 중앙집중화 정도와 실업간에는 강한 부적 관계(r = -.78)가 있음을 보여주고 있다.

146

그에 기반했던 사회조합주의의 약화 또는 소멸을 의미하게 되고, 성장산업에서 나타나는 임금부상, 산업별 임금협상 또는 중앙차원 협상 방식의 퇴조 등으로 노동의 조직과 연대는 심대한 타격을 받게 된다는 것을 뜻한다. 그 결과 자본은 강화된 협상력을 바탕으로 기업단위로 분산된 노사관계를 주도하는 한편, 소득분배의 규범을 설정해주던 기존의 사회조합주의적 제도와 관행이 약화되고 있는 것이다. 생산자본이 사회조합주의와 소득정책 등을 매개로 이윤의 안정적 확보를 위해 노동과의 국내적 타협을 해야 할 필요성이 거의 없어진 것이다 (Schwartz, 1998; 고세훈, 1999).

북유럽의 사회조합주의는 이와 같은 자본의 세계화에 가장 취약한 모델이었다. 지난 20년 동안 자본의 세계화는 탈산업화와 새로운 직업구조, 새로운 생산패러다임 등과 더불어 북유럽의 중앙집중화된 노사관계를 변화시키는 강력한 힘으로 존재해 왔다. 세계화는 정부의 케인스적 거시경제관리의 실행능력을 크게 제한하였고 그 결과 노조의 임금자제 동기를 약화시켰으며 자본과 노동 간 이해관계의 공통성을 축소시켰다. 전후 계급타협의 정치는 국내 수요촉진에 의해 결정되었으나 자본은 더 이상 국내수요에 의존하지 않아도 되었기 때문이다 (Scharpf, 1991).

그러나 다행인 것은 이러한 세계화의 파급효과가 모든 나라에 일률적으로 나타나지 않았다는 점이다. 세계화로 사회경제정책이 신자유주의적으로 수렴된다는 주장은 경험적으로 지지되지 않고 있으며 세계화에의 대응 및 그 결과가 국가마다 상이하게 나타나고 있는 것이 엄연한 현실이다. 선진 자본주의체제의 변화와 안정의 실제 모습은 경제제도와 행위자(사용자, 노조, 관료 및 정부) 간의 구체적인 상호작용의 결과로 나타나기 때문이다(Kitschelt, Lange, Marks, and Stephens, 1999; Hyman, 1994). 더 나아가 세계화가 사회조합주의와 관련된 다양한 제도를 위협하는지도 확실하지 않다. 세계화에도 불구하고 독일, 오스트리아, 노르웨이 등은 기존의 제도를 안정적으로 유지시키고 있으며 덴마크, 네덜란드 등에서는 일시적인 제도의 변화가 있었지만 결과적으로는 제도의 유연화를 추구하면서 제도의 안정을 이루었다고 보는 것이 더 옳을 것이다. 뿐만 아니라 자본이동의 위협에도 불구하고 사민당정부의 지배와 노조의 힘은 지금도 사회민주주의적 정책과 경제성과(높은 공공지출, 소득분배, 저실업 등)를 가져올 수 있다(Garrett & Way, 1995; Garrett, 1998). 노르웨이, 핀란드, 오스트리아 등에서 자본이동의 증가에도 불구하고 이러한 관계가 지속되었던 사례가 있기 때문이다. 일반적으로 자본이동이 증대될수록 사회지출과 팽창적 거시경제정책의 후퇴가 나타나게 된다. 그러나 우파정부와 노조가 약한 나라에서는 그렇지 않은 나라에 비해 이러한 경향이 더 강하게 나타나는 것도 신자유주의적 수렴론의 한계를 보여주는 증거가 된다. 실제로 1991~92년 국내총생산 대비 수출입의 비중은 핀란드 49%, 스웨덴 54%, 덴마크 67%, 노르웨이 75%를 차지하고 있으며(OECD, 1994, 1995), 금융시장 자유화도 스웨덴, 노르웨이, 핀란드에서 1980년대 중반 거의 동시에 일어났으나 이들 나라에서의 정책 및 제도 변화는 상이한 모습을 보이고 있다. 마찬가지로 직업구조도 북유럽 국가 모두에서 유사한 변화를 경험했으며 그 결과 유사한 노조조직의 재구조화를 가져왔고 노동운동도 더욱 파편화되었다. 또한 생산직 노조연맹과 경쟁관계에 있는 사무직 노조와 전문직 노조연맹은 생산직 노조연맹의 노조독점을 점차 약화시켜 왔다. 그럼에도 스웨덴과 덴마크의 노동운동과 노사관계는 다르게 나타나고 있다.

## 3. 덴마크 모델의 발전과 위기

### 1) 덴마크의 정치와 사회경제적 배경

덴마크 사회민주주의의 초기 전성기였던 1930년대에 덴마크 사민주

의 모델의 발전은 독특한 형태로 진행되었다. 지속적인 개혁이 이루어
지면서 노동계급의 물질적 복지는 크게 향상되었고 동시에 노조와 사
민당 정부는 노동계급에 대하여 엄격한 규율을 가함으로써 작업장에서
의 질서를 확립하였을 뿐 아니라 좌파 또는 반동적 경향을 철저히 봉
쇄하여 왔다. 이것은 덴마크 사민주의의 토대인 노동운동이 노르웨이
와 함께 유럽에서 가장 중앙집중적인 형태로 발전되어 온 것도 우연이
아님을 보여준다. 역사적으로나 문화적으로 덴마크 노동자들은 열심
히 일할 뿐 아니라, 개인의 자율성을 중시하면서도 자본과 노동의 공
통된 이익을 위해 협력하는 경향을 보여왔다. 실제로 그들은 유럽의
타국가들에 비교하여 산업분규에 대하여 회의적인 태도를 가지고 있으
며 노조조직의 위계질서에 잘 적응하는 모습을 보여왔다. 이러한 성향
은 1990년대 중반의 설문자료에서도 경험적으로 입증되고 있다고 한
다.[7] 덴마크의 중앙단체협상제도는 1950년대에 정착되었다. 1950년
대 이래로 노조와 고용주는 경영합리화와 기술혁신에 협력하고 생산성
과 연계된 임금체계를 확립하였으며, 이러한 노사협력의 기조 위의 완
전고용, 물질적 풍요, 공공부문의 확대는 성장을 통한 복지라는 덴마
크 사민당의 전략이 성공적으로 실현되었음을 보여주는 증거들이다.

정치적으로 덴마크는 다당제를 가지고 있으며 스웨덴이나 노르웨이
와 같이 사회민주당(Socialdemokratiet I Danmark: SD)이 우월한 위치
를 차지하여 왔다. 그러나 1970년대 중반 및 1980년대에는 선거정치
에서의 후퇴를 가져왔다. 이러한 정치적 변화는 덴마크의 노사관계에
도 영향을 미쳐 1980년대에 임금협상의 분권화가 나타나게 되었다.
1998년 선거에서 4석 이상의 의석을 가지고 있는 정당은 무려 10개나
될 정도로 덴마크의 정치는 다양한 사회세력에 의해 이루어지고 있다.

---

7) Christiansen(1994).

〈표 5-1〉 1945년 이후 덴마크 주요 정당의 의회(Folketing) 의석수 비율(%)

| | SD | V | KF | SF |
|---|---|---|---|---|
| 1947 | 38. 5 | 33. 1 | 11. 5 | |
| 1950 | 39. 6 | 21. 5 | 18. 1 | |
| 1953ap | 40. 9 | 22. 1 | 17. 4 | |
| 1953sep | 42. 3 | 24 | 17. 1 | |
| 1957 | 40 | 25. 7 | 17. 1 | |
| 1960 | 43. 4 | 21. 7 | 18. 3 | 6. 3 |
| 1964 | 43. 4 | 21. 7 | 20. 6 | 5. 7 |
| 1966 | 39. 4 | 20 | 19. 4 | 11. 4 |
| 1968 | 35. 4 | 19. 4 | 21. 1 | 6. 3 |
| 1971 | 40 | 17. 1 | 17. 7 | 9. 7 |
| 1973 | 26. 3 | 12. 6 | 9. 1 | 6. 3 |
| 1975 | 30. 3 | 24 | 5. 7 | 5. 1 |
| 1977 | 37. 1 | 12 | 8. 6 | 4 |
| 1979 | 38. 9 | 12. 6 | 12. 6 | 6. 3 |
| 1981 | 33. 7 | 12 | 14. 9 | 11. 4 |
| 1984 | 32 | 12. 6 | 24 | 12 |
| 1987 | 30. 9 | 10. 9 | 21. 7 | 15. 4 |
| 1988 | 31. 4 | 12. 6 | 20 | 13. 7 |
| 1990 | 34. 8 | 23. 6 | 15. 2 | 7. 3 |
| 1994 | 39 | 15. 3 | 16. 9 | 8. 4 |
| 1998 | 36 | 24 | 8. 9 | 7. 5 |

Source: *International Almanac of Electoral History* (Washington,  D. C. : CQ Press, 1991)
http://www. agora. stm. it/elections/election/denmark. htm.
SD: Socialdemokratiet I Danmark  (사회민주당)
V: Venstre,  Danmarks liberale parti  (자유당)
KF: Konservative Folkeparti  (보수당)
SF: Socialistisk Folkeparti  (사회주의인민당)

　덴마크는 전통적으로 세계에서 가장 개방적인 경제를 가지고 있다. GNP의 상당부분이 무역으로 이루어져 있으며 1958년 이후 전후 세계 경제의 활성화로 호황을 누리게 되었다.  세금감면과 직접교부금에 의한 투자가 활발해지면서 산업발전을 이루었으며 지역발전정책으로 산업이 전국에 골고루 발전되게 하였다.  이에 따라 1960년에서 1980년까지 노동력 규모가 1/3이 증가하였고 이 중 3/4이 지방 및 국가의 공

150

공부문에 고용되었다. 1960년대와 1970년대에 덴마크의 공공지출 규모는 크게 확대되었으며 주로 소득보장과 복지서비스 제도의 확립에 충당되었다. 그 결과 사회지출의 수준이 세계적으로 두 번째 높은 나라가 되었다.[8] 공공지출이 급격히 늘게 되자 다양한 계급과 이익집단들은 국가를 통해 자신들의 이익과 목적을 추구하려 하였다. 서로 세력이 비슷한 사회계급들이 존재해 왔기 때문에 덴마크 정치는 다당제로 발전되어 왔고 이익추구 과정에서 연정이 쉽게 이루어졌으며 그만큼 내각변동이 많았다.

덴마크의 경제정책은 전형적인 복지-성장의 케인스주의에 입각하여 있었다. 1960년대 말 이후 전통적 복지-성장정책을 대신한 후기 케인스적 정책프로그램이 제시되어 소득정책, 경제민주주의, 공공부문의 확대 등이 구상되었다. 그러나 이러한 정책 제안은 관료적 비대화와 노조에의 과다한 권한 부여라는 좌파 및 우파의 비판과 소득정책에 대한 노동계급의 낮은 호응으로 제대로 실행되지 못하였다. 그럼에도 공공부문은 계속 팽창하였다. 1970년대 초반 이후 국제경제의 위기가 도래하면서 덴마크는 스웨덴 및 노르웨이와 같이 전통적인 수요관리정책을 유지하였다. 그러나 갈수록 실업은 높아가고 경상수지 불균형은 심각해졌으며 공공부채는 급격히 증가하였다. 1973년의 선거 참패는 전후 최악의 실업과 경제성과에 대하여 유권자들이 사민당을 심판한 것이다. 그럼에도 다행인 점은 사회복지제도의 핵심적인 요소들이 자본가와 프티 부르주아, 특히 비사회주의 정당들과 신자유주의적인 진보정당(*Progressive Party*)의 대대적인 공격에도 불구하고 유지되고 있었다는 것이다. 이는 사민당을 대체할 만한 정당은 없었으며 사민당은 여전히 제1당의 위치를 확보하고 있었고, 또한 보수당정권의 연정과

---

8) 1980년경에 이르러 덴마크의 사회보장 지출은 GDP의 26%로 스웨덴의 31% 다음으로 높은 것으로 나타났다. Kitschelt, Lange, Marks and Stephens (1999) p. 435.

트너인 소수정당들이 복지정책의 축소를 반대하였기 때문이다.

## 2) 덴마크 모델의 위기와 신자유주의의 등장

1970년대 초부터 시작된 덴마크 사민당의 '정치위기'는 1950년대까지 비교적 안정적이었던 계급구조의 변화로부터 비롯된 측면도 없지 않으나, 궁극적으론 국제경제의 위기에 의해 심화되었다.[9] 특히, 실업이 청년층에 집중되었으나 이들의 정치적 정체성은 노동운동과 거리가 멀었다. 새로운 세대의 등장과 함께 공공부문과 노조의 역할에 대한 갈등도 커져갔다. 특히 EC 가입을 추진해 온 사민당은 1972년 국민투표에서 패배하고 1973년 총선거에서 25%라는 최악의 지지율을 기록하게 된다. 세금 반란, 공공부문 축소, 사회복지제도의 개혁을 주장하는 우파정당들이 크게 약진하면서 수적으로 크게 성장한 공공부문 중간계층의 지지를 얻기 위한 정당간의 경쟁이 치열해지게 되었다. 사민당은 생산노동자의 지지를 유지하면서 생산노동자들이 적대감을 가지고 있는 공공부문 근로자의 지지를 얻어야 하는 어려운 상황에 직면

---

9) 여기서 계급구조의 변화라 함은 단적으로 프티 부르주아(petit bourgeois)의 증가를 말한다. 이들 프티 부르주아의 일반적인 이념적 성향은 사민주의의 정책적 성향보다는 신자유주의의 정책적 성향에 근접해 있다. 단 하나 유의하여야 할 점은 덴마크 프티 부르주아는 도시뿐만이 아니라 농촌에도 폭넓게 존재한다는 점이다. 덴마크는 역사적으로 농업부문과 농업계층이 강력하여 역사적 발전과정에서 주체적인 역할을 해왔다. 2차 대전까지만 해도 덴마크는 총수출에서 농업부문이 차지하는 비율이 75%로서 제조업 20~25%와 크게 대비되었다. 세계시장에 대한 의존도가 높은 덴마크의 경제구조는 계급구조, 사회적 관계, 그리고 정치문화의 형성에 결정적인 요인으로 작용하면서 계급투쟁의 향방에 큰 영향을 미쳤다. 덴마크의 중소농업계급(프티 부르주아)은 다른 나라와 달리 경제적, 정치적, 문화적 자립조직에 기반하여 독자적인 정체성을 형성하였다. 농민계급은 정치적으로도 조직화하였고 독자적인 계급문화를 형성하여 덴마크 특유의 자유민주주의 모델을 발전시켰다. 덴마크의 노동계급은 산업노동자가 아니라 주로 중소규모의 농업 및 제조업 노동자로 구성되었다.

하게 되었다.

사민주의적 수요관리정책은 소득정책의 실패와 더불어 큰 폭의 임금상승을 가져옴으로써 수출부문의 경쟁력을 약화시켰다. 1970년대의 복지국가의 성장과 공공부문의 확대에 따른 비용은 갈수록 국제자본시장으로부터의 차입에 의해 조달되었다. 1970년대 기간 동안 사민당 정권하에서의 전후 복지국가 전통은 점점 위기에 처하게 되었다. 높은 인플레, 급격히 증가하는 외채와 재정적자 등으로 사민주의적 정책운용의 폭은 크게 좁아졌다. 이러한 경제적 상황에서 1972년부터 1982년 사이에 일곱 번에 걸친 내각변화가 있었다. 이 중 두 번만 사민주의 정당에 의한 내각이었다. 1977년부터 1982년까지의 사민당 정부는 긴축정책과 임금억제정책을 고려하지 않을 수 없었다. 그럼에도 1980년대 초에 공공부채는 급격히 늘었고 GNP와 예산의 상당부분이 금리와 부채상환에 쓰이는 실정이었다. 이 기간에 실업은 10배가 증가하여 12%에 달하게 되었고 건설, 농업, 제조업부문에서 크고 작은 기업들이 매일 도산하는 지경에 이르렀다. [10]

1970년 말 악화된 경제상황하에서 덴마크의 금융위기를 해결하기 위한 사민당과 자유당 간의 연정이 1978년에 구성되었다. 그러나 연정의 위기해결 처방은 여전히 상이했고 노조는 정부의 정책에 강력히 반대함으로써 당과 노조의 분열위기 상황까지 발생하게 되었다. 다음 해 연정은 붕괴되었고 사민당은 신자유주의적 해결방안에 의존하지 않을 수 없게 되었다. 외채해결과 국제금융시장의 신뢰를 회복하기 위해서는 긴축정책만으로는 충분하지 않았기 때문이다. 1982년 덴마크의 사민주의 정치는 경제적, 사회적 차원에서는 물론 정치적, 이념적 차원에서도 심각한 위기에 직면하였다. 좌우파를 막론하고 모든 정치인들과 이코노미스트들은 덴마크 모델이 1930년대 이래 가장 심각한 위기에 처해있음을 인정하였다. 국가부도사태에 직면하게 되면서 거대

---

10) Christiansen (1994), p. 77.

한 국제금융자본 앞에 자신들의 경제주권이 위협받게 되는 상황에 처한 것이다.

1982년 9월의 총선거에서 사민주의자들은 비사회주의 4개 정당으로 이루어진 자유-보수 연정의 슐뤼터(Poul Schlüter)에 의해 정권을 잃었으며 이 보수 연정은 11년 동안이나 집권하였다. 자유-보수당 연합정부가 집권한 11년의 기간 동안 신자유주의 정책이 시행되었고 덴마크의 정치 및 사회상황은 변화하기 시작하였다. 임금동결, 실업급여 삭감, 대대적인 디플레 정책, 탈규제와 민영화라는 1980년대의 전형적인 신자유주의적 경제사회정책이 실시되었던 것이다. 노동계급과 노동운동은 파업과 휴업, 대규모의 정치집회를 통해 노사간 자율적 단체협상에 대한 정부의 개입에 대하여 항의하였다. 결국 1985년 봄 신자유주의 정책에 대항하여 공공부문 노조의 주도로 총파업이 일어났다. 그러나 보수당정부의 단호한 대응으로 총파업이 실패로 끝나면서 실업은 더욱 증가하고 노조간의 갈등이 발생하게 되면서 노동운동의 세력이 약화되기도 하였다. 그러나 기본적인 사회보장제도는 그대로 유지되었고 파업에 대한 단호한 대응에도 불구하고 노조에 대하여 그 어떤 입법적 공세는 취하지 않았다. 연정파트너인 군소정당들의 반대로 인해 복지개혁도 복지급여의 제한적 감소에 그쳤을 뿐이다. 자본 또는 신자유주의 세력의 상대적 우위는 신자유주의적 정책의 추진을 가능하게 하였고 공공부문의 축소, 자본에 대한 규제가 완화되면서 경제가 회복되는 기미를 보였다. 인플레가 크게 낮아지고 경상수지의 개선, 통화안정, 그리고 경제성장이 나타난 것이다.

그러나 이러한 경제적 성취의 비용은 적지 않았다. 조기퇴직 등을 포함시키지 않더라도 실업률이 12%를 넘었고 청년층과 여성, 편부모 가족이 큰 타격을 받게 되면서 새로운 빈곤층이 발생하였다. 이들은 전통적 사회안전망에서 떨어져 나왔으며 사회적 균열도 깊어갔다. 신자유주의적 경제정책의 문제점들이 부상하기 시작하면서 1990년 선거에서 사민당은 37%의 지지율을 획득하였다. 신자유주의적 경제회복

154

은 금융시장 탈규제에 의한 투기열풍의 거품이 붕괴하면서 그 빛을 잃
게 되었고 자산 및 금융시장의 혼란이 발생했다. 이에 더하여 난민스
캔들로 집권보수당은 1993년 1월 사퇴하였고 사민당 당수인 라스무센
(Poul Nyrup Rasmussen)이 총리가 되었다. 그리고 1994년 선거에서
사민당은 라스무센을 축으로 한 연정구성에 성공하여 집권하게 된다.

1998년 선거 이후 라스무센의 새로운 사민당 연립정부는 좌파인 사
회자유당과 구성되어 현재에 이르고 있다. 1998년의 선거는 1994년의
선거와 비교하여 사민당에게 3%의 의석점유율 손실을 가져다주었다.
그럼에도 불구하고 1998년의 36%의 사민당 의석률은 의회 내에 의석
을 차지한 정당이 무려 14개에 이르는 다당제 속에서 볼 때 여전히 높
은 의석점유율이다. 제2당인 자유당은 나름대로의 약진에도 불구하고
24%에 머물렀다.


## 4. 덴마크 노사관계와 임금협상의 정치, 1980s~1990s

덴마크의 노사관계시스템은 노동시장의 근로자와 사용자 간의 관계
를 조정하여 임금 및 여타 노동조건에 대한 기본틀을 합의하는 전국
차원의 정상조직간 중앙단체협상으로 만들어져 있다. 이 노사관계시
스템은 주요 근로자단체 모두를 포괄하고 있으며 1899년 9월 협약 이
후 100년 동안 덴마크의 정치 및 사회 발전을 구체화하는 데 지배적인
역할을 해왔다.[11] 덴마크의 복지국가 또한 사회의 이익갈등을 해결하
는 기제인 단체협상시스템의 역량에 기반하고 있다. 이러한 단체협상
시스템은 덴마크의 경제 및 정치발전의 안정에 기여해 왔다. 이익갈등

---

11) 덴마크에서의 노사관계는 일찍이 1899년 총파업 직후의 조약(the September
    Accord of 1899)에 의해 노사 중앙조직의 설립, 노사협력, 그리고 국가와 정
    상 계급조직 간의 협력의 토대가 마련되었으며 이러한 핵심적인 요소는 현재
    까지 지속적으로 발전되어 왔다.

의 긴장과 위험을 줄이고 갈등의 교착상태를 해결하는 데 일정한 역량을 발휘해 온 단체협상시스템은 사회적 파트너간의 관계를 덴마크 모델의 중요한 주체로 만들었다.

덴마크의 임금협상시스템은 외형적으로는 스웨덴과 유사해 보인다. 두 나라 모두 1950년대에 노사간 중앙차원의 임금협상이 실질적으로 시작되어 1980년대 초까지 지속되었고 그 이후로 임금협상에 대한 중앙연맹의 참여가 약화되는 시기를 맞게 되었다. 그러나 덴마크는 스웨덴과 달리 정부의 중재 또는 의회에 의한 직접적인 임금설정이 2차 대전 후부터 1980년대 초까지 지속적으로 있어 왔다. 더욱 중요한 차이는 1980년대에 나타났던 임금협상의 분권화가 스웨덴에서는 심화된 반면 덴마크에서는 1990년대 들어 제조업부문에서 다시 집중화된 시스템으로 변화되었다는 점이다. 노동과 자본 정상조직의 역할이 약화되기는 하였지만 제조업부문을 망라하는 중앙차원의 새로운 협상기구가 만들어진 것이다. 지난 20년 동안 덴마크 노사관계와 임금협상이 어떻게 변화하였고 어떻게 다시 중앙차원으로 되돌아오게 되었는지를 살펴보겠다.

## 1) 중앙임금협상 전통의 위기

1898년에 설립된 덴마크 노조총연맹, LO(The Danish Confederation of Trade Unions)는 대체적으로 스웨덴이나 노르웨이의 노조총연맹보다 법적 권위(statutory authority)가 약하다. 그럼에도 덴마크 LO는 1951년부터 1974년까지 회원노조의 대표로서 중앙단체협상에 참여하여 임금협상에 큰 역할을 해왔다. 덴마크 LO는 협약체결에 대한 공식적 권위를 가지고 있지는 않았지만 전후 대부분의 임금타결이 공공조정자(Public Conciliator), LO, 덴마크사용자연맹인 DA(The Danish Employers' Confederation)와의 합의하에 이루어졌다는 점을 감안한다면 그 역할이 작지 않았음을 알 수 있다. 반면, DA의 권위는 강력하였다. 덴마크의 전후 단체협상은 1936년 LO와 DA 간에 합의된 규칙에 기반하여 이루어졌다. 이 규칙은 1951년에 바뀌면서 일반쟁점과 특별쟁점을 구분하였고 특별쟁점은 산업차원에서, 일반쟁점은 연맹차원에서 협상하도록 하였다.12)

덴마크의 임금협상 방식은 산업별 노사간 협상이 먼저 시작되고 이어 중앙연맹인 LO와 DA 간 협상이 진행된다.13) 노사 중앙연맹간의 협상이 타결되지 못하면 공공조정자가 개입하게 되고 공공조정자, LO, DA간의 협상도 타결되지 못하면 공공조정자의 협상안에 대하여 노조원들의 찬반투표가 실시된다. 노조원의 과반수 이상이 찬성하면 공공조정안이 비준되는 것으로 인정된다. 비준된 협약에는 산업평화의무(peace obligation)가 부과되기 때문에 덴마크의 단체협상시스템은 가장 높은 협상수준, 즉 제재권을 갖는 중앙화된 임금협상이라고 할 수 있다. 그러나 공공조정자의 협상안조차 실패하면 의회가 개입하게 된다. 1951~74년까지의 임금협상은 중재자의 협상안에 대한 비준투표로 타결되었다. 그러나 1975년 협상안에 대한 노조원의 비준투표가 부결되어 노사는 의회가 개입한 임금계약을 맺게 되었고, 이러한 의회개입의 임금타결이 1981년까지 이루어져 왔다. 1970년대 중반 이후 경제환경이 어려워지면서 그만큼 노조와 기업은 서로에 대한 양보의 여지가 좁아졌으며 타협 또한 쉽지 않았기 때문이다.

1950년대부터 시작된 중앙차원 임금협상의 최대 옹호자는 덴마크금속노조였고 중앙협상에 대해 가장 반대한 조직은 덴마크의 최대 단일노조인 SiD(The General Workers' Union, 미숙련-반숙련근로자전국노조)였다. 그러나 경제가 급속히 악화된 1980년대 들어 금속노조와

---

12) Wallerstein and Golden(2000), pp. 124~128.
13) 사실 북유럽의 중앙협상 과정이 대부분 위계적으로 여러 층에서 진행되기 때문에 중앙협상을 다층(multi-tiered) 협상이라고 부르기도 한다(Wallerstein & Golden, 2000). 분권화된 협상과 달리 중앙협상은 정상조직, 산별노조의 상대적 역할의 변화, 정부와의 관계 등이 중요해진다.

SiD는 자신들의 입장을 정반대로 바꾸었으며 금속노조는 분권화를, SiD는 집권화를 요구하게 되었다. 고실업하에서 상대적 저임금노조인 SiD의 협상력은 약화될 수밖에 없으므로 경쟁력 있는 부문과의 중앙차원의 연대협상이 자신들에게 유리하기 때문이다. 경제위기가 임금격차 확대에 대한 압력으로 작용하면서 경쟁력 있는 산업의 노조와 기업은 보다 높은 임금과 개별적인 임금계약을 원하게 되었다. 이에 반해 미숙련-반숙련 근로자들은 실업의 위험 속에 임금상승을 요구할 수 있는 고부가가치의 작업을 할 수 없기 때문에 중앙차원의 임금협상이라는 보호막이 필요했던 것이다.

1970년대 초부터 나타나기 시작한 경제문제에 대처하기 위해 사민당 정부는 1970년대 내내 임금을 중앙차원에서 관리, 조정하려는 시도를 해왔다. 이는 전통적인 복지-성장정책을 대체하여 소득정책, 경제민주주의, 공공부문 확대 등을 포함하는 post-Keynesian 프로그램이었다. [14] 그러나 내수부문의 임금을 억제하기 위한 1970년대의 소득정책은 성공적이지 못하였고 급격한 공공부문 팽창과 함께 외채를 기록적으로 증가시킨 요인이 되었다. 1982년 보수 연정이 집권하면서 덴마크의 통화주의는 매우 급진적으로 시행되었다. 자본시장의 자유화와 긴축재정프로그램으로 인플레와 이자율이 점진적으로 하락했다. 금속산업부문의 주도로 분권적인 임금협상시스템이 시행되면서 산업부문간 차별적인 임금설정이 이루어졌으며 이에 따른 임금억제는 저이자율의 경기팽창적 효과와 더불어 덴마크 경제의 급속한 회복을 가져오는 데 기여하였다. 고용이 1983~88년 사이에 거의 10%가 늘어났던 것도 우연은 아니었다.

덴마크의 중앙임금협상의 전통은 1981년 금속산업부문에 의해 분권화된 임금협상제도가 시행되면서 무너지기 시작했다. 당연히 덴마크도 스웨덴과 같은 노사협상의 탈중앙화가 이루어졌다는 주장이 제기되

---

14) Christiansen (1994), p. 93.

었다(Iversen, 1996, 2000). 1980년대 보수연정하에서 정부의 소득정책은 후퇴하였고 임금결정과정을 공론화하려는 정부의 노력도 약화됨에 따라 덴마크의 중앙임금협상제도는 상당히 와해되었던 것이다. 1980년대는 사용자들이 기업별 협상에 대한 통제의 주도권을 가지고 있었다. 특히 1975년부터 1981년까지는 의회가 개입된 임금협약이 실시되었기 때문에 1980년대 초 노조와 고용주는 국가의 개입 없는 단체협상시스템을 재구축하기 위해 분권화된 임금협상방식을 모색하였다. 1981년에는 협상당사자들이 정치적 개입을 거부하면서 많은 임금협약이 중앙연맹이나 공공조정자의 개입 없이 산업별 차원에서 타결되었다. 1983년에는 산업별 타결, LO와 DA에 의한 중앙협상 타결, 공공조정자의 개입에 의한 타결이 혼합되어 나타났다. 그러나 1985년에는 산업별 차원, 공공조정자 개입 모두에서 협약이 이루어지지 않았을 뿐아니라 DA가 중재안을 거부하면서 의회에 의한 강제적인 임금타결이 이루어졌다.

## 2) 초산업적 임금협상카르텔의 등장

1980년대 전반의 임금협상시스템은 기존의 중앙협상이 약화되면서 산업별 협약, 공공조정자 개입, 의회개입 등 매우 혼란한 양상을 보였다. 1987년에도 산업별 협상이 많이 타결되었으나 이전과 달리 4년 기간의 협약이 이루어지면서 노사협상이 새로운 국면을 맞게 되었다. 더구나 1989년 협상에서는 더 중요한 변화가 발생했다. 사용자단체의 합병바람이 거세게 불면서 모든 산업부문 사용자의 단일조직인 덴마크산업총연맹, DI(Dansk Industri, The Confederation of Danish Industries)가 설립된 것이다. DA 조직 전체 임금의 50%를 망라하는 거대한 단일 사용자조직인 DI의 탄생으로 단체협상이 상당히 집중화되었다. 산업부문 사용자단체가 재조정됨에 따라 산업노동자단체도 33만 7천 명의 노조원을 갖는 덴마크산업노동자중앙조직(The Central

Organization of Industrial Employees in Denmark. CO-industri)이라는 협상카르텔을 만들게 된다. 1990년 LO의 회원수가 30개 단체이고 총 노조원수가 150만 명임을 감안할 때 CO-industri라는 한 개의 단체가 LO 전체 노조원의 1/5 이상을 차지하고 있다는 것을 알 수 있다.

덴마크의 단체협상 구조는 전 부문을 포괄하는 새로운 조직과 카르 텔이 그 영향력을 행사하기 시작함에 따라 많은 변화를 가져 왔다. 이 러한 변화는 두 개의 전통적인 주요 총연맹인 LO와 DA의 영향력을 일부 약화시켜 온 것도 사실이다. 그러면 덴마크의 임금협상시스템이 탈중앙화되었느냐 하는 문제를 검토해야 할 것이다. 임금결정과정에 서 LO의 중요성이 약화되었다는 면에서 탈중앙화로의 전환이라는 주 장은 어느 정도 타당성을 지닐 수 있다. 그러나 LO의 중요성 약화는 곧 임금결정시스템의 분권화라는 등식은 최소한 덴마크에서는 그 설득 력이 약하다고 할 수 있다. 왜냐하면 중앙차원의 협상보다 약간 아래 의 협상단(*bargaining units*)인 초산업적(*supraindustry*) 협상카르텔이 1987년 단체협상 이후로 등장하였기 때문이다. 이 협상카르텔은 기존 의 산업별 단체협약보다 더 광범위한 부문을 포괄하였다(Due et al., 1995). 또한 외형적으로는 LO와 DA가 단체협상에 관여하지 않은 것

〈표 5-2〉 LO의 협상카르텔 조직

| 부문 | 카르텔 조직 |
|---|---|
| 산업부문 | The Central Organization of Industrial Employees in Denmark (CO-industri) ·노조원 : 337,000명 |
| 건설/목재 | The Cartel of Building, Construction and Woodworkers' Unions (BAT) ·노조원 : 158,000명 |
| 무역/운송 /서비스 | The Cartel of Employees in Trade, Transport and Service (HTS) ·노조원 : 320,000명 |
| 국가부문 | The Danish Central Federation of State Employees(CFU) ·노조원 : 108,000명 |
| 지방정부 부문 | The Danish Cartel of Municipal Employees(DKK) ·노조원: 399,000명 |

출처 : www. eiro. eurofound. ie/1998/06/InBrief/dk9806176n. html

160

같지만 덴마크 사용자연맹은 스웨덴 사용자연맹과 달리 계속 적극적으로 임금협상에 관여하고 있다는 점에서도 덴마크 임금협상제도의 탈중앙화 주장은 받아들이기 어렵다.

1990년 LO는 회원조직을 산업, 건설, 운송/서비스, 지방공공부문, 중앙정부부문의 5개의 협상카르텔로 재편하였고 노조들은 자발적으로 카르텔에 가입하였다. 15) 1992년에는 기존의 산별협약과 LO/DA 또는 공공조정자에 의한 중앙임금협상시스템이 협상카르텔에 기반한 새로운 중앙협상시스템으로 대체되었으며 이 시스템에 따라 제조업의 모든 근로자는 새로 구성된 협상기구에 의해 체결된 단일협약을 따르게 되었다. 덴마크는 노동과 자본의 정상조직 외에 초산업적 협상카르텔이라는 새로운 협상시스템을 갖게 된 것이다. 덴마크의 새로운 단체협상 방식은 중앙연맹 또는 정부개입 방식의 협상과 구별될 뿐 아니라 산업별 협상과도 전혀 다른 것이다. 더욱 중요한 점은 1990년대 후반 이후 LO와 DA의 중앙연맹이 단체협상에 적극적으로 관여하고 있다는 데 있다. LO와 DA의 정치적 역할이 커져감에 따라 대부분의 협상 내용이 중앙연맹 차원에서 조정되고 있으며 이러한 조정에 따라 초산업적 협상카르텔의 협약과 산업별 협약이 이루어지고 있다.

## 3) 분권화와 집중화의 이중 전략

1990년대 들어 덴마크의 노사관계는 분권화와 집중화라는 상반된 경향이 동시에 나타났다. 무엇보다 사용자 및 노동조직이 합병과 카르텔로 인해 상당히 집권화되었다. 덴마크는 80%에 가까운 높은 노조 조직률을 가지고 있으며 노조총연맹인 LO, 사무직노조총연맹인 FTF (Confederation of Salaried Employees and Civil Servants in Denmark),

---

15) 후에 노조원 32,000명의 그래픽/미디어노조 카르텔(The Danish Cartel of Unions in the Graphical Industry and Media Sector, GIMK)이 결성되어 모두 6개 카르텔이 되었다.

그리고 전문직노조총연맹인 AC(Danish Confederation of Professional Associations)의 3대 노조총연맹이 전체 노조원의 89%를 차지하고 있다.

1997년 현재 LO는 24개의 회원조직에 총 150만 명의 노조원을 가지고 있다. 사무직노조연맹인 FTF는 30여 개 회원조직에 40만 명의 노조원을, 전문직노조연맹인 AC는 22개 조직에 20만 명의 노조원을 가지고 있다. LO와 DA는 민간부문 64만여 명 근로자의 단체협상에 영향을 미치고 있다. 덴마크의 3대 노조총연맹의 집중도를 보면 LO의 지배가 상대적으로 약화되고 사무직노조(FTF)와 전문직노조(AC)의 조직이 커지고 있음을 알 수 있다. 그럼에도 여전히 LO가 전체 노조원의 68%를 차지하고 있는 것으로 나타나고 있다. LO의 최대 회원조직은 총근로자노조연맹(The General Workers' Union, SiD)이며 덴마크 최대의 단일노조는 상업/사무근로자노조(The Union of Commercial and Clerical Employees, HK)이다.

LO의 회원조직은 특히 1990년대 후반에 이루어진 지속적인 노조합병의 결과 1980년 33개의 회원조직이 1990년에는 30개로, 1999년에는 21개로 감소되었다. 1990년대에 활발했던 민영화와 하청은 조직범위와 관련하여 LO 회원노조간 갈등을 발생시켰다. 그러나 민영화로 인한 노조간 갈등은 오히려 노조의 합병을 촉진시키는 역할을 했고 노조합병은 노조협상카르텔을 활성화시키는 역할을 해왔다. 덴마크철도노조(the Danish Railways Association)는 덴마크 최대의 단일 노조인 상업/사무직근로자노조(The Union of Commercial and Clerical Employees, HK)의 국가근로자부문인 HK/Stat와 합병하였다. 공공부문노조인 우편근로자단체(the Associaion of Postal and Giro Workers)는 덴마크 우편부(Sectoral Unit Post Denmark)라는 이름의 한 부서로서 HK/Stat와 합병하기도 하였다. 이 합병은 덴마크 우편서비스가 국가 소유의 공영회사로 전환되면서 발생한 것이다. 공공부문의 구조조정에 따른 조직의 재구조화로 다른 단체협약이 적용되는 사례가 많아지면서 많은 근로자의 고용조건에 영향을 미치기도 하였다.

 1997년 LO는 창립 100주년을 기념하여 LO 조직구조를 3개의 분야로 구분하여 업무분담을 결정하게 된다. 중앙연맹, 23개의 회원노조, 6개의 부문별 노조카르텔이라는 3개 분야간의 협력범위와 방법, 그리고 재정문제 등을 결정하였다. LO는 조직의 효율성을 높이고 내부의 협력을 강화하기 위해 조직에 대한 구조조정을 취한 것이다. 또한 LO는 다른 노조연맹과의 협력과 공동의 이익을 위해 1997년 LO-AC협약을 체결하게 된다. LO와 전문직노조연맹인 AC(The Danish Confederation of Professional Associations)는 두 연맹간의 조직 범위에 대한 협의와 회원확대 경쟁을 최소화하는 역사적인 협정을 체결한 것이다. 이 두 노조연맹의 지도자는 정기적인 모임을 갖고 공동의 문제를 의논하기로 하였다. 이는 노동의 조직이 재정비되고 LO와 AC 간 노조협력이 강화됨으로써 노동 전체 차원의 자원과 힘이 결집되는 것을 의미한다. 또 다른 특기할 점은 1990년대 중반 이후로 단체협상에 의해 계약되는 근로자 수가 증가하고 있다는 것이다. [16] 이 점 또한 노사관계가 조직화되고 있음을 보여주는 증거이다.

〈표 5-3〉 덴마크 주요 노조연맹 집중도(%)

| 총연맹 | 1950 | 1960 | 1970 | 1980 | 1989 |
|---|---|---|---|---|---|
| LO(회원수) | 84.48(57) | 81.51(53) | 78.37(45) | 69.56(33) | 67.95(30*) |
| FTF | - | 11.84 | 13.65 | 15.44 | 15.40 |
| AC | - | - | - | 3.88 | 4.84 |
| Total | 84.48 | 93.35 | 92.02 | 88.88 | 88.19 |

출처: Golden, Wallerstein, and Lange, 1999, pp.206~212.
* 1990년의 회원수임. LO의 회원수는 그 후로 계속 감소하여 1999년에는 21개가 되었다.

---

16) The Danish National Institute of Social Research와 LO가 실시한 조사에서 민간부문의 71%, 공공부문의 100%가 단체협상에 의한 계약에 적용되는 것으로 나타났다. 중요한 점은 이 비율이 1990년대 중반 이후로 증가하고 있다는 것이다.
http://www/eiro.eurofound.ie/2000/11/Features/dk0011104f.html 참고.

덴마크의 사용자 조직은 DA가 대표하고 있으며 DA의 3대 회원조직은 덴마크산업연맹(The Confederation of Danish Industries, DI), 무역/운송/서비스사용자연맹(The Employers' Federation for Trade, Transport and Service, AHTS), 그리고 덴마크상업/서비스사용자연맹(Danish Commerce and Service, DHS)이다. 1998년 산업분규 이후 사용자단체의 구조조정이 활발히 일어났다.

이와 같이 노동과 자본의 조직이 집중화되고 노사관계가 집권화되는 한편, 덴마크 단체협상시스템이 분권화 경향을 보이고 있는 것도 사실이다. 임금, 노동시간, 휴일 등 노동조건과 관련한 협상이 전국적인 중앙차원 협약의 기본틀 내에서 지역 및 부문차원의 협상과 결정으로 이전되는 분권화 경향이 상당히 나타났기 때문이다. 1997년에 이루어진 2년 기간의 공공부문 단체협약에서 "평화로운 임금혁명"이라는, 보다 유연하고 탈중앙화된 새로운 임금체계가 도입되었다. 공공부문의 새로운 임금개혁은 덴마크 노사관계에 매우 중요한 일이었다. 공공부문의 새로운 임금개혁이 국가 및 지방정부 부문에서의 임금결정 방식이 탈중앙화되는 확실한 계기가 되기 때문이다. 공공부문의 단체협상은 두 개로 분야로 구분된다. 국가부문에서는 사용자 대표가 재무장관이 되고 근로자대표는 합동노조협상단체인 국가근로자중앙연맹(The Danish Central Federation of State Employees, CFU)이 된다. 지방공공부문의 사용자는 The National Association of Local Authorities in Denmark(KL)/The Danish Federation of County Councils(ARF)/The Municipality of Copenhagen and the Municipality of Frederiksberg이 되며 근로자측은 The Danish Cartel of Municipal Employees(DKK)가 된다.

덴마크의 분권화 과정을 스웨덴의 경우와 유사하게 해석하는 연구는 "집권화된 분권화"(*centralized decentralization*), "조정된 탈중앙화"(*coordinated decentralization*) 또는 "조직된 탈중앙화"(*organized decentralization*)라는 개념을 사용한다(Soskice, 2000). 즉, 전통적 노사협상

모델을 전체적으로 약화시키지는 않으면서 단지 협상과 협상기술의 전환을 가져왔다는 것이다. 단체협상의 형식적 수준인 중앙화의 정도에서는 변화가 있었지만 내용적 수준인 조정의 정도에서는 변화가 거의 없다는 것이다. 물론 중앙집권화의 개념을 위해서는 임금협상시스템의 형식이 고려되어야 하지만 시스템의 기능과 단체협상 주체들의 능력이 더 중요할 수 있다. 협상 주체들의 경제 전반에 대한 조정능력이 중요하며 그러한 조정은 반드시 정상수준의 협상만을 의미하는 것은 아닐 것이다. 같은 노사협상시스템 형식을 갖는 나라들간에도 조정능력은 상당히 다르게 나타날 수 있기 때문이다. 그러나 덴마크의 단체협상제도를 단순히 스웨덴의 그것과 같이 보기 어려운 점도 바로 여기에 있다. 덴마크의 단체협상제도는 중앙연맹이 상당한 수준의 조정능력을 갖는 초산업적 협상카르텔시스템으로 작동되고 있지만 스웨덴의 경우는 노사 중앙연맹의 역할이 매우 미약하며 산업별 협상이 우세하기 때문이다. 17)

〈표 5-4〉 덴마크의 최근 노동시장 현황

|  | 1994 | 1995 | 1996 | 1997 | 1998 | 1999 |
|---|---|---|---|---|---|---|
| 노동력규모(천명) | 2,869 | 2,854 | 2.844 | 2,878 | 2,895 | 2,906 |
| 고용자수(천) | 2,526 | 2,566 | 2,598 | 2,658 | 2,705 | 2,726 |
| 민간부문(천) | 1,757 | 1,797 | 1,814 | 1,853 | 1,891 | 1,906 |
| 공공부문(천) | 769 | 769 | 784 | 804 | 814 | 820 |
| 실업률(%) | 12.0 | 10.1 | 8.6 | 7.7 | 6.6 | 6.2 |
| 실업률:EU기준 | 8.2 | 7.2 | 6.9 | 6.1 | 5.1 | 4.9 |

출처: www.eiro.eurofound.ie/1998/09/features/DK9809177F.html

---

17) 이헌근(2000)은 스웨덴의 중앙임금제도의 급속한 분권화 과정을 잘 보여주고 있으며 Wallerstein and Golden(2000)은 스웨덴과 덴마크의 차별성을 그림으로 보여주고 있다(p. 129).

## 4) 경직성과 유연성의 이중전략

1990년대 이후 덴마크의 단체협상제도가 성공적인 것으로 평가받는 이유는 단체협약이 유연성을 갖게 되었기 때문이다. 단체협약이 유연성을 갖게 되면서 노동시장 및 노사관계는 경직성과 유연성의 조화를 이루게 되었고, 특히 최근의 단체협상에서 유연성과 경직성이 동시에 추구되는 현상이 확연히 나타나고 있다. 유연화는 덴마크의 단체협상 모델이 앞으로도 계속 그 가능성과 유효성을 갖출 수 있는 중요한 요인이 될 것이다.

노동시장의 경직성과 유연성은 단체협상 및 노사관계와 깊은 관련이 있는 것으로 알려져 있다. 일반적으로 노동시장이 유연화될수록 단체협상은 산업 및 기업차원에서 이루어질 가능성이 커지게 되고 노사관계도 노동보다 기업에 유리한 방향으로 발전되기 쉬울 것이다. 노동시장의 유연성이 높은 미국과 노동시장의 유연성이 낮은 북유럽을 비교하면 자명해진다. 세계화 시대에 많은 나라에서 자유로운 해고와 고용을 목표로 하는 노동시장의 유연화 추구는 하나의 유행이 되었다. 노동시장의 유연화가 기업의 생산성을 높이고 경제의 활성화를 가져다 준다는, 검증되지 않은 신자유주의적 사고가 전제되어 있기 때문이다 (김학노, 1999). 그러나 유연성은 무엇을 어떻게 얼마나 유연화시키느냐가 중요하다. 덴마크에서도 1990년대 들어 노동시장의 유연화가 추구되었다. 그러나 이 유연화는 해고를 용이하게 하는 데 있는 것이 아니라 노동(조직) 및 노사관계의 유연성을 지향하고 있다. 유연화가 이루어져야 할 부문과 경직성이 유지되어야 할 부문이 구분되고 질적 유연화와 노동시장의 경직성, 즉 고용안정이 동시에 적극적으로 도모되어 왔다.

1998년의 단체협상은 파업까지 발생했을 정도로 매우 어려웠다. 특히 법정휴가를 5주에서 6주로의 확대를 요구하는 노동에 대해 사용자단체는 덴마크 경제의 침체를 가져올 노동시간 축소는 무책임한 것이라고 주장했고, 정부는 노동력부족이 예상되기 때문에 오히려 노동시간이 늘어야 한다고 했다. 이 갈등은 정부의 개입으로 산업부문이 제외된 1999년 협약에서 농업부문과 공공부문은 3일의 휴가를 더 얻는 것으로 일차적 결론이 났다. 그러나 덴마크의 산업부문 노사는 2000년 협상에서 휴가문제를 법정휴가와는 별도인 5일간의 특별연차제도를 도입함으로써 매우 유연성있게 해결하였다. 이 특별연차를 사용하지 않을 경우 근로자에게는 현금수당을 지급하게 하였다.

유연성이 잘 드러난 또 다른 사례는 유연노동시간제의 도입에 있다. 흔히 변형근로시간제라고도 불리는데, 1999년 협상에서 노동시간의 유연한 사용이 확대되어 주당 평균 37시간 내에서 변이를 가질 수 있게 되었다. 산업부문에서는 12개월까지 변형근로시간제를 적용할 수 있게 하였고 금융부문은 주당 31시간에서 41시간까지 변이를 가질 수 있게 되었다. 또한 금융부문에서는 임금체계를 교육이나 직급, 연공서열보다 직무에 따른 임금체계로 바꾸고 있다. 유연성의 또 다른 사례는 덴마크상업/서비스사용자연맹(The Danish Commerce and Service, DHS)과 상업/사무근로자노조의 서비스부문(The Union of Commercial and Clerical Employees, HK-service) 간에 이루어진 재택근무 관련 협약이다. 이 협약은 재택근무 근로자들이 원활히 일을 할 수 있도록 근무일간 최소한 11시간의 휴식을 갖게 하는 법정 규칙을 없애는 데 합의했다.

경직성을 보인 사례는 무엇보다 1999년 노동쟁의조정법 개정에 따른 쟁의효력 발생기간의 확대와 단체협약기간의 확대에 있다. 1999년 LO와 DA에 의해 개정된 노동쟁의조정법(The Conciliation Act)은 사회적 파트너의 조직, 협력, 책임과 관련하여 매우 중요한 의미를 가지고 있다. 기존의 법률은 노사협상 결렬 후 3일째 날부터 쟁의의 효력 발생을 인정했으나 개정법은 결렬 후 5일째 날부터 효력발생을 인정함으로써 노사 당사자간의 협상에 의한 해결 기회의 가능성을 크게 하였다. LO와 DA는 바람직한 노사협상을 위해 노력하고 협력하기로 함으로써 지난 몇 년 동안 흔들렸던 조직의 지도적 위치를 재구축하였다.
단체협약이 LO와 DA의 회원조직에 의해 직접 협상됨에도 불구하고
1998년의 노사분규는 LO와 DA로 하여금 전반적인 단체협상에 대한
공동의 책임을 확대시키는 계기가 되었다.

단체협약기간의 확대도 노사관계의 안정에 크게 기여할 것으로 보
인다. 1987년 단체협상시 일부 산업에서 4년의 협약기간이 이루어졌
으나 2000년 단체협상에서는 매우 이례적으로 대부분의 민간부문에서
4년의 협약기간이 계약되었다. 18) DI와 CO-indusri 간의 "역사적인
안정협약"(historic stability pact)으로 이루어진 4년의 협약기간은 노동
시장과 노사관계의 안정성을 의미하는 만큼 근로자에 대한 보호를 내
포하고 있다. 뿐만 아니라 4년의 협약기간은 노동관련 비용을 검토하
여 기업의 경영계획을 미리 수립할 수 있게 해 줌으로써 기업에게도
중요한 의미를 지닌다.

2000년 협상라운드에서 이루어진, 매우 이례적인 새로운 4년 기간
의 단체협약의 종결은 협상카르텔과 함께 최근 덴마크 단체협상의 핵
심을 이룬다고 할 수 있다. LO/DA 전체 영역에 대한 4년의 단체협약
과 부문차원 협상의 두 방법이 지속되고 있다. 이러한 방식은 중앙차
원의 협상 및 협약과 산업, 지역에서 합의된 조건간의 균형을 유지시
켜줌으로써 중앙차원의 타협을 산업차원 및 지역차원에서 확실히 채택
하게 만드는 역할을 한다. 부문별 협상을 통해 각 부문의 특별한 환경
에 따라 최저임금, 노동시간 등 별도의 조건을 채택하는 것이 가능해
진다. 그러나 최종 협약의 결과는 LO/DA 분야 전체의 전반적 협상
결과의 범위 내에서 이루어지고 있는 것이다.

1998년 산업분규 이후 LO와 DA는 단체협상 문제를 매우 주의깊게
생각하게 되었고 단체협상모델의 미래에 대해서도 공통의 관심을 갖게
되었다. 1999, 2000년의 단체협상으로 사회적 파트너들은 여전히 노

18) http://www. eiro. eurofound. ie/2000/02/Features/dk0002168f. html

동시장의 문제들을 스스로 해결할 수 있음을 보여주었을 뿐 아니라 타협의지를 재확인하고 노사상호의 신뢰를 강화시켰다. 지난 20년 동안 덴마크 협상모델은 덴마크 기업이 세계화된 경제환경에 직면하여 기업의 경쟁력을 증진시킴과 동시에 노동과 노사관계의 안정성을 유지시키는 방향으로 발전된 것이다. LO와 DA는 여전히 민간부문 전체의 단체협상 과정에 큰 영향을 미치고 있으며 중요한 정치적 역할을 하고 있다. 최근의 단체협상에서 저실업에 따른 상당한 임금인상 요구가 예상되었으나 LO와 DA의 협상에서 4%의 인상안을 합의했을 뿐 아니라 협약기간 4년이라는 성공적인 결과를 가져온 것이 이를 반영한다. 중앙차원의 단체협상과 사회적 파트너의 참여라는 덴마크 모델은 지난 몇 년의 협상시스템의 위기 징후와 같은 혼란에도 불구하고 안정되게 유지되고 있음을 보여준다.

1990년대 덴마크의 단체협상모델은 분권화와 집중화가 동시적으로 일어났을 뿐 아니라 유연성을 추구하면서도 노사협력, 노사신뢰를 얻어내는 방향으로 발전되어 왔다. 이 점에서 덴마크 모델은 성공적이라는 평가를 받고 있다. 1999년과 2000년의 단체협상에서 이러한 이중전략이 잘 드러났으며 특히 2000년 단체협상은 '역사적'이라고 불릴 만큼 1950년대 이후 가장 성공적인 협상의 하나로 평가되고 있다. 그만큼 향후 덴마크의 노동시장 및 노사관계에 중요한 긍정적인 영향을 가져올 것으로 보인다.


## 5. 새로운 3자협의 제도

덴마크 모델의 중심인 단체협상시스템은 정치권과 긴밀한 관계를 갖는 것이 큰 특징이다. 덴마크 모델은 정치적 의사결정 과정에 사회적 파트너가 참여하여 자발적이고 합의에 기반한 조절(*regulation*) 또는 조정(coordination)을 추구한다. 사회적 파트너 누구도 일방적으로 반대할 권리를 갖지 못할 만큼 노사간 합의의 원칙이 강조되며 법률의 입안과 시행에서도 노사가 공동으로 참여하게 된다. 덴마크의 의회제도도 LO와 DA 간의 관계를 반영하여 중도 및 우파 정당과 사회민주주의자들간의 광범위한 협력을 요구해 왔다.

그러나 정부정책에 대한 사회적 파트너의 영향력이 1990년대 중반 들어 약화되었다. 정부와 의회가 전통적으로 타협을 추구하며 정책 현안에 대한 LO와 DA의 영향력 행사 권리를 인정해 온 덴마크 모델에 의문을 갖게 만들었다. 노사 총연맹은 정책결정에 자신들의 영향력이 약화되는 데 대하여 정부를 비판하였고 특히 노동은 사민당 정부의 정책에 대한 영향력의 실종과 정책결정 과정에서의 소외에 대해 매우 우려하였다. 1997년 봄 정부가 건강과 안전에 관한 직업환경법(Work Environment Act) 개정안을 발효시킬 때 LO와 DA는 그 내용에 충분한 영향력을 행사하지 못한 것에 대해 정부를 비판하였고 이에 대한 반발로 DA는 건강 및 안전시스템으로부터 탈퇴함으로써 새로운 직업환경법이 실행되는 것을 어렵게 만들기도 하였다. 그러나 정부는 노사정간의 타협을 위해 노력하였고 라스무센 총리는 1997년 여름 3자 회의를 개최하여 직업환경법, 노년근로자의 조직퇴직안 등에 대해 논의하였다.

## 1) 1998년 산업분규와 노동의 저항

1998년도 단체협상을 앞두고 1997년 12월 정부는 사회적 파트너와의 3자 회담에서 일자리 창출을 위한 임금자제를 요청하였다. 그러나 임금인상 수준은 사회적 파트너의 고유영역이기 때문에 깊이 개입하지는 않았다. DA는 스웨덴과 독일의 낮은 임금인상을 고려하여 덴마크 기업의 경쟁력을 유지하기 위해서는 연 4%의 임금인상률을 반으로 줄여야 한다고 주장했으며 LO는 임금인상 자제에는 동의하나 4% 인상이 불가피하다고 맞섰다.

   사실 LO는 1997년 12월의 3자 회담 및 1998년 단체협상 이전에
'1987년의 합동성명'을 새로운 광범위한 사회계약으로 대체할 것을 주
장하였다. 1987년의 합동성명은 LO, FTF, AC의 세 노조연맹과 DA,
SALA(농업고용주협회연맹) 간에 합의된 것으로, 독일, 스웨덴보다 낮
은 수준의 임금인상과 직업연금제도를 도입함으로써 연금기금을 확대
한다는 것을 주 내용으로 하고 있었다. 이 합의에 따라 직업연금제도
는 1989년 공공부문에 첫도입되었고 1991년에 민간부문에 도입되었
다. 임금인상 자제에 초점이 맞추어진 '1987년의 합동성명'을 대신할
새로운 사회계약에서 LO는 세제, 직업훈련, 노동시장 등 전반적인 경
제사회정책에 대한 사회적 파트너의 참여를 요구하였고, 특히 경제상
황과 관련한 노사정 3자회의와 직업연금개혁의 추진을 주장하였다.
DA는 기존의 합동성명을 수정할 필요가 없다고 하면서도 1998년 단
체임금협상 후 이에 대한 논의를 LO와 계속 한다는 데 합의하였다.
   그러나 1998년의 단체임금협상에서 노사간 대립이 계속되면서 4~5
월 11일간의 파업이 발생하였다. 파업이 끝난 후 정부는 LO와 DA 간
의 결렬된 단체협상에 개입하기로 하였다. 노사는 정부의 개입과 법적
타결을 극렬히 반대하였으며, 특히 LO는 정부개입에 항의하기 위해
1987년 합동성명의 탈퇴를 선언하였다. 1998년 5월 LO는 합동성명을
광범위한 노사정 3자의 "사회계약"으로 대체할 것을 공식으로 제안하
면서 사회계약에 직업연금제도의 개혁, 전반적인 경제상황, 고용, 훈
련정책에 대한 협약이 포함되어야 한다고 주장하였다. LO는 특히 직
업연금제도의 발전에 관심이 많았으며 연금기여분의 인상을 주장하였
다. 물론 이 기여의 많은 부분은 고용주가 부담하는 것이었던 만큼
DA는 LO의 제안에 소극적이었다.
   1998년의 산업분규는 덴마크의 단체협상모델을 심각한 위기로 몰고
갔다. 이러한 위기의식은 기존의 조직 및 협상시스템이 앞으로도 계속
작동될 수 있는지에 대한 것이었다. 1998년 단체협상 과정에서 DA에
게는 고용주연맹 조직의 약화라는 심각한 문제를 남겼다. 고용주연맹

의 약화는 덴마크의 단체협상모델에 큰 문제를 가져오게 되기 때문이다. 다행히도 사민당의 라스무센 총리는 직업연금제도의 발전에 관한 합의를 끌어내기 위해 노사정 3자회의을 개최함으로써 신속히 대응하였다. 정부는 이 3자회의에서 노동시장개혁, 직업훈련, 기업의 사회적 책임 등을 논의했다. 1999년과 2000년의 단체협상에서 노동은 원하는 모든 것을 얻었다. 직업연금 개혁은 LO가 요구해온 임금의 9% (사용주 6%, 근로자 3% 기여) 기여안이 타결됨으로써 해결되었고, 4%의 임금인상을 가져왔으며, 5일의 연차휴가, 4년 협약기간 등이 이루어진 것이다. 19)

## 2) 새로운 3자 협의기구와 '전국행동계획'

1998년 봄 심각한 산업분규로 덴마크의 3자 협의제도는 새로운 전기를 맞게 되었다. 사민당 정부는 1998년 8월 공식적인 3자협의 기구를 구성하게 된다. 이 기구의 목적은 경제의 세계화에 따른 장기적인 구조조정의 필요성에 대하여 노사정 공통의 이해를 증진시키고 덴마크 복지시스템의 여러 현안들을 해결하기 위한 포럼의 역할을 하는 것에 있다. 일자리창출의 필요성과 실질임금의 상승이 예상되면서 정부는 특히 덴마크의 경쟁력 증진에 대한 노사정 공통의 이해를 강구해야 한다는 점을 강조하였다. 이 새로운 포럼은 적극적 노동시장정책 개혁과 관련한 3자회의 기구로 기능하면서 노동생활과 가족생활 간의 상호관계, "모두를 위한 노동시장", 그리고 단체협상의 쟁점들에 관해 논의하게 되었다. 8월과 9월에 각각 1차, 2차 회의가 개최되었고 2개의 실무단이 만들어졌다. 실무단은 국가경쟁력과 관련된 통계의 개발과 분석, 노동시장정책 개혁 업무를 각각 맡게 되었다. 노동시장정책 개혁을 맡은 실무단은 법률상정을 위해 "2005년 위원회"가 발의한 의제들

---

19) http://www. eiro. eurofound. ie/2000/02/Features/dk0002168f. html

에 대한 검토작업을 담당하였다.

정부는 노동력 부족이 예상되면서 임금상승과 노동시장정책을 조정
해야 할 필요성이 커지고 있음을 인식하고 사회적 파트너의 동참의 필
요성과 공동책임을 강조하였다. 임금협상이 분권화되고 있음에도 노
조연맹과 사용자연맹은 중앙차원에서 중요한 정치적 행위자로서의 정
당성과 정체성을 재정립하였다. 정부와 사회적 파트너 간의 협력은
1999년 '고용을 위한 전국행동계획'(National Action Plan for Employ-
ment, NAP)으로 구체화되었다. [20] 이 계획은 사회적 파트너로 하여금
지역 및 중앙차원에서 NAP의 활동을 추진하게 하였다. 사회적 파트
너가 참가하고 있는 지역조정위원회는 지역의 고용서비스를 활성화하
는 역할을 하게 되었다. NAP는 개인의 재능과 경력이 고용에서 가장
중요하다는 인식 아래 사회적 파트너의 대표와 지역민으로 이루어진
지역조정위원회가 사회적 약자 집단을 근로생활에 참여토록 시키는 역
할을 하게 하였다. 물론 지역관청은 사회부조를 받는 사람들에 대한
고용촉진화를 책임지고 있다. 중앙차원에서는 NAP 활동과 노동시장
개혁과 관련하여 3자간 협의를 하며 지속적인 성인직업훈련프로그램
에 대한 책임을 분담하는 문제를 논의하였다. NAP에 대한 사회적 파
트너의 참여는 3자 협의제도를 강화하려는 정부의 의지를 반영하는 것
이라고 볼 수 있다.

3) 1998년 제3차 노동시장개혁

덴마크의 새로운 노사정 3자 협의제도가 성공한 사례는 'NAP' 외에
도 제3차 노동시장개혁을 들 수 있다. 사실 NAP와 제3차 노동시장
개혁은 긴밀히 연관되어 있다. 사민당 정부는 실업이 낮아지고 노동력
부족이 예상되자 국내외 경제상황 변화에 잘 적응하기 위해 노동시장

---

20) http://www.eiro.eurofound.ie/1999/12/featues/DK9912162F.html

개혁을 추진하였다. 1994년과 1996년의 1, 2차 노동시장개혁에 이어 1998년 9월, 정부와 LO, DA는 성공적인 3차 노동시장개혁에 합의했다. 3차 노동시장개혁 합의의 주요 내용은 실업자를 위한 고용촉진프로그램의 초기시행, 5년에서 4년으로 실업급여 수급기간의 단축, 고용촉진프로그램의 질적 향상, 장기실업자 및 소수민족에 대한 정책적 노력 심화, 고용창출을 위한 정부 및 기업의 노력 등이다.[21] 3차 노동시장개혁은 보다 많은 사람을 노동시장에 참여하게 만들어 덴마크의 노동시장을 유연화, 안정화하고 예상되는 노동력 부족에 대처하는 데 노사정 모두가 적극적으로 참여하도록 했다는 데 의의를 갖는다.

## 6. 결론

지금까지 덴마크의 노사관계와 단체협상의 정치를 세계화와 사회조합주의의 맥락에서 검토하였다. 덴마크의 중앙임금협상과 3자 협의제도는 지난 20년 동안의 세계화 시대에 변화와 안정이라는 양면의 모습을 보여왔다. 즉 덴마크의 단체협상제도는 분권화하면서도 중앙화되고 유연화되면서도 경직성을 보여왔으며, 이러한 이중전략이 덴마크의 성공적인 노사협상 모델을 재구축하게 만든 중요한 요인이었음을 강조하였다. 그리고 이러한 이중전략이 가능할 수 있었던 것은 노사정 3자 협의제도라는 정치적 개입이 그 역할을 다했기 때문임을 보여주고자 했다.

지난 1982~1993년 보수연정하에서 덴마크는 신자유주의적 개혁을 실시하였다. 그 결과 시장이 안정되었고 공공부문의 임금억제로 인플레 경향이 감소되었으나 실업이 크게 늘어났다. 스웨덴에서와 마찬가지로 단체협상에서도 산업별 협약이 늘어나게 되었고 이에 따라 노사

---

21) http://www. eiro. eurofound. ie/1998/10/Features/dk9810187f. html

중앙연맹의 역할이 약화되었다. 그러나 1980년대에 나타났던 임금협상의 분권화가 스웨덴에서는 심화된 반면 덴마크에서는 1990년대 들어 제조업부문에서 다시 집중화된 시스템으로 변화되었다. 노동과 자본 정상조직의 역할이 약화되기는 하였지만 제조업부문을 망라하는 중앙차원의 새로운 협상기구인 초산업적 협상카르텔(supraindustry bargaining cartel)이 등장했다. 즉, 덴마크에서는 1980년대에 분권화의 경향이 있었으나 1990년대 들어 새로운 형태의 집권화된 단체협상제도가 만들어진 것이다. 뿐만 아니라 덴마크의 단체협상은 유연성과 경직성을 동시에 추구하면서 노사관계와 노동시장이 경제의 효율성과 근로자의 고용 및 소득 안정성에 기여하도록 해왔다. 그리고 이러한 과정에서 국가는 더욱 적극적으로 단체협상에 관여하였으며 중재적 역할을 매우 충실히 해왔다는 점에서도 스웨덴과 대비되고 있다.

덴마크는 1993년 이후 지속적인 경제회복을 보여왔다. 1997년 3%의 경제성장, 1998년 2.4% GDP 성장, 1999년 2.7% GDP 성장을 기록했으며 이러한 경제성장에 힘입어 실업이 크게 감소하여 1993년의 기록적인 12.4%의 실업률이 1999년에는 6.2%로 낮아졌다. 정부재정도 개선되어 1997년 흑자를 가져왔고 인플레는 1997년 1.9%에 머물렀다.[22] 이러한 성과가 임금협상의 형태와 얼마나 관련성을 갖는지는 확실하지 않지만 1990년대 단체협상 및 3자 협의제도에서의 발전은 분명히 경제성과에 긍정적인 영향을 미쳤을 것으로 보인다.

1990년대 덴마크의 단체협상모델은 분권화와 집중화가 동시적으로 일어났을 뿐 아니라 유연성을 추구하면서도 노사협력, 노사신뢰를 얻어내는 방향으로 발전되어 왔다. 이 점에서 덴마크 모델은 성공적이라

---

22) 이러한 경제성과는 덴마크의 노동비용이 매우 높은 수준임을 감안하면 더욱 확실해진다. EU 통계청인 EUROSTAT가 최근 발표한 1999년 기준의 노동비용 자료에 따르면 덴마크의 노동비용은 시간당 27 유로로 오스트리아의 27.2 유로 다음으로 높은 것으로 나타났다. 미국은 17.8 유로, 일본은 21.9 유로이며 독일은 26.8 유로, 스웨덴은 25.8 유로로 나타나고 있다.

는 평가를 받고 있다. LO와 DA는 여전히 민간부문 전체의 단체협상 과정에 큰 영향을 미치고 있으며 매우 중요한 정치적 역할을 하고 있다. 최근의 단체협상에서 저실업에 따른 상당한 임금인상 요구가 예상되었으나 LO와 DA는 4%의 인상안을 합의했을 뿐 아니라 협약기간 4년이라는 성공적인 결과를 가져온 것이 이를 반영한다. 중앙차원의 단체협상과 사회적 파트너의 참여라는 덴마크 모델은 지난 몇 년의 협상시스템의 위기 징후와 같은 혼란에도 불구하고 안정되게 유지되고 있음을 보여준다. 1999년과 2000년의 단체협상에서는 이러한 이중 전략이 두드러졌으며 특히, 2000년 단체협상은 "역사적"이라고 할 만큼 1950년대 이후 가장 성공적인 협상의 하나로 평가되고 있다. 그만큼 향후 노사관계와 노동시장에 중요한 긍정적인 영향을 가져올 것으로 보인다.

특기할 점은 이러한 노동시장의 행위와 제도들이 덴마크 복지시스템의 영향을 많이 받고 있다는 것이다. 북유럽의 복지국가는 재분배적 기능, 사회보험 기능, 보살핌(care) 기능, 인적자원 개발 기능을 공유하고 있다. 그러나 특히 덴마크의 복지제도는 다른 북유럽 나라에 비해 과거 소득에 덜 의존적인 정액급여의 사회보장서비스를 제공하고 있으며 사용자의 사회보장비 기여가 적은 만큼 대부분 일반세금에서 충당하고 있다. 이러한 복지시스템은 임금수준을 높여 실업을 늘리고 노동시장 참여 동기를 약화시킬 수도 있다. 그러나 덴마크의 단체임금 협상제도가 저임근로자에 대한 높은 최저임금과 적은 임금격차를 보장하기 때문에 경제적 동기의 약화를 완화시켜 높은 재취업률과 장기 재취업을 가능하게 만들고 있다. 1980년대의 장기간의 고실업에도 불구하고 덴마크의 소득분포가 더 불평등해지지 않았다는 점이 이를 증명하고 있다(Søndergaard, 1999: 320).

덴마크의 노사정 3자 협의제도는 1998년 이후 강화되고 있다. 이는 노동과 자본의 정상조직인 LO와 DA의 위치와 역할이 커져가는 것과 맥을 같이하고 있다. 3자 포럼은 단체협상, 노동시장개혁, 고용창출

등 모든 노사관련 현안을 논의하는 자리가 되고 있다. 덴마크의 새로
운 노사정 3자 협의제도가 성공적이라고 말할 수 있는 것은 무엇보다
'고용을 위한 전국행동계획'(*National Action Plan for Employment*, NAP)
과 제3차 노동시장개혁 때문이다.

　단체협상제도 또한 여타의 제도와 마찬가지로 내적, 외적인 환경 변
화에 따라 조정되고 변화되어야 할 것이다. 그러나 세계화가 요구하는
기업의 효율성 및 국가경쟁력, 또는 임금분배의 재조정은 필연적으로
중앙차원의 단체협상제도의 포기를 요구하지는 않는다. 기업과 노조
가 기술 및 시장조건의 변화에 적응하기 위해 중앙단체협약이라는 제
도를 바꾸는 데 협력할 수 있을 만큼 그들이 조직적, 정치적 조건을
확보한다면 사회조합주의는 언제나 가능성은 있는 것이다. 덴마크가
분권화에도 불구하고 새로운 중앙 차원의 단체협상 제도를 정착시킬
수 있었던 것도, 새로운 3자 협의제도를 성공적으로 시행할 수 있었던
것도 노동과 자본이 타협의 정치를 지속하였고 노조와 사용자 각각이
조직의 결속력과 협력을 유지시킬 수 있었기 때문이다. 그리고 이러한
변화 또한 정치적 재구조화의 하나로서 국가가 선택한 정책의 한 부분
일 뿐이다.

제 6 장
# 영국 사회정책의 변화
신노동당(New Labour)과 '일을 위한 복지'


강 원 택


## 1. 서론

1945년 노동당의 집권과 함께 영국은 복지국가의 개념을 현실 정치에 적용시킨 최초의 국가가 되었다. 1942년 발표된 베버리지 보고서 (the Beverage Report)에 기초한 영국의 복지국가 모델은 이후 서유럽을 비롯한 전세계의 많은 국가로 전파되어 갔고, 영국에서는 정당간 정권 교체에도 불구하고 1970년대까지 대체로 그 기조가 유지되어 왔다. 그러나 1979년 마가렛 대처가 이끄는 보수당 정부의 출범과 이후 계속된 보수당의 장기 집권을 거치면서 영국의 복지국가 모델은 급격한 변화를 경험하였다. 케인스주의에 기초한 국가 개입과 수요 중심의 경제 모델을 대신하여 보수당 지배하에서는 시장 질서를 중시하는 공급 중심의 신자유주의가 위세를 떨치게 되었다. 이에 따라 영국의 복지국가 모델은 신자유주의라는 우파 이데올로기에 의해 급격히 재편되는 과정을 겪어왔으며 사회복지의 형태 역시 크게 변화하였다.

한편 노동당은 1979년부터 4차례 계속하여 집권에 실패함으로써 보수당에 의해 주도되는 신자유주의적 변화에 대해 사실상 아무런 대응도 할 수 없었다. 그러나 1990년대 후반 젊은 지도자 토니 블레어(Tony Blair)를 중심으로 노동당은 당 노선의 변화를 통해 스스로를 신노동당 (New Labour)으로 규정하고 새로운 이미지를 유권자들에 제시함으로써 1997년 선거에서 18년 만에 재집권에 성공하였다. 노동당이 1997년 선거 운동에서 사용한 대표적 구호는 "New Labour for a new Britain" 이었다. 보수당 정부의 오랜 통치에 싫증을 느낀 유권자들에게 변화의 필요성과 당위성을 강조한 문구인 셈이다. 그러나 그 구호와는 달리 선거 공약과 집권 이후의 정책, 특히 사회정책의 측면에서 본다면 노동당은 전통적인 당 노선에서 벗어나 보수당 정부하에서 이뤄진 사회적 변화를 인정하고 신자유주의적 기조를 일부 수용하는 모습을 보이고 있다. 복지국가를 구성하는 여러 핵심정책들에 대해 전통적인 사민주의 이념의 원칙을 고집하기보다는 오히려 유연한 경영 관리적(managerial) 입장에서 정책 사안에 접근하는 모습을 보이고 있는 것이다.

이러한 노동당의 노선 변화는 세계화, 유럽통합 등 외부 환경의 변화와 밀접한 관련이 있다는 것이 이 글의 출발점이다. 즉, 국제적인 수준에서 자본주의 경쟁이 가열된 상황에서 완전 고용, 종신 고용, 비경쟁적 공익성을 고려한 과거의 복지국가 모델을 그대로 유지하기란 쉽지 않았을 것이며, 상대적으로 경제적 효율성의 제고, 국내 산업의 경쟁력 증대 등이 우선적인 중요성을 갖게 되었다는 것이다. 구체적으로 이 글에서는 노동당이라는 좌파 정당이 신자유주의라는 우파 이데올로기를 일부 수용하게 된 원인과 배경을 살펴보고, 블레어의 이념적 토대라 할 수 있는 이른바 '제3의 길'과 복지국가 개념에 대한 신노동당의 변화된 시각에 대해 논의할 것이다. 특히 '일을 위한 복지'라는 블레어 정부의 복지정책의 구체적인 특징과 실상과 대해서도 살펴볼 것이다.

## 2. 복지국가의 유산 : 대처리즘과 영국 사회의 변화

　대처 총리 등장 이후 영국의 사회정책은 그 이전과 비교하여 근본적인 변혁의 과정을 겪었다. 국가가 나서서 복지 서비스의 직접적인 관리·제공자로 기능하며 사회문제를 해결하던 과거 복지국가의 형태는, 이제 국가 개입의 축소, 시장 중심의 문제해결 방식으로 바뀌었다. 그러나 적어도 1960년대까지 영국의 복지국가는 비교적 성공적으로 작동되어 왔다. 전후(戰後) 영국에서 복지국가의 성공적 운영을 가능했던 조건은 크게 다음의 세 가지로 요약해 볼 수 있다(Budge et al., 1998 : 609~10). 첫째는, 복지국가의 도입이 전후 시기에 이뤄졌다는 점을 들 수 있다. 2차 세계대전이 끝나고 재건 활동이 활발하게 이뤄지면서 일자리가 늘었고, 1940년대 후반부터 1960년대까지 영국을 비롯한 서유럽의 많은 국가에서 비교적 빠른 속도로 경제 성장을 이루었다. 따라서 이 시기에는 사실상 완전고용이 실현되어 1970년대가 되기까지 영국 사회에서 고용 불안이나 실직 문제는 특별한 사회적 이슈가 되지 못했다. 둘째, 복지 혜택은 지금과 비교하면 그리 대단치 않은 것이었다. 실직 수당이나 노인, 참전자 혹은 장애인을 위한 연금은 모두 자기 부담을 전제로 한 것이었고, 평균 수명도 상대적으로 낮았다. 15세가 되면 고등학교를 졸업하였는데 16세 이상 가운데 계속 학교에 남아 고등교육을 받는 학생들의 수는 매우 적었다. 의료나 주택 문제도 지금에 비해서는 매우 제한적인 지원을 받고 있었고 의료 혜택의 기준도 낮고 저렴한 것이었다. 따라서 사회복지비용이 오늘날에 비해 재정에 미치는 부담은 상대적으로 적었다. 1949년 사회복지비용이 재정에서 차지하는 비중은 14% 정도에 머물렀지만, 1970년대가 되면 사회복지비용은 영국 정부의 예산 가운데 가장 큰 부분을 차지하게 된다. 1993/4년부터 1998/9년 사이 사회복지 예산의 규모는 정부 예산

전체의 약 29% 정도를 차지하였다. 이러한 재정 부담의 증가에는 사회적 변화도 주된 한 요인이었다. 예컨대 과거에 비해 평균 수명이 늘어 노인 인구가 증가하였고 따라서 연금 수혜자의 비율이 높아졌다. 또한 결혼 및 가족 제도의 약화로 독신 부모(*lone parents*)의 수도 크게 늘어나 이들에 대한 지원 규모도 크게 늘어나게 되었기 때문이다. 세 번째는 복지국가에 대한 놀랄 만큼 높은 수준의 사회적 합의가 존재하고 있었다는 점이다. 지역, 연령, 계급, 정치적 성향과 무관하게 복지국가는 필요하고 좋은 것으로 받아들여졌다. 이에 따라 정치권에서도 이른바 버츠켈리즘(*Butskellism*)[1]이라 불리는 전후 합의 체제가 형성되어, 보수-노동당 간의 정권 교체에도 불구하고 이러한 합의에 기초한 유사한 정책적 기조가 지속되어 올 수 있었다.

이런 점에서 볼 때, 대처 이후 시도된 사회정책 재편의 근본 원인은 결국 전후 복지국가의 형성과 성공적인 운영을 가능하게 하였던 조건들이 변화함으로써 비롯된 셈이다. 1970년대에 이르러 서유럽 각국에서 경제 성장이 정체되었고 복지 사회에서 경제적 비효율이 나타나기 시작하였다. 특히 오일쇼크와 함께 서구의 안정적 성장과 번영에 대한 낙관적 시각이 약화되어 갔고 포드주의적 복지국가를 뒷받침해 온 브레튼 우즈 공정환율체제가 붕괴되었다. 영국에서는 국제수지 적자폭의 확대와 파운드화의 폭락으로 커다란 경제적 어려움을 겪었고 IMF 구제금융까지 받게 되었다. 경제적 어려움 속에 사회복지비용이 국가에 부담으로 작용하면서 복지국가의 재편에 대한 논의가 나타나기 시작했다. 노동당의 캘러헌(Callaghan) 총리는 1976년 '실업 대책으로 케인스의 수요 관리정책은 더 이상 유효하지 않다'고 선언하였다(고세훈,

---

1) 1951년 보수당이 재집권하여 처칠 정부가 들어섰을 때 재무장관을 맡은 버틀러(R. Butler)는 케인스주의에 기초한 이전 노동당 정부의 경제정책 기조를 수용하였고 그 결과 노동당 정부에서 재무장관을 역임한 가이츠켈(Gaitskell)의 정책 노선과 크게 다르지 않았다. 이러한 보수-노동당의 정책적 유사성을 강조하기 위해 이들 두 장관의 이름을 합성하여 버츠켈리즘이라고 불렀다.

1999: 385~6). 대처 시대가 본격화되기 이전 노동당에서 케인스주의 경제정책의 포기가 사실상 이미 이뤄진 셈이다.

이러한 케인스주의와의 결별은 보수당의 대처 총리가 등장하면서 본격화되었다. 대처 총리는 국가의 개입 대신 시장적 질서를 선호하였고, 과거 공익의 명분하에 국가가 관리하거나 부담하고 있었던 많은 기능과 영역을 시장 메커니즘 속에 편입시켰다. 이에 따라 많은 공기업이 민영화되었고 정부의 많은 기능이 계약에 의한 관리 형태로 민간에 위탁되었다.[2] 공공지출이 삭감되었고 조세 감축, 탈규제, 공급 중심의 경제정책 등 신자유주의적 이념에 의한 정책이 전개되었다. 노동정책에 대해서는 케인스적인 완전 고용의 원칙을 폐기하고 국가가 고용 증대를 위해서 인위적으로 노동시장에 개입하는 것은 바람직하지 않다는 입장을 취했다. 시장 논리에 의한 문제해결 방식을 취함에 따라 자연히 노동시장의 유연성이 높아지게 되었다. 과거 사민적 합의에 기초하여 경제정책에 영향을 미쳐 온 노조의 영향력 또한 대처 정부하에서 크게 약화되었다.

그러나 절대액에서 본다면 복지예산 규모가 대처 총리 기간중에도 감소된 적은 없었다. 흔히 말하는 복지의 정치적 불가역성, 즉 복지국가의 재편이 중요한 것일지라도 현실적으로 복지 총액의 감소는 선거에서 패배를 자초할 수 있는 인기 없는 정책이라는 점에서 정치적으로 매우 부담스러운 선택이기 때문일 것이다. 절대액이 줄어들지는 않았지만, 실업률이 증가하는 등 복지 혜택의 수요가 증가하는 상황에서 증가된 지출의 규모는 이러한 수요의 증가를 따라가지 못하였기 때문에 질적인 면에서 복지 상황은 과거에 비해서 악화되어 왔다. 그러나 보수당 정부시기에 이뤄진 복지국가 변혁의 가장 중요한 특징은 이러한 총량적인 변화가 아니라 영국의 복지제도가 과거의 보편주의 (*universalism*) 에서 잔여주의 (*residualism*) 로 변화하였다는 데서 찾아볼

---

2) 신자유주의 이념에 의한 영국의 행정 개편에 대해서는 강원택 (1998) 을 참조할 것.

수 있다. 즉 국가는 보편적인 복지 혜택을 일방적으로 제공하는 존재
가 더 이상 아니며, 사회 문제를 해결하는 책임의 주체를 사적 영역에
이관함으로써 잔여 영역에서 보조적으로 지원하는 존재로 복지 문제에
대한 국가의 위상과 역할을 약화시킨 것이다.

이러한 대처 총리의 신자유주의 정책은 전후 합의에 의해 지속되어
온 복지국가의 근간을 뒤바꾸는 혁신적인 것이었으며 이후 메이저 총
리로 이어지는 18년간의 보수당 장기 지배기간동안 지속적으로 진행
됨으로써 돌이킬 수 없을 만큼 영국 사회를 근본적으로 변혁시켰다.
이와 같이 대처리즘에 의해 영국 사회가 커다란 변화를 겪은 후 블레
어의 '신'노동당이 집권하게 된 것이다.


## 3. 신노동당과 복지 개념의 변화

### 1) 블레어와 대처주의

대처와 보수당 정부하에 이뤄진 복지국가의 재편에 대해 블레어는
기본적으로 이러한 변혁의 결과를 수용하는 자세를 보였다. 실제로 정
책 내용에 있어서 노동당은 그 이전의 보수당 정부의 정책으로부터 급
격한 변화를 추진하지 않았다. 예컨대, 1997년 총선을 앞두고 제시한
당 공약에서 노동당은 집권 이후 2년간 공공지출의 동결, 인플레 억
제, GDP 대비 정부지출 비율의 현상유지를 약속하였고 실제로 그 공
약을 지켰다. 또한 노동당은 기업활동에 우호적인 정책과 중소기업에
대한 법인세 인하를 약속하여 기업인들로부터 환영을 받았다.[3] 이러

---

3) 노동당 정부가 기업의 입장을 고려하는 태도는 실제 경제정책에서도 발견된
 다. 예컨대 2000년 말에 발표된 2001~2년 예산에 대한 예비안에서 고든 브라
 운(Gordon Brown) 재무장관은 대기업의 지적 재산권에 대한 세금 감면,
 R&D에 대한 세금 감면 대상 기업의 확대, 7,000 파운드 한도의 저축 예금에

한 블레어의 온건중도적 입장은 그가 보수당의 어느 누구보다 오히려 '대처의 적자'(嫡子)라는 말을 들을 만큼 보수당 정부의 정책기조와 유사한 것이었다.

여기서 제기될 수 있는 의문점은 좌파 정당인 노동당이 어떤 이유로 인해 과거 보수당 정부의 정책기조를 수용하여 당 노선의 중도화를 시도해야만 했느냐 하는 것이다. 크게 두 가지 정도의 이유를 생각해 볼 수 있다. 무엇보다 중요했던 요인은 노동당이 집권을 위해서는 당의 노선과 이미지 모두를 변화시켜야 한다는 절박함이 존재했다는 점이다. 앞서 지적한 대로 노동당은 1979년 선거에서 대처 총리에게 권력을 넘겨 준 이후, 1983년, 1987년, 1992년 선거에서 잇달아 패배하며 18년 동안 야당으로 머물러 있어야 했다. 계속된 선거 패배는 수권 정당으로서의 노동당의 위상과 자신감을 크게 약화시켰고, 이에 따라 집권 가능한(electable) 정당으로 거듭나는 것이 당의 가장 중요한 목표가 되었다. 노동당이 거듭하여 집권에 실패하게 된 원인 가운데 하나는 불만의 겨울(winter of discontent)로 알려진 1978~9년의 사회적, 경제적 불안을 제대로 관리하지 못한 과거 노동당 정부의 실정 때문이다. 이러한 부정적 이미지는 유권자의 기억 속에 강하게 남아 있어 노동당의 정책수행 능력에 대한 신뢰감을 떨어뜨렸는데, 이러한 불신은 특히 1979년 선거 패배 이후 강경 좌파가 당권을 장악하면서 더욱 악화되었다. 그러나 잇단 선거 패배를 통해 과거의 이미지와 정책 노선으로는 선거에 승리할 수 없다는 현실적 인식이 나타나기 시작했고, 이에 따라 이념적 순수성을 추구하던 당내 좌파가 물러나고 토니 블레어나 고든 브라운(Gordon Brown)과 같이 노동당을 현대화시키려는 세력(modernisers)들이 당권을 차지하게 되었다. 자연히 노동계급을 염두에 둔 전통적인 이념지향적 정책 대신 중산층에게 어필할 수 있는 보다

대한 면제 등 기업에 우호적인 조치를 포함시켰다. *The Economist* (Nov. 11, 2000), p. 77.

'온건한' 정책적 입장을 취하게 되었다.

이와 함께 그동안 영국의 경제사회구조의 변화로 인해 유권자의 구성에도 변화가 생겨났다. 영국 제조업의 경쟁력 약화로 대규모 작업장이 폐쇄되거나 약화되었고, 그에 따라 노조의 기반이 취약해졌으며 대처 정부시기를 거치면서 법적, 제도적 규제로 인해 노조의 영향력이 상대적으로 크게 약화되었다. 반면 금융, 서비스 등 화이트칼라 노동자가 증가하였고 여성의 경제활동 참여도 크게 증가하면서, 과거와 같은 현장 노동자(manual labour) 중심의 지지기반이나 정책노선의 정치적 한계가 분명해졌다. 또한 계급에 따른 정당 지지의 강도가 과거에 비해서 크게 약화되었다. 이러한 변화된 환경에서 집권에 충분한 표를 얻기 위해서는 이념에 충실한 정책보다는 중산층의 호감을 살 수 있는 유연하고 현실적인 정책으로의 전환이 필요했던 것이다.

또한 보수당의 계속적인 선거 승리는 영국의 유권자들이 신자유주의적 개혁에 상당한 지지를 보내고 있음을 보여주었다. 특히 대처 총리의 집권기 동안 실업 인구가 계속 증가하면서도 노동당을 선택하지 않은 것은 노동당에게 대단히 충격적이었지만, 그것은 결국 보수당 정책에 대한 유권자의 정치적 승인을 의미하는 것이었고 따라서 노동당 역시 이를 수용하지 않을 수 없었다.

두 번째로 들 수 있는 이유는 대처리즘 이후 영국 사회의 변화 정도가 매우 광범위하여 보수당 18년 동안의 성과를 하루아침에 부정하기란 사실상 불가능했을 뿐만 아니라 바람직하지도 않았다는 점이다. 보수당 정부의 경제정책의 결과에 대한 평가는 보는 시각에 따라서 차이가 있을 수 있으나 〈표 6-1〉에서 보듯이 지표상으로 1990년대 중반부터 실제로 그 효과가 나타나기 시작하였다. 물가는 1981년을 고비로 빠르게 안정되기 시작했으며 보수당이 재집권에 실패한 1997년에는 2.7퍼센트까지 인플레율이 떨어졌다. GDP 성장은 1990년대 초 예기치 않은 불황의 시기를 제외하면 약 3퍼센트의 수준을 유지하고 있었다. 정치적으로 예민한 실업률은 1987년부터 감소하기 시작하여

〈표 6-1〉 1983~1997년 사이 매 선거 해의 영국의 주요 경제지표 (%)

|  | 1983 | 1987 | 1992 | 1997 |
|---|---|---|---|---|
| GDP 성장률 | 2.0 | 3.6 | -1.7 | 3.0 |
| 실업률 [1] | 12.7 | 10.9 | 9.4 | 6.1 |
| 인플레율 | 3.7 | 4.2 | 4.3 | 2.7 |
| 임금 상승률 | 7.5 | 7.5 | 7.3 | 5.0 |
| 이자율 | 10.0 | 9.5 | 10.5 | 6.0 |

자료 : Wickham-Jones (1997: 101)에서 인용.
1) : 총 노동인구 중 비율.

1997년에는 6.1 퍼센트 수준으로 크게 떨어졌다. 한때 완전고용을 자랑하던 영국에서 1981년에는 200만이 넘는 실직자가 생겨났고 1985년에는 그 수가 300만 명을 넘어섰지만 대처 정부는 기본적으로 시장에 의해 실업문제를 해결하겠다는 기본정책을 고수하였고, 1980년대 후반부터 실질적인 실직률의 감소로 그 효과가 나타나기 시작했다(임무송, 1997: 342~4). 이처럼 경제적 성과가 나타나기 시작한 상황에서 정책적 기조를 급격하게 바꾸는 것은 정치적으로 적절한 판단이 아니었을 것이다. 기존 정책기조의 수용은 완전고용을 목표로 하던 과거의 노동당 정책의 우선 순위에 변화가 생겨났음을 의미하는 것이었다.[4] 과거 노동당은 실업 문제를 최우선시하였지만, 이제는 인플레 억제나 성장의 중요성에 대한 정당간 정책적 합의가 존재하게 된 셈이다.

이러한 배경에서 노동당의 부당수이며 노동당 내 전통적 좌파(Old Labour)를 대표하는 존 프레스콧(John Prescott)은 1997년 10월 전당대회에서 철도의 재국유화를 반대하며 폭넓게 수용되고 있는 경제정책의 원칙을 자신도 받아들인다고 선언하였다. 이는 시장 원칙의 수용, 국내, 해외 시장에서의 자유로운 경쟁의 보장이 이제 노동당 내의 좌·우파를 막론하고 주도적인 정책적 입장이 되었음을 천명한 것이라

---

4) Finer는 대처 수상의 공적 가운데 하나는 완전 고용의 보장이 더 이상 정부의 책임사항으로 간주되지 않는다는 점을 모두에게 확신시켜 준 것이라고 했다 (Finer, 1997: 308).

할 수 있다(Budge et al., 1998: 597).

노동당의 이러한 입장 변화는 경제적 성장을 담보할 수 있는 경제정책에 기초한 사회정책과 사회적 지출에 대한 승인을 의미하는 것이며, 과거와 같은 '무조건적인' 복지 혜택의 제공은 가능하지 않을 뿐만 아니라 세계화된 자본주의 시장 경쟁하에서는 바람직하지도 않다고 하는데 대한 공감대가 형성된 것이라 하겠다. 앞서 언급하였듯이 1945년 이후 영국 정치가 케인스주의 복지국가의 건설이라고 하는 버츠켈리즘적인 합의가 이뤄졌다면 오늘날에는 신자유주의적 복지국가의 재편이라는 점에서 대체적인 합의가 이뤄지고 있는 셈이다. 이런 점에서 본다면 교육, 보건, 사회보장 등의 사회정책 영역은 경제성장이나 경쟁력을 뒷받침할 수 있는 범위 내에서 복지혜택을 제공하는, 즉 '경쟁력을 염두에 둔 사회복지'라는 점에서 중요성을 갖게 되었다. 이러한 입장은 노동당이 천명한 다음의 표현에서 잘 나타나고 있다. "자본은 그 어느 때보다 전지구적 상품이 되었고 이제 고숙련 노동은 가장 중요한 자원으로 인식되고 있다. … 노동의 가치를 증대시키는 것이 경제적 성공의 핵심이 될 정책 목표이다."(*Labour Party*. 1993. Labour's Economic Approach. 여기서는 김영순, 1999a: 108에서 재인용).

그러나 노동당의 중도화가 보수당 정책 기조의 전적인 수용이나 보수-노동 양당간의 정책적 일치를 의미하는 것은 결코 아니다. 완전 고용의 목표를 포기하였다고 해도 사회복지정책은 좌파 정당의 가장 우선적인 정책적 관심의 대상이 될 수밖에 없기 때문이다. 특히 보수당 집권 18년을 거치면서 영국 사회의 복지의 질적 수준은 크게 악화되어 있었기 때문에, 새로이 집권한 노동당 정부를 바라보면서 유권자들이 갖는 보다 나은 복지 서비스에 대한 기대감은 높을 수밖에 없었다. 여기서 문제는 과거와 같은 보편주의적 방식으로 복지정책을 회귀시킬 수 없다는 데 있다. 따라서 블레어는 복지국가를 재건(*reconstruction*)하겠다고 하였지만, 그 방식은 국가 예산의 대폭 증액을 통한 방식이 아니라 예산의 재배치를 통해 복지 예산의 효율성을 높이고 국가에 대한 의존도를 낮추려는 방식으로 복지 재편을 시도하였다.

## 2) 복지 개념의 변화

'신'노동당의 고민은 보수당과의 차별성을 부각시키면서도 동시에 과거의 방식으로 돌아갈 수 없다는 데 있었다. 좌파적인 정체성을 유지하면서도, 선거에서의 승리를 위해서는 대처 이후 이뤄진 신자유주의적 정책의 성과와 변화를 수용해야 하는 노동당의 어려운 입장은 '제3의 길'이라는 이념에 의해 정당화된다. 제3의 길을 주창한 기든스(1998)는 기술 발전으로 대량생산시대가 종말을 고하고, 또한 자본주의의 세계화 추세 속에서 기존의 케인스주의적 복지국가는 유지되기 어렵다고 주장했다. 따라서 이 시대의 국가의 역할은 과거 소득 재분배와 같은 직접적 혜택의 부여보다는 고용의 재분배, 교육, 취업 훈련 등을 통한 '기회의 재분배'가 보다 중요한 일이 되었다고 보았다. 또한 국가가 사회복지에 대한 모든 의무와 책임을 떠맡는 것이 아니라, 개인, 가족, 지역공동체와 같은 사적 영역과의 협조하에 사회적 파트너십을 형성할 수 있도록 제도적 연결망을 구성해야 한다고 주장하였다. 좌파와 우파를 모두 넘어선 제3의 길이 필요하다는 기든스의 주장은 현실적으로는 과거의 좌파적 정책으로 돌아갈 수 없고 그렇다고 우파의 정책을 그대로 수용할 수도 없는 변화된 사회 속에서의 영국 좌파의 고민을 보여주는 표현인 셈이다.

이러한 제3의 길 이데올로기와 함께 복지의 개념도 과거와는 다르게 새로이 정의내려졌다. 사회정책에 있어서 복지는 인간의 가장 기본적인 욕구를 해결해 준다는 긍정적인 측면과, 복지 혜택에 대한 의존과 공공 지출액의 증대라고 하는 부정적인 측면 모두를 지니고 있다. 블레어 정부의 입장이 복지에 대한 긍정적인 시각에서 부정적인 시각으로 완전히 바뀌었다고 말하는 것은 적절하지 않지만, 적어도 과거처럼 가진 자들로부터 없는 자들에게 사회적 가치를 재분배하기 위해 공

188

공서비스와 혜택을 제공한다고 하는 보편주의적 복지 개념으로부터 상
당히 멀어졌다는 점은 분명하다. 특히 마샬(Marshall, 1950)이 주장한
바대로 그동안 국가로부터의 복지혜택은 사회적 시민권(social citizen-
ship)이라는 권리로 이해되어 왔으나, 신노동당에서 강조하는 복지 개
념에는 권리뿐만 아니라 시민적 의무가 함께 포함되어 있다. 복지 혜
택은 당연히 청구할 권리가 아니며 일을 통해 자활하려는 노력이 선행
되어야 한다는 변화된 인식은 노동당 정부에서 자주 이야기하는 '일을
통한 복지'(welfare-to-work)나 'stakeholder society'라는 용어 속에서 잘
나타나고 있다. 이들 용어들은 복지에 대한 시민적 권리와 의무 모두
를 강조하고 있는 것이다. 새로운 복지국가는 이타주의적 연대보다는
계몽된 자기이익(enlightened self-interest)의 추구를 전제로 하여, 무조
건적 권리로서의 복지보다는 권리와 의무의 균형을 강조하는 입장으로
변모한 것이다(김영순, 1999b: 210).

결국 새로운 복지 서비스는 국가와 복지 혜택의 수혜자 상호 간의
거래(혹은 주고받음)를 전제로 하는 것이며 어느 한 쪽의 일방적인 시
혜(혹은 선물)의 제공을 의미하는 것이 아니라고 할 수 있다(Finer,
1997: 325). 다시 말해 1945년 이후 복지국가의 개념은 보편주의, 자
발주의(voluntarism)에 입각하여 모두가 마땅히 향유해야 할 시민적 권
리로 이해되었으나, 이제 사회복지는 보다 계약적인(contractual) 성격
으로 변모된 것이다.


## 4. 신노동당과 '일을 위한 복지'

복지국가에 대한 노동당 정부의 인식 변화는 정책화되어 실행되었
다. 1998년 3월에 발표된 사회복지부(Social Security Department) 녹
서의 제목은 "New Ambitions for our Country: A New Contract for

Welfare"였다. 이 녹서에서 블레어 정부의 복지 개혁의 대강이 제시되었는데, 부제가 시사하듯 복지 혜택은 '계약'에 기초한다는 원칙을 밝혔다. 이 녹서에서 제시한 기본적인 정책 기조는 '일을 할 수 있는 이들에게는 일터를, 그렇지 못한 이들에게는 사회보장을'(work for those who can, security for those who cannot) 제공한다는 것이었다. 그러나 여기서 강조점은 일을 하도록 하자는 데 있다. 다시 말해 국가가 어려운 처지에 놓인 이들에게 일방적으로 사회보장의 혜택을 제공하던 과거의 방식에서 탈피하여 이들이 직접 일을 통해 자조, 자립할 수 있도록 지원하는 수준에서 복지 공여가 이뤄져야 한다는 것이다. 이러한 원칙은 1999년 2월 10일 '복지개혁 및 연금에 관한 법률'(the Welfare Reform and Pensions Bill)로 입법화되었다.

1999년 4월 21일에 발표된 사회복지부의 1999/2000년 보고서[5]에는 '국가가 당신에게 무엇을 제공해 줄 수 있는가?'(What money can we pay?)라는 것이 과거의 정책 목표였다면 이제는 '국가가 어떻게 당신이 보다 독립적이 되도록 도울 수 있을까?'(How can we help you become more independent?)로 바뀌었다는 점을 지적하고 있다. 복지를 바라보는 의식의 변화를 분명하게 나타내 주고 있다. 이 보고서에는 여덟 가지 복지 개혁의 원칙에 대해 언급하고 있는데, 이 원칙들은 블레어 정부에서 추진해 온 복지국가 재편의 중요한 특징을 잘 정리하고 있다.

원칙 1
새로운 복지국가(the new welfare state)는 근로 연령에 있는 국민들이 자신이 일할 수 있는 곳에서 일할 수 있도록 지원하고 이를 격려하여야 한다.

---

5) 검색일 2000년 2월 23일.
http://www.dss.gov.uk/publications/dss/1999/dssreport/part1/1_2pr1.htm

원칙 2

공공부문과 민간부문은, 가능한 영역에서, 예견할 수 있는 어려움
으로부터 국민들을 보호하고 그들이 은퇴한 이후를 대비할 수 있도
록 파트너십을 갖고 함께 노력해야 한다.

원칙 3

새로운 복지국가는 직접적인 국고 지원의 혜택(*cash benefits*)뿐만 아니
라 전체 공동체에 높은 질적 수준의 공공 서비스를 제공하여야만 한다.

원칙 4

장애인들은 존엄성을 갖는 삶을 영위할 수 있도록 필요한 지원을 받
아야 한다.

원칙 5

복지제도는 빈곤에 처한 아동들의 고통을 해결해야 할 뿐만 아니라
자식을 양육하는 가정을 지원하여야 한다.

원칙 6

사회적 배제(*social exclusion*)를 해결하고 가난에 처한 이들을 돕기
위한 특별한 조치가 취해져야 한다.

원칙 7

복지제도는 개방성과 정직성을 높이는 것이어야 하며 복지 혜택을
제공하는 방식은 분명하고 집행 가능한 것이어야 한다.

원칙 8

복지 서비스를 제공하는 제도는 탄력적이고, 효율적이며, 국민들이
이용하기에 어려움이 없도록 해야 한다.

이러한 여덟 개의 원칙 가운데 가장 주목해야 할 것은 역시 제일 먼저 제시한 "새로운 복지국가는 국민들이 일할 수 있도록 돕고 격려하여야 한다"는 부분인데, 이는 바로 '일을 위한 복지' 정책의 기본 원칙을 천명한 것이다. 정책 추진의 기본 인식은 사회보장에 의존하는 이들의 비율을 낮출 수 있다면 재정 가운데 직접적인 복지보조로 지불되는 비용을 줄일 수 있고, 그만큼 보건이나 교육 분야에 투자할 수 있는 자금의 여력이 생겨나게 되어, 고용 증대를 통한 자립과 개선된 공공 서비스라는 두 가지 성과를 동시에 영위하게 되므로 궁극적으로 '윈윈 정책'(*the ultimate win-win policy*)[6]이 될 수 있다는 데 있다. 문제는 어떻게 복지 혜택의 수혜로부터 자발적인 근로로 옮겨가도록 복지 의존자들을 유인할 수 있는가 하는 점일 것이다.

일을 하지 않던 이들이 일을 하도록 유인하기 위해서 여러 가지 프로그램이 창안되었다. New Deal 프로그램이 그 대표적인 것인데 정책 시행의 대상에 따라 다음과 같이 여러 가지 형태로 제시되었다.

- New Deal for Young People
- New Deal for long-term unemployed people
- New Deal for Lone Parents
- New Deal for Partners of Unemployed People
- New Deal for Disabled People
- Employment Zones

New Deal 프로그램은 처음에는 18세에서 24세 사이의 젊은이들 가운데 6개월 이상 실직상태에 놓인 이들을 대상으로 1998년에 1월부터 영국 전역에 걸쳐 12곳에서 시험적으로 실시되었다. 이들에게는 우선

---

6) BBC News. April 29, 1998.
   http://news6.thdo.bbc.co.uk/hi/english/special_report/1998/04/98/
   labour_-_one_year
   검색일 2001. 1. 15.

4개월 정도까지의 취업('*gateway*') 준비기간을 설정하여 직업 알선과 관련된 개인 자문, 기본적인 직업 정보와 직업교육 등에 대해 도움을 제공하도록 하였다. 이와 함께 젊은 실직자가 취업하지 못하는 원인, 예컨대 직장 경험의 부족이라든지 마약, 빚, 노숙, 혹은 문맹 등 취업을 어렵게 하는 개인적 문제에 대한 해결책을 찾아내어 노동시장으로의 복귀가 가능하도록 도왔다. 이 취업 준비 지원과정을 마친 후에는 다음의 네 가지 가운데 한 가지 형태의 근로에 종사하도록 하였다. 첫째는 정식 직업을 갖는 경우인데, 취업률을 높이기 위해 노동당 정부는 이들을 받아들인 민간 기업에게 주당 60 파운드의 보조금을 최고 26주까지 지급하고, 이들에게 적절한 자격을 갖출 수 있는 훈련을 시키는 경우에는 1인당 750 파운드를 제공하도록 했다. 둘째는, 정부가 주관하는 환경 관련 근로(*environment task force*) 업무에 6개월간 참여하도록 하였는데, 이는 우리나라의 공공근로 사업과 유사한 형태로 생각된다. 세 번째는, 자원봉사 기구에서 6개월간 일하거나, 네 번째는 교육이나 훈련에 전일제로(*full-time*) 참여해야 했다. 그런데 이러한 정부가 제시한 네 가지 방안 이외 다른 방안은 없으며(*no fifth choice of doing nothing*) 이러한 정부의 계획을 거부하면 실업 급여의 혜택을 박탈하도록 하였다. 실업 급여의 제공을 구직을 위한 노력과 연계시킴으로써 정책의 효율성을 높이고자 한 것으로, 이는 복지 혜택이 '계약'에 의해 제공되는 것을 보여주는 분명한 사례 가운데 하나일 것이다. 이러한 프로그램을 위한 재원은 별도의 세금 인상 없이 민영화된 공기업에 대해 부가한 초과이윤세(*windfall tax*) 35억 파운드를 통해 마련되었다.

결국 New Deal은 국가 복지 혜택에 일방적으로 의존하는 것이 아니라 스스로 일을 찾아 자립하도록 돕는다는 신노동당 사회정책의 대원칙 ─ '일을 위한 복지'(*welfare-to-work*)를 구체적으로 실현시키기 위한 가장 중요한 정책 수단이라고 하겠다. 이와 함께 New Deal은 과거 정부가 실업 급여 등으로 사실상 전적인 책임을 지던 사회정책에 대해 정부의 주도하에 기업과 공공부문 그리고 개인을 함께 참여시킴으로써 복지 문제에 대한 사회적 파트너십을 형성하려 했다. 위에서 본 여덟 가지 원칙 가운데 두 번째로 제시된 공공과 민간 부문이 함께 노력해야 한다는 파트너십의 원칙이 적용되고 있음을 알 수 있다. 정부 보조금이 가장 큰 유인이기는 했지만, 실제로 New Deal이 시작되고 난 뒤 1년 사이에 약 4만여 기업이 New Deal 프로그램에 참여하였다.

이 New Deal이 시험 도입된 이후 젊은 층에서 실직자 수가 크게 줄어드는 성과가 나타나자 1998년 4월부터는 전국적으로 확대 실시되었고 1999년 1월부터는 그 대상도 크게 확대되어 25세 이상(New Deal for the unemployed, 25 and over), 장기간 실직자들(New Deal for long-term unemployed people), 또한(거의 대부분이 여성들인) 장기 실직자의 배우자들(New Deal for Partners of Unemployed People), 장애인(New Deal for Disabled People), 그리고 독신 부모들(New Deal for Lone Parents)에게도 유사한 형태의 New Deal 프로그램이 확대 적용되었다. 운용방식에 있어 약간의 차이는 있지만 기본적인 정책의 방향은 젊은 실직자를 대상으로 한 New Deal과 거의 유사한 것으로 일을 찾아나갈 수 있도록(또한 일을 찾아 자립하겠다는 전제하에) 정부가 지원하는 형태이다. Employment Zones의 설정은 New Deal 정책을 지역 수준에서 적용한 것이라고 할 수 있는데 낙후지역을 선정하여 그 지역의 실업률을 줄이고 지역 공동체의 경제 활력을 살리기 위한 방안으로 New Deal과 함께 시도되었다. 지역 수준에서 분리되어 집행되어 온 복지, 교육, 훈련 등을 하나의 종합적인 계획하에서 지원함으로써 지역의 실업 문제를 해결하려는 프로그램이다. [7]

블레어 총리는 New Deal 정책이 노동당 정부의 가장 중요하고 대표

---

[7] 우선적으로 다섯 지역이 선정되었고 이후 좀더 작은 규모로 세 곳이 추가되었는데, 먼저 선정된 다섯 지역은 Glasgow, South Teesside, Liverpool, North West Wales 그리고 Plymouth이다. 뒤에 추가된 곳은 Wembley, Birmingham and Solihull 그리고 Doncaster and Wakefiled 지역이다. 실업률이 높은, 낙후된 도시 지역이 많이 포함되었음을 알 수 있다.

194

적인 정책(*the flagship policy of this government*)이라고 말한 바 있다. 그러나 국가 개입을 통한 수요의 창출이라는 케인스주의 정책의 고전적 성공 사례였던 미국 루스벨트 대통령의 New Deal 정책이 영국에서 복지국가를 재편하려는 노동당에 의해 같은 이름으로 명명된 것은 매우 흥미로운 일이다.

1999년부터 새로이 시도되고 있는 프로그램은 'Single Work-Focused Gateway'(SWFG)이다. New Deal이 노동시장에서 실직자들이 일자리를 찾을 수 있는 기회 제공에 중점을 두는 것이라면, SWFG는 New Deal의 성공적인 성과를 토대로 모든 근로 연령의 국민들을 대상으로 '일을 위한 복지'와 연관된 사회보장 프로그램을 확대 적용하려는 시도라고 할 수 있다. 즉, New Deal의 gateway 과정을 보다 일반화하여, 예컨대 현재 파트 타임으로 일하는 노동자들도 SWFG를 통한 개별적 면담 등을 거쳐 보다 나은 일자리나 적절한 혜택 등 개인에 맞는 전문화된 지원을 받도록 한 제도이다. 기존의 실직자들이나 복지 혜택 의존자를 대상으로 한 프로그램을 노동 가능한 모든 연령층으로 확대하여 고용의 안정성을 높이도록 지원하고 잠재적인 복지 의존자의 수를 줄이겠다는 것으로 이해할 수 있다.

이런 점에서 본다면 블레어의 사회정책 가운데 우선적으로 중요성을 갖는 분야는 '교육'이 될 것이다. 취업을 위한 직업 교육, 재교육, 평생 교육의 확대, 또한 취학 연령의 4세 하향 등은 현실적으로 복지 혜택에 의존하는 이들을 일터로 보내기 위해 직, 간접적으로 지원하는 주요한 제도적 장치이다. 교육 질의 제고는 물론 안정적인 경제성장과 취업을 위해 필수적인 전제 조건이 될 것이지만, 교육 이슈는 의료 문제와 함께 중산층 유권자의 주된 관심이라는 점에서 정치적으로도 매우 의미 있는 영역이기도 하다. 이에 따라 학급당 학생 수의 축소, 각 학교에 대한 초고속정보망의 구축, 학교 교육 질에 대한 학부모들의 참여와 감시 강화, 평생 교육 기회의 확대 등 다양한 조치가 취해졌다.

블레어 복지정책의 이러한 특징은 공공 지출액의 연 평균 증감률을 통해 확인해 볼 수 있다. 〈표 6-2〉에서 볼 수 있듯이 노동당이 집권한 1997년 선거 이후인 1998/9~2001/2년 사이의 복지 예산 가운데 가장 증가율이 높은 분야는 교육 부분(5.1%)이었다. 보수당 집권기인 1993/4~1996/7년 사이의 증가율 0.7퍼센트와 비교하면 매우 높은 비율로 증가되었다는 것을 알 수 있다. 또한 NHS에 대한 지출도 4.7퍼센트 늘어난 것으로 나타나 사회정책 가운데 블레어 정부의 주된 관심이 역시 교육과 의료 부분에 놓여 있다는 것을 알게 한다. 반면 사회보장비용은 별다른 차이를 보이지 않고 있다.[8]

그러나 사회보장정책에서도 몇 가지 변화가 있었다. 1999년에는 최저임금제를 도입하였고 유럽연합의 사회헌장(Social Charter)에 서명하여 피고용자의 권리를 유럽연합 수준으로 향상시켰다. 그러나 역시 주된 사회보장정책의 변화는 '일을 위한 복지'라는 정책적 기조에 맞춰져 있는데, 특히 자녀를 가진 부모에 대한 지원을 늘렸다. 예컨대 탁아비용세금공제(Children's Tax Credit), 근로가구소득 공제(Working Families' Tax Credit) 제도를 시행하여 자녀 양육에 대한 부담을 덜어줄 뿐만 아니라 전일제 직업을 갖는 부모들에게 자녀 양육을 보조해 줌

〈표 6-2〉 공공 지출액의 연 평균 증감률 (1993/4~2001/2)

|  | 1993/4~1996/7 | 1996/7~1998/9 | 1998/9~2001/2 |
|---|---|---|---|
| NHS | 2.1 | 2.3 | 4.7 |
| 교육 | 0.7 | -0.2 | 5.1 |
| 사회보장 | 1.6 | 0.5 | 2.0 |
| 방위비 | -4.3 | -0.9 | -1.4 |

자료 : Alcock(2000: 242), 〈Table 14-2〉에서 부분 재인용.
* 계획된 액수가 포함된 수치임.

8) 그러나 그 비중은 점차 줄어들고 있다. 사회복지부의 통계(Social Security Document Report, 1999/2000)에 의하면, 보수당 집권기간이던 1993~4년 영국에서 복지 비용은 영국의 국내총생산(GDP)의 13%를 차지하였으나 1998~9년에는 11%를 조금 넘는 수준으로 떨어졌다.

으로써 일터로 나가는 것을 용이하게 하였다. 탁아 교육을 확대하여 취학 연령을 4세로 낮춘 정책도 결국 독신 부모나 맞벌이 부모가 일하는 것을 돕기 위한 방편으로 이해할 수 있다. 앞서 살펴본 새로운 복지국가의 여덟 가지 원칙 가운데 다섯 번째 원칙이 자식을 양육하는 가정에 대한 지원이었는데 이 원칙 역시 보편적인 복지 혜택에서 '일을 위한 복지'로 방향 전환되고 있음을 알게 한다. 이런 특징은 고든 브라운 재무장관이 밝힌 2001/2년 예산안에서도 확인되는데, 새로운 예산안을 통해 가장 혜택을 보는 계층은 자녀가 있는 가구(*families with children*)로 나타났다. 9) 출산 보조금(*maternity pay*)을 현재의 60 파운드에서 2001년까지 100 파운드로 점차 늘려나가고 수혜기간도 현재의 18주에서 26주로 연장하고, 아버지를 대상으로 2주간의 출산 휴가제(*paid paternity leave*)를 도입하였다. 국가의 직접적인 복지 혜택은 철저하게 줄여나가는 대신, 사회적인 간접 지원을 늘리고 개인이나 가족이 일을 통해 스스로 자립하도록 지원하는 형태로 그 성격이 변모되어 가고 있음을 알 수 있다.

이러한 특징은 연금정책에서도 마찬가지로 나타난다. 새로운 연금 제도의 기본 원칙은 사적 연금을 허용하는 수준을 넘어서 이에 대한 가입을 권장함으로써 공적 연금과의 파트너십을 강조하고 있다(원칙 2). 즉 재정적 부담이 큰 연금정책을 개혁하기 위해 국가가 일방적으로 지원하는 최소소득보장(Minimum Income Guarantee)의 비율을 장기적으로 줄이고 개인의 저축의 형태를 통해 노령에 대비하는 2차 연금(*secondary pensions*)의 가입을 권장하는 정책을 펴고 있다. 모든 이들을 대상으로 2차 연금의 강제가입을 추진하던 프랑크 필드(Frank Field)가 당내 반발 등으로 사임한 이후 입각한 알리스타 달링(Alistair

---

9) BBC News는 이 예산안을 'Families First Budget'이라고 표현했다(2001. 3. 7). http://news. bbc. co. uk/hi/english/in_depth/uk/2001/budget_2001/ newsid_1207000/1207368. stm (검색일 2001. 3. 9.)

Darling) 사회복지부 장관은 중산층 이상을 대상으로 2차 연금 가입을 권장하는 방향으로 정책적 기조를 다소 약화시켰지만, 정책의 방향은 역시 국가의 직접 지원을 줄이고 개인의 기여와 민간 영역과의 파트너 십에 의한 사회보장이라는 방향으로 나아가고 있다.

이러한 신노동당의 사회정책은 대체로 노사 모두로부터 수용되고 있는 것으로 보인다. 예컨대, New Deal 정책에 대해서 노조뿐만 아니라 기업을 대표하는 CBI(Confederation of British Industry)에서도 긍정적인 평가를 내리고 있다. 블레어 정부는 사회헌장, 최저임금제, 노동 시간의 단축 등 일부 노동 관련 조항의 개선에도 불구하고 대체로 이전 시기의 노동관계법을 거의 그대로 유지하고 있으며, 재계 역시 1997년 선거 이래 노동당 정부에 대해 대체로 우호적인 태도를 유지하고 있다. 노조도 역시 복지 개혁에 대해 뚜렷한 반대의 목소리를 내고 있지 않다. 앞서 지적한 대로, 대처 정부 이래 각종 법적 규제와 영국 제조업의 쇠퇴로 노조의 영향력 자체가 크게 약화된 것이 노조가 과거만큼 정치적 영향력을 행사할 수 없게 된 중요한 원인이 될 것이다. 그러나 그와 동시에 고용이 늘고 경제적 상황이 좋아진 것도 반발의 목소리를 약화시키는 중요한 원인이다. 실제로 2001년 3월을 기해 실직자의 수가 1975년 이래 처음으로 100만 이하로 줄어들었다.[10] 그러나 세계화, 자본의 자유화, 유럽 및 국제적인 수준에서의 경쟁의 가열 등으로 인해 완전고용 체제로의 복귀나 노동 시장의 유연화 정책의 완전 철폐가 투쟁을 통해 현실적으로 획득 가능한 목표로 생각하기 어렵게 되었다는 인식의 변화가 무엇보다 1970년대 노조의 정치 투쟁과는 상이한 환경을 만들어 놓았다고 할 것이다.

---

10) BBC News(2001. 3. 14)
   http://news.bbc.co.uk/hi/english/business/newsid_1218000/1218643.stm
   검색일 (2001. 3. 14)

## 5. 결론


제3의 길이라는 이데올로기로 새롭게 이념적 해석을 내렸지만 노동
당 사회정책의 기조는 과거 보수당 정책과 매우 높은 유사성이 발견되
는 것이 사실이다. 똑같지는 않더라도 최소한 실용적으로 취사선택하
여 자신들의 기존 입장과 혼합한 것(*pick-'n-mix' pragmatism*) (Alcock
2000: 256) 이라는 지적은 적절해 보인다. 그러나 노동당에서는 자신들
의 사회정책이 과거 보수당의 정책과 유사하다는 비판에 대해서 자신
들은 보수당의 정책을 답습하는 것이 아니라 공공서비스의 현대화
(*modernization*) 를 시도하는 것이라고 반박하고 있다. 1997년 NHS 백
서에서 밝힌 대로 노동당은 복지정책이 현대적이고 의존할 만한 것
(*modern and dependable*) 이 되도록 하겠다는 것이다.

블레어의 이러한 복지 개혁은 대체로 유권자들의 지지를 이끌어내
고 있는 것으로 보인다. 2001년 3월에 실시한 ICM 여론조사에서 노동
당은 보수당에 비해 상당한 격차로 지지도에서 앞서 있는 것으로 나타
났다.[11] 블레어의 개인적 인기도뿐만 아니라 보건, 교육, 범죄, 유
럽, 교통 등 거의 모든 이슈에 대해서 노동당은 보수당보다 높은 평가
를 받고 있는 것으로 나타났다.

그러나 이러한 높은 평가에도 불구하고 블레어 정부의 복지 개혁의
성과는 외부 환경의 변화와도 중요하게 관계되어 있다. 블레어 정부는
비교적 경제 상태가 유리한 상황에서 집권하였다. 경기는 호황에 접어
들었고 실직자는 줄어가고 있었으며, 노동당 집권기간 중 경제 상태는
더욱 호전되었다. 그런데 주목할 점은 블레어 정부가 추진한 사회정책

---

11) BBC News(2001. 3. 10.)
   http://news. bbc. co. uk/hi/english/uk_politics/newsid_1213000/1213631. stm
   검색일 2001. 3. 10.

은 현실적으로는 많은 이들이 일할 수 있는 일자리가 있다는 것을 전제로 하고 있다는 점이다. 앞에서 본대로 '일을 위한 복지'라는 사회정책의 원칙은 노동시장에서 벗어나 복지 혜택에 의존적인 이들을 재교육시키거나 일자리를 찾아줌으로써 국가의 부담을 줄이고 자립할 수 있도록 하자는 것인데, 만약 경제가 불황으로 접어들게 되어 일자리의 수요가 크게 줄어들게 된다면 이러한 복지정책은 커다란 어려움을 겪을 수밖에 없다. 블레어 정부의 경제정책의 원칙은 공급 중시, 노동시장의 유연화를 기본으로 하고 있어서 고용 창출을 위한 국가의 개입은 고려하지 않고 있다. '일을 위한 복지'는 이런 점에서 경제성장과 사회발전을 결합시키려는 시도라고 볼 수 있으며, 적정한 수준 이상의 경제성장이 그 중요한 전제조건이 된다고 보아야 할 것이다.

이와 함께 잠재되어 있는 당내의 이념적 갈등도 상황에 따라서는 여전히 중요한 변수가 될 수 있다. 선거에 승리해야 한다는 커다란 목표 앞에 당내 '현대화론자'(modernisers)에 밀려 잠잠해 있고 그 세력도 많이 약화되었지만 보편주의적 복지정책을 선호하는 구 노동당(Old Labour)의 전통은 여전히 무시 못할 세력으로 남아 있다. 예컨대 1998년 정부가 독신부모들에 대한 직접적 복지 혜택의 축소를 발표하였을 때 집권당인 노동당 의원들이 이에 대해 크게 반발하였다. 120명에 이르는 노동당 의원들이 이에 대해 항의하는 서신을 보냈고 47명은 의회에서 실제로 이 법안에 반대하는 표를 던졌다. 보편주의를 지향한 프랑크 필드 사회복지부 장관과 고든 브라운 재무장관 간의 갈등 역시 이러한 정책 변화의 어려움을 보여주는 예가 될 수 있을 것이다.[12)

그러나 이러한 문제점에도 불구하고 '일을 위한 복지'는 1980년대부터 영국 사회가 걸어 온 변화의 경로와 그 궤를 같이하고 있으며 앞으로도 상당 기간 계속될 것으로 보인다. 현재 토니 블레어의 재집권 가능성이 매우 높다는 점을 감안하면 앞으로 또 다시 4~5년간 이러한

---

12) 두 사람간의 정책 갈등에 대해서는 김영순(1999b: 209~11)을 참조할 것.

정책적 입장으로부터의 급격한 전환은 일어나지 않을 것으로 보인다. 케인스주의에 기초한 영국의 복지국가 모델이 1945년 이래 1970년대 말까지 30여 년간 지속되어 왔다면, 1980년대 이후 적어도 2000년대 중반까지의 30년 남짓한 기간은 재편된 복지국가의 형태가 지속되는 셈이다. 이와 같이 거의 한 세대에 걸친 재편이라면 이것은 '고전적인' 복지국가 모델에 대한 부분적인 변화나 일시적인 후퇴라기보다는 새로운 형태의 복지국가가 등장하고 있는 것(혹은 이미 등장한 것)으로 이해하는 것이 보다 적절한 인식일지도 모를 일이다.

제 2 부　　**미국과 라틴아메리카**

신자유주의의 명암

제 7 장
## 미국의 사회정책
복지에서 노동으로

송 호 근

## 1. 미국 : 변화의 주도자

미국의 클린턴 대통령은 1999년 연방정부의 재정적자가 끝났음을 알리는 '0'이라는 표시판을 걸고 기자회견을 하는 자리에서 흑자예산을 사회보장의 확대발전에 사용하겠다고 선언하였다. 그러나, 그것이 클린턴의 정치적 제스처에 지나지 않는다는 사실은 그의 재임기간 동안 행해진 복지제도의 축소정책에서 여실히 드러난다(Rothstein, 1999). 왜냐하면, 그 연설은 복지정책의 축소와 근로연계복지(*workfare*)의 강화를 민주당의 기본정책으로 설정한 '개인책임과 근로기회조정법'(Personal responsibility and Work Opportunity Reconciliation Act, PRWORA)을 입법화한 지 3년이 경과한 시점에서 나온 것이었기 때문이다. 이 법은 기본적으로는 레이건의 복지이념에 근거하여 빈곤정책의 전통적 골격을 축소 조정하고 복지수혜자들로 하여금 노동시장에 참여할 것을 강제하여 생산성 향상과 함께 정부예산을 절감하는 데에 목적을 두고 있다. 클린턴 정부 복지정책의 기본 노선에 해당하는 이

204

법안은 1935년 사회보장법(Social Security Act) 4조(Title IV)에 명시되어 60년 동안 지속된 '현금공여의 무조건적 자격'을 폐지하고 경제활동의 참여를 수혜조건으로 못박은 혁명적인 것이었다(Stoez와 Saunders, 1999). 클린턴 정부의 흑자예산과 이러한 정책기조는 사실상 레이건 행정부가 단행하였던 전면적 복지개혁과 긴축정책에 절대적으로 의존하고 있다는 점을 부인하기 어렵다. 그런데, 1980년대 여러 학자들의 예상을 깨고 유래 없는 경제적 풍요를 미국 국민들에게 선사하였던 클린턴 정부가 선택한 '성장과 복지축소'라는 정책패키지는 신자유주의의 물결에 휩싸인 전 세계 국가에게 개혁방향을 지시하는 강력한 이정표가 되었다는 점이 문제이다. 그것은 모든 국가에게 거부할 수 없는 압력으로 작용하고 있으며, 미국의 경박하고 천박한 자본주의(*lean and mean capitalism*)로부터 거리를 두고자 했던 유럽국가들에게까지 강력한 영향을 미치고 있는 중이다(Fligstein, 1998).

미국은 세계 학자들의 비관적인 전망을 깨고 1970년대와 1980년대의 경제적 수렁에서부터 완전히 부활하였다. 부활의 힘은 정보화산업, 고삐풀린 자본과 통합된 금융시장, 노동시장의 유연성에서 비롯되었는데, 이 세 가지가 세계화(*globalization*)를 추동하는 핵심 요인에 해당한다는 것은 앞에서 이미 지적한 바이다. 이런 의미에서, 세계화는 미국적 현상이자 미국적 자본주의의 세계적 확산과정이다(Reich, 1998). 세계화는 제도적 보호를 경쟁으로, 집단을 개인으로, 규제를 자율로 해체하는 힘이다. 미국은 1970년대 일차 오일쇼크 이후 미국자본주의의 헤게모니가 심각하게 위협받고 있음을 깨닫고 새로운 국제질서와 교역질서를 모색하기 시작하였는데, 그 기본원리가 개별화, 시장경쟁, 자율이었다. 이러한 원리는 단지 케인스적 복지국가와 정부규제를 대치하고자 하는 단순한 계기에서 비롯된 것은 아니고, 사회조직과 경제질서에 대한 미국적 이념과 사고방식에 깊숙이 뿌리내려 있다는 점을 인식하는 것이 중요하다.

미국에서 공동체적 기업복지가 발전되지 않은 이유도 이것이다.

1910년대와 20년대 이른바 미국의 진보주의 시대(*progressive era*)에 산업복지공동체를 지향하는 시도가 없었던 것은 아니지만, 개인주의적 성향이 강한 미국에서 그런 시도는 결코 성공할 수 없었다(Fraser, xxxx). 클린턴 행정부의 복지정책자문을 맡고 있는 엘우드(Ellwood) 하버드대학 교수는 미국사회를 지배하는 복지이념으로 개인주의, 노동윤리, 가족, 자율성을 들고 있다(Ellwood, 1988). 특히 노동윤리(*work ethics*)와 개인의 책임을 강조하는 도덕성(*moral*)은 미국민의 변함없는 성향이자 본질이다. 케인스주의가 성행하던 이차대전 이후 1970년대 중반까지 어느 정도 복지정책이 발전할 수 있었던 것은 유럽과의 경쟁심리와 복지정책을 지탱할 수 있는 경제적 풍요에 일차적 원인이 있었다. 그러나, 1970년대 중반 이후 미국경제가 쇠퇴하고 미국의 헤게모니가 위협받기 시작하자 미국사회는 원래의 위치로 돌아가고자 하는(*back to basics*) 분위기로 반전되었다. 경제적 행위의 개인적 책임을 강조하고, 최소한의 정부, 성장효율성의 강조, 시장경쟁의 공정성(*fairness*) 등의 덕목이 부각되는 분위기에서 복지정책이 일차적 공격대상이 되었던 것은 자연스러운 현상이다. 그러므로, 개인적 도덕성의 회복, 경제성장, 재정적자의 축소라는 세 가지 목표가 결합되어 사회정책의 지배적 원리로 등장하게 되었는데, 복지축소는 그러한 정책반전의 필연적 결과로 보인다.

미국 복지정책은 1929년 세계의 경제공황을 타개하고자 루스벨트가 추진하였던 뉴딜정책(*New Deal*)에서 비롯되었으며, 여기에 1960년 민주당 케네디 정부가 설계하였던 '빈곤과의 전쟁'(*war on poverty*)이 가세하여 사회보험, 빈곤정책, 고용정책이라는 세 가지 프로그램을 기본 골격으로 하고 있다. 그런데, 1970년대 말에 들어서자 일단의 보수주의자들은 경제침체와 사회적 윤리파괴의 주범으로 복지정책을 지목하기 시작하였으며, 그 공격의 화살이 미국기업연구소(American Enterprise Institute)와 헤리티지재단(Heritage Foundation)의 지식인들로부터 날아왔다. 브루킹스연구소(Brookings Institutions)의 원로연구

206

원이자 카터 행정부에서 경제정책 자문을 맡았던 슐츠(Charles Schultze)는 그의 저서 《사익의 공적 활용》(*The Public Use of Private Interest*)에서 "많은 예산과 규제를 통한 정부개입은 사회문제의 해결에 있어 시장보다 못하다"고 주장하였다. 이러한 주장은 복지정책의 불합리성을 공격하던 보수주의자들을 고무시켜 '본질로 돌아가자'(*back to basics*)는 전통주의운동(*traditionalist movement*)에 힘을 실어주었다. 전통주의운동은 가족과 국가에 대한 존경, 근면, 자유와 독립성 등 미국사회의 본질적 심성과 가치관을 자극하여 미국정부로 하여금 복지정책의 확대에 쐐기를 박고 복지축소를 향한 인기 없는 개혁의 깃발을 올리게끔 하였다(Stoez와 Karger, 1991).[1]

이러한 사회적, 지적 분위기에 힘입어 등장한 레이건 행정부(1980~1988)는 오늘날 미국을 복지정책 축소의 대명사로 지목하게 된 대부분의 개혁을 완료하였다. 부시(Bush)와 클린턴 행정부의 복지정책은 레이건의 유산을 확대 발전시키는 것에 불과하였는데, 진보진영의 기대에도 불구하고 클린턴 정부가 민주당의 전통적인 친복지노선에서 과감하게 이탈한 것은 결국 세계화의 종주국으로서 복지보다는 성장을 우선시할 수밖에 없었던 시대적 요구를 따랐던 결과로 보인다.

복지정책의 전면 축소는 각종 프로그램의 위축으로 나타났다. 빈곤층의 확대와 빈곤문제의 악화는 경제성장과 교환한 최대의 사회문제이다. 대표적인 빈곤정책 프로그램인 AFDC(*Aid to Families with Dependent Children*)혜택은 1970~90년 사이에 실제가치가 39% 하락하였으며, 개혁의 첫해였던 1981년 한 해에만 AFDC 예산이 11.7%나 줄었고, 자격요건도 강화되었다. 식표(*Food Stamp*) 지원액은 18.8%가 줄었으며, 학생과 파업근로자는 수혜대상에서 제외되었다. 수혜자들은 반드시 주정부에서 제공하는 교육훈련프로그램을 이수하도록 강제되

---

1) 헤리티지연구소의 부소장이었던 Burton Pines가 1982년 출간한 저서의 제목이 《본질로의 회귀》(*Back to Basics*)였다(New York: William Morrow).

었으며, 참여하지 않은 대상자는 수혜대상에서 제외하였다. 수혜기간
도 5년 이내로 한정하여 사회복지요원이 매년 갱신여부를 결정하도록
하였다.

이러한 긴축기조는 무엇보다도 사회복지 프로그램의 예산비중에 반
영된다. 사회지출비의 실제규모는 점차적인 증가추세를 보이지만, 정
부총예산에서 차지하는 비중은 1970년대 중반 이후 하락하기 시작하
여 1976년 57%에서 54.4%(1980), 48.6%(1986), 49.5%(1989)로
시시각각 떨어졌다. 1980~89년간 GDP 대비 사회지출비의 비중은
11.4%에서 10.9%로 미약한 하락세를 보이지만, 주정부의 예산이 훨
씬 많이 증가한 점을 고려하면 연방정부의 사회지출비는 이에 반비례
하여 급격하게 위축된 것을 알 수 있다. 신연방주의(new federalism)를
표방했던 레이건 행정부가 집권기간 동안 증액한 사회지출비 연평균증
가율은 2.6%여서 포드(7.1%), 닉슨(6.7%), 존슨(6.7%), 케네디
(7.5%), 아이젠하워(5.8%) 정부의 증가율과 무척 대조적이다(Barro,
1991). 미국 사회정책의 대명사로 알려진 AFDC(Aid to Families with
Dependent Children)의 수혜가정은 이 기간 동안 대체로 규모의 변화가
없었는데, 편모가정을 모두 포함한 전체 대상자 중 수혜가정의 비율은
최고 63%대(1973)에서 42%선(1987)으로 급격히 하락하였다.

한편, 복지정책의 축소가 몰고 온 사회적 충격은 엄청난 것이었다.
1977년~92년 동안 최하위 10분위 소득계층은 세후 소득으로 20.3%
를 상실하였으며, 최상위 1% 계층은 135.7% 상승하였다(Piven과
Cloward, 1993). 불평등 악화는 세계화와 복지축소가 미국사회에 선사
한 최대의 사회문제로 부상하기에 이르렀다. 최근의 조사에 의하면,
1970년대 말 최상위 1% 소득계층이 소유하였던 재산은 전체 부의
13%였는데, 1995년에는 38.5%로 급격히 증가한 것으로 나타났다.
서비스부문에 종사하는 고등학교 학력소지자의 중위소득은 1979년
34,000달러에서 26,000달러(1996)로 떨어졌으며, 제조업부문 근로자
의 소득 역시 동기간에 37,500달러에서 29,500달러로 급락했다

(Beatly, 1999). 소득불평등의 악화 외에도, 미국은 세계화를 주도하고 사회정책의 전면 축소를 단행한 대가로 파트 타임 근로와 비정규직의 증가로 인한 취업불안정, 빈곤, 대량해고, 일탈과 범죄, 약물중독, 인종갈등, 지역격차 등의 수많은 사회문제를 선사받았다. 1981년 1월 레이건이 대통령 취임연설에서 강조했던 경제적 고통 — 인플레, 실업, 기업경쟁력 하락, 높은 세금과 재정적자 — 에서는 벗어났지만, 새로운 사회적 고통과 상처가 깊어가는 것을 목격해야 했다.

그럼에도 복지제도의 축소를 합리화하는 명분은 여전히 신자유주의의 약속으로부터 나온다. 시장은 정부개입보다 사회문제의 해결에 훨씬 나은 처방을 제공한다는 것인데, 이는 세계화의 구조적 요건과 정확히 일치한다. 경제성장에 이상이 발생하지 않고 사회문제가 커다란 반향을 불러일으키지 않는 한 미국은 당분간 이러한 정책 기조를 지속할 전망이다. 미국의 이러한 입장은 복지제도의 전면 축소를 성장의 필연적 전제조건으로 상정하는 인식을 확산시키면서 21세기 사회정책의 가장 강력한 패러다임으로 등장하기에 이르렀다. 그렇다면, 미국의 정책변화의 구체적 양상은 무엇인가? 이 장은 다음과 같이 짜여 있다. 우선, 2절에서는 미국 복지정책의 구조와 발전궤적을 일별하고, 3절은 레이건의 개혁정책을 상세히 분석한다. 4절에서는 정책 개혁의 사회적 결과를 살펴보고, 부시와 클린턴의 정책노선을 레이건의 개혁과 관련하여 검토한다. 5절에서는 미국식 사회정책 모델의 함의를 정리할 것이다.


## 2. 미국의 사회정책 : 기본 구도와 쟁점

### 1) 전체적 특징 : 자유주의적 복지체제

미국은 OECD국가 중에서 하위층에 속할 만큼 복지정책의 수준이

낮고 정부예산에서 차지하는 사회지출비의 비중도 작다. 사회복지학
자들은 미국의 이러한 현상을 가리켜 '복지느림보'(*welfare laggard*) 또
는 '예외적 현상'(*exceptionalism*)으로 규정하고 있는데, 에스핑-앤더슨
의 유형 분류에 따르면 미국은 자유주의적 복지체제(*liberal welfare
regime*)에 속한다고 할 수 있다(Esping-Andersen, 1990). 이 유형에서
시민들은 시장의 개별적 행위자로 행위하며, 복지의 기본적 원천이 시
장경쟁과 취업에서 나온다. 그리하여, 정부의 사회보장보다는 사적복
지를 추구하도록 짜여 있으며, 정부가 제공하는 최소한의 기초보장은
자산조사(*means-test*)와 수혜자들이 납부하는 사회보험료를 전제로 제
공된다. 이런 체제는 정부의 일반세수(*general revenues*)를 통하여 총괄
적인 사회보장(*social security*)을 제공하는 유럽의 사민주의적 복지체제
와는 근본적으로 다르다. 사민주의적 복지체제가 보편적 원리, 제도
적 보호, 총체적 사회보장을 특징으로 한다면, 미국의 자유주의적 복
지체제는 선택적 원리, 시장경쟁과 사적 복지, 보험료에 기초한 최소
한의 보호를 기본원칙으로 한다. 그러므로, 미국은 유럽국가에 비하
여 복지수준이 떨어지고 사회지출비 비중이 낮으며, 복지혜택의 수혜
자격과 노동시장에의 참여여부의 심사가 까다로운 것이다.

〈표 7-1〉은 복지제도의 여러 가지 기준을 중심으로 자유주의 복지
체제의 대표적 국가인 미국과 캐나다를 OECD 국가와 비교한 것이다.
앞에서의 서술처럼, 미국은 자산조사를 통한 혜택의 비중이 OECD

〈표 7-1〉미국, 캐나다, OECD 국가의 복지수준의 비교, 1980

|  | 사회지출비중<br>자산조사(a) | 전체연금중<br>사적연금(a) | 전체의료비중<br>사의료비(a) | GDP중<br>사회지출비(b) |
|---|---|---|---|---|
| 미 국 | 18 | 21 | 57 | 13 |
| 캐나다 | 16 | 38 | 26 | 15 |
| OECD(18) | 6 | 13 | 22 | 20 |

(a) 출처 : Esping-Andersen(1990).
(b) 출처 : OECD(1994).

의 3배에 가깝고, 사적 연금의 의존도가 높다. 특히, 미국의 의료보험
은 주로 극빈자(medicaid)와 노령인구(medicare)를 대상으로 운영되기
때문에 빈곤층 이상의 소득계층은 기업이 판매하는 사보험을 사야 한
다. 미국의 경우, 의료보험비 중 사보험의 비중이 50%를 상회하는 것
은 이 때문이다. GDP 대비 사회지출비의 비중은 OECD 국가의 경우
20%에 근접하는 데 반하여, 미국은 겨우 13%에 지나지 않는다. 미
국의 이러한 후진적 모습은 레이건-부시 행정부의 축소개혁을 거치면
서 더욱 열악한 상태로 빠져들었음에 반하여, 캐나다는 전혀 다른 경
로를 걸었다는 사실은 특기할 만하다. 캐나다는 1978년 투르도
(Trudeau) 정부가 재정적자를 메우려고 복지축소 정책을 단행하였으
나, 1984년 등장한 진보적 보수주의(progressive conservatives) 정부에
의하여 축소정책이 중단되고 유럽경로로 전환하는 전면적 개혁이 추진
되었다. 5년간의 개혁이 이루어진 결과 캐나다는 적어도 1990년대 초
반까지 미국형의 시장의존적, 소극적 복지체제를 벗어나 스웨덴적 유
형에 합류할 수 있었다(Myles, 1998). 미국 복지제도의 전반적 특징을
요약하면 다음과 같다.

- 미국의 복지제도는 퇴역군인(veterans), 약자(노령인구, 장애자),
  모자(편모가정과 자녀), 빈곤층을 주요 대상으로 짜여 있다. 그래
  서, 국민 전체에게 혜택을 제공하는 보편적 원리보다는 특정 계
  층을 대상으로 한 선택적 원리에 기초한다.
- 선택적 혜택의 주요 대상은 빈곤층과 노령층이다. 노령층은 사회
  보장적 성격이 강한 제도로 보호하는 한편, 빈곤층은 자산조사를
  전제로 한정된 혜택을 제공한다. 1935년 사회보장법의 도입 때
  실시된 실업보험도 평균임금의 35% 정도만을 보전할 만큼 미미
  한 것이었다.
- 실업보험과 연금보험은 보편적 성격을 띠는 사회정책인데, 정부
  의 일반예산으로 충당하기보다는 수혜자들이 납부하는 보험료로

운영된다. 사민주의적 모델보다는 1880년대 독일의 비스마르크 모델(*Bismarckian design*)에 가깝다.

- 복지제도가 시장의존적이어서 보다 많은 혜택을 받기 위해서는 사기업이 제공하는 사보험을 사야 한다. 따라서, 경제력에 따른 복지불평등이 대단히 크다.

- 사회적 소득이전(*social transfer*)에 해당하는 프로그램이 취약하여 가족간 소득불평등이 대단히 큰데, 이것을 완화하는 정책수단이 발달되어 있지 않다. 다만, 1974년 도입된 '부의 소득세'(*negative income tax*)의 변형인 EITC(*Earned Income Tax Credit*)를 통하여 노동시장에 참여하는 절대빈곤계층에게 소득보전을 제공하고 있다.

- 빈곤층과 약자를 대상으로 하기 때문에 사회복지의 이미지가 인종차별, 성차별, 지역적 편차와 중첩된다. 복지정책 개혁을 둘러싼 논의가 인종, 성차(*gender*), 지역격차의 문제로 연결되는 것은 이 때문이다.[2]

## 2) 복지정책의 구조와 프로그램

미국의 복지정책은 세 가지 프로그램으로 구성된다. (1) 보편적 원리에 기초한 사회보장(*social security*), (2) 노동시장적 성격이 짙은 고용관련 혜택(*employment related benefits*), (3) 빈곤층을 주요 대상으로 한 자산조사 혜택(*means-tested benefits*)이 그것이다. 이 프로그램들은 1935년 루스벨트가 입법화한 사회보장법(*social security act*)에 토대를 둔 것으로서 전후에 조금씩 다른 조항들이 부가된 형태로 운영되다가 1960년대 케네디 정부의 빈곤과의 전쟁을 계기로 확대발전되는 양상을

---

2) 1960년 케네디 정부가 추진했던 빈곤전쟁(*war on Poverty*)이 인종주의(*racism*)에 의하여 좌초된 것을 분석한 연구가 유용하다. Jill Quadagno, *The Color of Welfare*: *How Racism Undermined The War on Poverty*(Oxford: Oxford University Press, 1994).

보였다. 그러나, 그 기본골격은 1935년의 사회보장법으로 갖추어졌다. 사회보장법은 그 이전부터 제한적으로 실시해 오던 사회보험제도와 공적 부조, 사회서비스를 통합하고 예산지원의 책임소재를 연방정부와 주정부로 구분하여 하나의 일관된 프로그램으로 만든 것으로서, 성격의 측면에서 보편적 프로그램과 선별적 프로그램이, 재원의 측면에서 연방정부와 주정부가 혼합된 형태를 취하고 있다. 이 법은 세 부분으로 구성된다. (1) 연방정부가 운영하는 노령연금보험, (2) 주정부가 운영하는 실업보험 지원, (3) 주정부 관할의 공적 부조 및 사회복지서비스와 이에 대한 연방지원금(전남진, 1987). 공적 부조와 사회복지서비스에는 앞에서 지적한 대로 미국의 전통적인 보호대상인 빈곤층, 편모, 노약자, 장애인, 유족들에 대한 공적 지원이 포함되어 있는데, 의료보험은 논의의 쟁점이 되었으나 보험정책에서 제외되었다. 이것 때문에 케네디 정부는 두 차례의 법개정을 통하여 빈곤층과 노약자를 대상으로 1965년 medicare와 Medicaid를 도입하게 되었다. 연방정부와 주정부의 지원대상집단이 주로 노약자와 취약계층에 초점이 맞추어져 있다는 점에서 미국의 사회정책은 OASDI(*Old-Aged, Survivals, Disabled Insurance*)로 불려왔고, 케네디 정부의 의료개혁 이후에는 건강보험이 추가된 OASDHI로 확대 개칭되었다.

미국의 사회정책은 대체로 세 단계의 발전과정을 거쳐왔다. 경제공황의 발생과 더불어 포괄적인 사회보장제도를 도입하고 이른바 New Deal 정신을 살려왔던 기초단계(1930~60), 민주당정부의 '빈곤과의 전쟁'을 계기로 부가적인 사회서비스를 확대시켰던 도약단계(*take-off*, 1960~76), 그리고 미국경제의 침체와 누적된 재정적자로 인하여 복지정책의 전면적 축소가 진행된 축소단계(*retrenchment*, 1976 이후 현재)가 그것이다(Ellwood, 1988). 각 단계별 발전의 내용을 구체적으로 살펴보기 전에 사회정책의 세 가지 프로그램과 단계별 변화의 내용을 간략히 정리하는 것이 유용할 것이다. 〈표 7-2〉는 사회정책의 구성요인별 정책수단들과 변화내용을 정리한 것이다.

〈표 7-2〉 사회정책의 구성요인과 단계별 변화

| | 사회보장<br>(social security) | 고용관련혜택<br>(employment Related) | 자산조사혜택<br>(means-tested) |
|---|---|---|---|
| 기초단계<br>(1930~60) | OASDI (노령, 유족,<br>장애인 보호)<br>사회보장 | 퇴역군인수당<br>근로자보상<br>실업보험 | 편부모가정<br>AFDC, Food Stamp<br>보건서비스 |
| 도약단계<br>(1960~76) | OASDHI (의료혜택<br>부가) : 1974년 SSI<br>(보족보장소득)으로<br>변경 | 취약자를 위한<br>노동시장정책 실행:<br>MDTA (1962),<br>EOA (1967)<br>WIP (1967),<br>CETA (1973) | Head Start<br>Educational Act<br>(1965)<br>Medicare/Medicaid<br>(1965)<br>AFDC에 WIP부가 |
| 축소단계<br>(1976~현재) | 심사강화<br>혜택액수/기간 조정 | JTPA (1982)<br>JOBS, HIRE,<br>NJTA | 자격요건강화<br>수혜기간단축<br>자산조사강화<br>혜택의 실질가치하락 |

출처 : Ellwood (1988)의 분석을 기초로 작성, 단 고용관련혜택은 Janoski (1990)을
기초로 작성.


(1) 기초단계 (1930~60)[3]

사회보장은 원래 전국민을 대상으로 보편적인 혜택을 제공하는 것
이지만, 미국의 경우는 장애인, 노령자, 부양능력이 없는 가정아동의
보호에 초점을 두었기 때문에 약간의 예외를 제외하고는 사회적으로
보호해야 될 대상집단에 한정되었다. 노령연금과 실업보험은 예외이
다. 노령연금은 젊었을 때의 소득과 연동시켜 소득액수에 따라 연금이
조정되었다. 기여한 만큼 연금을 받는다는 원칙은 아직도 지켜지고 있
는데, 이것 때문에 연금에 대한 사회적 반론은 거의 없다. 미국의 연
금은 하위소득계층에게 유리하게 설계되어 있어서 그런대로 재분배 효
과를 발휘하고 있다.

고용관련혜택의 중요한 제도는 실업보험, 근로자보상, 퇴역군인보

---

3) 이하 각 단계별 특징은 Ellwood (1988: 27~44)의 설명을 요약한 것임.

214

상으로 이루어져 있는데, 오늘날까지 초기의 골격을 유지하고 있다. 근로자보상은 우리나라의 산재보험과 같은 것으로서 작업중 상해를 입은 사람에게 의료보험과 현금혜택을 제공하는 것이다. 외견상 장해보상과 같은 성격을 갖고 있으나 산재근로자를 대상으로 하고 장애인보다는 상대적으로 제한적 혜택을 제공한다는 점에서 다르다. 한편, 실업보험은 자발적 실업을 제외한 구조적 실업자에게 주어지는 혜택으로서, 근로경력을 입증하고 고용주의 확인이 있어야 혜택을 제공받을 수 있다. 모든 근로자에게 자격이 주어지는데, 상위소득계층에게 더 많은 혜택이 가도록 설계되어 있다. 또한, 실업보험에의 의존도를 낮추기 위하여 수혜기간을 26주로 한정하고 재취업을 위해 노력했다는 증거를 제출해야 한다.

자산조사혜택은 기본적으로는 빈곤정책에 해당하는 것으로서, 노령자, 장애인, 편부모가족(또는 부가 노동능력을 상실하였을 때에는 양부모가정도 포함)에게 현금혜택을 제공하는 제도이다. 연방정주가 지원하고 주정부가 주관하는 프로그램인데, 재산소유의 한도액을 초과하여서는 안 된다. 예를 들어, 초기에는 전화와 같이 비싼 가전제품을 소유하였다면 수혜자격을 상실한다. 자산조사는 사회보험요원이 직간접적 방법으로 수혜가족의 재산과 자격요건을 조사하여 수혜여부를 결정하는 방식이다. AFDC가 자산조사혜택의 대표적인 프로그램이며 빈곤층과 하위소득계층을 위한 전형적 사회복지서비스이다. 그러므로, 미국의 복지(welfare) 개념은 근로능력을 상실하고 사회보장으로도 충분히 보호받지 못하는 소수의 집단에게 제공되는 공적 부조와 같은 의미를 지닌다.

이렇게 보면, 초기단계의 사회정책은 미국의 핵심가치인 자율성, 근로, 가족을 중시하였으며, 예산지출의 비중을 보면, 보편적 성격을 갖는 보험적 프로그램에 훨씬 많은 예산이 투입되었다. 이러한 제도적 설계와 운영에 대하여 미국사회 내부에 이렇다할 불만이 제기되지 않았다.

(2) 도약단계 (1960~76)

그러나, 1960년대 민주당 정부가 들어서면서 복지제도를 확대하고 기본원리를 수정해야 한다는 목소리가 높아지기 시작하였다. 미국의 복지제도는 빈곤층지원 취약, 인종차별, 편견, 청년 소외 등의 문제를 안고 있음이 빈번히 지적되었다. 1960년 출범한 케네디 정부는 경제적 풍요에도 불구하고 미국사회를 괴롭히는 빈곤과의 전쟁을 선포하였다. 도시 슬럼에 집중되어 있는 하층민이 경제성장에도 불구하고 빈곤 상태에 머물고 있는 이유는 인적 자본에 대한 투자가 매우 취약한 때문이라는 베커(Becker)의 인적 자본론(*human capital theory*)에 근거하여 케네디 정부는 빈곤층을 구성하고 있는 흑인, 소수인종, 근로능력이 있는 장애인 등을 대상으로 교육훈련의 기회를 확대하고자 하였다. 1964년 케네디 정부는 학교를 졸업한 청소년들에게 각 주거지역에 훈련기관을 설치하여 취업훈련을 제공하고(*Job Corps*), 미취학아동에게 조기교육의 기회를 확대하며(*Head Start*), 빈곤계층에게 학비를 보조해 주는(*Educational Act*) 일단의 개혁정책을 실시하였다.

사회보험과 보호제도 역시 크게 신장되었다. 노령층과 극빈자층에게 무료로 의료서비스를 제공하는 Medicare와 Medicaid를 도입하였으며, 임금상승과 성장효과에 힘입어 사회보장의 혜택수준이 크게 향상되었다. 그리하여, 1960년~76년간 실업, 취업훈련, 사회서비스의 비용이 1,000퍼센트가 늘어났는데, 절대액수로는 14억 달러에서 150억 달러가 증액된 것이다. 1960년대 말에 겨우 시작된 의료보험 역시 1976년 660억 달러로 급증했다. 사회보장비의 증가는 이보다 훨씬 빨라서 동기간에 3배로 불어났으며, 실업보험비도 두 배 가량 늘었다.

이러한 분위기에 편승하여 1960년대 말에는 인적 자본에의 투자와 노년보장을 넘어서 국민기초생활(*national minimum*) 보장까지를 포함해야 한다는 새로운 사회보험 개념이 주목을 받기 시작하였다. 다시 말해, 정부는 소득보장(*income security*)을 포괄하는 사회보장제도를 만들어야 한다는 사회적 압력이 증가하였다. 그리하여, 정책설계자들과

216

일단의 사회과학자들은 소득보장을 위한 기본설계를 구상하기 시작하였는데, 시카고 대학의 경제학자였던 밀튼 프리드만(Milton Friedman)이 제창한 부의 소득세(*negative income tax*)가 그 대안으로 부상하였다. 부의 소득세는 세제개혁을 전제로 한 것인 만큼, 제도도입을 위해서는 많은 제도적 인프라가 구축되어야 했다. 부의 소득세는 1960년대에 도입이 유보되었다가 1972년 입법화되어 1974년 EITC(*Earned Income Tax Credit*)로 명칭을 변경하여 전격 실행되기에 이르렀다. EITC는 일정한도 이하의 소득계층에게 노동시장에의 참여(또는 근로소득)를 전제로 공식에 따라 현금을 지원하는 제도로서 빈곤층의 실질소득 증대에 결정적인 효과를 가져왔다.

한편, 닉슨 행정부는 1974년 빈곤층, 노령자, 장애인을 대상으로 한 여러 유형의 복지혜택을 통합하여 종합적 소득보전을 해주는 보족보장소득(*SSI, Supplementary Security Income*)제도를 도입하였는데, 자격요건은 완화하지 않는 대신 수혜혜택을 크게 늘려주었다. 미국 빈곤정책의 대명사인 AFDC 또한 확대되었다. 연방정부는 각주의 주정부로 하여금 AFDC를 확대하는 대신 수혜자격을 근로와 결부시키는 WIP(*work incentives programs*)와 연계하도록 권고하였다. 어떤 주에서는 양부모가정에라도 부모가 실업자인 경우 수혜자격을 부여하기도 하였다(AFDC-UP). 그리하여, 주정부마다 빈곤층에 대한 복지혜택이 확대되기에 이르렀다. AFDC의 현금혜택은 주마다 차이가 나서, 1975년을 기준으로 미시간주는 800달러를, 미시시피주는 120달러를 제공하였는데, 현금혜택의 규모는 월평균 520달러 정도에 달했다. 이외에도 식표(*Food Stamp*)제도가 확대실시되어 빈곤층과 하위소득계층의 실질생활을 향상시키는 데 커다란 역할을 담당하였다. 그 결과, 자산조사혜택은 1960년 160억 달러에서 1976년 540억 달러로 크게 늘어났으며, 수혜대상자도 동시에 불어났다.

미국 사회정책의 이러한 급속한 발전은 경제적 풍요에도 불구하고 빈곤이 지속되고 있다는 사회적 인식 때문이었는데, 미국 사회보장의 대부로 불리는 패트릭 모니한(Daniel Patrick Moynihan) 상원의원의 저서 *The Other America*와 케네트 클락(Kenneth Clark)의 *Dark Ghetto*가 빈곤에 대한 미국 국민의 인식을 일깨워주는 데 일대 전환점을 마련했다. 그러나, 1970년대 중반이 경과하면서 미국경제에 적신호가 켜지고 재정적자가 누적되기 시작하면서 복지제도의 확대를 긍정적으로 바라보던 사회적 시선은 변화하기 시작하였다. 즉, 천문학적 규모의 인적 자본 투자와 사회보장제도의 확대 발전에도 불구하고 빈곤층은 여전히 사라지지 않았으며 오히려 빈곤과의 전쟁을 시작할 때보다도 소득불평등은 더욱 악화되었음을 입증하는 여러 가지의 분석과 보고서가 제출되었다. 특히, 보수진영의 지식인이었던 머레이(Charles Murray)의 저서 《잃어버린 명분》(*Losing Ground*)은 복지제도의 확대와 사회지출비의 대량증액이 본래 겨냥했던 목표를 달성하기는커녕 오히려 문제를 더욱 악화시켰음을 입증하는 여러 가지 증거를 제시하여 복지제도에 대한 분위기를 반전시켰다(Murray, 1984). 이 보고서들은 빈곤과의 전쟁이 결국 아무런 효과가 없었으며 복지정책이 엄청난 예산을 쏟아부었음에도 오히려 노동윤리의 타락과 가족해체라는 부작용을 촉발하였다는 비난의 근거로 활용되었다. 마침 누적된 재정적자가 사회문제와 정치문제로 비화하자 복지제도의 비효율성을 비판하는 여러 가지 비판들이 복지논쟁을 촉발하기에 이르렀다. 복지제도의 도약기가 마감된 것이다.

(3) 축소단계(1976~현재)

1970년대 중반은 일차 오일쇼크의 여파로 세계경제가 침체국면에 접어든 시기였다. 미국도 예외는 아니어서 일자리 감소, 실질소득의 하락, 인플레 등의 문제가 미국경제에 먹구름을 드리우기 시작했다. 임금상승은 이미 1970년대 초반에 멈추었는데, 인플레를 감안한다면 1986년의 평균임금 가치는 1973년 수준을 밑돌 정도였다. 여기에 복지의 부작용에 대한 비판여론이 가세했다. 복지제도의 확대는 수혜자

들의 복지의존성을 촉발해서 근로의욕을 감퇴시킬 뿐만 아니라 편부모
가정을 양산한다는 것이다. 시민적 권리와 최소한의 생활을 보장한다
는 취지의 복지가 결국 미국의 가장 소중한 가치로 인식되고 있는 가
족의 기반을 파괴하고 노동윤리를 훼손하는 결과를 낳는다면, 무슨 소
용이 있을 것인가 하는 반문과 회의가 거세게 일기 시작하였다. 이러
한 비판적 분위기는 앞에서 지적하였듯이, 복지반대론자들의 보수주
의적 논리에 힘입은 바 크다. 머레이(Murray), 미드(Mead), 길더
(Gilder) 등이 대표적인 비판론자들이었는데, 이들은 복지제도가 겨냥
하고 있는 빈곤 자체보다도 그것을 양산하고 있는 복지제도가 더 문제
라는 주장을 폈다. 4) 더욱이, 인적 자본론에 근거한 교육투자가 소득
불평등의 개선에 아무런 효과를 내지 못하자 복지의 긍정적 효과보다
는 부작용(*backlash*)을 줄여야 한다는 방향으로 사회적 여론이 형성되
었다. 이런 상황에서 카터 행정부가 제안한 복지확대 계획이 통과될
리 없었다. 그리하여, 복지축소를 향한 미국의 여론은 급기야 레이건
행정부를 탄생시켰으며, 레이건은 대통령취임연설에서 복지제도를 전
면 축소할 것을 공표하였다. "정부는 우리가 겪고 있는 문제의 해결책
이 아니라, 정부자체가 문제다"라는 레이건의 공언은 작고 효율적인
정부를 겨냥한 것이며, 이는 결국 복지제도에 대한 공격으로 나타날
수밖에 없었다. 작은 정부, 고생산성, 노동시장의 유연성을 경제회복
의 대안으로 설정한 레이건에게 복지제도는 걸림돌이 될 수밖에 없었
는데, 레이건은 이를 '타락한 도덕성 회복'과 '복지의존성 탈피'라는 레
토릭으로 돌파하였다.

　복지축소로의 정책전환은 사회지출비와 수혜자의 규모축소로 구체
화되었다. 자산조사혜택은 1976년 이후 현상유지 상태로 돌아섰으며,
인플레를 감안한 AFDC의 실질가치는 30~50% 하락할 정도였다. 자
격요건과 규칙이 강화되었으며 수혜자를 대상으로 한 노동시장정책이

---

　4) Charles Murray(1984), Lawrence Mead(1986), Gilder(1981).

속속 도입되었다.  1976년~84년간 빈곤층에게 투여된 복지혜택은 일
인당 30%가 줄었으며,  그 결과 빈곤가족은 2천 5백만에서 3천 4백만
으로 급증하였다.

　민주당을 중심으로 한 복지옹호론자들의 반박도 만만치 않았다.  예
를 들면,  증액된 복지예산이 너무나도 작은데 그것이 미국사회의 가족
구조를 전면적으로 파괴할 만큼 위력을 발휘한 것인가? 미국가족의 해
체가 급격하게 발생한 것이 오히려 복지제도의 축소가 일어났던 1970
년대 중반 이후의 현상이라면,  복지반대론자들의 논리는 증거가 희박
한 것이 아닌가? 또는 복지가 가족구조의 해체/건실화에 대단히 중대
한 영향을 미친다는 논리 자체가 과장된 것은 아닌가? 등.  그러나,  미
국의 경기침체와 미국의 헤게모니가 위협받는 현실에서 복지제도를 가
장 유력한 원인으로 지목하려는 사회적 여론을 극복할 수 없었다.

　복지축소의 구체적인 양상을 분석하는 것이 다음 절의 과제이다.  이
것으로 넘어가기 전에 복지축소의 전반적 양상을 집약하는 두 개의 통
계를 제시하는 것이 좋을 듯하다. 〈그림 7-1〉은 연방정부의 총예산에
서 사회지출비의 비중을 나타낸 것이고, 〈그림 7-2〉는 편모가정 중에
서 AFDC 혜택을 받는 가정의 비율을 나타낸 것이다.  1980~89년간
사회지출비의 비중은 54.4%에서 49.5%로 하락하였으며,  1986년에
는 48.6%로 가장 낮은 수준을 기록하였다.  한편,  편모가정의 AFDC
수혜율은 1981년 53%에서 1987년 4%로 떨어졌다.  또한,  AFDC 수
혜자격을 강화한 결과 AFDC 수혜자 중 취업자 비율은 1975년 18%에
서 1987년 6%로 떨어졌다.  어떤 형식이든 근로소득이 있는 경우는
AFDC 수혜자격을 박탈한 결과이다.

〈그림 7-1〉 전체 복지비율 중 연방사회복지의 비율

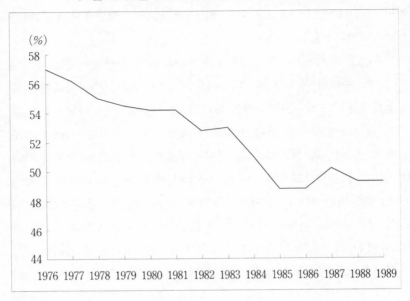

〈그림 7-2〉 AFDC 참여율

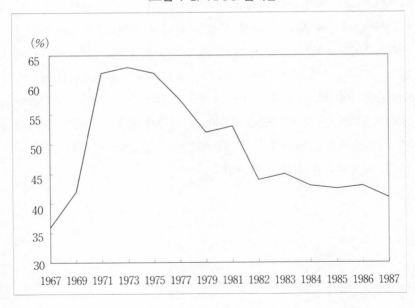

## 3. 레이건의 개혁 : 복지제도의 축소

### 1) 복지옹호론과 복지축소론

1980년 1월 대통령 취임연설에서 레이건은 미국을 다시 자본주의의 경제대국으로 부활시킬 것을 천명했다. 그 역사적 과제의 최우선적 작업은 복지제도의 전면 개혁이었다. 레이건의 등장은 루스벨트로부터 카터에 이르기까지 40년 동안 지속되었던 New Deal의 전통을 마감하는 것이었다. 경제적 보수주의자로서 레이건은 경제침체의 제 1원인으로서 복지비용을 충당하기 위한 고율의 조세와 복지수혜자들이 생산성 향상에 아무런 공헌도 하지 못하는 현실을 지목하였다. 또한, 사회적 보수주의자로서 그는 복지혜택이 필요없는 사람들까지도 복지에 의존함으로써 발생하는 근로윤리의 파탄과 복지의존성의 심화현상을 신랄하게 비판했다. 레이건의 이러한 신념은 복지비용의 절감, 자격요건의 강화, 수혜자의 근로의욕 촉진을 복지개혁에 임하는 행정부의 가장 중요한 목표로 만들었다(O'Connor, 1998).

레이건의 이러한 정책을 지원하는 보수주의자들도 힘을 얻었다. 미국기업협회(AEI) 회장을 지냈던 바루디(Baroody)는 "수십 년 동안 계속되었던 미국 사회정책의 철학이 근본적으로 바뀌고 있다"고 밝히면서 다음과 같이 설파했다(Baroody, 1982; Stoez와 Karger, 1992에서 재인용) : "개인이 할 수 없는 일들을 정부가 해주어야 한다는, 루스벨트 이후로 40년도 넘게 미국을 지배했던 New Deal 철학이 이제서야 새로운 공공철학으로 대치되고 있다."

미국에는 복지제도의 효과를 둘러싸고 세 개의 대립적 관점이 존재해 왔다(Ellwood, 1984). 보호-노동(*security-work*), 원조-가족구조, 표적-고립(*targeting-isolation*). 첫째, 사회보장은 시민적 권리이자 인간다운 생활에 필요한 기본욕구를 충족시켜 주는 제도이지만, 노동의욕을 감퇴시키고 노동에 대한 보상을 낮출 위험이 있다는 것이다. 특히, 현금혜택을 제공하는 제도일 경우, 하위층의 임금결정에 교란을 가져오고 더 나아가 시장기능을 왜곡할 가능성이 많다는 것이다. 둘째, 빈곤한 결손가족을 자격요건으로 못박을 경우 복지제도는 가족구조의 해체를 부추길 위험이 있다는 것이다. 앞에서 서술하였듯이, 가족은 미국사회의 핵심적 가치이자 건강한 개인주의를 창출하는 가장 기본적인 공동체이다. 보수주의자들은 복지가 가족기능을 약화시킨다는 데에 초점을 두는 반면, 자유주의자들은 가족해체시에도 복지가 아동보호의 가장 마지막 안전망이 된다는 점에 역점을 둔다. 셋째, 사회지출비의 용도를 '가장 필요로 하는 집단'에 겨냥함으로써 효용성을 높이는 데에는 도움이 되지만, 수혜 자체가 빈곤집단임을 인정하는 행위여서 수혜와 동시에 사회적 고립이 초래된다는 것이다.

전통적으로 민주당은 전자의 가치에, 공화당은 후자의 가치에 역점을 두어왔으며, 정권교체에 따라 복지제도는 양극 사이를 오락가락하였다. 그렇다고 레이건이 등장하기까지 이렇다할 급락은 없었으며, 오히려 뉴딜정책 이후 미국의 복지제도는 점진적인 발전궤적을 보여왔다고 할 수 있다. 그런데, 1970년대는 이러한 노선이 첨예하게 대립되었다. 가장 큰 이유는 물론 경제침체와 재정적자이다.

'보호-지원-표적'에 역점을 두는 자유주의자들은 미국의 사회복지가 유럽에 비하여 여전히 후진적이며 심지어는 반(半)복지국가(*semi-welfare state*)(Katz, 1986)에 불과하다고 비판한다. 미국의 현행 복지제도로는 빈곤문제를 결코 해결할 수도 없고 시민적 권리조차도 보장할 수 없다는 것이다. 그래서, 복지제도의 기본골격을 전면 전환하여 유럽형으로 바꾸어야 하며, 이를 위해서는 더 많은 사회지출비가 마련되어야 한다고 본다. 브루킹스연구소(Brookings Institute), 도시연구소(Urban Institute)와 같은 연구기관을 위시하여, 스타(Paul Starr), 쿠트너(Robert Kuttner), 라이히(Robert Reich)와 같은 지식인들이 이러한 입장을 대변한다.

한편, '노동-가족구조-고립'에 초점을 두는 보수주의자들은 복지혜

택을 필요로 하는 개개인에 시선을 집중시키기 때문에 공동체와 국민
적 연대를 희생시키는 우를 범한다고 비판한다. 자유주의자들이 강조
하는 시민개념은 복지공동체(commonwealth)가 없이는 상상할 수 없으
며, 개인정체성과 자기완성 역시 공동체의 바탕 위에서 이루어지는 것
임을 강조한다. 따라서, 복지제도가 현대사회의 공동목표이자 선(善)
으로 추구된다고 할지라도 가족공동체를 파괴하고 노동윤리를 훼손하
는 한 결코 바람직하지 않다는 것이다. 미국기업연구소와 헤리티지재
단이 이러한 입장을 대변하는 대표적인 연구소이며, 미드, 머레이, 길
더와 같은 지식인들이 이러한 관점을 발전시켰다.

  빈곤문제에 관한 로렌스 미드의 최근 서술은 보수주의자들의 이러
한 복지관을 엿보게 한다(Mead, 1997: 12).

  빈곤의 원인 중 어떤 경제적 요인보다도 중요한 것은 (…) 빈곤문화 그
  자체이다. 비록 대다수의 빈민이 일을 원한다고 말하고는 하지만, 저임
  금직종의 취업을 거부하고 있으며, 대부분의 빈민은 일 자체를 기피할
  뿐만 아니라 개인생활과 직업생활을 일관성있게 관리할 능력이 없다는
  것이 문제이다.

  1970년대의 경제적 상황은 복지제도를 둘러싼 사회적 여론의 추가
보수주의자들의 관점으로 몰려가게끔 만들었다. 민주당은 미국경제를
위협하는 천문학적 재정적자를 해결할 합리적 방안을 제시하지 못하였
으며, 기업가들과 중산층은 게으른 빈민들에게 공여되는 세금과 고율
의 세금부담에 많은 불만을 표시하고 있었다. 캘리포니아에서 복지제
도를 과감하게 축소했던, 그리하여 주정부의 재정적자를 줄이고 경제
회복의 계기를 만들었던 레이건은 1970년대 말 정치적 전환을 기다리
던 미국민들에게는 어떤 돌파구처럼 비추어졌다.

224

## 2) 복지제도의 축소 : 세 개의 입법 5)

레이건의 복지축소정책은 세 가지 입법을 통하여 이루어졌다. 1981
년의 총괄예산조정법(Omnibus Budget Reconciliation Act, OBRA),
1983년의 사회보장수정법(Social Security Amendments, SSA), 1987년
의 가족지원법(Family Support Act, FSA)이 그것이다. 레이건의 개혁
을 이해하려면 각 법안의 내용과 그 결과를 간략하게 살펴보는 것이
필요하다.

### (1) 총괄예산조정법(1981)과 결과

레이건 행정부의 예산담당관이었던 스톡만(Stockman)이 초안한 이
법안은 애초에 400억 달러에 달하는 예산감축계획을 의회에 제출하였
는데, 의회에서의 논의를 거쳐 300억 달러 감축안이 최종 통과되었다.
이 법안의 영향은 실로 엄청난 것이었다. AFDC와 같은 자산조사프로
그램의 예산은 14.3%, Food Stamp는 13.8%, Medicaid는 2.8%가
각각 삭감되었으며, 정치적 영향력을 갖는 연금도 4.6%나 삭감되었
다. 또한 Medicare와 실업보험은 6.8%, 17.4%가 삭감되었으며, 학
비대출금과 보조비도 39%, 19.5%가 각각 하향조정되었다. 예산상의
삭감 외에도 OBRA는 프로그램의 운영원리를 대폭 강화하였는데,
AFDC의 혜택을 조정하고 심사할 수 있는 권한이 주정부에 주어졌다.
AFDC 수혜자의 재산심사를 강화하여 탈락여부를 재결정하도록 하였
으며, AFDC의 수혜를 인플레와 연동시키는 기존의 방식을 폐지하여
AFDC의 실질가치가 대폭 하락하는 결과를 초래했다. 그 밖에도, 임
신부에게는 수혜기간을 6개월로 단축한다든지, 아동의 수혜연령을 21
세에서 18세로 낮추는 조치가 취해졌다.

가장 주목할 만한 조치는 AFDC 혜택을 노동소득과 연계시켰다는

---

5) 이 소절의 서술은 O'Connor(1998: 39~48)를 참고하였음.

점일 것이다. 근로소득에 따라 공제율이 정해졌으며, 수혜자들로 하여금 주정부가 실시하는 노동시장프로그램을 이수하도록 하여 근로연계복지(workfare)의 기초를 만들었다. 레이건은 근로복지연계가 수혜자들의 복지의존성을 약화시키고 도덕적 책임성과 취업가능성을 제고시킬 수 있다고 확신했다. 이에 따라 레이건은 1981년 기존에 실행하던 WIN(work incentive program)을 '주거지역근로프로그램'(Community work experience program)으로 대치하였는데, 1986년에는 25개 주에서 근로연계복지 프로그램이 가동되었다. 그 결과 레이건 행정부는 예산절감과 아울러 수혜자 규모의 축소라는 성과를 얻어냈다. 월 9천 3백만 달러에 달하는 예산이 절감되었고, 기존법률로는 AFDC의 대상자가 될 수 있었던 수혜가능 인구의 규모도 44만 2천 명 정도에 달했다. 예산절감과 도덕성 회복을 대가로 빈곤문제가 악화된 것은 두말할 나위가 없다(Danziger, 1983).

### (2) 사회보장수정법 (1983)

OBRA로 자신을 얻은 레이건 행정부는 곧 OASDI의 개정작업에 착수하여 1983년 노령연금과 유족연금을 수정하는 사회보장수정법안을 마련했다. 레이건 행정부의 목표는 세 가지로 집약된다. (1) 퇴직연금의 규모를 축소하고, 퇴직자 자녀에게 제공되는 혜택을 폐지하는 것, (2) 생활비 대비 지원액수 조정을 3개월 후를 기준으로 산정하고 혜택규모도 대폭 축소하는 것, (3) 21세기에 퇴직하는 사람들의 연금액수를 하향조정하도록 산출방식을 바꾸는 것이 그것이다. 추산에 의하면, 이러한 조정방식에 의하여 120억 달러에서 160억 달러에 달하는 예산이 절감된다는 것이었다. 사실상 미국의 연금제도는 고령층의 증가와 경제활동인구의 감소 때문에 재정위기가 예상되고 있었다.

이런 상황에서 레이건 행정부가 취한 전략은 조세수입의 증대와 연금지출의 축소라는 상식적인 것이었는데, 이것을 단행하는 데에는 정치적 위험이 도사리고 있었다. 그럼에도 레이건 행정부는 다음과 같은 세 가지 조치를 단행하기에 이르렀다. 첫째, 사용주와 취업자 모두에게 근로소득세를 인상하고, 기존에는 면세대상이었던 비영리단체의 취업자에게도 연방세를 부과하였다. 둘째, 연금규모를 매월 생활비와 연동시키는 방식을 변경하여 연동 기준을 임금증가율이 가장 낮은 달로 대치하고, 일정 수준이 넘는 연금에 대하여는 세금을 부과하였다. 셋째, 연금혜택을 받을 수 있는 연령을 상향조정하여, 2022년에는 67세로 자격요건을 강화하였다.

이 법안은 연금의 재정위기를 타개하려는 목적에서 취해진 것으로서 조세인상과 혜택축소가 기본원리이다. 그리하여, 이 법안은 모든 퇴직자와 미래의 수혜자들에게 커다란 영향을 미쳤다. 퇴직자들은 연금액수가 적어지는 것을 감수해야 했으며, 미래의 수혜자들은 더 적은 연금을 받기 위하여 더 많은 사회보장세를 납부해야 했다. 이 법안은 1980년대에 이루어진 조세개혁 중 가장 큰 폭의 조세인상을 가져다 준 것으로 평가되고 있다.

### (3) 가족지원법 (1988)

1988년 시행된 가족지원법은 1981년의 OBRA와 1983년 사회보장수정법을 강화하는 보조법안적 성격이 짙다. 이 법안은 부모들로 하여금 가족의 중요성을 고취시키고 가족에 대한 책임을 강화한 것을 기본 골자로 하고 있다. 또한, 모든 AFDC의 수혜자들로 하여금 주정부가 마련한 교육, 훈련프로그램(JOBS)에 강제로 등록하도록 규정하여 AFDC 수혜자들의 노동윤리를 고취시키려는 데에 목적을 두고 있다. 그러므로, 이 법안은 1983년 마련된 근로연계복지를 완성하는 의미를 갖고 있다.

우선 부모의 가족책임성 강화는 가족에 대한 부모의 재정적 부담을 의무화한 조항으로 표현되었다. 모든 주정부는 아동과 동거하지 않는 부모의 급여를 일정 액수 한도 내에서 압류할 수 있는 권한을 갖게 되었으며, 연방정부는 빈곤가족의 시장적응과 소득증대를 위한 여러 가지 프로그램을 실행하도록 주정부에게 지원금을 제공하였다. 모든 AFDC 수혜자들은 주정부가 실시하는 JOBS(*Job Opportunities and Basic Skill*) 프로그램에 등록할 것을 권장받았는데, 3세 이상의 아동을 가진 수혜자들은 의무적으로 가입토록 하였다. 또한 20세 이하 고졸 이하의 청소년들은 고등학교를 마치도록 지원혜택을 제공받았으며, 만약 이러한 권고를 거부하거나 취업을 기피하면 혜택을 중단 또는 줄이는 조치가 단행되었다. 이와는 달리, 주정부의 권고를 제대로 이행하는 수혜자들에게는 혜택을 올려주는 인센티브도 포함되어 있다. 따라서, 이 법안은 예산절감 효과보다는 빈곤층의 노동윤리를 고쳐시키고 노동시장 적응력을 키우는 데에 기본 목적이 있다. 레이건이 강조하였듯이, 빈곤층에게 더 많이 나타나는 아동빈곤, 범죄, 일탈, 교육태만 등의 문제가 '복지문화'에 내재되어 있다는 보수주의자들의 신념을 근로연계복지(*workfare*)를 통하여 구체화하였던 전형적인 정책이었다.

## 4. 레이건의 유산과 사회적 결과

레이건의 복지개혁은 신자유주의적 국가운영의 전형을 보여주었다. 재정위기를 타개하기 위하여 사회지출비를 대폭 줄이고, 국가의 개입을 철회하여 시장기능을 활성화시키며, 복지의존성과 같은 부작용을 제거하여 수혜자들이 생산성 향상에 공헌할 수 있도록 독려하고, 근로연계복지 정책을 통하여 복지수혜자들의 시장적응력을 키우는 것이 그것이다. 이러한 방식은 복지축소가 세계화의 구조적 요건인 노동시장 유연성을 증대한다는 신자유주의 시대의 일반적 관념을 더욱 공고히 해주었다.

앞의 3절에서 소개한 레이건의 복지개혁을 종합적으로 고찰하면 네가지 추진원리가 도출된다 : 시장화, 급여방식의 변경, 조세개혁, 복지행정 개혁(O'Connor, 1998).

(1) 시장화(*Marketization*) : 복지의 시장화는 비용축소, 정부개입의 철회, 전달방식의 다양화 등으로 추진되었다. 사회보장을 개인부담으로 대치하는 것에 대하여 많은 반론이 제시되었으나, 레이건 집권기간 동안 재택간호, 병원, 아동보호 등의 분야에서 민영화가 급성장하였다. 이러한 부문에서의 민영화는 시민들로 하여금 민간보험을 택하도록 하였는데, 레이건 행정부는 이를 세금공제로 간접적으로 지원하였다. 시장 메커니즘을 도입하면 효율성과 서비스의 질이 향상된다는 것이 레이건 행정부의 논리였다.

(2) 급여방식의 변경 : 레이건 행정부는 현금을 지급하는 직접적 혜택을 세금공제라는 간접적 방식으로 전환하였다. 1975년에 도입된 EITC는 복지혜택 급여방식을 세금공제와 결부시킨 대표적 사례이다. EITC는 저임금근로자가 납부하는 사회보장세를 없애고, 빈곤근로계층의 근로의욕을 촉진시키는 목적을 갖는다. 재산정도에 따라 수혜액수가 결정되던 종전의 방식과는 달리, EITC는 납부한 세금총액이 세금공제액을 초과한 만큼 환불받는 제도이다.

(3) 조세개혁 : 하위층에게는 적은 세금을, 상층에게는 많은 세금을 부과했던 종전의 방식을 폐기하고, 하층에게도 일단은 소득에 상응하는 세금을 물리게 한 것이 레이건 행정부의 조세개혁의 골격이다. 일단 납부한 세금이 공제액을 훨씬 넘어서면 그것을 환불해 주는 제도를 취하였음은 앞에서 밝힌 바이다. 그리하여, 1981~84년까지 하층민들은 수혜한 복지혜택과 상관없이 세금을 납부하여야 했다. 1986년에 면세대상은 절대빈곤선의 82% 이하로 정해졌는데 절대빈곤층이라도 그 수준을 넘으면 세금을 납부해야 했다. 이렇게 하여 레이건 행정부는 1년 1,700억 달러에 달하는 연방정부의 재정적자를 어떻게든 메우고자 했다.

(4) 복지행정의 개혁 : 레이건은 '신연방주의'라는 슬로건하에 연방

정부가 지고 있던 복지행정의 부담을 주정부와 개별 수혜자들로 분산
시켰다. 54개로 나뉘어져 있었던 복지프로그램을 9개로 묶고, 급여도
일시에 지급하는 방식으로 전환하여 주정부의 행정부담을 대폭 간편화
하였으며, 수여자격에 대한 결정 및 감독 권한도 강화하였다.

레이건 행정부는 이러한 개혁을 통하여 의도했던 바의 목적을 달성
하였다. 미국경기는 회복세로 반전되어 미국쇠퇴론의 예상을 깨고 자
본주의의 종주국의 위상을 되찾았으며, 재정적자와 실업률이 매년 호
전되었다. 그리하여, 레이건의 개혁은 세계화시대의 새로운 정통(new
orthodoxy)으로 자리잡기에 이르렀다. 영국이 미국의 개혁패러다임을
곧바로 수입하였으며, 유럽의 여러 국가들도 사회주의권의 붕괴와 더
불어 미국식 개혁의 유용성에 주목하지 않으면 안 되는 상황이 전개되
었다. 마침 이때 유럽은 고실업률에 시달렸기 때문에 고실업률을 탈출
하는 방법으로써 복지국가의 대수술이 불가피하다는 진단이 서서히 확
산되었다. 실업정책과 관련하여 1994년 OECD가 펴낸 보고서에는 유
럽국가들도 미국이 만들어낸 새로운 정통을 수용한다는 정책전환의 신
호가 읽힌다(OECD, 1994).

> 장기고실업의 와중에서, 기존의 실업보험 체제는 많은 국가에서 언제까
> 지 계속될지 모를 소득지원 효과만 만들 뿐 아니라, 근로의욕을 낮추는
> 역할을 한다. 노동시장의 구조조정을 촉진하고 최소한의 필요한 보호만
> 을 제공하려면 자격요건 강화, 소극적인 소득지원 대신 적극적 프로그
> 램을 가동하는 등 정책전환을 서두를 필요가 있다.

레이건의 복지정책은 오늘날까지 변함없이 지속되고 있다. 부시와
클린턴은 레이건이 깔아놓은 정책환경에 안주하여 한 발짝도 나가지
않았으며, 오히려 클린턴은 레이건의 유산을 잘 관리한 것으로 평가된
다. 부시 행정부는 복지예산을 축소하는 예산안을 두 차례 의회에 제

출하였다가 민주당이 지배하는 하원에서 기각된 바 있다. 이후 부시는 주정부로 하여금 복지전달체계와 근로연계복지 정책을 정비하도록 독려하고, 수혜자의 결혼과 아이 더 갖지 않기를 강요하는 등 레이건의 신연방주의에 신가부장주의(*new paternalism*)를 부가시킨 것으로 정평이 나 있다.

클린턴 행정부에 대한 복지개혁의 기대는 사뭇 높았다. 그도 그럴 것이, 공화당의 부시에 비하여 클린턴은 민주당의 전통적 노선을 수용하는 친복지론자이며, 레이건의 개혁 이후 빈곤문제도 악화일로에 있었기 때문이다. 적어도 클린턴 행정부 초기에 그는 복지확대의 포부를 갖고 있었는지도 모른다. 그러나, 1993년 힐러리 여사가 주도했던 의료개혁이 좌초된 후 클린턴 행정부는 레이건의 유산 속으로 숨어들었다. 실제로, 클린턴의 의료개혁은 성사만 되었다면 획기적인 것이었다. 그것은 영국의 의료보장제도를 본떠 만든 것으로서, 의료보장카드를 발급하여 모든 국민이 저렴한 비용으로 고급의 의료서비스를 받게 한다는 취지였다(Skocpol, 1993). 그러나, 조세수입으로 의료재정을 충당하지 않는 국가에서 그러한 개혁은 혁명에 가까운 것이었으므로, 실패는 예정된 것이었다. 3년 뒤 클린턴은 그의 재직기간 동안 가장 중요한 복지법안인 "개인책임과 근로기회조정법"(1996)을 발표했다. 그 법안은 빈곤층에 대한 연방정부의 지원을 61세로 한정하고 근로연계복지를 더욱 강화하는 것을 골자로 한다. 이와 더불어, 20세기 미국의 대표적인 빈곤정책이었던 AFDC는 주정부의 임의성이 강화된 TANF(*Temporary Assistance to Needy Families*)로 변경되었고, 수혜기간도 5년으로 제한되었다. 또한 수혜자들은 2년 내에 취업이 강제되었으며, 만약 취업을 거부하면 수혜자격이 박탈된다. 추산에 의하면, 새로운 법안의 발효로 1.1백만에서 3.5백만에 달하는 새로운 빈곤아동이 발생하는 것으로 보고되었다(O'Connor, 1998).

이것이 대통령 취임연설에서 클린턴이 밝힌 "우리가 알고 있는 그런 복지의 종언"(*end welfare as we know it*)의 결과이다. 사실, 레이건의 복지개혁과 클린턴의 현상유지 정책이 낳은 사회적 결과는 자못 심각하다. 경제회복, 국가경쟁력과 기업경쟁력의 부활, 흑자재정 등을 성취한 대가로 미국은 소득불평등과 빈곤문제의 악화라는 불명예를 안았다. 신자유주의 시대에 전세계의 주목을 받는 '새로운 정통'은 도처에서 이러한 사회문제를 촉발시키고 있는 중이다. 소득불평등과 사보험의 번창은 레이건이 만든 새로운 복지체제의 결과라고 해도 과언이 아니다.

소득불평등은 대단히 심각하다. 서두에서 밝혔듯이, '80대 20의 사회'는 미국을 필두로 신자유주의 노선을 따르는 모든 자본주의국가의 병폐로 확산되고 있다. 〈표 7-3〉은 1980~90년간 소득계층을 5분위로 나누었을 때 소득변화를 나타낸 것이다. 상위계층의 소득은 44.8%에서 49.9%로 증가한 반면, 하위계층은 모두 소득증가율이 하락하였다. 4분위 계층은 22.6%에서 21.7%로, 중간계층은 16.2%에서 14.9%로 하락하였으며, 최하위계층은 5.4%에서 4.3%로 하락하였다. 한편 사보험의 번창은 놀라울 정도여서, 특히 의료와 간호분야에서 사기업의 진출이 두드러졌다. 1981년 재택간호의 70% 정도가 사기업의 보험서비스에 의존하고 있을 정도이다(Stoez와 Karger, 1991). 〈그림 7-3〉은 레이건 집권기간 동안 보험업종에 종사하는 민간기업의 수입이 어느 정도 늘어났는지를 가늠해 주기에 충분하다(Stoez와 Karger, 1991).

〈표 7-3〉 소득계층별 소득의 변화, 1980~90

| 오분위 소득계층 | 1980 | 1990 |
| --- | --- | --- |
| 최상위층 | 44.8% | 49.9% |
| 차상위층 | 22.6 | 21.7 |
| 중위층 | 16.2 | 14.9 |
| 차하위층 | 11.4 | 9.9 |
| 최하위층 | 5.4 | 4.3 |

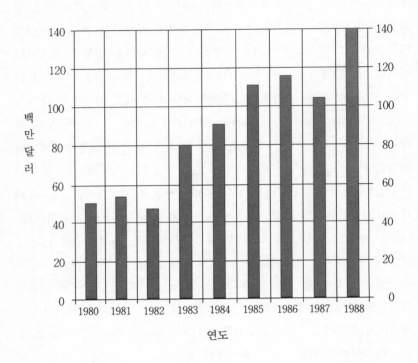

〈그림 7-3〉 사회보험분야 민간기업의 수입

## 5. 결론 : 미국 모델의 영향과 함의

미국식 개혁에 대하여 많은 비난이 쏟아졌다. 브루킹스연구소의 원로 연구원인 로드릭은 미국의 개혁이 사회문제를 악화시킬 뿐만 아니라 그 자체의 기반을 부식시키는 독소를 가지고 있다고 비판했다. 로드릭은 최근의 저서에서 신자유주의적 개혁이 자체적으로 창출한 사회적 전치현상 때문에 신자유주의적 개혁의 효율성과 유용성이 무화되기 전에 다시 큰 정부(big government)로, 친복지노선으로 전환할 것을 강력히 권고한다(Rodrik, 1997). 그러나, 세계금융기구와 교역기구를 앞세운 미국의 신자유주의 정책은 새로운 정통으로 세계 국가들에 의하여 추종되고 있는 것이 현실이다. 예를 들어, 외환위기를 맞았던 한국은 IMF의 정책노선을 받아들여 긴축정책과 함께 최소한의 사회안전망을 구축할 것을 강력하게 권고받았다. 한국과 같이 복지후진국에 속하는 국가에게 사회안전망은 그런대로 바람직한 대안이겠지만, 사회안전망이란 사회적 전치현상이 심화되어 신자유주의적 개혁에 차질이 발생하는 것을 미연에 방지하는 최소한의 정책권고이다. 이런 형태의 정책은 외환위기와 경제침체 때문에 긴축정책을 실행해야 하는 라틴아메리카에서 일반화되었다. 한 연구에 따르면, 라틴아메리카는 신자유주의적 정책을 도입함으로써 경제위기에서 벗어날 수 있었지만, 그 덕분에 빈곤율이 급증하였으며, 임금도 1970년대의 평균을 회복하는 데에 거의 20년이 소요되었다. 사회안전망은 신자유주의자들이 세계화의 구조적 요건에 부응하도록 경제적 구조조정을 완수하는 데에 필요한 최소한의 조치라는 것이다. 한국도 지난 2년 동안 이러한 이념의 연장선에 놓여 있었다. 물론, 김대중 정부가 지난 정권에 비하여 사회복지의 발전에 남다른 관심과 노력을 투하한 것은 인정되지만, 신자유주의적 노선이 허락하는 한에서 개혁이 이루어졌다는 사실도 부인할 수 없다.

이러한 현상은 한국만이 아니다. 베버리지적 사회보장을 구축해 온 영국도 미국식 개혁모델을 신노동당(New Labor Party)의 새로운 노선으로 설정할 정도이다. 미국적 이념의 수출은 영국을 위시하여 호주, 뉴질랜드 등으로 확산되고 있는 중이다. 영국 노동당 수상인 블레어(Blair)는 미국식 이념의 수입을 주저하지 않는다. 1997년 행한 연설에서 블레어는 다음과 같이 강조했다(Blair, 1997).

> 복지국가는 복지의존성을 낳고 자존심을 망가뜨리며, 기회와 책임을 거부하도록 부추긴다. (…) 국가에 더 많은 요구를 할수록 사회보장은 더 수동적인 형태로 바뀌어진다.

그러나, 블레어의 복지노선과 레이건의 정책을 일직선상에 놓는 것은 정확한 평가가 아니며 공평하지도 않다. 베버리지주의와 케인스주의의 결합으로 이루어진 영국의 복지이념은 레이건의 영향이 아무리 강하다고 할지라도 좌파적 성격을 잃지 않고 있는 것도 사실이다. 영국은 오랜 전통 때문에 그렇다고 치더라도, 개발도상국, 특히 개방경제를 유지하기 위해 세계화의 조류에 뛰어들지 않으면 안 되는 중진국들은 미국식 모델의 영향을 거부할 만큼 저항력이 있는 것은 아니다. 그들은 세계화 시대의 '새로운 정통'을 사회문제의 악화를 동반하지 않고 수입할 수 있는가를 고민하고 있다.

제 8 장
# 중남미의 사회정책
연금개혁을 중심으로


정 진 영


## 1. 서론

중남미 국가들은 비교적 이른 시기에 복지제도의 여러 요소들을 도
입했다. 유럽 이민의 영향으로 일찍이 좌파적 노동운동의 이념과 조직
이 자리를 잡았고, 민중주의 지도자들이 정치전략의 일환으로 선심성
복지정책들을 추진했기 때문이었다. 물론 실제적인 혜택은 제한적이
고 차별적으로 부여되었지만, 다른 개도국들과 비교해 볼 때 라틴아메
리카의 복지제도는 상당히 앞선 것이었음에 틀림없다.

이러한 중남미 복지제도가 비판적으로 평가되고 개혁의 대상으로
지목되기 시작한 것은 1980년대 외채위기와 이른바 '잃어버린 10년'을
겪으면서부터였다. 경제발전의 수준에 걸맞지 않은 복지제도가 경제
적 효율성, 국제경쟁력을 떨어뜨리고 있다는 비판이 강력히 제기되었
다. 경제위기를 통하여 더욱 악화된 국가의 재정적자도 복지공여의 축
소를 불가피하게 만들었다. 정부의 재정지출에서 차지하는 사회지출
의 비율은 1980년대 초의 43.5%에서 1980년대 중·후반에는 30%를

약간 넘어서는 정도로 계속 축소되었다. 복지제도, 특히 연금제도의 성숙과 이에 따른 연금재정의 악화도 복지개혁의 필요성을 증가시켰다. 여기에는 인구의 노령화, 연금생활자의 증대, 연금납입자의 감소 등의 요인들도 중요한 역할을 했다.

이러한 상황에도 불구하고, 다른 한편으로는, 더욱 악화된 빈부격차와 실업의 증대에 따라서 복지에 대한 사회적 요구는 더욱 증대했다. 1980년대를 통하여 이룩된 민주화는 각국의 정부들로 하여금 복지에 대한 증대된 요구를 더 이상 무시할 수 없게 만들었다. 극심한 빈곤과 사회적 불평등 심화는 사회불안, 정치불안의 원인이 될 수 있었기 때문이었다. 복지공여의 필요성은 시장지향적 경제개혁을 권고하고 있었던 국제경제기구들도 인식하기 시작했다. 신자유주의 개혁이 성공하기 위해서는 어느 정도의 사회적 지지가 필요했고, 이는 빈곤층의 구제를 위한 '사회적 안전망'의 건설을 필요로 했기 때문이다. 세계은행을 중심으로 '인간의 얼굴을 한 경제개혁'에 대한 주장이 강력히 제기되고, 극빈층을 목표집단으로 하는 특수프로그램의 개발과 연금개혁, 의료개혁 등 복지제도의 개혁이 강력히 권장되기 시작했다 (World Bank, 1994).

그러면 중남미 국가들은 경제위기, 복지제도 위기와 복지수요의 증대라는 상충적인 요구에 어떻게 대응해 왔는가? 세계화로 인한 사회적 불평등의 심화와 복지제도의 약화를 가져오는 일반적 추세가 라틴아메리카 지역에도 관통하고 있는가? 주지하다시피, 복지제도의 개혁은 결코 사회적·정치적 빈 공간에서 이루어지는 것이 아니다. 기존의 복지제도 자체가 매우 복잡한 이해관계를 반영하여 설립되었고, 그것의 운영과정을 통하여 새로운 이해관계의 망이 형성돼 왔기 때문이다. 따라서 복지제도 개혁은 심각한 분배문제를 유발하기 마련이다(Brooks & James, 1999). 개혁의 필요성에는 모두가 공감할 수 있다. 그러나 개혁의 구체적 방향과 방법에 대해서는 매우 다른 의견을 갖기 마련이다. 그 결과 각 나라의 구체적 개혁은 비슷한 시기에 비슷한 필요성에서 이루어졌다고 하더라도 상당한 차이를 보이게 된다. 이러한 현상은 세계은행의 권고에 따라 기존의 국가중심적 공적 연금체계에 시장경쟁의 요소들을 도입하는 경우에도 마찬가지로 나타난다. 동일한 국제적 압력도 국내의 정치적·제도적 요인들과 결부되면서 상이한 결과를 낳는다.

이 장은 1980년대와 90년대를 통하여 추진된 중남미의 사회정책을 연금제도의 개혁을 중심으로 살펴보고자 한다. 중남미 국가들의 경우 대개 고령/퇴직·장애·유족 연금을 비롯하여 의료/출산보험을 한데 묶어 국가의 사회보장기구가 관리해 왔기 때문에, 연금제도의 개혁은 사회정책의 전반에 걸쳐서 중대한 영향을 미치는 것이었다. 우선 2절에서는 연금제도 개혁의 배경을 보다 자세히 살펴보고, 추진된 연금개혁의 유형을 분류하여 제시한다. 3절에서는 대표적인 연금개혁의 사례들을 그 특징과 개혁과정을 중심으로 살펴본다. 4절에서는 개혁유형의 차이에 대한 설명이 시도되고 있다. 5절에서는 연금개혁을 포함한 사회정책의 배분적 효과를 분석해 본다. 그리고 결론에서는 이 글의 주장들을 요약하고, 우리나라의 연금제도 개혁에 대한 시사점을 제시하려 한다.


## 2. 중남미 연금개혁의 배경과 유형

### 1) 연금제도 개혁의 배경

중남미의 연금제도들은 그 설립시기를 기준으로, 〈표 8-1〉에서 볼 수 있는 것처럼, 세 개의 그룹으로 흔히 나뉜다. 그런데 이러한 구분을 하는 이유는 단지 설립시기상의 차이를 강조하기 위한 것이 아니라, 기존의 연금제도가 갖는 성격과 개혁의 필요성 및 방향에 대한 중요한 시사점을 얻을 수 있기 때문이다(Mesa-Lago, 1997: 501~2). 선

238

발국가들(pioneers)의 경우, 연금제도가 제공하는 서비스가 다양하고
포괄하는 인구의 비율이 높으며, 대개 관대한 급여조건으로 운영되고
있었다. 더욱이 인구의 노령화와 연금제도의 성숙(maturity)에 따라
연금 급여자(연금을 수령하는 사람)의 수가 증대하여 기여자(연금을 불
입하는 사람) 대 급여자의 비율이 크게 악화되었다. 그 결과 연금재정
의 위기가 심각하게 나타났고, 연금제도의 근본적인 구조개혁(struc-
tural reform)의 필요성이 컸다. 이러한 선발국가들의 상황에 비해 후발
국가들(late-comers)의 상황은 비교적 양호했다. 후발국가들은 선발국
가들의 잘못을 반복하지 않기 위하여 처음부터 연금제도의 역할을 제
한하였고, 연금제도의 미성숙으로 인해 재정적 부담도 경미한 편이었
다. 따라서 이러한 국가들의 경우 연금제도의 근본적 개혁에 대한 필
요성이 절박하지 않았다. 다만 예상되는 연금제도의 위기에 미리 대비
하거나 세계은행의 지원과 압력에 따라 연금개혁을 추진하게 되었다.
중간국가들(intermediates)은 연금제도의 성격이나 개혁필요성과 관련
하여 대개 중간적인 위치에 놓여 있었다.

이러한 시기별, 그룹별 차이에도 불구하고 개혁 이전의 중남미 연금
제도들은 대개 심각한 문제들을 공통적으로 안고 있었다(Huber,
1999: 2~3). 첫째, 연금제도가 '매우 분열적이고 불평등한' 성격을 갖
고 있었다. 물론 이러한 성격은 복지제도의 설립과정을 통하여 확립된
것이었다. 군, 공무원, 기자, 교사, 은행원, 석유산업 및 철도, 항만
근로자 등 사회적으로 강력한 집단들은 정부에 대한 압력을 통하여 자
신들만을 위한 복지제도들을 별도로 설립했고, 정부의 재정지원에 기
초한 다양한 특혜들을 부여받았다. 이에 비해 힘없는 집단들은 공식적
인 복지제도의 바깥에 존재하거나 매우 미미한 수준의 공적인 부조를
받는 정도에 그쳤다. 요컨대, 연금제도가 사회적 불평등을 완화하는
것이 아니라 오히려 강화시키는 효과를 가지고 있었다.

둘째, 연금제도의 운영이 대체로 매우 방만하게 이루어졌다. 거의
모든 중남미 연금제도들은 과도한 관리비용, 연금납입 회피, 관대한

연금지급 등의 문제들로 인하여 연금재정의 고갈과 국가재정에 대한
부담증대의 결과를 초래하고 있었다. 연금운영에 대한 감시·감독이
미약한 가운데 기금운영상의 문제가 노출되고, 실질적인 급여의 가치
가 크게 하락함에 따라 연금생활자들의 저항을 불러일으켰다. 1)

〈표 8-1〉 개혁 이전의 중남미 연금제도의 특징: 세 가지 유형

| 유 형 | 복지제도의 설립시기 | 주요 국가들 | 주요 특징 |
|---|---|---|---|
| 선발 국가들 | 1920년대~ 30년대 | 아르헨티나, 브라질, 칠레, 쿠바, 우루과이 | · 대부분의 사회보장계획들을 포함(연금, 질병 및 출산, 산재, 실업, 가족부양 및 사회부조)<br>· 대다수의 인구를 포함하고, 정부의 사회지출 비율이 높음.<br>· 월급에 대한 연금불입비율이 높지만, 연금제도의 성숙에 따른 연금재정 위기가 심각 |
| 중간 국가들 | 1940년대~ 50년대 초반 | 멕시코, 코스타리카, 파나마, 페루, 에콰도르, 베네수엘라, 파라과이, 볼리비아 | · 양쪽 극단의 중간적 성격 |
| 후발 국가들 | 1950년대 후반 ~70년대 | 과테말라, 온두라스, 니카라과, 도미니카, 엘살바도르, 하이티 | · 연금, 질병 및 출산, 산재보험만 포함<br>· 가입인구의 비율이 낮고, 월급에서의 불입금이 낮으며, 정부의 사회지출 비율이 낮음<br>· 연금보다 의료보험에 대한 지출이 큼 |

자료 : Oyague(1998a), ECLAC(2000)의 논의를 참고로 작성.

---

1) Oyague(1998b: 167)는 중남미 복지제도들의 공통적 문제들을 다음과 같이 열
거하고 있다 : "낮은 가입비율, 높고 역진적인 기여, 납입 회피, 비효율적인
연금투자정책, 불평등한 혜택, 높은 의료비용, 저질의 의료서비스, 과중한 관
리비용, 심각한 경영결함, 악화되는 회계 및 금융상의 불균형."

이러한 문제점들을 안고 있는 중남미의 연금제도들에 대한 개혁이
본격적으로 추진된 배경은 크게 보아 다음과 같이 세 가지로 나누어
볼 수 있다.

### (1) 경제위기, 민주화, 복지수요의 증대

1980년대 중남미 국가들의 외채위기와 이에 따른 구조조정은 중남미
복지제도의 전반적인 위기상황을 뚜렷이 부각시켰다. 우선 부실기업
정리와 경제성장률 저하에 따라 실업률이 크게 늘어났고, 최소한의 생
계를 유지하기 힘든 빈곤선 이하의 가정도 대폭적으로 증대했다. 경제
위기 국면에서 그렇지 않아도 심각한 사회적 불평등이 더욱 악화되는
현상이 초래되었다(Rosenthal, 1996; Sheahan, 1997).[2] 그러나 기존의
사회보장제도는 이들을 보호하기 위한 장치를 거의 갖추고 있지 못했
다. 이러한 상황에서 민주화는 빈민계층의 요구를 정치적으로 무시할
수 없는 것으로 만들었다. 사회정치적 안정을 위해서는 이들을 보호할
수 있는 장치의 설립이 긴요했다(ECLAC, 2000; Bruhn, 1996).

### (2) 연금재정의 파탄

재정긴축의 가장 직접적인 타격은 사회지출의 감소로 나타났다
(Ocampo, 1998). 정부의 사회지출 감소는 이것에 의존하고 있던 공적
연금(보험)의 운영을 매우 어렵게 만들었다. 실업의 증가에 따라 연금
을 불입하는 기여자는 줄어들고 연금을 수령하는 연금생활자는 늘어났
다. 이에 따른 연금재정의 적자를 정부가 보전해 주어야 하는데, 이것
이 재정에 큰 부담으로 작용하게 되었다. 기존의 연구들에 따르면,
1980년대 말에 이르면 아르헨티나, 칠레, 우루과이의 사회보장제도들
의 적자가 GDP의 5~17%에 이르고 정부의 재정보조금이 사회보장체

---

2) 로젠탈(rosenthal, 1996: 17)에 따르면, 1980년대를 통하여 최하위 25%의 극
   빈층은 약 10%의 실질소득 감소를 경험했는데 비해, 최상위 5%는 15%의 소
   득증가를 경험했다.

계 전체 지출의 35~63%를 차지하는 상황이 되었다(ECLAC, 2000: 173). 이러한 연금재정의 적자를 줄이거나 균형을 달성함으로써 재정 적자를 달성하기 위해서는 지급되는 연금의 실제 가치가 하락하는 것을 방치하고 의료인프라의 구축에 필요한 투자를 중단하는 등의 상황을 감내해야만 했다. 이러한 상황에서 연금개혁은 재정건전화를 위한 중요한 방안으로 인식되었다.

(3) 국제적 압력

중남미 국가들의 사회보장제도 개혁을 강요하고 그 방향을 제시한 것은 IMF, 세계은행을 비롯한 국제금융기구들이었다. 우선 중남미 국가들은 외채위기의 상황에서 IMF의 금융지원을 받기 위하여 IMF 의 정책권고를 받아들여야 하는 상황에 놓였었다. 그런데 이른바 '워싱턴 컨센서스'에 기초한 IMF의 정책권고는 정부의 경제개입을 줄이고 시장경쟁을 조성하고 활성화하라는 것이 주요 내용이었다. 이것은 연금/보험제도의 운영과 의료서비스의 공급에도 적용되는 사항이었다. 세계은행이 제시한 연금개혁방안은 바로 이러한 방향의 것이었다 (Oyague, 1998a; 윤석명 외, 1999). 그러나 시장지향적 개혁은 이미 심각한 수준의 실업과 빈곤층을 더욱 증대시킬 우려가 있다. 따라서 세계은행은 경제개혁이 빈곤과 같은 사회문제를 완화하기 위한 '사회적 안전망'의 건설과 병행해서 이루어져야 한다고 주장한다. 즉, '인간의 얼굴을 한 경제개혁'이 필요하다는 것이다.

국제금융기구들이 이와 같이 사회정책의 개혁에 관심을 갖게 된 데는 세 가지의 이유가 있었다(Huber, 1999: 11). 첫째, 경제조정의 과정이 사회적 항의에 의해 중단되지 않도록 하기 위해서는 사회적 안전망의 건설이 필요했다. 둘째, 보다 발전한 나라들에 있어서 사회보장체계의 규모를 고려할 때, 이것의 개혁이 없이는 정부예산의 안정과 재정상의 규율을 달성하기 어렵다. 셋째, 경제성장의 회복이 빈곤과 불평등 완화를 위해 아무런 효과가 없는 것으로 드러난 1990년대 초반

242

의 경험은, 정부가 민간투자자들의 활동에 적합한 환경을 제공하기만
하면 그러한 문제들이 저절로 해결될 것이라고 주장한 신자유주의 이
념을 위태롭게 한다.

그런데 세계은행이 주도하여 제시한 사회정책의 방향은 극빈층을
겨냥한 사회부조계획, 사회개발기금 등 사회안전망을 건설하고, 최소
한의 사회보장을 넘어서는 사회적 서비스는 시장에서 민간기업과 개인
들 사이의 계약에 의해 공급되도록 해야 한다는 것이다. 구체적으로,
연금개혁과 관련해서는, 기존의 부과방식(*Pay-As-You-Go*, PAYG)에
기초한 공적 연금대신에 개인별 적립금을 민간관리기관이 운영하는 적
립방식(*Fully Funded Individual*, FFI)을 추천하고 있다. 1990년대에 들
어서면서 대다수의 중남미 국가들은 기존의 연금제도가 안고 있는 문
제들의 해결을 위한 방안으로 세계은행의 이러한 권고를 받아들여 연
금개혁을 단행하게 되었다. Oyague(1998a: 13)의 표현을 빌리자면,
"IMF, 세계은행, 미주은행(IADB)과 같은 다자적 기구들이 복지기술
의 생산자로서 과거 중서부 유럽국가들이 수행했던 역할을 대신"하게
된 것이다.

2) 연금개혁의 유형

연금개혁의 유형을 이념형으로 분류하자면 기본적으로 두 가지를
들 수 있다(Oyague, 1998a: 27~30; Huber, 1999). 한 쪽 극단은 신자
유주의 경제원칙을 복지제도의 개혁에 충실히 도입한 칠레의 모델이
다. 이 유형에서는 연금과 의료보험의 민영화가 거의 완벽하게 추구된
다. 다른 쪽 극단은 코스타리카 모델이다. 이 유형에서는 국가가 사회
보장제도의 직접적인 운영자로 전면에 나섰다. 물론 기존의 연금 및
의료보험제도에 대한 부분적인 개혁은 이루어진다.[3] 여기서 우리는

———————————
3) 이러한 두 유형을 중심적인 특성을 중심으로 '개인화, 민영화, 특정목적의 사

전자를 구조적 개혁, 후자를 비구조적 개혁이라고 부른다. 그런데 구
조적 개혁의 경우 새롭게 도입된 시장경쟁적 요소의 지위에 따라 세
개의 하부유형으로 나누어진다. 이들을 차례대로 간단히 살펴보면 다
음과 같다.

### (1) 비구조적 개혁

부과방식(PAYG)에 기초한 기존의 공적 연금체제의 기본골격을 유
지하면서, 수혜범위(*coverage*)의 확대, 연금수령조건의 통일, 수령연
령을 높이거나 납입연금료의 인상 또는 연금급여의 인하 등을 통하여
연금재정의 안정성을 증대시키는 개혁을 가리킨다. 코스타리카가 이
러한 유형의 대표적 사례이다.

### (2) 구조적 개혁

공적 연금체계의 기본골격을 바꾸기 위해 개인 구좌의 적립금을 민
간(또는 공공) 연금운영자들이 관리하는 민간연금체계(FFI)를 도입하
는 개혁을 단행하는 경우이다. 이러한 개혁은 기존의 공적 연금과 새
로운 사적 연금 사이의 관계를 어떻게 설정하느냐에 따라 다음과 같은
세 가지 유형이 나타난다. 이러한 연금개혁의 유형분류에 따라 중남미
국가들이 추진한 연금개혁을 유형별로 분류하면 〈표 8-2〉와 같다.

### ① 대체형

기존의 공적 연금체계를 폐쇄하고 새로운 적립방식의 민간 연금체
계로 대체하는 개혁을 가리킨다. 칠레(1981년)가 대표적인 사례이며,

---

회지출' 유형과 '통합, 국가책임 유지, 보편화' 유형으로 구분할 수 있다. 중남
미 연금제도의 개혁들은 이 두 극단 중에서 어느 쪽에 가까운가를 기준으로 보
면, 멕시코는 칠레에 가깝고, 우루과이는 코스타리카에 가까우며, 아르헨티나
와 브라질은 양 모델의 중간에 위치하는 개혁을 추구했다고 할 수 있다. 물론
이러한 예들은 시장경쟁적 요소를 새롭게 도입했다는 기준에서 보면 모두 구
조적 개혁이라고 할 수 있다.

볼리비아(1987년), 멕시코(1997년), 에콰도르(1998년)도 이러한 모델의 개혁을 단행했다.

〈표 8-2〉 사회보장 개혁의 유형과 주요 내용

| 국가명 | 개혁 시기 | 개혁 유형 | | 기여액 증감 | | 국가의 금융지원 | | | 연금 공급 자 유형 | 연간 연금 제공자 변경 횟수 |
|---|---|---|---|---|---|---|---|---|---|---|
| | | 연금 | 의료* | 근로자 | 고용자 | 공적 연금 적자 | 보너스/ 인증공채 | 최소 연금 | | |
| 칠레 | 1981 | 대체형 | 경쟁형 | 감소 | 폐지 | 보전 | 무한, 연4% 실질이자율 | 보장 | 민간 | 무제한 |
| 볼리비아 | 1997 | 대체형 | 불변 | 증가 | 폐지 | 보전 | 유한, 불분명 | 무보장 | 민간 | 2001년 까지 불허 |
| 멕시코 | 1997 | 대체형 | 비구조적 | 불변 | 불변 | 보전 | 없음 | 보장 | 복합 | 1회 |
| 아르헨티나 | 1994 | 혼합형 | 불변 | 불변 | 불변 | 보전 | 무한, 무이자 | 보장 | 복합 | 2회 |
| 우루과이 | 1996 | 혼합형 | 불변 | 증가 | 감소 | 보전 | 없음 | 보장 | 복합 | 2회 |
| 페루 | 1993 | 경쟁형 | 경쟁형 | 증가 | 증가 | 보전 | 유한, 무이자 | 당분간 무보장 | 민간 | 무제한, 실제1회 |
| 콜롬비아 | 1994 | 경쟁형 | 경쟁형 | 증가 | 폐지 | 보전 | 유한, 3~ 4% 이자율 | 보장, 제한적 | 복합 | 2회 |
| 코스타리카 | 1991 | 비구조적 | 비구조적 | n. a** | n. a | n. a | n. a | n. a | n. a | n. a |

* 개혁시기는 연금개혁 시기를 가리킴. 의료개혁의 분류는 Mesa-Lago(1997: 506) 및 Oyague(1998a: 23)에 의존. 따라서 1997년 이후 가장 최근의 개혁은 고려되지 않았음.

** n. a = not applicable(적용 불가).

출처 : *Economic Commission for Latin America and the Caribbean*(2000), The Equity Gap: A Second Assessment, p. 176.

② 혼합형

기존의 공적 연금체계를 개혁하여 사회적 유대감에 기초한 기초적인 연금체계로 만들고, 이것과 병행하여 새로운 적립방식의 사적 연금체계를 설립한다. 따라서 가입자들은 공적인 기초연금과 사적인 보조연금을 동시에 수령한다. 아르헨티나(1994년), 우루과이(1996)가 대표적인 사례들이다.

③ 경쟁형

기존의 공적 연금체계를 개혁함과 동시에 적립방식의 사적 연금체계의 설립을 허용하여 두 체계 사이의 경쟁을 도입하는 방식이다. 페루(1993년)와 콜롬비아(1994년)가 이러한 유형의 개혁을 하였다.

〈표 8-2〉에서 우리는 개혁의 유형별 분류뿐만 아니라 연금납부의 부담(기여액), 국가의 재정적 기여 등 개혁내용의 주요한 측면에 있어서의 차이점도 살펴볼 수 있다. 이러한 차이점들을 기준으로 주요 개혁사례들을 분류해 볼 수도 있다. 아래에서 우리는 유엔 중남미 경제위원회(ECLAC)의 보고서에 제시된 5가지 기준과 국가의 재정적 역할에 있어서의 차이를 중심으로 개혁사례들 사이의 유사성과 차이점을 비교해 보고 있다(ECLAC, 2000: 177).

① 연금체계간 선택. 아르헨티나와 콜롬비아의 경우 근로자들은 자신들이 원하는 연금체계를 선택하고 바꿀 수 있는 반면에, 볼리비아와 멕시코의 경우에는 새로운 연금체계를 반드시 선택해야 한다.
② 기금운영자 선택. 칠레와 페루의 경우 가입자들이 연금운영회사를 바꾸는 데 제약이 없는 반면에, 멕시코의 경우에는 연 1회, 아르헨티나, 우루과이, 콜롬비아, 엘살바도르의 경우 연 2회의 변경이 허용되며, 볼리비아의 경우 2001년까지 변경이 허용되지 않는다.
③ 기금운영자의 법적 지위. 민간 회사들이 연금운영자가 될 수 있

는가 하면, 다양한 형태의 법적 지위를 갖는 조직이나 회사가 연금운영을 맡을 수 있는 나라도 있다.

④ 고용주의 기여. 칠레, 페루, 볼리비아의 경우 고용주의 기여부담이 폐지되었고, 아르헨티나, 멕시코, 엘살바도르의 경우에는 변동없이 유지되었다. 우루과이의 경우 고용주 부담이 약간 줄었고, 콜롬비아의 경우 약간 인상되었다.

⑤ 가입근로자의 기여. 칠레의 경우 인하되었고, 아르헨티나, 멕시코의 경우에는 변화가 없으며, 우루과이, 페루, 볼리비아, 콜롬비아, 엘살바도르의 경우에는 인상되었다.

⑥ 국가의 재정적 역할. 연금개혁과 관련해서 국가의 재정적 역할은 세 가지로 나누어질 수 있다. 첫째, 구연금체제의 드러난 적자를 메워야 하고 연금생활자들의 연금을 계속해서 지급해야 한다. 둘째, 구체제 가입자가 신체제로 옮겨갈 때 '인증증권'의 형태로 보너스를 지급해야 한다. 이 보너스 증권의 액수에 한도를 설정할 것인지, 물가상승률에 연동시켜 실질가치를 보장할 것인지, 이자를 지급할 것인지에 따라서 재정부담에 큰 차이가 난다. 셋째, 최소연금의 지급을 국가가 보장하는 경우에도 재정적 부담이 발생한다. 국가가 어느 정도까지 재정적 부담을 감당하느냐에 있어서 나라별로 차이가 있다.


## 3. 중남미 연금개혁의 주요 사례들

복지제도 개혁의 구체적 내용은 특정한 국가가 처한 상황에 의해 결정되기 마련이다. 우리는 이러한 국가별 차이에 대한 설명을 시도하기 이전에 주요한 개혁사례들의 구체적 내용을 간략히 살펴볼 필요가 있다.

## 1) 칠레 : 대체형

칠레의 복지제도 개혁, 특히 연금개혁은 중남미지역뿐만 아니라 전세계적으로도 선구적인 모델로 종종 언급되고 칭송된다. 1981년의 개혁이전 칠레는 다른 중남미 국가들과 마찬가지로 매우 복잡한 연금제도를 가지고 있었다. 직역별로 100개가 넘는 별도의 퇴직연금들이 존재했고, 각 연금은 불입액, 급여액, 급여연령 등에 있어서 다양한 차이를 가지고 있었다. 이렇게 파편화된 연금제도의 통합필요성과 함께 연금재정의 위기가 연금개혁을 단행하지 않을 수 없었던 가장 주요한 이유였다. 기존의 연금들은 대개 높은 기여비율에도 불구하고 기금관리의 잘못과 인플레의 영향으로 재정이 바닥나기 시작했고, 그 결과 급여액이 하락하고 정부의 재정에 큰 부담을 지우게 되었다. "1971년에 이르면 중앙정부의 연금체제에 대한 기여금이 이미 GDP의 4%에 이르렀고, 연금부채의 현재 가치는 GDP의 100%를 초과하게 되었다"(Edwards, 1996: 8). 이러한 상황에도 불구하고 이전의 정부들은 강력한 사회적 반대에 부딪혀 연금계획에 손을 댈 수 없었다. 군사정부마저도 군인들의 연금을 그대로 두고, 신체제하의 연금불입액이 구체제하에서보다 작으며, 기존 가입자들의 구체제 잔류를 허용하는 조건으로 연금개혁을 실행할 수 있었다.

1981년부터 시행된 새로운 연금체제의 주요 특징은 다음과 같다.[4] 첫째, 국가가 부과방식으로 운영하던 공적 연금체제 대신에 가입자의 개인구좌에 적립한 연금불입금을 민간연금운영자(AFPs)가 관리하는 개별적립방식의 사적 연금체제를 도입하였다. 연금가입자들은 자유로이 자신의 AFP를 선택하고 바꿀 수 있다. AFP들은 개별 적립연금을

---

[4] 1980년 11월에 포고된 연금개혁법은 이후 계속해서 조금씩 변경되었다. 에드워즈(Edwards, 1996: 11)에 따르면 연금개혁을 단행한 군사정부의 포고령 3,500호는 1995년 8월까지 30회의 변경이 이루어졌으며, 97개의 조항 중에서 오직 12개만이 수정되지 않았다고 지적하고 있다.

248

금융시장에서 운영하고 가입자들로부터 수수료를 받는다. 다만 각 AFP는 매월 최소한의 수익률—AFP들의 평균 수익률을 기준으로 그 것의 50% 또는 그것보다 2%가 낮은 것 중에서 높은 쪽—을 달성해야 하고, 거기에 미달하는 부분은 자신의 자금으로 보충해야 한다(Edwards, 1996: 15~16).

둘째, 기존의 공적 연금가입자는 5년간의 전환기 동안에 공적 연금에 그대로 머무르든지 새로운 연금체제로 옮겨가든지 선택해야 한다. 그러나 1983년 이후의 새로운 가입자는 반드시 새로운 연금체계를 선택해야 한다. 그런데 공적 연금의 재정불안정과 새로운 체제의 낮은 연금불입액, 정부의 대대적인 홍보에 힘입어 1982년 말에 이미 전체 연금가입자의 70%가 신체제로 옮겼다(Mesa-Lago & Arenas de Meas, 1998: 58). 구체제에 불입한 연금은 연 4%의 실질이자가 보장되는 정부의 '인증공채'로 AFP의 개인구좌에 적립되었다. 구체제는 기존의 가입자들이 소멸되는 35~40년간 존속할 것으로 예상되었다.

셋째, 국가는 연금관리감독기구(SAFP)를 통하여 AFP들의 운영을 엄격히 감시·감독하고, 20년 이상 연금을 불입한 사람들에 대하여 그들의 불입액이 최소연금의 지급에 미달하거나 AFP가 파산하더라도 최소 연금의 지급을 보장하는 기능을 담당한다. 최소연금은 최저임금의 75%와 가입자의 최근 10년간 평균임금의 25% 중에서 큰 쪽의 금액으로 결정된다(Aiyer, 1997: 7). 물론 구체제의 운영에 들어가는 비용도 국가가 감당한다.[5]

넷째, 연금불입액은 퇴직연금으로 임금의 10%, 장애 및 유족연금

<hr/>

5) 부과방식으로 운영되던 공적 연금체제에서 신규 연금가입자들이 모두 신체제로 옮겨갔기 때문에 공적 연금의 재정상황이 더욱 악화될 수밖에 없었다. 연금기여자의 수가 크게 줄어듦으로써 기여액 수입으로 연금수령자에 대한 지출을 감당할 수 없게 되었다. 따라서 여기서 발생하는 연금적자를 국가가 보충할 수밖에 없다. 이것이 곧 공적 연금에서 사적연금으로의 체제전환에 들어가는 주요한 비용인데, 칠레의 경우 이것이 GDP의 4%정도까지 달한다.

으로 임금의 3%를 내도록 확정되어 있으며, 사용자의 기여는 폐지되었다. 자영업자는 연금가입을 임의로 선택할 수 있다. 연금가입자는 일정한 조건하에 조기퇴직을 할 수 있고, 퇴직시 연금수령의 방법을 선택할 수 있으며, 연금급여액은 자신의 불입금과 AFP의 투자수익률에 의해 따라 결정된다.

이러한 칠레의 연금개혁은 국제적 칭송에도 불구하고 몇 가지 심각한 문제점을 누출시키고 있다. 첫째, 신 연금체제에 대한 가입이 의무적임에도 불구하고 전체 근로자 중에서 가입자의 비율은 1990년까지 60% 정도로 증가하다가 그 이후 정체 내지 감소하는 추세를 보이고 있다. 그 이유는 무엇보다도 자영업자들이 가입을 기피하고 고용이 불안정한 근로자들도 가입을 회피하기 때문이다. 가입자들 중에서 실제로 연금을 불입하는 근로자들의 비율도 낮다. 1990년 71%에서 1995년에는 56%로 낮아졌고, 연금불입자들 중에서 15% 정도는 최저임금 또는 그 이하의 임금에 해당하는 연금불입금을 내고 있다(Mesa-Lago & Arenas de Mesa, 1998: 61).[6]

둘째, 사적연금체제의 높은 수수료 문제이다(Aiyer, 1997: 7). 연금관리기관이 징수하는 수수료가 초기에는 월급의 5~8%에까지 이르렀으나 90년대에 들어서 1~3% 정도로 낮아지기는 하였다. 그러나 수수료가 여전히 매우 높은 실정이다. 수수료의 상당한 부분은 AFP가 가입자를 늘리기 위해 보험판매원을 고용하고 홍보하는 일에 많은 비용을 지출하기 때문에 발생하고 있다.

셋째, 연금제도가 사회적 유대성(*solidarity*)이 약하고 불평등을 오히려 악화시키는 역할을 한다(여유진, 1999). 국가가 최소연금의 지급을 보장함으로써 사회적 유대를 어느 정도 유지하고 있다고 볼 수 있다.

---

6) 이것은 도덕적 해이(*moral hazzard*)에서 비롯된 것이다. 개별 가입자의 입장에서는 최소연금을 지급받는 데 필요한 최소한의 요건 — 20년간 가입 — 만을 충족시키려고 노력하는 것이 최선이다. 따라서 연금을 내지 않거나 적게 내려는 행동을 하게 되고, 이것이 고용형태를 왜곡시키는 결과도 초래하고 있다.

그러나 공적 및 사적 연금제도는 기본적으로 공식부문의 봉급생활자들에게 유리하다. 사회의 도움이 필요한 극빈자들은 매월 일정한 연금을 불입하는 것 자체가 부담이기 때문에 연금제도에 가입하기가 어렵다. 물론 최소연금을 받지 못하는 사람들의 경우 공적 부조를 받을 수 있다. 그러나 공적 부조는 최소연금보다 그 액수가 훨씬 작고, 지급인원도 30만 명으로 제한돼 있기 때문에 오랫동안 기다려야 그러한 혜택이나마 받을 수 있다(Mesa-Lago & Arenas de Mesa, 1998: 65).

## 2) 코스타리카 : 비구조적 개혁

칠레의 시장지향적 연금개혁 모델과 대칭적인 개혁모델이 코스타리카의 연금개혁에서 발견된다. 코스타리카는 기존의 부과방식인 공적 연금제도가 드러냈던 문제점들을 시장요소의 도입을 통해서가 아니라 국가의 개입을 확대하는 방향으로 개혁함으로써 해결하려 했다. 코스타리카의 연금체계는 처음부터 다른 중남미 국가들에 비해 사회통합적 성격이 강했다(Mesa-Lago, 1997: 507). 1970년대의 헌법개정을 통하여 전국민을 사회보장체계 속으로 포함시키려는 노력이 이루어졌다. 공공부문 근로자들은 별도의 연금체계를 설립할 수 있도록 허용되었지만, 사적 부문의 근로들은 모두 사회보험기구(Caja Costarricense de Seguro Social; CCSS)에 의무적으로 가입하도록 되었고, 근로자, 고용주, 국가가 모두 연금보험료를 납입하도록 강제되었다.

CCSS는 연금제도의 운영과 더불어 비가입 극빈자들을 포함한 대다수의 국민들에게 의료보험 혜택까지 통합적으로 부여하는 역할을 담당했다. 그 결과 1980년대 말에 이르면 코스타리카 국민 거의 모두가 의료혜택을 받았다. 이러한 상황은 연금의 경우도 마찬가지였다. 우선 연금혜택과 수령조건이 매우 관대했다. 예컨대, 연금을 수령할 수 있는 조기퇴직의 나이제한이 평균예상수명이 65세에서 75세로 증가했음에도 불구하고 65세에서 여자의 경우에는 55세로, 남자의 경우에는

57세로 낮추어졌다. 공무원 연금의 경우 나이제한도 더 낮았고 상당한 정도의 국가보조를 받았다. 연금혜택을 받지 못하는 사람들은 국가의 사회부조를 통하여 보호되었다. 따라서 코스타리카는 연금제도의 도입연대가 선발국가들보다 늦었지만, 포괄하는 인구의 비율이 매우 높았고, 정부의 사회지출 비중도 선발국들과 유사한 수준에 도달했다.

이러한 코스타리카의 연금제도도 1980년대에 이르러 상당한 위기를 노출하기 시작했다. 1986년 사회보장지출이 GDP의 7%를 넘었고, 이러한 비용을 감당하기 위하여 월급기여의 비율이 36%를 넘었다. 연금개혁의 필요성이 당연히 제기되기 시작했다. 그러나 코스타리카의 경우 칠레식의 시장지향적 연금개혁은 처음부터 논의의 대상이 되지도 못했다. 연금재정의 위기가 덜 심각하기도 했지만, 집권당이었던 사회민주주의 계열의 민족해방전선(PLN)의 이념적 성향도 주요한 영향을 미쳤다. 이러한 상황에서 코스타리카의 연금개혁은 기존의 연금체계를 그대로 유지한 채 약간의 비구조적 개혁을 하는 방향으로 이루어졌다.

1980년대 말에서 1990년대 초에 걸쳐 도입된 연금개혁의 주요 내용은 다음과 같았다(Mesa-Lago, 1997: 507; Huber, 1999: 7~8). 첫째, 조기퇴직의 나이 제한이 여자의 경우에는 60.5세, 남자의 경우에는 62.5세로 상향조정되었다. 둘째, 정부의 재정부담이 큰 독자적인 연금체계들을 폐쇄하고, 신규로 임용되는 공무원들도 CCSS에 가입하도록 하였으며, 연금수령의 자격조건들도 표준화하였다. 셋째, 월급에서 연금료가 차지하는 기여율이 인상되었다. 넷째, 정부의 CCSS에 대한 부채상환이 약속되었다. 다섯째, 임의로 가입할 수 있는 보조적인 연금체계가 도입되었다.

코스타리카의 국가중심적, 비구조적 연금개혁은 빈곤층에게 연금과 의료의 혜택을 제공한다는 측면에서 상당히 성공적인 모델로 평가받고 있다. 그러나 이 제도가 과연 중장기적으로 유지가능한지에 대해서는 심각한 의문이 제기되고 있다. 부과방식에 의한 연금제도와 관대한 급여조건은 결국 연금재정의 위기로 연결되고, 정부의 재정부담을 증대시키는 결과를 초래할 것으로 예측되기 때문이다.

### 3) 멕시코 : 혼합형에서 대체형으로

멕시코 연금제도의 중심적 기관은 1943년에 창설된 멕시코 사회보장기구(Instituto Mexicano de Seguro Social; IMSS)이다. IMSS는 근로자, 사용자, 정부의 3자에 대한 부과방식으로 마련된 자금을 기초로 통합보험인 불구자, 노령, 유족, 실업 보험(Seguro de Invalidez, Vejez, Cesantía y Muerte; SIVCM) 프로그램을 운영한다. 이 제도의 초기에는 다른 공적 연금제도와 마찬가지로 보험금을 불입하는 사람들은 다수인 데 비해 보험금을 수령하는 사람들은 소수였기 때문에 흑자를 유지했다. 그러나 1980년대에 들어 고인플레의 영향을 받아 SIVCM의 자금이 바닥나기 시작했다. 여기에는 세 가지 요소가 중요하게 작용했다(Bertranou, 1998: 87~88). 첫째, SIVCM 체제의 성숙 때문이었다. 시간이 지남에 따라 연금 수령인구가 크게 증가한 데 비해 연금납입자의 수는 증가하지 않았다. 그 결과 연금기여자와 연금생활자의 비율이 1960년 20:1에서 1983년 11:1로, 1980년대 말에는 7:1로 크게 감소했다. 여기에 월급에서 연금이 차지하는 비율인 기여율이 낮은 것도 상황을 악화시키는 데 기여했다. 둘째, 1980년대의 경제위기와 더불어 공식적 취업률이 정체 내지 감소했는데 이에 비해 노령인구의 비율은 점차 증가했다. 그 결과 SIVCM의 수입은 줄어들고 지출은 늘어났다. 셋째, 기금의 투자에도 문제가 있었다. 초기의 축적된 자금을 수익성을 고려하여 투자하기보다 병원시설의 확충 등에 주로 사용했기 때문이었다.

### (1) 1990~92년 개혁 : 혼합형

1990년에 들어서면서 연금제도에 대한 개혁논의가 본격적으로 대두되었다(Bertranou, 1998: 90). 우선 SIVCM과 IMSS의 재정문제가 심

각했고, 연금급여의 실질 가치가 대폭 하락함에 따라 연금생활자들의
항의가 일어났기 때문이었다. 그리고 국내저축률의 저하도 연금제도
개혁을 고려하게 만든 중요한 요인이었다. 멕시코 정부는 이 두 가지
문제를 동시에 해결하는 방안으로 연금제도의 개혁을 구상하게 되었
다. 1990년 말에 고안된 제도개혁의 초안은 IMSS가 관리하는 공적
연금제도에 더하여 사적으로 관리되는 보완적인 제도를 만들어 두 제
도를 혼합하는 것이었다. 그러나 1991년 논의과정에서 두 가지 고려
사항이 추가되었다. 첫째, 새롭게 민영화된 은행들을 비롯하여 금융
기관들의 자산건전성을 높여야 할 필요성이다. 이를 위하여 증권회사
들을 비롯한 금융기관들이 연금의 민영화를 강력히 요구했다. 둘째,
국가재정적자의 보전수단이 필요했다. 사적 연금기금들로 하여금 국
공채의 매입에 기금의 일정 비율을 사용하도록 규정함으로써 정부는
연금의 관리를 국공채 시장과 결부시켰다.

　　그러나 정부안은 노조(CT, *Labor Congress*)와의 협의과정에서 강력
한 저항에 부딪혔다. 노조는 사회보장제도를 노·사·정 3자간의 조합
주의적 합의의 기초로 인식하고 있었기 때문에 연금제도의 개혁을 노
조의 사회적 기반을 약화시키려는 수단으로 파악하고 반대했다(Bertranou,
1998: 95). 노조, 특히 최대의 노조연합체인 CTM은 대안으로 SIVCM
을 IMSS 속에 유지하고, IMSS와 그 자원을 3자 위원회를 통하여 관
리할 것을 주장했다. 이러한 노조의 반대에 부딪혀 정부는 SIVCM의
재정위기를 해결할 수 있는 방안을 실현할 수 없게 되었다. 이에 정부
는 사용자의 기여금으로 충당되고 근로자 개인구좌를 통하여 상업은행
들이 관리하는 새로운 보완적인 퇴직연금제도(SAR)의 창설을 대안으
로 제시했다. 이를 통하여 노조는 기존의 사회보장체계를 파괴하지 않
고 새로운 서비스를 획득하였고, 정부는 SIVCM의 금융문제를 해결하
는 데는 실패했지만 개인구좌 연금을 설립함으로써 연금개혁의 기초를
마련하는 데는 성공했다. 이러한 타협적 개혁을 통하여 멕시코는 공적
연금(IMSS)과 사적 연금(SAR)의 혼합체제를 도입할 수 있었다.

(2) 1995~96년 개혁 : 대체형

그러나 1차 연금개혁에 의한 SAR 프로그램은 멕시코 연금제도의 재정위기를 해결하는 데 도움이 되지 못했다. IMSS는 1995년 초에 자신의 재정상태를 발표했는데, 그것은 2002에서 2004년 사이에 재정적자로부터 기금고갈 사태가 예상된다는 것이었다. 이러한 상황에서 노조와 사업자 단체가 사회보장제도의 근본적이고 구조적인 개혁안을 대통령에게 제출하게 되었고, 이것이 제2차 연금개혁의 기초가 되었다. 1997년 말부터 적용되기 시작한 새로운 제도는 노령 및 실업연금을 IMSS로부터 분리해 개인연금체계로 이전시키고, 이것을 SAR과 함께 연금관리자들(AFOREs)로 하여금 운영하게 만드는 것이 주요 골자였다. 즉, IMSS의 노령 및 실업보험을 폐쇄하고, 기존 가입자와 신규 가입자들은 의무적으로 새로운 적립방식의 연금제도에 가입하게 되었다. 다만 군인, 연방공무원, 석유산업 종사자들의 연금은 개혁에서 제외되어 별도의 연금제도를 계속 보유할 수 있도록 허용되었다.

멕시코의 제2차 개혁은 칠레 모형과 매우 유사했다. 그러나 칠레에서와 같이 사용자의 기여가 없어지지 않았고, 개혁을 위한 타협의 과정에서 정부의 부담은 늘어났다(윤석명 외, 1999: 199~203). 연금제도의 총 부담비율이 개혁 전 15.5%에서 17.5% —5%의 근로자주택기금(INFONAVIT) 포함— 로 인상되었는데, 근로자와 사용자는 각각 12.95%와 2.125%로 변동이 없었고 정부의 부담금만 0.425%에서 2.425%로 증가되었다. 칠레에서와 마찬가지로 연금급여액이 정해지지는 않았지만, 의무가입연한이 10년에서 24년으로 증가되었고, 최저연금의 지급이 보장되었다. 최저연금 이상에 해당하는 적립금을 모은 가입자들의 경우 적립액에 따라 연금을 받게 된다. 연금관리자들(AFOREs)의 최저 수익률 보장규제가 없으며, 가입자들은 연 1회 관리기관을 변경할 수 있다. 국가는 이들을 감시·감독할 위원회(CONSAR)를 설립했다. IMSS는 계속해서 보험료를 징수하는 역할을 담당하게 되었고, AFORE를 직접 소유하고 운영할 수도 있다.

## 4) 아르헨티나 : 혼합형

개혁 이전의 아르헨티나 연금제도는 다른 나라들의 경우와 유사하게 매우 파편화되고 재정적으로 파산상태에 처해 있었다. 다양한 집단들은 독특한 연금체계들을 가지고 있었고, 이들 사이에 연금의 불입액이나 급여액 등에서 크게 차이가 났다. 아르헨티나의 경우 법적으로 연금의 월급대체율 — 70~82% — 을 규정하고 있었는데, 이것이 재정부담을 가중시켰을 뿐만 아니라 연금생활자들의 요구가 더욱 강력히 제기될 수 있게 해주었다. 1992년에는 GDP의 7%를 연금지급에 사용하고도 법적으로 규정하고 있는 연금을 지급하지 못하고 있을 정도였다 (Isuani & Martino, 1998: 130). 이에 따라 연금생활자들은 법적인 연금을 받기 위한 소송을 대대적으로 제기하였고, 이러한 과정을 통하여 정치적으로 잘 조직된 집단으로 성장할 수 있었다. 연금제도의 개혁은 이러한 상황에서 다양한 집단들의 이해관계를 반영하여 이루어졌다.

1994년에 시행된 아르헨티나의 신 연금제도는 기존의 부과방식 (PAYG)에 기초한 공적 연금제도를 부분적으로 개혁한 것과 새로운 개별적립방식(FFI)의 혼합으로 만들어졌다. 즉, 구 연금체계가 폐지되지 않고 개혁을 거쳐 계속 존속하며, 개별적립연금은 공적 연금을 대체하는 것이 아니라 보완하는 역할을 한다(Mesa-Lago, 1997: 511). 연금과 퇴직금 제도를 통합한 새로운 퇴직연금체계(SIJP)는 세 개의 층(*pillar*)으로 구성되었다(Rofman, 2000: 5). 첫 번째 층은 기본연금(PBU: *Universal Public Benefit*)을 제공하기 위한 것으로, 고용주가 납부한 급여의 16% — 점차 감축되어 최근에는 7.5% — 를 국민사회보장청 (ANSeS)이 관리하며, 30년 이상 기여한 근로자로서 여자는 60세, 남자는 65세에 도달한 사람에게 평균급여의 28% 정도를 지급한다.

두 번째 층은 근로자가 자신의 급여의 11%를 강제적으로 불입하되, ANSeS가 운영하는 공적 연금제도와 민간 연금관리회사들(AFJPs)이 개별적립방식으로 운영하는 사적 연금제도 중에서 선택할 수 있다

(자영업자는 10개의 소득범주 중 어느 하나에 속하게 되고 이 범주에 해당하는 과세소득의 27%를 5%의 노령의료보험과 함께 불입해야 한다). 기존의 공적 연금제도에 가입해 있던 근로자들은 그대로 머물거나 AFJP의 개인구좌로 옮겨갈 수 있으며, 신규 채용 근로자들도 선택권이 있다. 금융기관이나 노조, 협동조합 등 다양한 주체가 AFJP를 설립할 수 있지만, 최소한의 수익 —전체 평균 수익률의 70%나 그보다 2%가 낮은 것 중에서 작은 쪽— 을 내야 하며, 그렇지 못할 경우에는 기존의 적립된 수익금이나 운영자금에서 보충해야 한다. 일반 퇴직자의 경우 연금의 형태나 선택한 프로그램에 따라 적립금을 수령할 수 있고, 장애자의 경우 월급의 70%, 유족의 경우 50~70%의 범위에서 혜택을 받게 된다. 세 번째 층은 자발적으로 선택하여 임의로 적립할 수 있는 민간연금이다.

아르헨티나의 혼합형 연금체계는 몇 가지 문제점들을 노정하고 있다. 우선 연금수령조건의 강화로 연금혜택을 받을 수 있는 인구비율이 감소하고, 공식부문의 취업인구 감소로 연금을 실제로 불입하는 사람들의 수도 감소하고 있다. 따라서 SIJP가 포괄하는 인구비율이 전반적으로 감소하는 결과가 초래되고 있다. 특히 자영업자들의 경우 과중한 보험료로 인하여 가입을 회피하는 경향이 강하다(Rofman, 2000: 19~20). 다음으로, 공적 연금체계는 개혁에도 불구하고 여전히 국가재정에 대한 의존도가 높으며, 인구노령화 추세 등과 더불어 재정적 안정이 계속 어려울 것으로 예상된다(Isuani & Martino, 1998: 143).

### 5) 페루 : 경쟁형

1993년까지 페루 사회보장체계의 중심적 기관은 1974년에 설립된 페루사회보장청(IPSS)이었다. IPSS는 근로자, 고용주, 국가의 기여를 바탕으로 의료, 노령, 장애, 유족 연금(SNP)을 제공했다(공무원, 군인, 어민을 위해서는 별도의 연금체계가 존재했다). 1980년대의 고인플레를 겪으면서 IPSS의 재정은 바닥이 나고 실질 연금급여의 가치는 90%가 상실됐다. IPSS의 서비스에 대한 불만은 연금생활자와 의료부문 근로자들의 항의집회를 불러일으켰고, 사회보장제도에 대한 개혁의 필요성이 제기되었다(Oyague, 1998b: 167~68). 이러한 상황에서 페루의 연금체계는 1993년과 1995년의 연속적인 개혁을 통하여 신·구 연금체계가 서로 경쟁하는 관계로 만들어졌다.[7)]

　1993년부터 시행에 들어간 페루의 새로운 연금체계의 골격은 공적 연금에 대한 대안으로 칠레의 연금제도와 매우 유사한 민간 연금체계(SPP)를 도입하고, 공적 연금과 민간 연금이 공존하면서 경쟁하도록 한 것이었다. 근로자들은 공적 연금과 민간 연금체계들 가운데 선택할 수 있으며, SPP의 가입자들은 자신의 개인 구좌를 갖고 이것을 운영하는 관리회사인 연금운영회사(AFP)를 선택할 수 있다. SNP에서 SPP로 옮겨가는 근로자에 대해서는 기존의 연금불입액을 부분적으로 보상해 주는 인증증권을 발급해 주었다. 그러나 대다수의 근로자들은 SPP로 옮겨갈 유인을 느끼지 못하고 여전히 SNP에 머물거나 이것을 선택했다. 왜냐하면 매월 납부하는 연금료가 월급의 3% ― 고용주는 6% 납부 ― 로 SPP의 14.5%에 비해 훨씬 낮았고, 연금을 받을 수 있는 조건도 훨씬 유리했기 때문이었다(SPP로 옮겨가는 경우 연금료의 부담이 증가한 만큼의 임금인상을 받았다). 더욱이 공무원들의 경우 민간 연금으로 옮겨가는 것이 허용되지도 않았다. 이러한 상황은 AFP들의 큰 불만이었고, 이를 반영하여 1995년 새로운 개혁이 이루어졌다(Mesa-Lago, 1997: 514).

---

7) 페루의 연금개혁이 2단계로 나뉘어 진행되고 적립방식의 신연금체계를 강화하는 방향으로 이루어진 데는 후지모리 대통령의 영향이 컸다. 우선 후지모리 대통령은 1995년 4월의 대통령 선거에서의 재선을 고려하여 연금개혁을 과감히 추진하지 못했다. 그러나 재선에 성공한 이후에는 사적 연금을 강화하는 방향으로 개혁을 추진했다. 이러한 방향성은 후지모리의 강력한 신자유주의 개혁이념에 의해 영향을 받은 바 크다(Oyague, 1998b: 180~81).

1995년의 개혁은 기본적으로 SNP와 SPP의 기여 및 급여의 조건을 동일하게 만듦으로써 전자에서 후자로의 이동을 촉진시키려는 목적에서 이루어졌다(Aiyer, 1997: 8). SNP와 공무원연금(CV)이 지급하는 연금의 상한액을 설정하고, 연금수령 연령을 65세로 높였으며, 연금료 납입에서 고용주의 분담금을 제거했다. 이에 맞추어 공적 연금에서 사적 연금으로 이동하는 경우에 월급 인상제도도 폐지되었다. 그리고 잠정적인 기간동안 SPP에 납입하는 연금료를 월급의 8%로 인하했다. 이러한 조치들을 통하여 공적 연금에서 사적 연금으로의 이동을 유인했다.

페루의 연금개혁이 노정하고 있는 가장 심각한 문제는 공적 연금체계의 재정위기이다(Aiyer, 1997: 8~9; Oyague, 1998: 174). 1995년 SNP가 연금을 지급해야 하는 연금생활자들은 매년 11%씩 증가하는데 신규 가입자는 3%의 비율로 증가했다. 이에 따른 적자가 운영비용을 제외하고도 8,200만 달러에 달했다. 1997년 SNP의 적자는 2억 7백만 달러였고, 연금 불입자들의 수가 감소하면서 적자는 계속 증가할 것으로 예상되었다. CV 연금을 위해 재무부가 매년 4억 달러씩을 지출한다. 요컨대, 공공 연금기관들인 SNP와 CV는 실질적으로 파산상태에 있다. 정부가 이들의 부채를 변상할 능력이 없는 가운데 이들의 부채는 더욱 증가할 것으로 예상된다. 또 다른 문제점으로는 연금체계의 불평등성이다. 페루의 구 연금체계는 상당한 불평등 요소들을 안고 있었다. 그러나 신 연금체계는 SNP의 불평등을 개선하기보다 오히려 더욱 역진적인 결과를 초래하고 있다. 소득계층들간 기여의 차이보다 급여 수준의 차이가 오히려 더 클 것으로 예상되기 때문이다(Oyague, 1998b: 179).

## 4. 개혁유형의 차이에 대한 설명


중남미 국가들의 연금개혁 사례들에서 발견되는 개혁유형의 차이를 어떻게 설명할 수 있을까? 사실 거의 모든 중남미 국가들은 복지에 대한 요구 증대, 연금재정의 위기, 신자유주의적 경제개혁이라는 1990년대의 시대적 환경에서 세계은행의 다층적 연금개혁 모델의 제안과 이를 위한 지원이라는 비슷한 조건에서 연금개혁을 수행했다. 즉, 연금개혁의 필요성, 동기, 개혁의 지향성 등에서는 매우 유사했다. 그럼에도 불구하고 개별 국가들의 실제적인 연금개혁에 있어서 그 구체적 내용은 상당한 차이가 났다.

이러한 차이를 어떻게 설명할 것인가? Oyague와 Mesa-Lago(1998: 378~84)는 이를 위해 네 가지의 '조건변수들'(conditioning factors)을 제시하고 있다. 정치적 조건과 제도적 제약, 사회경제적 발전의 상태, 경제구조조정과 안정화 노력, 그리고 연금제도의 성숙도(maturity)가 그러한 변수들이다. 그들은 중남미 국가들의 연금 및 의료개혁 사례들에 대한 비교분석을 통하여 이러한 요인들로 구성된 모델이 개혁의 유형과 내용에 있어서의 차이를 잘 설명해 준다고 주장한다. 우리는 여기서 Oyague와 Mesa-Lago의 네 가지 변수에 전환비용(transition cost)의 문제를 추가하고자 한다. Holzmann(1998)과 Brooks와 James(1999) 등이 강조하고 있듯이, 연금개혁의 유형에 대한 선택은 전환과정에 필요한 재정적 부담의 크기에 의해 중요한 영향을 받는다. 어떤 유형의 개혁이 아무리 합리적이라고 하더라도 지나치게 높은 전환비용이 든다면 정부로서는 그러한 선택을 현실적으로 하기 힘들기 때문이다. 다음에서 우리는 이러한 다섯 가지 변수를 중심으로 중남미 연금개혁의 사례들에서 발견되는 차이들에 대해서 설명하고 있다.

1) 정치적 조건과 제도적 제약

 연금개혁을 단행한 정권의 유형, 국가-사회관계, 사회적 갈등의 구조, 정당체계, 집권당의 이념적 색채, 법적 제약 요건 등이 개혁의 방법이나 내용에 영향을 미치기 마련이다. Brooks와 James(1999)는 개혁을 둘러싼 갈등에 초점을 맞추어, 연금개혁에 미치는 주요한 정치적 요인들로서 ① 연금생활자 및 노령 근로자들과 젊은 근로자들 사이의 세대간 갈등, ② 개혁에 반대하는 노조, 복지제도의 관료들과 개혁을 찬성하는 금융기관들 사이의 이익집단간 갈등, 그리고 ③ 개혁의 대상에서 제외되기를 바라거나 직접적·간접적인 보상 또는 정치적 보상을 추구하는 보상의 정치라는 세 가지를 들고 있다. Oyague와 Mesa-Lago(1998: 381)는 연금개혁 과정에 대한 사회집단들의 참여가 대체형으로의 구조개혁을 어렵게 만든다고 지적하면서 다음과 같이 말하고 있다 : "정당, 노조 및 군, 공무원, 석유산업 노동자, 연금생활자 등을 대변하는 조직화된 압력집단들의 참여하에 일어나는 연금개혁은 공공부문이 개혁된 연금체계에서 여전히 중요한 역할을 맡는 혼합형 또는 경쟁형으로 이루어지는 경향이 있다."
 구체적 사례를 중심으로 살펴보면, 칠레의 경우, 피노체트 대통령의 군사정권에 의해서 정치적·사회적 반대가 억압된 가운데 극단적인 대체형으로의 전환이 가능했다. 멕시코의 경우 제도혁명당의 우월적 지위에도 불구하고 연금개혁은 순차적으로, 상당한 타협을 통하여 이루어졌다. 1997년에 실시된 대체형으로의 전환은 연금을 물가상승률에 연동시키고, 근로자를 위한 고용주의 연금 기여를 보존하고, 연방공무원, 군인, 석유산업 근로자들을 위한 별도의 연금체계를 유지하는 양보를 통하여 가능했다. Oyague(1998b)는 페루의 연금개혁을 논의하면서, 연금개혁의 내용에 대한 의회에서의 논의와 이익집단들의 참여정도라는 관점에서 볼 때, 페루는 칠레의 경우와 유사하다고 지적한다. 이에 비해 아르헨티나, 우루과이 등에서는 연금개혁의 과정에 의회와 이익집단들이 중요한 역할을 담당했다. 그 결과 아르헨티나와 우루과이는 칠레식의 대체형을 도입하지 못하고 혼합형을 채택할 수밖에 없었다. 아르헨티나의 경우 이러한 부분적 개혁도 몇 년간의 논란을 거친 이후에야 의회를 통과할 수 있었고, 우루과이의 경우 1992년에 일단 거부되었다가 3년이 지난 후에야 겨우 의회의 승인을 받을 수 있었다. 코스타리카의 경우, 사회민주적 성향의 PLN이 집권하고 있을 때에는 칠레식 모델은 대안으로 거론될 수도 없었다. 다만 1990년대 초 보수 성향의 연합세력이 잠깐 집권하면서 시장모델에 기초한 개혁을 시도하려 하였으나 야당의 반대와 교사들의 파업에 부딪혀 실패했다.

## 2) 사회경제적 발전의 상태

연금제도의 개혁은 농촌부문과 비공식부문의 크기, 빈곤정도, 기존 연금제도의 포괄(coverage) 비율, 자본시장의 발전정도 등 다양한 사회경제적 요인들에 의해 영향을 받기 마련이다. 민간 연금제도의 발전을 위해서는 공식적인 근로계약으로 임금을 받는 중산층이 많아야 하고, 자본시장이 발전돼 있어서 적립기금의 운영이 용이해야 한다. 이러한 요인과 관련해서 볼 때 칠레는 민간연금으로 대체할 수 있는 좋은 조건을 갖추고 있었다. Oyague와 Mesa-Lago(1998: 386~87)는 칠레의 그러한 조건들로 다음의 여덟 가지를 제시하고 있다. 첫째, 구 체제가 대다수의 국민을 포괄하고 있었다. 둘째, 노동력의 대부분이 공식부문에 고용되었고, 상대적으로 작은 농촌부문을 갖고 있었다. 셋째, 중간계급이 라틴아메리카에서 가장 거대하게 발전한 나라 중의 하나였다. 넷째, 빈곤율이 가장 낮은 나라 중의 하나였다. 다섯째, 월급에서 연금료가 차지하는 기여율이 가장 높은 나라들 중의 하나였지만, 여러 기금들의 급여는 줄어들었다. 여섯째, 여러 연금기금들이 존재했는데, 이들 사이의 급여수준, 수급조건, 수익원천이 서로 달랐다. 일곱째, 개혁 이전에 자본시장이 상대적으로 발전해 있었다. 여덟째, 사회

262

보장 개혁에 대한 시도가 오랫동안 실패해 왔다.

그러나 아르헨티나와 우루과이는 비슷한 사회경제적 여건을 갖고 있었지만 칠레식 개혁을 수행할 수 없었다. 그 이유는 앞서 언급한 정치적인 요인들 외에도 다음과 같은 세 가지 요인들 때문이었다(Oyague & Mesa-Lago, 1998: 387). 첫째, 두 나라가 연금개혁을 시도할 때에는 연금재정의 위기가 훨씬 심각했기 때문에 개인적립체계(FFI)로의 전환에 드는 비용이 매우 커서 재정이 감당할 수 없는 정도였다. 둘째, 칠레 모델은 사회적 연대성의 원칙을 결여하고 역진적인 효과를 가져올 위험이 컸다. 왜냐하면 빈곤구제, 의료, 교육 등에 대한 사회지출을 줄이면서 연금가입자들에게 보조금을 주는 데 막대한 재정자금을 사용했기 때문이다. 셋째, 아르헨티나와 우루과이는 고인플레 경험으로 인하여 사적인 연금기금이나 개별 적립에 대하여 불신이 컸다.

## 3) 경제구조조정과 안정화 노력의 성공

연금개혁은 대개 경제의 전반적인 구조조정의 한 부분으로 추진된다. 성공적인 경제안정화는 금융시장의 안정을 가져와서 사적 연금기관들의 활동을 가능하게 해준다. 연금개혁의 내용과 성패도 경제개혁의 성격과 성공여부에 의해 좌우되기 마련이다. 칠레의 연금개혁은 피노체트 정부의 신자유주의적 경제개혁의 일환으로 시도되었다. 개인적립방식의 칠레의 연금제도 개혁은 정부의 그러한 경제철학과 완전히 합치하는 것이었다. 멕시코, 볼리비아, 엘살바도르에서의 연금개혁도 신자유주의적 경제개혁의 부분으로 진행되었다. 이에 비해 아르헨티나와 우루과이는 경제개혁도 칠레처럼 완전히 신자유주의적이지 않았고, 연금개혁도 보다 온건한 형태의 혼합형으로 이루어졌다. 페루의 경우, 후지모리 대통령에 의한 신자유주의적 개혁이 어느 정도 성공을 거두면서 연금개혁도 시장지향적 신체제에 보다 많은 비중을 두는 경쟁형으로 이루어졌다.

4) 연금제도의 성숙도

연금제도가 얼마나 오래 전에 도입되었는지도 연금제도의 개혁 필
요성과 방향에 커다란 영향을 미친다. 그 이유는, 우리가 앞에서 〈표
8-1〉을 통해서 살펴본 것처럼, 연금제도의 성숙 정도에 따라서 연금
재정의 상태, 포괄하는 인구의 비율, 연금에 대한 기여 및 급여의 조
건 등에서 큰 차이가 나기 때문이다. 예컨대, 선발국가들의 경우 느슨
한 연금수령조건, 가벼운 부담, 노령인구의 증대 등으로 연금재정의
위기가 매우 심각하다. 따라서 이들 국가들의 경우 근본적인 구조개혁
이 요청된다. 이에 비해 후발주자들의 경우 선구자들의 잘못을 저지르
지 않기 위한 제도고안과 약한 정도의 개혁만으로도 연금문제를 해결
하거나 위기가 오는 시기를 늦출 수 있다. 코스타리카가 비구조적 개
혁을 통하여 연금개혁의 필요성에 대처할 수 있었던 것은 코스타리카
의 연금제도가 선발주자들의 경우만큼 심각한 재정위기에 빠지지 않았
기 때문이었다.

5) 전환비용

연금제도의 구조적 개혁은 전환비용을 수반한다. 부과방식(PAYG)
으로 운영되던 기존의 공적 연금체계는 현 근로자들이 내는 연금료와
재정지출을 통하여 연금을 받는 사람들에게 연금급여를 지급한다. 그
런데 이러한 연금체제를 개인별 적립방식에 기초한 사적 연금체제로
전면적 또는 부분적으로 개혁하게 되면, 공적 연금체계는 기존의 연금
생활자들에게 지급할 연금재원이 당장 부족하게 되고, 사적 연금체계
로 옮겨가는 가입자들에게 당시까지 불입한 연금액에 대한 보상을 어
떤 형태로든 해주어야 한다. 이러한 경로를 통하여 연금개혁은 기존의
연금체계가 안고 있던 잠재적 부채를 현재화시키고, 세대간 부담전가
의 사실도 부각시킨다. 이렇게 하여 발생한 전환비용을 국가가 부담할

수 있는가의 문제가 연금개혁의 유형을 결정짓는 데 중요한 영향을 미친다(Holzmann, 1998). 그 이유는 어떠한 개혁의 유형을 선택하느냐에 따라 전환비용이 크게 차이가 나기 때문이다(ECLAC, 2000: 178~179).

대체형의 경우 구 연금체제의 명시적·묵시적 부채를 모두 국가가 부담해야 하기 때문에 재정부담이 매우 크다. 그리고 구 체제가 부여하던 특권적 혜택들을 폐지하기 때문에 기존 연금가입자들로부터의 반발이 거세다. 이에 비해 혼합형의 경우에는 체제전환에 따르면 비용이 훨씬 적다. 공적 연금이 계속 존립하고 기초연금을 제공하는 역할을 맡기 때문에 보너스 지급이나 최소연금보장에 따르는 비용이 들지 않기 때문이다. 경쟁형의 경우 전환비용의 부담이 두 유형의 중간 정도에 해당된다고 볼 수 있다. 공적 연금체제에 그대로 남아 있는 가입자들이 계속 연금료를 납입하고, 이들에 대해서는 보너스나 최소 연금지급의 필요성도 없다. 다만 사적 연금으로 옮겨가는 가입자들이 늘어남에 따라 전환비용이 증가한다. 종합해 보면, 구조적 연금개혁에 들어가는 전환비용은 대체형>경쟁형>혼합형의 순서로 크다.

칠레의 경우, 1980년대의 위기를 거치기 이전에 연금개혁을 추진했고 연금재정의 적자가 작았기 때문에 대체형으로의 개혁이 용이했다. 이에 비해 아르헨티나와 우루과이의 경우 개혁 이전 연금재정의 부채가 칠레보다 훨씬 많았기 때문에 대체형으로의 개혁은 엄청난 전환비용을 유발할 수 있었다(Oyague & Mesa-Lago, 1998: 403). 따라서 두 나라의 경우 공적 연금체계를 그대로 유지하는 혼합형으로의 개혁이 유리했다. 아르헨티나의 경우 일종의 인증증권이 부여되기는 하였지만 금액에 상한이 있었다. 더욱이 공적 연금이 계속 존재하면서 기본연금을 제공했기 때문에 최소연금에 대한 보장을 제공할 필요도 없었다. 코스타리카의 경우, 연금재정의 적자가 적은 상태에서 공적 연금을 더욱 확대함으로써 단기적으로는 가입자 수를 늘려 연금재정의 안정화를 기할 수 있었다. 그러나 중장기적으로는 인구의 노령화, 연금수령 인구의 증대 등으로 인하여 연금재정의 위기가 도래할 가능성이 높다.

지금까지 논의한 다섯 가지의 요인들 — 정치적·제도적 요인, 사회경제적 요인, 구조조정, 연금제도의 성숙도, 전환비용 — 을 종합적으로 고려하면 중남미 연금개혁 사례들에서 발견되는 차이점들을 대체로 설명할 수 있다. 그러나 우리는 이러한 요인들 중에서 어느 것이 상대적으로 더 중요한가에 대해서는 말하기 어렵다. 우리는 다만 연금개혁의 구체적 내용이 개혁과정에 영향을 미치는 다양한 요인들의 작용을 통해서 결정된다고 말할 수 있을 뿐이다. 연금개혁에 대한 이상적인 모범답안이 설사 존재한다고 하더라도 그것은 현실의 개혁과정을 통하여 조정되고 왜곡되기 마련이다. 더욱이 연금제도의 형평성이나 사회적 유대성과 같은 주관적인 가치기준들이 판단의 준거로 사용된다면 연금개혁에 대한 하나의 이상적인 답변도 있을 수 없다.

## 5. 사회정책과 사회적 불평등

중남미 국가들에 있어서 1980년대가 외채위기와 경제침체로 '잃어버린 10년'이었다면, 1990년대는 경제개혁과 경제성장으로 '희망의 10년'이었다. 그러나 90년대에 이룩된 신자유주의적 경제개혁과 경제성장의 회복은 결코 만족스러운 것은 아니었다(정진영, 2000). 〈표 8-3〉에서 우리는 중남미의 이러한 제한된 경제적 성과를 읽을 수 있다. 우선 경제성장의 측면에서 대부분의 중남미 국가들은 80년대의 마이너스 성장에서 탈피하여 플러스 성장으로 전환하고 있음을 알 수 있다. 이러한 경제성장은 물가의 상대적인 안정과 더불어 빈곤선 이하 가정의 비율이 크게 줄어드는 데 기여했다. 이것 역시 80년대와 뚜렷한 대조를 이루는 성과이다. 그러나 신자유주의적 구조조정과 더불어 달성한 경제성장은 실업률을 오히려 높이는 결과를 초래했고, 소득 불평등도 오히려 악화되는 현상을 초래했다. 즉, 경제회복에도 불구하고 도시지역의 실업률과 지니계수는 오히려 높아지고 있는 것이다. 이러한 측면에서 우리는 세계화가 사회적 불평등을 심화시킨다는 일반적 추세가 중남미 지역에서도 관찰되고 있음을 볼 수 있다.

그러나 〈표 8-4〉에서 우리는 중남미 국가들의 사회지출이 90년대에 들어와 크게 증가하면서 위기 이전의 수준을 회복하거나 오히려 넘어서고 있음을 볼 수 있다. 지역평균을 놓고 보면, GDP 대비 사회지출이 1980~81년의 11.2%에서 1990~91년까지 10.1%로 낮아졌다가 1996~97에 이르면 12.4%로 증가하고 있다. 정부의 지출에서 차지하는 사회지출의 비율도 1980년대 초의 43.5%에서 1980년대 중반에 30% 대로 떨어졌다가 1996~97년에 이르면 47.2%로 늘어나고 있다.

〈표 8-3〉 중남미 주요 국가들의 사회지표

| 국가명 | 1인당 GDP 성장률(%) | | 실업률 (도시지역, %) | | | 빈곤선 이하 가정비율(%) | | | 지니계수 (도시지역)** | | |
|---|---|---|---|---|---|---|---|---|---|---|---|
| | 81~90 / 91~97 | | 80 | 90 | 97 | 80 | 90 | 97 | 80 | 90 | 97 |
| 아르헨티나 | -2.1 | 4.2 | 2.6 | 7.5 | 14.9 | 5* | 16 | 13 | 0.375 | 0.423 | 0.455 |
| 우루과이 | -0.6 | 3.5 | 6.7 | 9.3 | 11.5 | 9* | 12 | 6 | 0.379 | 0.353 | 0.300 |
| 브라질 | -0.4 | 1.6 | 6.4 | 4.3 | 5.7 | 39 | 41 | 29 | 0.493 | 0.528 | 0.538 |
| 칠레 | 1.4 | 6.3 | 9.0 | 6.5 | 6.1 | n. a. | 33 | 18 | n.a | 0.471 | 0.474 |
| 코스타리카 | -0.6 | 1.1 | 9.1 | 5.4 | 5.9 | 22 | 24 | 20 | 0.328 | 0.345 | 0.357 |
| 콜롬비아 | 1.6 | 2.2 | 9.7 | 10.5 | 12.4 | 39 | 50 | 45 | 0.518 | 0.403 | 0.477 |
| 멕시코 | -0.2 | 1.0 | 4.0 | 2.9 | 3.7 | n. a. | 39 | 38 | 0.321 | 0.424 | 0.405 |
| 베네수엘라 | -3.2 | 1.0 | 6.8 | 11.0 | 11.4 | 22 | 34 | 42 | 0.306 | 0.378 | 0.425 |
| 페루 | -3.3 | 3.7 | 7.1 | 8.3 | 9.2 | 46 | n. a. | 37 | n.a | n.a | n.a |
| 파라과이 | 0.0 | 0.0 | n.a | 6.6 | 6.9 | n.a. | 37 | 34 | n.a | 0.357 | 0.389 |
| 볼리비아 | -1.9 | 1.6 | 7.1 | 10.2 | 4.4 | n.a* | 49 | 47 | n.a | 0.484 | 0.455 |

* 빈곤선 이하 가정의 비율은 최소 영양섭취를 위해 필요한 식품구입비를 기준으로 ECLAC이 계산한 것임. *표시가 있는 국가의 수치는 도시지역 빈곤선 이하 가정의 비율임.
** 당해 연도의 자료가 없는 경우 전후 연도의 통계치를 사용하였음. 멕시코의 1980년 수치는 1984년도 것임.
자료 : ECLAC(1999), *Economic Survey of the Latin America and the Caribbean 1998~99*; CEPAL(2000), *Panorama Social de America Latina 1999~2000*; ECLAC (2000), *The Equity Gap.*

〈표 8-4〉 중남미 국가들의 사회지출 추이

| 사회지출수준 | 국가 | 사회지출/GDP (%) | | | | 사회지출/총공공지출 (%) | | | |
|---|---|---|---|---|---|---|---|---|---|
| | | 1980 ~81 | 1982 ~89 | 1990 ~91 | 1996 ~97 | 1980 ~81 | 1982 ~89 | 1990 ~91 | 1996 ~97 |
| 고 | 아르헨티나 | 16.8 | 15.1 | 17.7 | 17.9 | 49.0 | 39.4 | 62.2 | 65.1 |
| | 우루과이 | 14.9 | 16.3 | 18.7 | 22.5 | 63.6 | 50.1 | 62.3 | 69.8 |
| | 브라질 | 9.7 | 9.4 | 19.0 | 19.8 | 46.5 | 29.7 | 59.5 | 59.1 |
| | 칠레 | 17.7 | 18.7 | 13.0 | 14.1 | 61.7 | 49.3 | 60.8 | 65.9 |
| | 코스타리카 | 15.2 | 15.2 | 18.2 | 20.8 | 66.1 | 51.0 | 64.4 | 65.1 |
| 중 | 콜롬비아 | 7.8 | 8.1 | 8.1 | 15.3 | 33.9 | 33.7 | 29.7 | 38.2 |
| | 멕시코 | 8.6 | 6.8 | 6.5 | 7.8 | 31.1 | 24.9 | 41.6 | 52.9 |
| | 베네수엘라 | 11.5 | 9.5 | 9.0 | 8.4 | 35.9 | 27.6 | 33.9 | 39.0 |
| 저 | 페루 | 4.5 | 3.6 | 2.3 | 5.8 | 20.6 | 15.2 | 16.7 | 40.9 |
| | 파라과이 | 3.9 | 4.2 | 3.0 | 7.9 | 37.7 | 57.5 | 39.9 | 47.1 |
| | 볼리비아 | 5.1 | 4.2 | 6.0 | 12.0 | 1.0 | 23.8 | 25.8 | 44.2 |
| | 지역평균* | 11.2 | 10.6 | 10.1 | 12.4 | 43.5 | 34.2 | 41.0 | 47.2 |

* 지역평균은 위의 표에 포함된 국가들 외에 다른 국가들의 사회지출액도 포함된 것임.

자료 : ECLAC, *Social Panorama of Latin America*, 1994, 1998.

UN 중남미경제위원회의 조사에 따르면 중남미 17개국 중에서 14개국이 90년대에 들어와 사회지출의 증가를 이룩했으며, 12개국에서는 80년대의 하락을 보충하는 이상의 사회지출 증가를 달성했다(ECLAC, 2000: 200). 이러한 추세는 세계화와 신자유주의적 개혁이 사회적 지출의 감소가 아니라 증대와 결합할 수 있음을 보여주는 것이다. 그런데 이러한 사회지출 증대가 소득의 사회적 배분에 실제로 미치는 영향은 사회지출 증대가 어떠한 경로를 통해서 이루어지는가에 따라 좌우될 것이라고 볼 수 있다(Ocampo, 1998: 12).

〈표 8-5〉는 1990년대에 들어와 증가한 사회지출의 규모를 분야별로 나누어 그 비중을 살펴보고 있다. 일인당 사회지출의 지역평균을 놓고 보면, 1990~91년에 비해 1996~97년에 126달러가 증가했다. 이 중 41%인 69달러가 사회보장비 지출의 증가에 쓰였고, 교육 및 의료에 각각 41달러(21%)와 32달러(19%)가 쓰였다. 사회지출 증가의 상당

한 부분은 사회보장지출의 증가 덕분이었다. 〈표 8-6〉은 분야별 사회
지출이 실제 소득분배의 개선에 미치는 영향을 살펴보고 있다. 이 표
에 의하면 사회지출은 대부분 매우 진보적인 배분적 효과를 가지는 것
으로 나타나고 있다. 특히 초등교육, 건강 및 영양, 사회보장을 제외
한 사회지출은 사회적 배분의 개선효과가 큰 것으로 나타나고 있다.
이에 비해 고등교육, 사회보장에 대한 지출은 역진적인 배분효과가 있
는 것으로 나타나고 있다. 그러나 이 경우에도 지역 전체의 평균적인
소득분배의 불평등 정도보다는 평등하다.

그러면 사회지출의 증대에도 불구하고 왜 사회적 불평등이 완화되
지 않고 있는가? 이에 대해 우리는 다음과 같은 두 가지 이유를 생각
해 볼 수 있다. 첫째, 사회지출의 규모가 여전히 작거나 많은 경우에
는 빈곤층의 소득증대 효과가 없어서 세계화 및 신자유주의적 경제개
혁이 미치는 부정적 효과를 상쇄하지 못하기 때문이다. GDP에서 사

### 〈표 8-5〉 1990년대 사회지출 증가의 규모와 요인

| 국가 | 일인당 사회지출 (1997년 달러) | | 증감 (1996/97) ~ (1990/91) | 분야별 증감액 및 비율 | | | | |
|---|---|---|---|---|---|---|---|---|
| | 1990 ~91 | 1996 ~97 | | 교육 | 의료 | 사회 보장 | 사회 부조 | 주택/ 기타 |
| 아르헨티나 | 1,222 | 1,570 | 349 | 106(30) | 89(25) | 97(28) | 32(9) | 25(7) |
| 우루과이 | 929 | 1,371 | 441 | 50(11) | 64(14) | 314(71) | … | 14(3) |
| 브라질 | 821 | 951 | 130 | 3(2) | -16(-12) | 133(102) | 1(1) | 10(8) |
| 칠레 | 451 | 725 | 273 | 78(29) | 57(21) | 90(33) | 11(4) | 28(14) |
| 코스타리카 | 445 | 550 | 105 | 39(37) | 19(18) | 36(34) | 3(3) | 8(8) |
| 콜롬비아 | 181 | 391 | 210 | 43(21) | 70(33) | 53(25) | 17(8) | 27(13) |
| 멕시코 | 283 | 352 | 69 | 41(59) | 23(33) | … | … | 6(8) |
| 베네수엘라 | 338 | 317 | -21 | n.a. | n.a. | n.a. | n.a. | n.a. |
| 페루 | 51 | 169 | 118 | n.a. | n.a. | n.a. | n.a. | n.a. |
| 파라과이 | 55 | 148 | 93 | 50(54) | 17(19) | 27(29) | 2(2) | -3(-3) |
| 볼리비아 | 55 | 119 | 65 | 30(47) | 3(5) | 18(28) | … | 13(21) |
| 지역평균* | 349 | 475 | 126/167 | 41(25) | 32(19) | 69(41) | 9(6) | 16(10) |

\* 지역평균값은 위의 국가들 외에 다른 국가들의 사회지출액도 포함된 것으로 전
체 증감액과 분야별 증감액의 값이 다름.
자료 : ECLAC, *Social Panorama of Latin America*, 1998.

⟨표 8-6⟩ 중남미 8개국의 분야별 사회지출에 따른 배분적 효과 (단순평균)

| | 20분위별 사회지출의 배분 | | | | | Gini 계수 |
|---|---|---|---|---|---|---|
| | I (최하위 20%) | II | III | IV | V (최상위 20%) | |
| 교육, 전체 | 27.9 | 23.1 | 19.5 | 16.2 | 13.2 | -0.14 |
| 초등 | 38.0 | 25.4 | 19.0 | 11.8 | 5.8 | -0.31 |
| 중등 | 25.8 | 25.9 | 21.8 | 16.8 | 9.7 | -0.17 |
| 고등 | 8.5 | 14.3 | 21.7 | 24.4 | 31.0 | 0.22 |
| 건강과 영양 | 26.9 | 23.3 | 22.0 | 16.7 | 11.1 | -0.15 |
| 주택 및 기타 | 22.1 | 20.1 | 19.0 | 18.1 | 20.7 | -0.02 |
| 사회보장 | 15.0 | 14.3 | 17.4 | 20.8 | 32.6 | 0.17 |
| 사회보장 제외 사회지출 | 28.2 | 22.9 | 20.5 | 16.0 | 12.4 | -0.15 |
| 사회보장 포함 사회지출 | 22.1 | 19.3 | 19.4 | 18.4 | 20.6 | -0.01 |
| 소득분배 | 4.8 | 9.4 | 13.7 | 21.4 | 50.7 | 0.41 |

출처 : ECLAC, *The Equity Gap: A Second Assessment*, p. 212.

회지출의 비중이 높은 우루과이, 코스타리카, 아르헨티나, 브라질 등은 GDP의 15~20% 정도를 사회지출에 사용하고 있다. 이것은 상당히 높은 비율임에 틀림없다. 그러나 이러한 지출 중에서 빈곤층의 소득증대에 쓰이는 액수는 크지 않다. 둘째, 사회지출에 있어서 사회보장비 지출이 차지하는 비중이 높은데, 이 분야의 지출은 불평등 완화의 효과가 낮다(Ocampo, 1998: 11~12). 전통적으로 라틴아메리카의 사회보장지출은 주로 중간층 이상을 주요한 수혜대상으로 하는 것이었다(Baer & Maloney, 1997: 321). 연금제도를 위시한 사회보장제도의 발달 자체가 사회적으로 강력한 집단들의 요구를 반영한 결과였기 때문이다. 앞에서 지적한 바와 같이, 중남미의 연금제도들은 강력한 집단들을 위한 것들로부터 생겨났고, 다양한 특혜장치들을 가지고 있었다. 따라서 연금제도를 통한 정부의 사회적 지출은 불평등을 완화하기보다 오히려 강화하는 효과가 있었다.

그러면 연금제도의 개혁이 사회적 불평등에 미치는 효과는 무엇인가? 사회보장지출의 대부분을 연금지출이 차지하고 있는 점을 감안할 때, 연금개혁이 사회지출의 규모나 배분효과에 미치는 영향을 분석할 필요가 있다. 그러나 연금개혁은 대부분이 아주 최근에 이루어졌기 때문에 이것의 배분적 효과에 대한 자료가 없다. 매우 일반적인 수준에서 이야기하자면, 개인적립방식의 신 연금체제는 빈곤층에게는 혜택을 줄 수 없다. 따라서 구조적 연금개혁은 어떤 유형이든 사회적 불평등의 해소에 도움이 되지 않는다고 볼 수 있다. 다만 최저 연금제의 도입을 통하여 최저 수준의 연금마저 납입하지 못하는 빈곤층에게도 일정한 금액의 최저연금 지급을 보장한다면 진보적인 배분효과가 나타날 것으로 기대할 수 있다. 마찬가지 이유에서 연금개혁에 따른 정부의 사회지출 증대도 사회적 불평등 완화에 기여하리라고 기대하기 어렵다. 비구조적 개혁의 경우, 사회적 연대성 원칙에 입각하여 포괄범위를 확대하고 최소연금을 인상하는 조치를 통하여 사회적 불평등의 완화에 기여할 수 있을 것이다.

사회지출의 증대에도 불구하고 사회적 불평등이 개선되지 않고 있는 상황에서 세계은행과 중남미 각국의 정부가 선호하게 된 정책처방이 극빈층을 직접적으로 겨냥한 소득지원방식이다. 국제금융기구들의 자금지원을 바탕으로 설립되는 사회투자기금들과 복지수당, 공공근로사업 등이 이러한 예다. 이러한 프로그램을 선호하는 이유는 이것이 극빈층의 빈곤완화에 직접적인 도움을 줄 수 있다는 사실과 함께 정치적으로 이용하기 편리하기 때문이다. 후버(Huber, 1999: 9)는 중남미 국가들이 90년대에 들어서 사회투자기금들을 활발히 설립한 이유로 다음의 세 가지를 들고 있다. 첫째, 이러한 프로그램들은 국제금융기구들로부터 강력한 재정지원을 받았다. 둘째, 이러한 프로그램들은 빈민층 중에서도 가장 잘 동원되고 시끄러운 사람들을 달래는 데 적합했다. 셋째, 이들을 운영하는 데 재량권이 많았고, 따라서 정치적 목적과 추종자 관리를 위해 사용될 수 있었다.[8]

---

8) 멕시코의 살리나스 대통령이 시행한 국민연대프로그램(*PRONASOL*)의 정치

1990년대 중남미 국가들의 경제회복과 사회지출 증대가 불평등의 완화에 어느 정도 기여했음을 부인할 수는 없을 것이다. 대부분의 항목에 있어서 사회지출은 사회적 불평등 해소에 긍정적 효과가 있음을 우리는 통계적으로 살펴보았다. 그러나, 다른 한편으로, 연금개혁과 사회적 안전망의 구축이 사회적 형평성 제고라는 본연의 목표보다는 정치적 목적에 의해 왜곡되고 이용당하고 있음을 우리는 확인할 수 있었다. 따라서 세계화 추세와 더불어 나타나고 있는 불평등의 심화를 제도개혁과 사회지출의 증대를 통하여 완화하고 극복하기 위해서는 사회복지제도의 개혁과 구축이 그러한 목적에 충실히 이바지할 수 있도록 이루어져야 한다.

## 6. 결론

1990년대는 중남미 국가들에게 있어서 개혁의 시기였다. IMF, 세계은행 등 국제금융기구들의 지원과 정책권고, 무역·금융의 세계적 자유화 추세에 따라 신자유주의적 개혁이념이 어느 나라를 막론하고 강력한 영향력을 미쳤음은 물론이다. 연금개혁도 그러한 개혁의 중요한 부분이었다. 우선 연금제도의 재정위기를 해결하는 것이 국가의 재정부담을 줄이기 위해 필요했다. 부과방식으로 운영되던 기존의 공적연금체계가 한결같이 재정적자 상태에 처해 있었고, 연금지급을 위하여 재정지출의 상당한 부분을 할애해야 했기 때문이었다. 그러나 연금개혁은 보다 적극적인 의미에서도 고려되었다. 적립방식의 새로운 연금제도는 국내저축률을 높여 경제성장에 필요한 자원을 확보하기 위한 수단이 될 수 있었고, 금융위기의 상황에서 금융기관들이 안정적인 자

---

적 효과에 대해 분석한 Bruhn(1996)은 그러한 프로그램이 정치적 지지를 동원하는 데 성공적이지 못하다고 평가하고 있다.

산을 확보하는 통로가 될 수 있을 것으로 기대되었기 때문이다.

연금개혁의 필요성과 개혁의 큰 방향이 거의 유사한 경우에 있어서도 개혁의 구체적 내용은 나라마다 상이했다. 실업증대, 사회적 불평등 심화, 복지수요의 증대 등이 연금재정의 위기와 더불어 연금개혁의 직접적인 배경을 이루었다면, 칠레의 연금개혁 사례와 세계은행이 제시한 다층적(*multi-pillar*) 연금체계안이 90년대 중남미 국가들에 있어서 연금개혁의 기본적인 방향을 제시하는 역할을 했다. 그러나 연금개혁의 구체적 내용은 각 나라의 특수한 조건들을 반영하여 조정될 수밖에 없었다. 우리는 위에서 연금개혁의 유형을 비구조적 개혁과 구조적 개혁으로 나누고, 구조적 개혁의 경우 다시 대체형, 혼합형, 경쟁형으로 분류하여 각 유형의 차이를 살펴보았다. 그리고 유형간 및 동일한 유형 내에 있어서도 연금체계간 선택의 자유, 기금운영자를 선택할 수 있는 자유, 기금운영자의 법적 지위, 고용주의 기여, 가입자의 기여, 국가의 재정적 역할 등에 따라 조금씩 차이가 난다는 점을 살펴보았다. 우리는 이러한 연금개혁의 차이들을 칠레, 코스타리카, 멕시코, 아르헨티나, 페루의 사례들에 대한 논의를 통하여 구체적으로 살펴보았다.

연금개혁의 유형과 세부사항이 나라별로 차이가 나는 이유는 5가지의 변수로 설명할 수 있다. ① 개혁시기에 있어서 정치적 조건과 제도적 제약요인이 서로 다르기 때문이다. 권위주의에 가까울수록 대체형 개혁에 유리하며, 민주적인 절차가 중요해질수록 비구조적 개혁이나 혼합형이 채택될 가능성이 높아진다. ② 사회경제적 발전의 상태가 다르기 때문이다. 금융시장이 발전해 있고 중산층이 두터울수록 대체형 개혁을 추구하기 쉬워진다. ③ 신자유주의적 구조조정이 강력하게 추진될수록 대체형 개혁이 선택될 가능성이 높다. ④ 연금제도의 성숙도가 높을수록 근본적인 구조개혁의 필요성이 증가하다. ⑤ 연금재정의 적자수준이 높을수록 대체형 개혁이 어려워진다. 전환비용은 대개 대체형>경쟁형>혼합형의 순서로 높다.

연금개혁이 사회적 불평등의 완화에 미치는 효과에 대해서는 아직

체계적인 자료가 없다. 그러나 시장적 요소를 연금체계에 도입하는 구
조개혁이 불평등 완화에 기여하지 못할 것은 자명하다. 개인구좌 적립
을 기초로 연금을 지급하면 빈곤층은 혜택을 볼 수 없기 때문이다. 이
러한 문제를 극복하기 위해서는 국민 모두에게 기초연금, 최저연금을
보장해 주는 1층의 공적 연금을 강화하고, 2층의 적립방식을 보완적으
로 운영해야 한다. 공적 연금의 사회적 유대성을 확보하고 재정위기를
막기 위해서는 전 국민의 가입을 의무화하고 연금료를 누진적으로 납
부하게 해야 한다.

중남미 국가들은 90년대에 들어와 거의 모두가 사회지출의 증대를
달성했다. 80년대의 경제위기 동안에 감소했던 사회지출의 비중이 90
년대에 들어와 위기 이전의 수준으로 회복했고, 절대액에서도 상당한
증가를 달성했다. 그러나 사회지출의 증가가 사회적 불평등의 해소로
연결되지는 않고 있다. 사회지출의 전체적 규모가 아직 작고, 사회지
출의 불평등 완화효과가 크지 않기 때문이다. 특히 연금지급을 중심으
로 하는 사회보장비 지출은 불평등 개선에 기여하지 못하고 있는 것으
로 평가받고 있다. 이러한 측면에서 90년대의 중남미 국가들은 경제성
장 회복, 사회지출 증대, 빈곤선 이하의 가정비율 감소와 같은 긍정적
측면과 함께, 실업률 증대, 사회적 불평등 악화와 같은 부정적 측면을
함께 보여주었다.

중남미 연금개혁 사례들은 우리나라에 대해서도 시사하는 바가 크
다. 첫째, 연금개혁은 사회적 유대성과 중장기적 재정안정을 균형있게
고려하여 고안되고 시행되어야 한다는 점이다. 중남미의 연금제도들은
노후생활의 보장과 의료, 산업재해, 유족연금 등과 다양하게 연계되어
실시되고 있다. 이러한 연금제도가 사회적 유대성 원칙을 기초로 사회
적 통합에 기여해야 함은 물론이다. 그런데 기존의 연금제도들은 특권
집단들의 개별적 이익에 기여하는 바가 컸고, 이러한 연금들의 재정위
기를 국가의 재정으로 해결해 줌으로써 오히려 사회적 불평등을 심화
시키는 효과가 나타나기도 했다. 연금개혁을 통하여 등장한 새로운 연

금체계도 대부분의 경우 특권집단들의 연금들을 통합하는 데는 실패하고 있다. 또한 개별적립방식의 도입에 대한 지나친 강조도 사회적 유대성의 원칙에 어긋난다. 다른 한편으로, 연금개혁은 연금재정의 중장기적 안정문제에 대한 고려를 중시해야 한다. 연금재정의 위기는 결국 연금제도의 존립 자체를 어렵게 할 것이기 때문이다. 그런데 사회적 유대성과 연금재정의 안정성을 모두 고려하기 위해서는 1층의 공적 연금제도를 강화해야 한다. 전 국민의 기초생활 보장을 목적으로 하는 이 연금에는 전 국민이 의무적으로 가입하도록 해야 하고, 누진적인 연금료 납부와 형평성있는 급여 제공의 원칙이 적용돼야 한다. 즉, 연금제도의 1층은 코스타리카의 개혁모델에 따라 건설되어야 한다.

둘째, 연금제도의 운영에 있어서 국가와 시장의 적절한 역할분담과 조화가 필요하다. 연금제도의 운영을 전적으로 시장기능에 맡길 수는 없다. 1990년대 중남미 연금개혁에 있어서 가장 중요한 이슈는 연금제도의 운영에 있어서 시장기능을 얼마만큼 활용할 것인가 하는 것이었다. 연금제도의 사회적 목적을 위해서는 시장기능의 도입을 제한해야 하고, 연금재정의 위기를 해소하기 위해서는 시장기능의 도입을 적극적으로 추진해야 한다. 그런데 연금개혁은 연금제도의 사회적 목적과 재정문제를 모두 고려해야 한다. 따라서 연금제도의 설계와 운영은 국가와 시장기능이 보완적으로 작동할 수 있도록 만들어져야 한다. 사실 세계은행의 다중적 모델에서 1층과 2층의 구분이 이러한 점을 고려한 것이었다. 그런데 세계은행의 모델은 1층의 기능을 축소하고 있기 때문에 사회적 형평성의 달성이라는 목적에 비추어 보면 미흡하다고 할 수 있다. 따라서 1층의 역할을 보다 강화하는 방향으로 국가와 시장의 역할분담을 설정할 필요가 있다.

셋째, 중남미 연금개혁사례들이 보여주는 또 하나의 시사점은 개혁과정에서 발생하는 제도의 왜곡이 연금개혁의 핵심적인 목표라고 할 수 있는 재정위기 해소와 사회적 형평성 제고를 모두 어렵게 할 수 있다는 점이다. 중남미의 경험은 연금제도의 설립, 운영, 개혁이 정치적 세력관계를 반영하여 이루어질 경우 사회적 불평등을 해소하기보다 오히려 강화할 수 있다는 사실을 가르쳐 준다. 사회지출의 증대, 심지어 빈곤층을 겨냥한 사회적 안전망의 건설도 정치적 필요에 의해 왜곡되고 잘못 운영될 수 있음을 볼 수 있다. 따라서 연금제도를 포함한 사회복지제도의 개혁을 통하여 사회적 형평성 제고, 재정위기의 해소라는 바람직한 정치적 목표를 달성하기 위해서는 개혁과정이 정치적 세력싸움에 의해서 왜곡되는 것을 최대한 방지해야 한다. 연금개혁을 추진하고 새로운 사회보장체계를 확립해 나가고 있는 우리나라의 현실에서 보면 중남미 국가들의 사례들은 긍정적인 측면에서든 부정적인 측면에서든 복지제도의 설립과 개혁에 대해 많은 시사점을 준다.

제 3 부

# 일본과 한국

복지후진국 벗어나기

제 9 장
## 세계화와 일본 사회정책의 변화

박 경 숙

## 1. 연구목적

일본은 이미 1950~60년대에 GATT, IMF, OECD 등 중요한 국제기구에 가입하여, 시장개방과 경제교류에 관한 국제적 압력에 대응해 나갔다. 국가경제가 대외적으로 개방되면서, 자본, 노동, 기술, 시장조직에 대한 초국가적 규제도 커졌지만, 80년대 초반까지만 해도 일본은 세계화압력 아래서도 '일본경제특수론'을 주장할 수 있을 만큼 경제적, 정치적 힘을 견지할 수 있었다. 일본의 경제시스템은 고도의 기술·시장 경쟁, 자본유동화, 금융불안정 환경에 효율적으로 대응하였으며, 국제수준의 메카 자본으로서 위상을 크게 떨칠 수 있었다. 몇 차례의 엔고, 불황위기가 존재하였지만, 1965년 이래 국제 무역수지는 계속해서 흑자를 기록하였다.

그러나 80~90년대를 거쳐 자본유동화와 금융개방이 더욱 촉진되고, 동구사회주의권 몰락 이후 미국시장주의의 헤게모니가 강화되면서, 일본경제의 경쟁력과 국제교역에 있어서의 정치적 힘은 크게 동요되기 시작하였다. 이제까지 경제적 우월성으로 인정받았던 일본형 경영방식이 자유공정 거래를 저해하는 이질적인 체제로 공격을 받았다. 장기간 지속된 엔고의 결과 자본의 해외이전이 계속되었고, 이에 따라 국내 산업구조의 공동화 현상이 우려되었다. 버블붕괴 이후 증가한 불량채권은 금융위기로 전환되어, 금융기관의 국제신인도가 크게 실추되었다. 변화된 국내외 환경에 대한 정책적 대응도 무능하였다. 급기야, 자민당의 55년 집권체제가 평성불황을 통하여 막을 내렸다.

내수경제의 불황 그리고 대외개방에 대한 국제적 압력 아래서, 일본의 기업인, 노동자, 소비자, 정치인, 관료인 사이에는 위기의식이 팽배하게 되었다. 또한 그 위기를 극복할 수 있는 대안에 대한 명확한 방향의식과 신념을 주요 정책행위자에게서도 쉽게 찾기 힘들었다. 위기의식이 붉어진 처음 얼마 동안은 시장주의 이념이 여론을 조성하는 듯 하였다. 많은 사람이 일본경제의 위기는 효율적인 경쟁을 저해하였던 일본경제시스템의 폐쇄성에 기초한다고 여겼다(Fukuyama, 1992). 따라서 국가경쟁력을 제고하기 위한 유일한 대안은, 세계화 추세에 적극적으로 합류하는 것이며, 일본경제는 국제적 표준(global standard)에 맞추어 재편되어야 한다고 생각했다. 한편 시간이 지남에 따라 무차별적인 경쟁, 시장주의가 초래할 경제·사회적 비용을 우려하는 자성의 소리도 높아졌다(榊原英資·田原總一郎, 1996). 현재의 경제위기는 자유/시장주의의 패권주의에서 비롯하였으며, 이를 견제할 수 있는 제3의 대안을 찾아야 한다는 각성이 드세어지고 있다.

이와 같은 세계화의 경제·사회적 충격 아래서, 전반적인 사회구조 개혁이 현재 추진되고 있다. 하시모토 수상은 1997년 행정, 재정, 경제, 사회보장, 금융, 교육제도에 있어서 근본적인 개혁을 추진한다고 밝혔다. 각 분야의 개혁내용은 궁극적으로 일본 경제의 국제적 표준화, 국가 경쟁력 제고를 목표로 하고 있다.

현재 일본의 경제구조는 이전에 비해 훨씬 개방된 체제로 재편되고 있다. 이 과정은 기존의 일본형 경제 시스템 ─ 장기적 노사관계, 호송선단식 행정 금융지도, 계열간 기업관계를 특징으로 하는 ─ 에서의 일정정도의 이탈임이 분명하다. 대규모 자본과 대기업이 국가 경계를 넘어 제휴되면서 기존의 장기적 거래, 계열기업관계는 약화되고 있다. 많은 기업이 유연한 노동구조와 연봉제를 선호하면서, 기존의 종신고용 시스템이 약화되고 있다. 임금을 통제하고 사회보장부담을 줄이고 노동공급을 확보하기 위하여, 여성노동, 고연령층, 외국인 노동자와 같은 비정규직 노동에 대한 선호가 증가하고 있다. 동시에 노사공동체의 기업복지 문화도 퇴색하고 있다. 고용이 불안해지고, 임금불평등이 증가하면서 노동자의 단체교섭인 춘투(春鬪)가 임금상승이 아니라, 고용안정으로 방향이 지어지고 있다.

비슷한 시기에 일본 복지제도의 운명에 대한 담론도 활발하게 이루어졌다. 신문, 언론, 학계는 일본복지의 재정위기가 심각한 수준에 이르렀음을 강조하였다. 선례가 없는 급속한 고령화의 결과 복지비용부담이 과중해질 것이며, 이는 국민경제에 부정적으로 작용할 것이라는 우려가 팽배하였다. 이에 따라, 일본사회복지제도에 대한 '발본(拔本)적' 개혁이 강조되었고, 의료, 연금, 노인복지제도에 있어 포괄적인 제도개혁이 추진되고 있다. 슬림화, 재정안정성, 민간참여 활성화 등을 목표로 1997년 개호보험법이 새로이 제정되고, 연금법, 의료보험법이 개정되었다. 2000년 4월을 기하여 개호보험이 실시되었고, 민간연금제도인 확정거출연금제도법이 제정되었다.

이상에서와 같은 경제구조조정과 사회복지제도의 재편과정은 다른 사회에서도 일반적으로 관찰되는 세계화 충격에 대한 대응인 듯하다. 요컨대, 경제시스템은 노동유연성, 기술투자 및 자본제휴의 고도화, 그리고 교역규준의 표준화의 방향으로 조직되고 있다. 사회정책의 측면에서는, 복지의 효율성, 그리고 이를 위한 민간부문의 참여(시장화), 수익자 부담의 원칙(자기 책임), 재정축소 원칙이 강조되고 있다.

그러나, 세계화충격과 복지국가 재편과정 사이의 관계는 훨씬 복합적이다. 세계화 과정에 편입하면서 일본경제가 필연적으로 자유시장체제로 전환될 것으로 전제한다면 戰前 혹은 戰後 고도성장과정에서

지속되고 강화된 일본 경제시스템의 제도적 저항을 지나치게 간과하는
것이다. 마찬가지로 일본 복지시스템의 전개과정 이면에는 사회집단
들간의 역학관계, 그리고 다양한 이해집단 사이의 경쟁과 갈등을 해석
하고 조정하는 국가 행위자의 독특한 역할이 존재하여 왔다.

　사회정책의 변환과정은 복지국가의 특징을 매개하여 특수하게 전개
된다. 구체적인 정책의 형성과 변화는 근본적으로 자유주의, 시장화
등 경제상황 변화 자체에는 비탄력적이다(Esping-Anderson, 1996;
Pierson, 1996). 이 점에 유의하면서 본 연구는 일본의 맥락에서 전개
된 세계화의 충격과 복지제도 재편 사이의 연관성을 규명하고자 한다.
구체적으로 다음과 같은 주제에 초점을 둘 것이다.

　첫째, 일본경제시스템의 세계화에의 대응과정을 고찰한다. 일본경
제가 세계경제에 통합/편입된 정도, 자본과 상품시장이 대외적으로
개방된 정도, 그리고 무역마찰의 경과를 검토한다.

　둘째, 일본사회복지제도의 역사적 변천과정과 그 특징을 살피고,
80~90년대 세계화의 맥락에서 어떻게 복지국가 위기론이 전개되었는
가를 검토한다.

　셋째, 90년대 후반과 2000년에 시행된 연금제도개혁, 개호보험 출
범 등 주요한 사회정책의 변환내용을 구체적으로 분석함으로써, 일본
사회정책의 변환이 어느 정도 시장자유주의 이념에 조응하고 있는지를
진단한다.

　마지막으로, 새롭게 변화된 복지제도의 특징이 기존 복지체제와 비
교할 때 가지는 지속성과 차이점을 검토함으로써, 세계화의 영향을 매
개, 중재하는 일본형 복지체제의 특수성을 진단한다. 또한 세계화에
의 대응이나 복지제도의 변환과정이 한국복지체계에 시사하는 함의를
검토한다.

## 2. 일본경제시스템의 세계화에의 대응 :
### 일본특수성에서 국제적 표준화로

일본경제는 80년대 초반까지만 해도 세계화 압력에 효과적으로 대응할 수 있었다. 패전 이후 일본은 미군을 중심으로 점령군의 간접통치하에 놓이게 되었다. 1952년 강화조약이 조인되기 이전까지 미국은 일본에서 재벌해체, 농지개혁, 사회민주화 등 일련의 개혁조치들을 강제적으로 주도하였다(野口烈紀雄, 1996). 그러나 동서냉전 대결구도로 변화된 국제정세 속에서 동아시아 평화 유지에 일본의 전략적 위치가 재고려되었고, 이에 미국은 일본의 경제부흥을 위하여 적극적 후견자로 나섰다. 일본은 1952년 IMF에, 1955년에는 GATT에, 그리고 1964년에는 OECD에 가입하면서 국제무대에 재복귀하였다. 1960년부터 68년까지 일본경제는 연평균 10%의 고도성장과 무역행진을 계속하였다. 일본의 무역수지가 흑자기조로 자리잡은 것은 1965년 무렵부터였다. 1960년대에 들어서 수출에 기폭제 역할을 한 것은 철강, 선박, 자동차 등의 중화학공업이었다.

전후 일본이 고도성장을 이룩할 수 있었던 것은 비단 변화된 국제정세 때문만은 아니다. 장기적이고 안정적인 고용관행, 주주권의 제한, 현장중심의 기술장려, 호송선단식 금융제도를 통한 안정적 자본조달, 그리고 효율적인 행정지도는 고도경제성장에 견인차 역할을 수행하였다.

일본 노사관계는 종신고용, 연공서열 임금과 기업노조로 특징지어진다. 이는 임금이 직무에 대응해서 결정되지 않고, 연령이나 근속연수에 따라 결정되는 제도이다. 임금상승은 노동자가 조직 내에 머물러 있는 경우에 한정되고, 전직에 의해 타기업으로 옮겨가게 되면 지속되지 않는다. 장기근속의 관행은 노동자와 기업이 대결하는 구도가 아니라, 서로 협조하는 공동체 문화를 조성하였다. 또한 고도성장기 기업

업적의 개선은 종업원에게 환류되었으며, 이는 다시 종업원의 근로의
식과 생산성 향상에 기여했다. 기업은 노동에 대한 임금뿐 아니라, 노
동자의 기업 내 훈련, 복리후생, 정년 후 소득보장 등 생활전체를 커
버하는 복지제공자로 기능하였다.

　일본의 고도성장은 또한 높은 저축률에 의하여 뒷받침되었다. 1960
년대 기업의 자본조달은 금융기관으로부터의 대출에 절대적으로 의존
하였다. 반면 사업채, 주식에 의한 자금조달은 미미한 수준에 그쳤다.
이와 같은 간접금융 방식에 기초한 자금 흐름은 금융시장의 강력한 통
제 때문에 가능할 수 있었다. 이른바 대장성의 감독하에 호송선단 방
식(금융계층제)이 확립되었고, 메인뱅크가 흡수한 자금을 기간산업으
로 중점적으로 유입시켜, 기간산업의 장기적 자본조달에 안정성을 확
보할 수 있었던 것이다(野口烈紀雄, 1996).

　이밖에, 일본의 기업관계는 계열로 불리는 장기적 거래관계를 기초
로, 대기업과 중소기업의 협력을 도모하였다. 또한 산업의 안정과 질
서를 도모하기 위하여, 정부는 산업정책이나 금융행정을 통하여 기업
과 긴밀한 관계를 유지하였다. 노구치유키오(1996)는 일본형 경제시
스템으로 표현되는 장기적 고용관계, 기업계열관계, 메인뱅크시스템,
행정지도는 일본의 고유문화를 배경으로 한 민족적 특성이 아니라,
1940년대의 전시체제에서 새로이 발전/강화되었다고 주장하고 있다
(野口烈紀雄, 1996).

　일본의 국제수지 흑자 폭이 커지면서, 달러화에 대한 엔화의 가치도
급격히 변하였다. 1971년 7월 360엔에서, 1999년 112엔대로 엔화의
가치가 3배가 넘게 상승하였다. 엔화는 4차례 크게 절상되었다. 첫 번
째 엔고는 1971년 닉슨 쇼크에서 시작하여 약 2년에 걸쳤고, 두 번째
엔고는 제1차 석유위기 후 77년부터 약 3년 기간동안 일어났으며, 세
번째는 1985년 플라자 합의부터 3년간에 걸쳐 지속되었다. 최근 엔고
는 거품경제의 붕괴 와중에서 일어났다. 엔화의 가치가 급속하게 상승
한 것은 일본 제품의 시장경쟁력 상승, 투기 등의 요인과 함께, 미국

이 경기침체, 무역적자를 개선하기 위해 실시한 환율조정정책에 기인
한다. 한 국가의 통화가치가 올라가면, 수출흑자가 줄어드는 것으로
기대되므로, 일반적으로 환율조정은 국제수지균형을 유지하는 데 활
용된다. 그런데, 급속한 엔고상황에서도 일본의 국제수지흑자는 계속
되었고 일본자본의 해외진출경향도 강화되었다(〈그림 9-1〉).

〈그림 9-1〉 일본의 대외직접투자추이

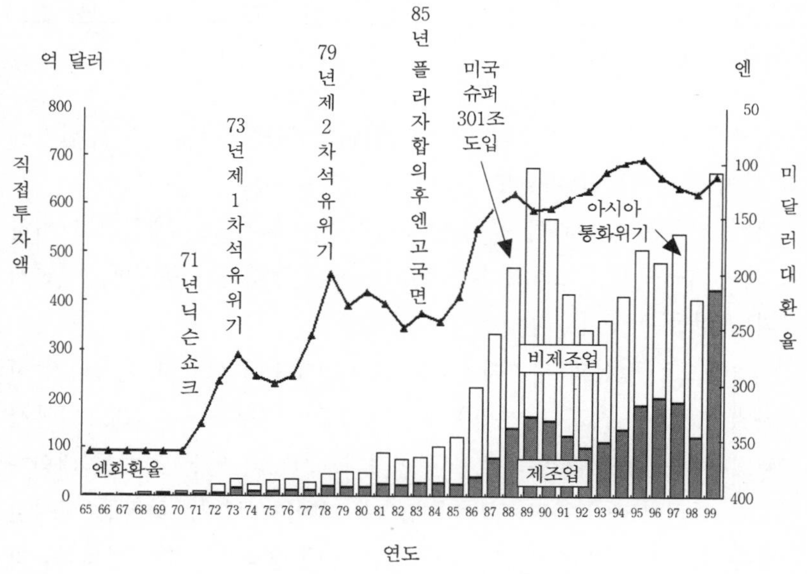

자료 : 通商省, 2000.

286

<표 9-1> 국제수지

(단위 : 백만 엔, %)

| 연도 | 수출(A) | 수입(B) | 무역수지 | 수입대비수출 (A/B×100) |
|---|---|---|---|---|
| 1992년 | 43,052,879 | 29,225,047 | 13,827,832 | 147 |
| 1993년 | 39,613,243 | 26,449,917 | 13,163,326 | 141 |
| 1994년 | 40,750,347 | 28,988,814 | 11,761,533 | 128 |
| 1995년 | 42,069,432 | 32,952,956 | 9,116,476 | 127 |
| 1996년 | 46,040,586 | 39,671,661 | 6,368,925 | 129 |
| 1997년 | 51,411,190 | 39,961,467 | 11,449,723 | 140 |
| 1998년 | 49,449,347 | 35,393,751 | 14,055,596 | 139 |
| 1999년 | 48,548,472 | 36,447,645 | 12,100,827 | 133 |

자료 : 大藏省, 2000a.

국제시장에서 일본경제의 규모가 확대되면서, 일본과 다른 선진사회 사이에 국제무역 마찰도 심해졌다(<표 9-1>).

특히 미국은 일본과의 무역에서 증가하는 적자폭을 개선하기 위하여 대미 수출규제, 그리고 환율조정을 거듭 강행하는 동시에, 일본시장의 개방을 촉구하였다.

법률적으로 일본의 무역자유화는 1960년대부터 상당히 진척되기 시작하였다. 일본 시장의 자유개방은 공산품의 경우 1950년대, 자본시장과 금융부문은 1980년대에 이루어졌다. 그러나 일본 경제의 대외개방성을 둘러싸고 일본과 서방의 입장은 차이가 컸다. 미국을 위시한 서방은 법적인 개방조치에도 불구하고, 일본경제시스템은 폐쇄적이라고 비판하였다. 일본 기업이 해외에서 활발하게 생산거점과 시장을 확보하는 것과는 대조적으로 대외자본이 일본에서 영업활동하기가 어렵다고 지적하였다. 대외기업의 일본 시장침투도가 약한 것은 대외자본의 사업능력이 취약해서가 아니라, 일본의 복잡한 행정규제와 유통망, 이중가격제 등에 기인한다고 비난하였다(이호철, 1996). 일본경제의 폐쇄성과 관련하여 기업의 계열화도 문제로 지적되었다. 일본의 주요 기업집단은 주식의 상호보유, 공동투자, 계열융자, 종합상사에 의한

집단 내 거래, 전 업종을 포괄한 사업체제를 구축하고 있어 외부로부
터의 시장진입을 규제한다는 것이다.

한편 일본의 입장은 달랐다. 엔고상황과 개방화의 압력에서도 일본
이 국제 수지흑자를 유지할 수 있었던 것은 일본기업의 국제적 경쟁력
때문이었다는 것이다. 《1992년도판 통상백서》에서는 외국으로부터 무
역장벽, 일본시장 접근을 막는 문제로 지적 받고 있는 기업거래, 고용,
금융 관행은 장기적인 거래에서 형성된 일본의 특징이라고 밝히고 있
다. 실제 일본 기업은 엔고의 위기를 극복하기 위하여 품질향상과 기업
합리화에 더욱 박차를 가하였다. 기술자를 우대하는 현장중심 시스템
을 정착시켰으며, 노사일체형의 기업공동체문화를 강화하였다. 부품업
계의 경쟁을 촉진시킴으로써 제조업의 경쟁력을 크게 향상시켰다.

역설적일 수 있지만, 미국을 비롯한 서방이 무역제재와 통화조정을
통해 일본경제의 개방화에 압박을 가할수록, 일본경제체제의 특수성
은 더욱 강화되었다. 이를테면, 무역제재, 엔고 등의 위기 속에서 노
사협조의 문화가 더욱 강화되었다. 대외개방의 압력과 엔고는 국난으
로 인식되었고, '생산우선주의'는 국민적 가치관으로서 강하게 자리잡
게 되었다(野口烈紀雄, 1996). 팀워크와 성과의 평등배분이 중요시되
면서 경쟁원리는 약화되었다. 기업의 생존, 생산우선의 사고가 지배
하면서 소비자의 이해는 억제되었다. 엔고의 상황은 소비자의 입장에
서 보면 값싼 외국제품을 수입하여 소비생활을 풍부하게 할 수 있지
만, 일본 소비자는 엔고의 이점을 누릴 수 있는 기회가 적었다.

그런데, 80년대 이후 일본의 경제시스템은 대내, 대외적으로 이전
에 비하여 훨씬 커다란 도전을 받게 된다. 대내적으로 80년대 말의 버
블경기와 90년대 초의 버블붕괴와 함께 장기적 관계에 기초한 시스템
이 크게 동요되기 시작하였다. 성장위주, 수출중심, 소비억제, 저축
장려, 그리고 경쟁 제한적 계열, 호송선단식 기업체제가 위기국면에
이른 것이다. 장기간 엔고상황에서 대부분의 제조업기업이 해외로 생
산거점을 이전함으로써, 국내생산과 고용기회가 감소하고 경제의 잠

재적 성장력이 떨어지는 이른바 산업의 공동화 현상이 우려되었다.

또한 버블붕괴에 따라 지가가 크게 하락하고, 다량의 불량채권이 발
생하였으며, 이는 주식가격 하락, 금융불안으로 이어져, 일본 금융기

〈표 9-2〉 일본의 대외개방 발자취

| 1947. | 8. | 민간무역 재개 |
|---|---|---|
| 1949. | 4. | 1달러당 360엔의 고정환율 실시 |
| 1951. | 9. | 샌프란시스코 강화조약 조인(1962. 4 발효) |
| 1952. | 8. | IMF에 가입 |
| 1955. | 9. | GATT에 정식으로 가입(1963. 10 임시 가입) |
| 1960. | 6. | 수입제한의 대폭 자유화(무역·외환 자유화계획 대강) |
| 1963. | 2. | GATT 11조국으로 승격 |
| 1964. | 4. | IMF 8조국으로 이행(외화예산제도 폐지), OECD 가입 |
| 1964. | 5. | 케네디 라운드의 개시(1967. 6 종결) |
| 1964. | 10. | 수입자유화율 92.8% 달성 |
| 1967. | 7. | 제1차 자본자유화 실시(100%가 17업종, 50%가 33업종) |
| 1968. | 6. | 기술도입의 자유화 확대 |
| 1968. | 7. | 케네디 라운드에 의한 제1차 관세인하의 실시(1,910 품목) |
| 1968. | 10. | 잔존 수입제한 55품목의 자유화 결정(1971. 12말까지 실시) |
| 1970. | 9. | 제3차 자본자유화 실시(100%가 77업종, 50%가 447업종) |
| 1971. | 4. | 자동차의 자본자유화 실시 |
| 1971. | 8. | 제4차 자본자유화 실시(100%가 228업종, 50%는 7업종을 제외하고 전 업종) |
| 1971. | 8. | 미국, 신 무역정책을 발표(닉슨 쇼크) |
| 1972. | 7. | 기술도입의 자유화 실시 |
| 1973. | 2. | 엔화의 변동환율제 이행 |
| 1973. | 5. | 제5차 자본자유화 실시(5업종을 제외하고 원칙 자유화) |
| 1973. | 10. | 석유위기 발생 |
| 1974. | 8. | 전자계산기의 자본 50% 자유화 실시 |
| 1974. | 12. | IC의 100% 자본자유화, 정보처리업의 자본 50% 자유화 실시 |
| 1975. | 2. | 도쿄라운드의 개시(1979. 12 종결) |
| 1975. | 6. | 소매업의 자본자유화 실시 |
| 1980. | 12. | 신외환법 실시(대외거래, 자본거래의 원칙 자유화) |
| 1986. | 1. | 농산물 146품목의 관세폐지 실시 |
| 1988. | | 슈퍼 301조(포괄무역), 지적소유권(스페셜 301조) |
| 1989. | 4. | 공업제품 1004품목의 관세철폐 실시 |
| 1991. | 4. | 쇠고기, 오렌지의 수입자유화 실시 |
| 1992. | 4. | 오렌지주스의 수입자유화 |

자료 : 이호철(1996: 104).

관의 국제신인도를 크게 실추시켰다. 금융시스템의 위기의 결과 1996년 4월, 日本生命이 파산을 신고하였으며, 1996년 11월에는 삼양증권, 산일증권 등이 자주폐업을 신청하였다. 설상가상, 정부기관의 감독행정도 장기간에 걸친 유착관계에 의해 사실상 기능이 마비된 상태에 이르렀다.

내수산업의 공동화, 금융위기는 기존의 장기적 기업계열관계, 노사관계, 메인뱅크시스템에 균열을 초래하였으며, 90년대 초의 평성불황으로 이어졌다. 내수경제의 침체 속에서 국제경쟁력에도 붉은 신호등이 켜졌다. 실질GDP 성장률(전기대비)은 1997년 2분기 -2%로 떨어진 이래, 약 2년 동안 마이너스 수준에 머물렀다(大藏省, 2000b).

내수불황과 함께 서방선진국들의 대일제재는 더욱 거세어졌다. 미국은 1988년 포괄무역, 경쟁력법 301조, 지적소유권 182조, 통신분야의 외국무역관행에 관한 1988년 무역법 1,377조~1,881조, 외국정부 조달관행에 대한 4항 등 제재법률을 근거로, 불공정거래의 시정을 요구하였다(이호철, 1996: 144).

이와 같이 대내적으로 내수시장의 불황, 대외적으로 표준화에 대한 압력 아래서, 일본은 더 이상 일본특수론을 주장할 수 없게 되었다. 국제적 표준화의 요청에 보다 적극적으로 대응해야 했던 것이다. 현재, 일본의 많은 기업이 자본 및 기술 제휴를 통하여 경영혁신을 추진하고 있다. 잠재적 성장력 제고를 위하여 정보, 기술 부문을 중심으로 설비투자 증자에 노력하고 있다. 노사관계에 있어서도 변화가 이루어지고 있다. 1996년 노동성이 4,800개 기업을 대상으로 한 고용관리조사에 따르면 기업의 50.5%가 종신고용제를 고집하지 않겠다고 응답했다(이호철, 1996). 또 생산성본부가 96년 초 510개 기업을 대상으로 한 조사에 의하면, 68%가 연봉제 도입을 계획하고 있는 것으로 나타났다. 2000년 6월 노동성이 발표한 '취업형태의 다양화조사'에 따르면, 노동자 중 파트, 계약사원 등 비정규직 사원의 비율이 1999년 27.5%에 이르고 있다(日本經濟新聞, 2000/6/27).

경제구조조정과 함께 사회구조 전반에 대한 일대 개혁이 추진되고 있다. 하시모토 수상은 국회시정연설(1997년 1월 21일)에서 행정, 재정, 경제, 사회보장, 금융, 교육 분야에서 개혁을 추진할 것으로 밝혔다(〈표 9-3〉). 각 분야의 개혁내용은 간략히 정리하면, 중앙정부의 부처통폐합, 행정의 효율화, 재정건전화, 규제철폐, 경제활력을 위한 공적부담억제, 사회보장제도에 있어서 민간활력의 도입 등으로 특징지어진다. 또한 각 분야에서의 개혁내용은 서로 연관되며, 궁극적으로는 국제적 표준화, 경쟁력 제고를 목표로 하고 있다.

그러나 사회 제 분야에 있어서의 야심만만한 개혁 정책과 실제 의미 있는 변화에도 불구하고, 일본 경제의 폐쇄성을 극복하기에는 그 변화의 힘이 미약하다는 것이 일반적인 평가인 듯하다. 전시체제에서 구축된 일본형 기업관계, 관료제, 간접금융제도, 관료의 행정지도, 그리고 보수적인 정치문화의 저항은 뿌리깊은 것이다.

장기간의 번영 이후에 벌어진 일본 경제의 위기 상황은 정부, 관료, 정치인, 언론인, 시민 모두에게 혼돈과 불안을 가져다주었다. 변화되는 환경에 대응하여 확고한 개혁의지를 추진할 수 있는 사회 세력의 존재에 대해서도 회의적이다. 일부에서는 일본의 위기는 구체제의 잔류에 기인한 것이며, 세계화에의 적극적인 참여가 경제회생의 길이라고 주장한다. 이에 대하여 보수우익세력은 현재의 위기는 국난이며, 이에 대처하기 위해서는 스러져 가는 일본의 가치를 복구하는 것이 중요하다고 피력한다. 이와 같은 시장주의, 보수우익의 입장을 견제하면서, 시장주의의 폭력성을 극복할 수 있는 일본고유의 제3의 길은 아직까지 미지수로서 남겨져 있다.

〈표 9-3〉 하시모토 총리의 사회구조 개혁안 개요

| 분야 | 개혁내용 |
|---|---|
| 행정 | · 슬림화, 시장화, 국제화<br>· 중앙정부의 부처통폐합(2001년 실행)<br>· 행정대응능력고양, 행정의 종합성 확보, 행정의 효율화, 행정에 대한 신뢰성 확보 |
| 금융 | · 금융기관의 경영안전화  · 감세정책, 공적자금도입 |
| 재정 | · 재정건전화<br>  -2003년까지 재정적자를 GDP 대비 3%로 축소<br>  -2005년까지 적자국채발행을 제로로 하되, 가능한 조기에 실현<br>  -1998년도 예산을 전년대비 마이너스로 편성<br>  -모든 장기계획(공적투자기본계획 등)을 대폭적으로 감축<br>  -국민부담률(재정적자를 포함)이 50%를 넘지 않도록 재정운용 |
| 경제 | · 국제적으로 매력 있는 사업환경창출(규제철폐, 완화)<br>  -고비용구조의 시정(규제완화, 상품선물시장의 정비, 상 관행의 개선, 표준화제도의 개혁)<br>· 기업관련 개혁<br>  -기업합병수속의 간소화, 기업세제의 개정, 기업연금제도의 개혁<br>· 노동, 고용제도의 개선<br>  -노동력의 적정한 배치<br>· 경제활력 유지, 향상의 관점에서 공적부담의 억제<br>  -재정, 사회보장제도, 공적 부담 억제, 민간참여<br>  -사회보장, 국가 및 지방재정의 효율화, 급부, 부담의 적정화를 통하여 재정의 건전성, 공적부담 억제에 노력<br>  -사회보장제도에 대한 관민의 역할분담, 민간활력의 활용, 급부와 부담의 적정화<br>· 신규산업 창출(15개 분야)<br>  -의료, 복지, 문화, 정보 통신, 신제조기술, 유통, 해양, 도시환경, 바이오테크놀로지, 항공, 신에너지, 인재 분야 신규산업 창출<br>· 자금공급의 다양화, 인재이동의 활성화<br>· 정보통신의 고도화 |
| 사회보장 | · 사회보장재정의 안정화, 민간활력의 도입, 이용자본위의 제도<br>· 공적개호보험제도 출범(2000년 4월 실시)<br>· 의료보험제도개혁<br>· 국민연금제도개혁 |
| 교육 | · 풍요로운 인간성 육성<br>· 사회의 변화요청에 대한 기민한 대응<br>· 학교 밖 사회와 적극적 연대<br>· 유학생 교류 등 국제화 추진 등 |

자료 : 조용래(1997 ; 1998).

## 3. 일본 사회복지제도의 형성과 특징

### 1) 일본 사회복지제도의 역사

1940~50년대는 일본 사회복지제도의 기반정립기이다. 이 시기 사회복지정책은 주로 생활빈궁자에 대한 긴급원조에 한정된 생활보호책이 주를 이루었다. 1950년대 후생성예산의 46%가 생활보호에 사용되었듯이, 이 시기 사회복지의 대상은 선별적이고 제한적이었다(〈표 9-4〉). 이후 소화 30년대에서 1973년 오일쇼크를 거치기까지, 사회복지제도의 골간이 되는 사회보험제도가 확립되었다. 1961년 전국민을 포괄하는 의료, 연금보험제도로서 국민개보험제도가 출발하였다. 국민개보험제도의 성립에 따라, 일본 사회복지제도는 이전까지의 생활보호중심에서, 피보험자가 스스로 보험료를 지불하여, 빈곤, 질환, 노년기에 대비하는 사회보험중심으로 전환되었다. 이 제도는 현재에 이르기까지 일본의 사회보장의 근간을 이루고 있다. 또한 1960년대 경제가 고도로 성장하는 가운데, 사회보장 제도에 있어서도 급부개선이나 제도 확충이 이루어졌다. 특히 1973년에는 노인의료비의 본인부담 무료화나 연금수준의 대폭 인상 등이 이루어져, 그 해를 '복지원년'으로 칭하기도 한다.

그런데 1970년대 후반부터 일본 사회복지제도는 새로운 전환을 맞게 된다. 1973년 가을에 일어난 오일쇼크를 계기로, 그때까지 확대되었던 사회보장제도운영을 축소해야 한다는 여론이 거세어졌다. 결국 본인부담 증가, 고령층의 노동참여 고무, 사회보장비용 억제를 목적으로 복지제도에 일대 구조조정이 이루어졌다. 구체적으로, 노인의 무상의료제가 노인의 일부 부담제로 변환되었다. 또한 피용자 연금제도에서 연금급여수준이 인하되었으며, 연금수급 자격 연령이 연장되었다.

연금수급연령의 연장과 함께 정부는 일반 대기업이 정년기를 연장할 것을 장려하였다. 1980년대 초반까지만 해도, 일본 대기업의 정년

〈표 9-4〉 사회복지제도의 변환과정

| 단계 | 연도 | 제도 제정 및 시행 | 내용 |
|---|---|---|---|
| 전후 사회복지제도 기반정비기(45년 ~50년대 초반) | 1951년 | 사회복지사업법제정 | 소수 복지대상자에 대한 선별적 급부에 한정 |
| 사회복지제도의 확대기 (1950년대 후반~ 73년 오일쇼크) | 1961년 | 국민개보험 도입 | - |
| | 1963년 | 노인복지법제정 | |
| | | 정신박약자복지법제정 | - |
| | | 모자산부복지법제정 | |
| | 1965년 | 후생연금제도의 개정 | 후생연금기금 도입 |
| | 1973년 | 노인복지법의 개정 | 70세 이상 노인에 대한 무상의료, 연금혜택 증대, 물가연동제 도입 |
| 일본형 사회복지 제도의 정립기 (1970년대 후반~ 1980년대) | 1982년 | 노인보건복지법 제정 | 노인의료비용 기금 창설 |
| | 1983년 | 의료보험법개정 | 노인의료비용의 자기부담률을 10%로 인상 |
| | 1985년 | 연금제도의 개정 | 기초연금제도의 도입, 가입기간의 연장 |
| | 1986년 | 고령취업자 고용 보호법 개정 | 65세까지의 취업 보호 |
| | 1987년 | 노인보건복지법 개정 | 장기요양보호 서비스를 위한 사업 확대 |
| | 1988년 | 연금제도의 개정 | 연금혜택이 개선, 학생보험에의 가입 |
| | 1989년 | 골드플랜 | 노인의 보건, 복지를 위한 10개년 계획 |
| 사회복지제도의 개혁기 (1990년대~현재) | 1990년 | 연금법 개정 | 국민연금기금(지역주민의 소득 비례 연금) 도입 |
| | 1994년 | 신골드플랜 제정 | - |
| | | 후생연금개정 | 연금수령액 축소, 연금수령연령의 60세에서 65세로 점진적 인상 |
| | | 의료보험개정 | 환자부담 인상 |
| | | 고용보험의 개정 | 정년제를 60세로 규정 |
| | 1997년 | 후생연금개정 | 3개 공사 후생연금으로 통합 |
| | | 개호보험법 제정 | |
| | | 의료보험법 개정 | 환자부담 인상 |
| | | 노인고용안정법 | 정년제를 60세로 규정 |
| | 1999년 | 연금법 개정 | 민간보험제도의 보완 |
| | 2000년 | 개호보험제도 실시 | 노인보건, 복지비용의 사회보험 제도화 |
| | | 확정거출연금제도법 제정 | 일본판 401K, 민간연금제도의 도입 |

자료 : 總理部(1998), 厚生省(1999).

제는 55세가 관행이었다. 노동성을 비롯한 관련 성청이 정년제의 나이를 60세로 연장하도록 독려하였지만, 실제 정책효과를 발휘하지는 못하였다. 그러나 1986년 고령자 취업보호법이 제정되면서 위반기업들에 대한 제재가 강화되었고, 결국 보다 많은 기업들이 정년제 연장에 동참하게 되었다. 또한 취업생활을 완전하게 그만둘 수 없는 고령층에게 다양한 노동기회를 제공할 수 있는 프로그램이 마련되었다.

이 시기 일본 사회복지제도는 '일본식 복지국가'라는 이념으로 방향지어졌다. 경제분야에서 일본특수론이 강조된 것과 일맥상통한 국가적 대응이었다. 일본식 복지국가 개념은 서구 선진사회의 복지제도의 문제점을 극복하는 대안으로 상징화되었다. 서구 복지제도는 과도한 공적 개입의 결과 관료제화, 근로동기의 약화, 저성장 등의 경제·사회적 문제를 파생시키고 있는 것으로 비판되었다. 이러한 고비용, 저효율성의 복지제도를 답습하지 않고, 일본전통의 미덕인 가족, 지역연대, 노동윤리에 기초한 일본식 복지체계를 구현해야 한다는 이념이 강화된 것이다(Campbell, 1992). 바로 이 일본식 복지국가 이념으로서 일본은 저비용 복지체제를 정당화할 수 있었다.

한편 90년대 초반부터, 일본 복지제도는 새로운 도전과 변환과정을 밟고 있다. 경기침체와 고령화 상황에서, 사회보장 비용에 대한 부담인식이 한층 강화되었다. 실제 사회보험 비용에 대한 국민 부담이 1970년 GDP의 5.8%에서 2000년에는 18.5%로 크게 증가하였다.

사회보험 부담이 증가하면서, 사회보험체계의 재정불안정성도 심화되었다. 정부정관 의료보험(공무원 의료보험)은 1981년 이래 12년 동안 흑자재정을 유지하였지만, 1993년부터 적자재정으로 전환하였다. 조합건보제도(직장 의료보험)는 그 역사상 최악의 재정상태로 변하였으며, 1999년 결산에 따르면 적자조합이 3분의 2에 달하고 있다(日本經濟新聞, 2000/7/14). 특히 지역보험인 국민건강보험은 피보험자 중 노인의 비중이 커서 재정상태가 매우 불안하였다.

연금재정도 상황이 좋지 않았다. 1999년 재정불안정으로 11개 직역보험이 해산되었다(日本經濟新聞, 2000/3/7). 또한 많은 기금이 재정 적자를 완화하기 위하여 연금수혜수준을 낮추고 있다.

사회보험의 재정불안정성은 국고부담의 증가로 이어졌다. 1996년 기준에 따르면 정부의 국고지원이 전체 사회보장 재정의 21.3%를 차지하는 것으로 나타난다(厚生省, 1999). 구체적으로 노령기초연금 기금의 1/3이 국고지원으로 확보되고 있다(〈표 9-5〉). 그리고 의료보험 재정과 관련하여, 정관공제보험 의료비용의 13%, 노인보건비의 16.4%, 공무원 공제보험 중 노인 의료비의 30%가 국고에 의하여 부담되고 있다.

이와 같이 사회보험 재정불안정과 공적부담 증가에 대한 우려가 커지면서, 기존 사회보장제도의 구조적 문제점이 심각하게 논의되었고 이후 일련의 개혁들이 이루어졌다. 1997년에는 의료보험법이 개정되었다. 개정된 법에서는 환자부담과 고령자세대의 의료비 부담을 상향 조정하였다. 또한 고령자의 의료비 부담을 완화하는 방안으로, 개호보험법이 제정되었다.

국민연금법도 수 차례 개정되었다. 1994년 후생연금법개정에서는 연금수혜액이 축소되고, 후생연금의 수혜연령을 65세로 점진적으로 인상할 방침을 명시하였다. 1999년 연금법 개정에서는 민간보험제도의 보완이 고무되었고, 2000년에는 확정거출연금제도법이 제정되기에 이르렀다.

〈표 9-5〉 사회복지프로그램에 대한 국고부담률(1996년)

| 연금 | 기초노령연금의 1/3 |
|---|---|
| 의료보험 | 정부공제보험 |
| | 의료비의 13% |
| | 노인보건기금의 16.4% |
| | 특수의료비의 20% |
| | 국민건강보험 |
| | 의료비의 50% |
| | 노인보건기금의 50% |

자료 : 국중호, 1998.

고령자개호문제에 대한 대책으로서, 개호보험제도가 2000년 4월 출범하였다. 또한 1999년 개호서비스 기반 정비를 포함한 종합적인 정책안(골드플랜21)이 채택되었다. 골드플랜21과 개호보험은 노인복지분야에서 민간제도의 활용, 이용자본위의 원칙, 공적 비용 감축 등을 실현하기 위한 것이었다.

## 2) 일본형 복지제도 위기의 내재적(endogenous) 요인

여기서 한가지 중요한 문제점을 짚고 넘어갈 필요가 있다. 과연 사회보장 재정위기가 세계화의 경제, 사회적 도전의 결과로서 파생하였는가? 후생백서와 같은 공식문서에서는 사회보장제도 개혁의 배경으로서, 경기침체나 고령화와 같은 외적 환경요인을 흔히 지적하고 있다. 그러나 경기침체와 고령화가 사회보장 재정에 어느 정도 부정적으로 작용한 점을 인정하더라도, 사회보장제도의 재정위기를 직접적으로 촉발시킨 요인으로 간주하기에는 여러 측면에서 의문이 제기된다.

### (1) 저비용의 복지
먼저 지적할 점은 사회복지에 소요되는 일본 정부의 공비부담은 다른 서방나라에 비하여 낮은 편이다. 〈표 9-6〉에서 살펴볼 수 있듯이, 1993년 일본의 공적 사회보장비는 GDP 대비 15.8%에 머무는 반면, 프랑스는 34.3%, 독일은 33.0%, 스웨덴은 44.7%에 이르고 있다.

인용된 수치가 다소 오래된 것이지만, 보다 최근 자료에 기초하여도 일본 사회보장비는 상대적으로 낮은 수준에 머물러 있다. 〈표 9-7〉에서 보듯이 2000년도 사회보장에 사용되는 세출은 전체 세출액의 19.7%에 머물고 있다. 사회보장 관련 세출의 내역을 구체적으로 살펴보면 의료보험과 연금에 65.3%, 아동, 모자, 장애자, 노인보건복지를 위한 사회복지사업에 21.8%, 빈곤층의 최저 생활보호에 7.3%, 그리고 보건위생, 실업대책에 부수적으로 활용되고 있다.

〈표 9-6〉 OECD 국가의 GDP 대비 공적 사회보장 비용, 1993

|  | 일본 | 미국 | 영국 | 프랑스 | 독일 | 스웨덴 |
|---|---|---|---|---|---|---|
| 교육 | 3.6 | 5.2 | 5.2 | 5.6 | 4.7 | 6.7 |
| 의료 | 5.1 | 5.9 | 5.8 | 7.3 | 6.4 | 6.2 |
| 고령연금 | 5.7 | 6.2 | 7.2 | 11.7 | 11.2 | 10.3 |
| 실업 | 0.4 | 0.8 | 1.8 | 3.3 | 4.3 | 5.8 |
| 가족수당 | 0.2 | 0.4 | 1.8 | 2.1 | 1.4 | 2.8 |
| 기타사회보장 | 0.6 | 1.6 | 2.3 | 2.1 | 3.0 | 4.4 |
| 사회서비스 | 0.4 | 0.4 | 1.1 | 1.1 | 1.0 | 6.4 |
| 주택 | - | - | 1.8 | 0.9 | 0.2 | 1.2 |
| 기타 | 0.1 | 0.6 | 1.7 | 0.2 | 0.6 | 0.9 |
| 전체 | 15.8 | 20.8 | 28.6 | 34.3 | 33.0 | 44.7 |
| 65세 이상 노인비율(1995년) | 14.1 | 12.6 | 15.5 | 14.9 | 14.9 | 17.7 |

자료 : Jacob, D. 2000. p.4.

〈표 9-7〉 2000년도 총세출대비 사회보장 비용

|  | 억 엔 | % |
|---|---|---|
| 일반회계세출총액(A) | 849,871 | - |
| 사회보장관련 세출(B) | 167,666 | 100.0 |
| 사회보험 | 109,551 | 65.3 |
| 사회복지 | 36,580 | 21.8 |
| 생활보호 | 12,306 | 7.3 |
| 보건위생 | 5,434 | 3.2 |
| 실업대책 | 3,795 | 2.3 |
| 세출총액대비 사회보장비(B/A×100) | - | 19.7 |

자료 : 大藏省. 2000c.

　물론 공적 사회보장비에 기초하여 그 사회의 복지수준을 판단하는 것이 적합하지 않을 수도 있다. 공적 부문으로 환원되지 않은 다양한 형태의 복지기제가 존재할 수 있다. 사회복지라는 가치를 생산하는 기제는 가족, 지역, 시장, 정부 등 다양하다. 그리고 사회복지에 대한 공적 개입이 가족부양이나 비공식적 부양에 비하여 더 효율적이고, 효과적이라고 판단할 근거도 명확하지 않다. 또한 동일 수준의 재원으로 실현하는 복지정책의 효과성도 사회마다 차이가 있다.

　저비용 복지 메커니즘의 다차원성에 유의하면서, 일본의 저비용 복지와 관련하여 두 가지 대안적 설명을 진단해 볼 수 있다. 우선 복지 수요(Demand for welfare)의 측면에서 저비용 복지를 설명해보자. 대부분의 사회에서, 의료보험과 연금제도는 그 재정규모나 대상에 있어서 대표적인 사회보장제도이다. 〈표 9-6〉에서도 확인할 수 있듯이, OECD 모든 사회에서 연금과 의료보험에 사용되는 시회보장비 지출이 다른 항목에 비하여 월등히 많다. 그런데 의료보험, 연금제도의 주요 수혜대상은 고연령층이다. 따라서 인구고령화는 사회보장의 재정 부담을 심화시키는 직접적 요인이라 판단할 수 있다. 또한 노인인구의 구성비는 사회보장비의 국가간 차이를 설명하는 데에도 중요하게 고려해야 할 요인이다. 그런데 〈표 9-6〉에서 살펴볼 수 있듯이, 일본 노인 인구의 비율은 다른 선진사회와 차이가 별로 크지 않다. 다시 말하여, 인구구조는 일본의 저비용 복지를 적절하게 설명하지 못한다.

오히려 일본의 저비용 복지는 복지생산자로서 정부, 가족, 시장간의 복합적인 역할관계 속에서 설명하는 편이 적합할 것이다. 가족, 시장의 복지역할은 다음 절에서 다루기 때문에 여기서는 일본 정부의 복지역할과 관련하여 그 특징을 간단히 정리해보고자 한다. 일본의 복지정책이 주변적이었던 것은, 복지욕구에 대한 노동, 시민사회의 욕구를 성공적으로 억제할 수 있었던 보수 정치문화와 밀접히 연관되어 있다. 일본의 전후체제는 경제관료, 보수정당, 기업인의 연합 속에서 발전계획적으로 이루어졌다(Johnson, 1982). 보수 연합세력은 일본식 경제시스템, 노사공동체 문화를 강조하고, 발전에 대한 국민적 열망을 동원하는 데 성공하였다. 경제 중심적이고 보수적인 정치 문화에서, 사회복지에 대한 공적 확대는 국가적 손실로서 인식되는 경향이 강하였다. 노동, 사회정책은 경제관료의 주요 이해에 의해서 쉽게 조율되었고, 경제발전, 생산성의 혜게모니 뒤로 분배, 형평성의 과제는 쉽게 간과되었던 것이다.

## 2) 가족, 기업중심의 복지

　정부수준의 저비용복지가 지속된 배경에는 상대적으로 강하게 유지된 가족과 기업의 복지역할이 존재하였다. 일본의 가족관계는 고도의 경제성장과 커다란 사회변화에도 불구하고 가장 변하지 않은 부문에 속한다. 일본의 전통적인 가족관계는 강한 가부장제, 전통적 성역할 분리, 血보다 家의 연속성을 강조하는 가족주의에 기초하고 있다. 근대화시기 일본의 가족주의는 가족의 경계를 너머 다양한 집단의 조직원리로 전환되어, 개인보다 집단 성원으로서의 의무와 연대를 강조하는 이데올로기로 기능하였다. 1945년 종전 후 전통적인 가족체제가 법적으로 붕괴되었지만, 전통적인 성별분리, 가족의 재생산·복지역할이 여전히 중요하게 작동하였다(Park, 1998). 현재에도 많은 노인이 자녀와 동거하고 있으며, 장기요양이 필요한 노인 대다수가 가족에 의해 보호받고 있다. 자녀에 대한 양육도 거의 가족에 의해 수행되고 있다.

　어떻게 급속한 사회변화 가운데에서도 가족의 부양역할이 강하게 유지될 수 있었는가? 가족의 견고성은 한국, 중국, 대만 등 다른 동아시아에서도 관찰되고 있다. 이러한 배경에서 가족부양 기능을 동아시의 가치와 관련하여 문화적으로 이해하는 입장도 존재한다. 그러나, 간과할 수 없는 것은 이들 사회의 공통점은 전통적인 가족문화 이외에도, 근대화/산업화 과정을 관통하고 있는 정치적 보수주의, 성장우선의 발전국가, 약한 시민사회의 맥락에서도 찾아볼 수 있다는 점이다.

　고도경제성장을 배경으로 시장의 복지 기능도 중요하게 작용하였다. 시장기능의 복지효과는 모든 사람이 얼마나 일자리를 제공받을 수 있는지(실업률), 그리고 노동시장에서 획득한 고용이나 임금수준이 과연 기초생활을 충족시켜 주는지(소득불평등)와 관련된다. 급속한 고도경제성장 아래 일본 국민의 생활수준은 크게 향상되었다. 또한 실업률도 낮고, 소득격차도 크지 않아, 많은 국민이 경제성장의 혜택을 공유할 수 있었다.

낮은 실업률과 소득향상은 경제성장의 직접적인 결과이기도 하지만, 장기적 노사관계에 기초한 기업복지의 영향이 컸다. 일본의 노사관계는 연공임금, 종신고용, 기업별노조 등에 기초하였다. 지속적인 경제성장의 기조에서 기업은 기업특수적인 노동력을 장기적으로 확보하는 것이 중요하였으며, 이를 위하여 기업내부승진제도, 기업 내 훈련, 후생, 가족수당, 그리고 은퇴 후 소득보장에 이르기까지 주요한 복지제공자로서 기능하였다.

이와 같이 일본의 기업복지와 가족복지는 국가수준에서의 저비용 복지를 가능하게 한 주요한 두 기둥이었다. 기업이 종신고용, 고용안정을 보장하였기에 실업수당을 제도화할 필요가 적었으며, 가족이 자녀와 노부모 부양 기능을 수행하기 때문에, 자녀양육, 노부모 양육에 대한 사회적 개입은 불필요한 것으로 인식되었다. 정부가 복지에 개입하는 경우는 가족과 시장기제가 실패하거나 부족할 때에 한하여 '국고보조'의 형태로 이루어졌다.

### 3) 여성, 노인의 문제

약한 공공복지, 강한 기업복지와 가족복지는 여성과 노인의 지위불평등 문제를 재생산하고 있다. 사회복지체계는 사회불평등구조를 조정, 재생산한다. 노동시장 내에서 일차적으로 조성된 고용, 임금상의 불평등은 가족이나 정부정책을 매개하여 새롭게 조정되거나 재생산된다. 일본의 기업복지는 분절화된 노동시장 구조에 기초하고 있다. 노동시장에서 핵심 위치를 차지하는 노동자는 기업내부승진제도와 종신고용을 통하여 임금과 고용의 안정성을 확보할 수 있다. 이와 같은 기업복지를 제공받을 수 있는 노동자는 주로 일반 대기업에 종사하는 남성 노동자이다. 반면 여성, 고연령층 등 취약계층은 경기순환에 따라 유동성이 크며, 비경제활동인구와 경계가 불분명한 노동 조건에 놓여 있다.

가족복지는 전통적 성역할에 기초하고 있다. 가족복지는 노동력 재생산이나, 부양역할이 가족에서 이루어짐을 의미한다. 요컨대, 복지생산이 시장적 화폐가치를 가지거나, 사회화된 정도는 극히 미미하다. 그런데 가족복지 수행자는 전통적인 성별역할분화에 의해서 여성에 의해 전담되고 있다. 그리고 가족복지로 규정된 여성의 역할은 노동시장에서의 그들의 주변화된 위치를 정당화하고 있다.

한편 대부분의 여성과 고연령층이 노동시장에서 불리한 위치를 가지고, 또 많은 여성이 가족부양의 역할을 수행하지만, 가족임금제, 가족사회보험제에 기초하여, 핵심노동자의 지위를 대리적으로 확보하고 있다. 다시 말하여 여성, 고연령층의 노동시장 내 주변적 위치와 가족복지의 여성화는 가부장적 사회보장 이념에 토대를 두고 있으며, 또한 그 이념을 재창출하고 있다.

이와 같이 핵심노동자를 중심으로 한 기업복지, 성역할분리에 기초한 가족복지는 여성, 고연령층 등 취약집단을 독립성이 취약하고, 가족에 의존적인 사회적 주변층으로 재생산해내고 있다. 문제는 저비용의 복지체제를 가능하게 한 성, 연령, 차별화된 기회구조가 역설적으로 현 복지체계의 내재적 위기를 심화시켰다는 것이다.

## 4) 가족복지와 기업복지의 위기

일본은 급속한 사회변동 속에서도, 강한 가족제도를 유지할 수 있었다. 많은 일본인은 노부모에 대한 부양은 자녀의 의무이자, 은혜라고 생각하며, 노부모에 대한 부양을 낯선 사람에게 위임하는 것을 가족의 불명예로 인식하고 있다. 분명히 확대가족의 규범은 여전히 강하게 유지되고 있다. 그럼에도 불구하고, 이러한 규범에서 상당히 이탈된 변화가 공존하고 있다. 핵가족이 증가하고 있으며, 가족 성원간의 관계도 변하고 있다. 오랫동안 은폐되었던 가족관계의 긴장은 만혼 증가, 출생률 저하 등의 사회적 문제로 표출되고 있다.

아마도, 가장 큰 변화가 가족역할의 주 담당자인 여성에서 일어나고 있다. 여성의 교육수준이 크게 향상되었고, 많은 여성이 경제, 정치 영역에서 활약하고 있다. 동시에 구조적 제약에 대한 여성의 지위박탈 감, 제도회피 성향도 강화되고 있다. 성역할 고정관념이 아직도 여성의 노동기회를 크게 제약하고 있는 가운데, 그 제한된 노동기회를 추구하는 여성에게 가사일은 커다란 기회비용으로 인식된다. 요컨대, 여성에게 노동과 가사일 사이의 강한 대체관계(*trade off*)가 성립된 것이다. 기혼여성에 대한 취업기회가 제약됨에 따라, 많은 일본 여성은 자녀 출산 및 자녀 양육에 높은 기회비용을 인식할 수밖에 없다. 결과적으로 결혼시기를 늦추거나 출산을 기피하는 행위가 발전되었으며, 그 사회적 효과는 복지재정위기로 파급되고 있는 것이다.

현재 일본사회의 복지재정 부담의 일차적 원인으로 급속한 고령화를 지적하고 있다. 2000년 65세 노인의 비율은 17.2%이며, 21세기 전반까지 급속히 증가할 것으로 전망된다. 급속한 고령화의 결과 과거에 비하여 보다 적은 부양인구가 보다 많은 피부양인구를 부양하게 되었다. 그런데 이렇게 고령화가 급속하게 전개된 것은 걷잡을 수 없이 감소한 출산력에 기인한다. 일본의 출산력은 1970년 후반 이후 대체수준 이하 수준에서 계속 감소하고 있다(〈표 9-8〉). 요컨대, 여성의 가족복지기능을 강제한 제도가 사회복지체계의 재정심화를 가속화하는 요인으로 작용한 것이다. 저비용복지를 위해 강조된 가족복지와 이를 가능케 전통적 성역할분리구조가 고비용 복지국가를 초래한 것이다.

기업복지체계도 약화되고 있다. 90년대 초반부터 장기적 노사관계에 기초한 기업복지 시스템이 동요되고 있다. 엔고에 따른 자본의 해외이전 속에서 종신고용체계가 흔들리고 있다. 기업복지 혜택을 받는 핵심노동자와 그 가족의 비율이 약화되고 있고, 빈곤, 상해 위기에 쉽게 노출된 주변적 노동자의 비중이 증가하고 있다.

〈표 9-8〉 고령화와 출산력

| 연도 | TFR | 65세 이상 노인의 비율 |
|---|---|---|
| 1945 | 4.50 | - |
| 1950 | 3.65 | 4.9 |
| 1955 | 2.37 | - |
| 1960 | 2.00 | 5.7 |
| 1965 | 2.14 | 6.3 |
| 1970 | 2.13 | 7.1 |
| 1975 | 1.91 | - |
| 1980 | 1.75 | 9.1 |
| 1985 | 1.76 | 10.3 |
| 1990 | 1.57 | 12.5 |
| 1995 | 1.42 | 15.1 |
| 2000 | 1.69 | 17.2 |
| 2005 | - | 23.7 |
| 2010 | - | 22.7 |
| 2025 | - | 27.4 |
| 2050 | - | 32.3 |

자료 : 國立社會保險/人口問題硏究所, 1997.

고연령층 취업에 대한 규제 또한 복지부담을 가중시키는 요인으로 부각되고 있다. 임금, 생산성의 측면에서 고연령층 노동과 젊은 노동력 간의 대체 및 보완관계가 변하고 있다. 기업이 젊은 노동력을 쉽게 확보할 수 있고, 노동시장을 은퇴한 고연령층을 현역세대가 적절하게 부양할 수 있다면, 고연령층의 노동기회를 어느 정도 제한하는 것은 실업정책이나 세대간 부의 분배에 효과적으로 작용할 수 있다. 그런데 현재의 상황은 그렇지 않다. 노동력 자체가 고령화되고 있으며, 값싸고 젊은 노동력을 충원할 수 있는 조건이 훨씬 제약되었다. 분명한 것은, 노동시장 밖의 인구가 많아질수록, 이 인구에 대한 노동자의 부양부담은 가중화될 것이라는 점이다.

## 4. 사회보험구조 개혁의 의미


세계화와 사회보장제도 변화 사이의 관계는 사회보장제도의 위기와 개혁과정에서 종합적으로 고찰할 필요가 있다. 앞의 절에서 살펴보았듯이, 사회보장제도의 위기에 대한 세계화의 영향은 다소 간접적이었다. 사회보장제도에 대한 위기의식은 날로 심각해지는 재정위기와 이에 따른 복지비용부담에서 비롯하였다. 사회보장의 재정위기는 한편으로 경기침체, 국제적 표준화에 대한 대외적 압력, 고령화 등의 환경변화에 의해 조성된 측면도 있지만, 보다 결정적인 도전은 일본 복지체제의 토대를 이루었던 가족복지와 기업복지의 내재적 위기에서 발생하였다. 정확히 말해서 세계화는 사회보장제도의 재정위기를 조성한 요인 중의 하나이지만, 가장 우선적인 원인으로 판단하기에는 무리가 있다. 오히려, 1990년대 이래 심화되어 온 일본 사회복지제도의 재정위기는 경제침체, 세계화의 영향과는 독자적으로 진행된 일본형 복지제도의 내부 긴장(가족복지 및 기업복지의 위기)에서 비롯한 것으로 사료된다.

그런데 1990년대 이후 전개되고 있는 사회보장제도의 개혁방향에 대한 세계화의 영향은 보다 실질적인 인상을 준다. 현재 추구되고 있는 사회구조의 개혁은 국제표준화, 국가경제 활성화가 목표이다. 부적절한 규제가 완화되고, 고용구조는 보다 유연화되고, 사회정책은 축소되었다. 이 절에서는, 1999년 연금제도의 개혁과 2000년 4월 출범한 개호보험제도를 중심으로, 사회보장제도 변환의 내용이 얼마나 세계화 논리에 조응하고 있는지를 살펴볼 것이다.

## 1) 연금제도개혁의 의의

현 일본의 연금제도는 전국민을 대상으로 한 기초연금(국민연금)과 보수비례 연금의 2체계로 구성되어 있다(〈표 9-9〉).  보수비례 연금은 피보험자의 직업에 따라 구분되는데, 자영업자 일부를 대상으로 하는 국민연금기금, 민간 임금노동자를 대상으로 하는 후생연금보험, 공무원을 대상으로 한 각종 공제연금으로 구성된다.

보험대상은 제1호보험자, 제2호보험자, 제3호보험자로 구분되고 있다.  제1호보험자는 20~59세의 자영업자, 비취업자, 학생으로 구성되며(27.6%), 제2호보험자는 65세 미만의 임금노동자(47.0%), 공무원, 교직원(8.3%)으로 구성된다.  제3호보험자는 20~59세인 제2호보험자의 피부양배우자(17.1%)로 구성되고 있다.

보험급부는 노령급부, 장해급부, 유족급부로 나누어진다.  노령연금의 경우, 기초연금의 수혜액은 보험료납부기간에 비례하여 정해지며, 보수비례부분은 표준보수월액에 비례하여 산정된다.  국민연금(기초연금)을 지급받기 위한 최단기 기여기간은 25년이다.  노령기초 연금의 지급개시연령은 65세이며, 노령후생연금의 지급개시연령은 60세이다. 60~64세의 재직고령자의 연금급여는 일부, 혹은 전액이 정지된다.

보험재정은 보험료, 국고부담, 보험자간의 공동지원에 의해 확보된다.  구체적으로 국민연금(기초연금)의 재원은 정액의 보험료, 국고부담, 공동지원 갹출금에 의해서 확보된다.  후생연금의 재원은 보험료에 기초하며, 보험료는 표준보수월액의 일정비율로서, 본인과 사업주가 절반씩 부담하고 있다.  보험료는 적립방식과 부과방식(pay as you go system)의 혼합으로 운영된다.  기초연금은 전적으로 부과방식에 의존하고 있다.

90년대 초반부터 현 연금제도에 이르기까지 몇 차례의 주요한 개혁이 이루어졌다.  정확히 말하여, 현재의 연금제도는 일련의 개혁 과정의 한 시점에 놓여 있다.  1994년 후생연금개정에서는 장기적 재정안

### 〈표 9-9〉 연금제도의 체계

| 3층(임의가입) | | 후생연금기금 | 적격퇴직연금 | |
|---|---|---|---|---|
| 2층(보수비례) | 국민연금기금 | 후생연금 | 공제연금 | |
| 1층(정액) | 국민연금 | | | |
| 대상 | 자영업자, 학생, 비취업자 27.6% | 민간부문임금근로자 47.0% | 국, 지방 공무원 8.3% | 제2호피보험자의 피부양배우자 17.1% |
| | 제1호피보험자 | 제2호피보험자 | | 제3호피보험자 |

자료 : 厚生年金局, 2000.

정을 위하여 연금수령액을 줄이고, 연금수령연령을 60세에서 65세로 점진적으로 연장할 것을 명시하였다. 1997년 후생연금개정에서는 3개 공사를 후생연금에 통합하고, 기타 공제연금제도의 통합 및 재정안정 을 위한 제도 정비 방침을 밝혔다. 또한 같은 해 개정된 노인고용안정 법에서는 정년제를 60세로 규정하였다.

앞에서도 지적하였듯이, 일본의 고령화 속도는 세계에서 그 유례가 없을 정도로 급속하게 전개되고 있다. 그런데 현재의 연금 재정방식은 부과방식(pay as you go)에 크게 의존하고 있는데, 이 체제가 계속 유 지될 경우, 현역세대의 보험료 부담 문제가 심각해질 것으로 판단되었 다. 또한 고용이나 임금을 둘러싼 관행이 변화되면서, 공적연금의 환 경이 크게 변화되었다.

이러한 배경에서 99년 7월 국회에서 새로이 연금개혁법안이 통과되 었다. 개혁법안의 주요 내용은 급부/부담수준, 공적연금의 재정방식, 공적연금과 사적연금의 역할에서의 커다란 변화를 포함하고 있다. 구

체적으로 고령재직자의 급여문제, 고령소득자의 급여수준, 지급개시
연령, 개인/기업연금의 도입, 연금적립금의 자주운용, 국고부담의 역
할 등이 포괄적으로 재검토되었다.

1990년대 초반부터 현재에 이르기까지 추진된 연금제도 개혁의 주
요 내용을 정리하면 다음과 같다.

### (1) 통합화

직역, 지역별로 구분된 보험제도를 통합하는 방향으로 서서히 변화
되고 있다. 일본 사회보장제도의 재정구조가 취약한 원인 중의 하나는
연금제도가 지역, 직역별로 분산화되어 재정공동운영이 제한된 것에
비롯하였다. 98년도 사회보험청의 발표에 따르면, 자영업자가 가입한
국민연금의 미납률이 23.4%에 달하고 있으며, 후생연금의 보험료 수
입도 98년도에 처음으로 감소하였다(日本經濟新聞, 2000/3/14).

재정구조 통합의 일환으로 85년 전국민 공통의 기초연금이 도입되
었다. 또한 1997년 후생연금제도의 재편성 1단계로, 일본철도공제조
합, 일본담배산업공제조합, 일본전신전화공제조합을 후생연금보험에
통합할 것을 결정하였다. 또한 정부공무원, 사립학교교직원, 농림수
산단체직원이 가입된 공적연금(공제)을 후생연금에 통합하기 위한 방
안을 정비하고 있다(日本經濟新聞, 2000/5/26).

### (2) 급여 삭감

연금수혜수준이 인하되었다. 연금수혜수준 인하의 배경에는 현역세
대의 보험료 부담이 과중하다는 점과, 고령자의 연금혜택이 지나치게
크다는 인식이 존재하였다. 한 조사에 따르면, 노인가구의 소비수준
은 전체 평균 가구의 80%에 육박하며, 노인 개인의 소비수준은 다른
인구와 별로 차이가 없는 것으로 밝혀졌다(厚生省, 1999). 또한 부담
과 수혜의 세대간 비형평성 문제가 제기되었다. 65세 이상 노인이 받
는 연금소득은 노인이 생애를 통해 지불한 보험료 기여도에 비하여 훨

308

씬 많은 반면, 30~64세는 향후 그들의 연금소득에 비하여 훨씬 과중한 세금, 사회보장비 부담을 안고 있다는 것이다(Suzuki, 1999).

따라서 개혁의 방향은 고령자의 보험료기여도를 높이고, 급여혜택 수준을 낮추는 것이었다. 연금수혜수준을 인하하는 방법으로서 소득대체율, 보험료지급개시연령이 조정되었고, 재직고령자의 보험료부담이 제고되었다. 구체적으로, 94년 연금법개정에서는 보험료 부담 증가를 완화하기 위하여 후생연금의 보험료를 월수입의 30% 이내로 제한하는 동시에 연금수혜수준을 인하할 방침을 밝혔다. 99년에는 연금의 소득대체수준이 실수입의 62% 수준으로 하향 조정되었다. 또한 노령후생연금의 정액부분(기초연금)의 지급개시연령이 2001년부터 2013년까지 60세에서 65세로 단계적으로 인상될 것이다. 그리고 고용구조변화와 보험료부담을 고려하여, 고령자 취업이 더욱 적극적으로 장려되었다. 99년 개정법에서는, 65~69세의 고령재직자도 보험료를 지불해야하고, 재직기간동안 후생연금의 전부, 일부를 지급정지할 방침을 명시하고 있다.

(3) 공적 연금과 사적 연금의 역할분담 : 민간보험제도의 역할 강화

공적 연금과 사적 연금과의 역할분담이 새로이 모색되고 있다. 개혁 방향은 민간보험의 역할을 강화하는 것이다. 비록 법안으로 통과되지는 않았지만, 99년 법개정 과정 중에는, 공적 연금을 기초연금으로 일원화하고, 후생연금을 폐지하여, 적립방식에 기초한 민간 기업연금, 개인연금으로 전환하자는 안이 심각하게 검토되었다(年金審議會, 1998).

또한 기존의 후생연금기금이나 퇴직금을 민간보험의 일종인 확정거출연금(일본판 401K)으로 전환하자는 안이 2000년 3월 각의에 제출되었다. 확정거출연금제도는 원래 2001년 시행을 목표로 하였지만, 2000년 5월 중원이 조기해산되면서, 입법이 지연된 상태이다. 확정거출연금제도는 가입자나, 기업이 일정액의 갹출금을 적립하여, 적립금

운용실적에 따라 연금을 차등적으로 받게되는 사적 연금제도이다. 가
입자가 적립금 운용 상품을 선택할 수 있으며, 연금액은 운용 상품의
실적에 따라 차등화되는 가입자 책임의 민간보험의 성격을 가진다.

이러한 민간보험의 도입에 대한 사회적 저항도 크다. 기업연금이나
개인연금 운용이 곤란한 중소영세기업의 임노동자는 노후소득보장이
기초연금만으로는 부족하여, 노후생활에 큰 어려움을 가질 것으로 우
려되고 있다(日本經濟新聞, 2000/6/8).

(4) 기금운영의 시장화

99년 연금개정에서는, 연금기금의 예탁의무 폐지와 자주운영으로의
이행을 명시하였다. 지금까지 후생연금과 국민연금의 적립금은 후생
성 산하 자금운영부에 의무적으로 예탁되었다. 예탁된 연금적립급은,
재정투융자의 자원으로 사회자본정비, 정책금융, 주택융자, 사회복지
시설 정비, 연금복지사업단의 시장운영사업 등에 활용되었다. 한편
정부부문의 비대화나 비효율, 정책금융 확대에 따른 민간 자금순환의
제약, 보험료갹출자에게의 정보제시나 설명부족 등의 문제점이 많이
지적되었다(厚生省年金局, 1997).

이러한 배경에서 연금적립금의 예탁의무폐지와, 자주운용 원칙이
강조되었다. 후생대신은 연금의 제도운용전반에 관하여 권한과 책임
을 가지면서, 보험료갹출자의 이익을 위하여, 연금적립금을 적합한
방법으로 운용할 것을 강조하였다. 또한 자주운용 확립을 위한 새로운
조직들이 계획되고 있다. 운영에 관한 책임소재를 명확히 하고, 보험
료갹출자의 감시 기능과 관계기관의 감사 기능을 충실화하며, 운영에
관한 정보개시를 철저히 할 수 있는 제도를 구상하고 있다.

〈표 9-10〉 연금제도의 변화 내용

| | 90~99년 | 99년 이후 |
|---|---|---|
| 1) 보험료부담 보험료율 | 후생연금 표준보수의 17.35% 국민연금(월액)-13,300엔 (97년 가격) | 동일 13,300엔(99년 가격) |
| 보험료율 인상 | 후생연금보험료는 5년마다 월수입의 2.5씩 인상 국민연금보험료는 94년도 가격으로 매년 500엔씩 인상 | 후생연금보험료는 5년마다 2%씩 인상 국민연금보험료는 99년 가격으로 매년 500엔씩 인상 |
| 재직중의 후생연금보험료 | 64세까지 보험료 납부 | 69세까지 보험료 납부(2002년 4월 실시) |
| 후생연금 보험료부과 기준 | 표준보수(보너스, 상여금 등 제외) | 보험료총액과 급부총액을 총보수에 기초하여 부과 (시행시기는 미정) |
| 2) 연금 급부 수준 슬라이드제 | 물가슬라이드와 임금슬라이드 실시 | 임금슬라이드를 당분간 행하지 않음 (2000년 4월 실시) |
| 소득대체율 | 현역세대 실소득의 62% 수준 | 현역세대 실수입의 59% (2000년 4월) |
| 기초연금의 지급개시연령 | 65세 | 65세 |
| 후생연금의 지급개시연령 | 60세 60세 전반의 후생연금의 지급개시연령은 2013년부터 2025년까지 3년마다 1세씩 연장하여, 목표년도에 65세로 전환 | 60세 |
| 재직고령자의 후생 연금 | 60~64세 재직자의 후생연금의 일부 혹은 전액이 급여되지 않음 | 60~64세는 이전과 동일 65~59세의 재직자도 보험료를 지불해야 하며, 후생연금의 전부, 일부를 지급정지(2002년 4월 실시). |
| 3) 연금적립금의 운용 | 자금운영부에 예탁 의무화 | 연금적립금의 자주운용(시장운영)으로 서서히 이행 |
| 4) 국고부담 | 기초연금의 3분의 1 담당 | 재원 안정을 확보하여, 2004년 이내에 1/2로 개선 |
| 5) 연금제도의 통합 | 3개 공사의 통합 | |
| 6) 사적연금제도의 역할 증대 | | 확정거출제도의 도입 |

자료 : 厚生省年金局, 2000.

2) 개호보험출범의 의의

2000년 4월 1일을 기점으로 개호보험이 출범하였다. 개호보험은 노화관련 만성질환으로 인해 일상생활을 독립적으로 수행하지 못하는 65세 장기요양보호노인에 대한 복지, 보건서비스와 그 재원을 사회보험 방식으로 마련하는 제도이다.

보험자는 시정촌이며, 피보험자는 65세 이상의 노인과(제1피보험자) 40~65세 미만의 의료보험가입자이다(제2피보험자). 개호서비스 이용비의 9할이 개호보험에 의해 충당되고, 1할은 환자 본인부담으로 지불된다. 제1피보험자의 보험료는 노령퇴직연금을 기준으로 5등급으로 구분하여 징수되며, 제2피보험자의 보험료는 의료보험료에 가산하여 징수된다. 국고부담은 급여비의 5할을 차지한다(〈표 9-11〉).

개호서비스를 이용하기 위해서는 요지원이나 요개호 인정을 받아야 한다. 이용희망 노인이나 그 가족이 시정촌에 '요개호인정'을 신청하면, 시정촌은 노인이 '걸을 수 있는지', '이를 닦을 수 있는지', '잠자리나 의자에서 일어날 수 있는지' 등 일상생활동작기능(ADL, IADL)을 조사한다. 그리고 전문가심사, 방문조사자의 재심사과정을 거쳐, 최종적으로 노인의 장애정도 및 서비스 욕구를 판단한다. 인정결과에 따라 이용 가능한 서비스 내용이나 한도액이 결정된다. 요지원이나 요개호인정을 받게 될 노인은 케어관리자와 상담하여 개호서비스계획을 작성하여, 서비스를 이용하게 된다.

개호보험에 적용되는 서비스는 개호전문가가 가정을 방문하는 '방문서비스', 하루 중 일정시간 시설에 가서 서비스를 받는 '통소 서비스', 시설에 단기간 체류하는 '단기입소 서비스'로 분류된다. 방문서비스는 홈헬퍼의 '방문개호', 간호부의 '방문간호', 재활전문직원의 '방문재활', '방문입욕개호', 의사나 치과의사, 영양사 등이 건강상담을 수행하는 '거택요양관리지도'의 5가지 종류가 있다. 주 서비스가 되는 방문개호는 입욕, 식사를 돌보는 '신체개호', 청소나 세안을 도와주는 '가사원

조', 그리고 양자중간형인 '복합형'의 3가지로 구분된다. 3분 이상 1시
간 미만의 개호에 대한 보수는, 신체개호의 경우 4천2십 엔, 가사원조
는 천5백2십 엔이며, 복합형은 중간정도의 비용이 든다. 통소서비스
는 하루 일정시간 개호시설에서 기능훈련이나 레크리에이션을 수행하
는 '통소개호'와 노인보건시설 등에서 재활을 받는 '통소재활'의 2종류
가 있다.

〈표 9-11〉 개호보험체계 (2000년 4월 시행 기준)

| | |
|---|---|
| 1) 피보험자 | • 시정촌 구역에 주소를 가지고 있는 65세 이상의 사람<br>(제1피보험자)<br>• 시정촌의 구역 내에 주소를 가지고 있는 40~65세 미만의<br>의료보험가입자 (제2피보험자) |
| 2) 보험료 | • 노령, 퇴직연금에 기초하여 5등급으로 구분 (제1피보험자)<br>• 가입된 의료보험의 보험료에 가산 (제2피보험자) |
| 3) 본인부담 | • 비용의 1할 |
| 4) 국고부담 | • 급여비의 5할 |
| 5) 서비스자격 | • 요개호자와 요지원자<br>-요개호자 : 요개호상태 (신체, 정신적 장애로, 목욕, 식사 등<br>일상생활 기본 동작을 수행하는데, 일정기간, 도움을 필요로<br>하는 상태) 에 있는 65세 이상 노인이거나, 40~65세 미만의<br>요개호상태의 사람으로, 그 신체, 정신상의 장해가 고령에 따<br>른 질환인 사람.<br>-요지원자 : 요개호상태가 될 우려가 있는 65세 이상의 노인이<br>거나, 40~65세 미만의 사람으로, 요개호상태가 우려되는 원<br>인이 노화와 관련되는 사람. |
| 6) 서비스<br>(복지와 의료) | • 재택서비스<br>-방문개호, 방문입욕개호, 방문간호, 방문재활, 거택의료관리<br>지도, 통소개호, 통소재활, 단기입소개호, 단기입소요양개호,<br>치매대응형공동생활개호, 특정시설입소자생활개호, 복지용구<br>대여<br>• 시설서비스<br>-개호복지시설서비스, 개호보건시설서비스, 개호요양시설서비스 |

자료 : 厚生省, 2000c.

개호보험의 실시와 함께, 개호서비스 공급체계도 크게 확충될 계획이다. 1999년 12월, 대장성, 후생성, 자치성은 향후 5년간 고령자보건복지정책의 방향과 관련하여, 개호서비스 기반 정비를 포함한 종합적인 플랜(골드플랜21)을 새로이 마련하였다. 이 플랜에 따르면 방문개호, 주간보호시설, 단기입소, 시설서비스 등 주요 재택복지서비스가 2004년까지 대폭 증가될 방침이다(〈표 9-12〉).

개호보험이 출범하기 이전 장기요양보호노인에 대한 보건, 복지서비스는 노인보건법과 노인복지법에 기초하여 제공되었다. 급속한 사회변동과정에서 노인생활의 기반이 크게 변하고 있는 것을 고려하여, 1963년 경제빈곤 노인층뿐 아니라, 전체 노인인구를 대상으로 한 노인복지법이 제정되었다. 그리고 이후 1989년의 골드플랜, 1994년의 신골드플랜 등 고령자보건복지정책이 개발되었고, 이에 기초하여 장기요양보호노인에 대한 다양한 재택복지서비스 체계가 발달하였다.

〈표 9-12〉 골드플랜21에 따른 노인 복지, 보건 제도의 변화

|  | 기준연도 | 목표연도 |
|---|---|---|
| 재택복지서비스(골드플랜21) | 1999년 | 2004년 |
| 방문개호(홈헬퍼) | 17만 인 | 25만 인 |
| 주간보호시설 | 1.7만 사업소 | 2.6만 사업소 |
| 단기입소 | 6만 인분 | 9.6만 인분 |
| 시설서비스 |  |  |
| 개호노인복지시설 | 29만 인 | 36만인 |
| 개호노인보건시설 | 28만 인 | 29.7만인 |
| 생활지원서비스 |  |  |
| 치매대응형공동생활개호 | - | 3,200 사업소 |
| 개호이용형경비노인홈 | 10만 인분 | 10.5만 인분 |
| 고령자복지센터 | 400개 소 | 1800개 소 |
| 노인보건제도 | 1999년 | 2000년 7월 |
| 의료비(노인환자 부담률) |  |  |
| 외래 | 530엔/하루 | 비용의 정율 1할 부담 |
| 입원 | 1,200엔/하루 | 비용의 정율 1할 부담 |

자료 : 厚生省, 2000c.

또한 노인의 건강예방, 질환 치료, 자활 등의 보건사업을 종합적으로 실시하기 위하여 1982년 노인보건법이 제정되었다. 이에 따라 장애노인은 의료를 포함하여 현금급부를 지원받을 수 있었다. 노인의료비는 이용자부담, 의료보험에서의 각출금, 그리고 국가보조에 의해 충당되었다. 노인의료비 중 이용자부담을 제외한 급부비의 70%를 의료보험자가, 30%를 국가가 부담하였다.

개호보험제도의 출범은 개호공급체계의 새로운 개편을 의미한다. 直井道子는 개호서비스를 개호공급원에 기초하여 가족/친족서비스, 공적서비스, 영리서비스, 호혜적 서비스로 유형화하였다(直井道子, 1998). 가족/친족 서비스는 개호자가 배우자, 며느리, 자녀, 기타 친족인 경우를 가리키며, 공적서비스는 공적인 노인홈 등에서 개호자나 공무원헬퍼에 의해서 제공되는 서비스를 가리킨다. 영리서비스는 다양한 민간 사업체에 고용된 개호자에 의해 제공되는 서비스를 가리킨다. 호혜형 서비스는 민간비영리단체나 주민이 참여하는 복지서비스로 분류할 수 있다(〈표 9-13〉).

각 유형의 개호서비스는 또한 개호자와 피개호자의 관계, 개호동기에서 구분할 수 있다. 가족개호는 가족규범이나 노부모에 대한 정서적 연대에 기초한다. 공공기관이 주관하는 서비스는 정부권력에 의하여 지시, 계획된 특성이 강하다. 영리서비스는 화폐를 매개하여 제공된다. 호혜형 서비스는 상호연대, 호혜성에 기초하여 제공된다.

〈표 9-13〉 개호자의 4유형

| 유형 | 개호자의 예 | 개호자와 피개호자를 매개하는 것, 개호자의 동기기제 |
|---|---|---|
| 가족·친족 | 자녀, 배우자, 며느리 | 애정, 규범 |
| 공적서비스 | 공적노인홈의 개호사, 공문원헬퍼 | 권력 |
| 영리서비스 | 유로노인홈의 개호사, 가정부 | 화폐 |
| 호혜형서비스 | 자원봉사자 | 연대가치 |

출처 : 直井道子. 1998. p. 118.

위의 유형에 기초할 때, 일본의 개호체계는 가족·친족을 중심으로 이루어져 있다. 후생성의 1995년 전국조사에 따르면, 주개호자가 동거자인 비율이 86%이며, 별거자가 주개호자인 경우에는, 자녀가 4%, 홈헬퍼가 3%, 며느리가 2% 순으로 높게 나타났다. 또한 동경도의 조사에 따르면, 응답자의 40% 이상이 부개호자가 없으며, 부개호자가 있는 경우에는 세대원이 25%, 세대원 이외의 친족이 16%, 그리고 자원봉사자, 간호부, 가정부, 홈헬퍼는 전체 15%를 차지하였다. 결국 개호의 8할 이상이 별거가족을 포함한 가족개호로 이루어지고 있는 셈이다.

개호보험의 출범 배경에는 가족개호의 문제점과 이에 관한 정치경제적 이해가 존재하였다. 비록 가족이 여전히 개호제공자의 주된 역할을 수행하지만, 개호에 대한 가족부담이 매우 심각한 것으로 밝혀졌다. 개호는 일반적으로 장기간에 걸쳐 이루어지며, 그 지원내용이 노인의 일상생활 지원, 정서적 지지, 그리고 서비스에 필요한 재정 지원을 망라하고 있다. 가족개호자는 장기간에 걸쳐 개호를 위하여 시간, 노동을 할애하는 것에 정서적, 신체적, 경제적 부담을 크게 가지고 있다. 특히, 많은 기혼여성이 경제활동에 참여하고 있는 상황에서, 가족개호와 노동 역할 사이에 갈등이 심화되었다.

한편 일본 정부와 기업은 경제불황 상황에 대응하여 유동노동력으로서 여성의 노동력을 확보할 필요성을 크게 인지하기 시작하였다. 이러한 배경에서 일본정부는 90년대 중반 노동기준법, 남녀고용기회균등법, 휴업법 등을 개정하고 여성 노동력 확보 정책을 전개하였다. 같은 맥락에서, 노동과 육아의 양립, 노동과 개호의 양립이 강조되었으며, 그 결과 육아정책으로서 엔젤플랜과 개호정책으로서 골드플랜과 개호보험이 실시되기에 이른 것이다.

또한 공공복지서비스 역할을 축소하려는 정부의 이해도 중요하게 작용하였다. 개호보험이 실시되기 전, 노인 의료비는 1999년 가격기준에 기초할 때, 본인부담 13.3%, 의료보험자의 갹출금 46.9%, 국고부담 39.8%로 확보되었다(〈표 9-14〉). 노인복지비의 대부분은 국고에 의해서 충당되었다. 만일 이 상태를 유지한다면, 65세 이상 노인인구가 32.3%가 되는 2050년도를 정점으로 국가의 재정부담이 훨씬 가중화될 것이라는 것이 정부의 입장이었다.

요컨대, 개호보험은 여성의 개호와 노동의 양립을 도모하고, 개호복지에 공적 부담을 완화하려는 이해에서 출범하게 된 것이다. 直井道子의 유형에 기초할 때, 개호보험제도는 가족중심 개호체계에서 가족개호와 영리서비스의 결합으로의 개호체계의 변환을 도모하고 있다.

〈표 9-14〉 장애노인에 대한 보건, 복지제도의 변화

| | 노인보건제도<br>(1982년 제정) | 노인복지 제도<br>(1963년 제정) |
|---|---|---|
| 대상 | 70세 이상이거나 65~70세 미만의 와상노인으로서 의료보험가입자 | 65세 이상 노인으로 신체, 정신상의 장애로 일상생활에 지장이 있는 노인 |
| 서비스 | -의료<br>-입원시 식사요양비 지급<br>-특정요양비 지급<br>-이송비의 지급<br>-노인방문간호요양비의 지급<br>-노인보건시설요양비의 지급 | 1) 재택복지서비스<br>  -가정방문서비스사업<br>  -주간서비스사업<br>  -단기입소사업<br>  -노인일상생활용구급부 등<br>2) 시설복지서비스<br>  -특별요양노인홈<br>  -요양노인홈 |
| 의료비부담 | 본인 : 13.3%<br>의료보험자 : 46.9%<br>국고 : 39.8% | 본인 : 13.4%<br>의료보험자 : 0%<br>국고 : 86.6% |

| 2000년 개호보험제도로 통합 |
|---|
| 자기부담 : 11.6%, 제1호보험료 : 15.1%, 제2보험료 : 29.1%, 국고 : 44.2% |

자료: 厚生省, 2000c.

이와 같이, 개호보험제도는 개호공급체계, 재정관리 측면에서 상당한 변화를 추구하고 있지만, 일본이 오랜 동안 강조해 온 재택복지 정책의 이념과도 조응하고 있다. 杉本敏夫(2000)는 일본의 노인복지제도의 역사는 1960년대의 가족개호중심의 시대, 70년대의 복지의 의료화(medicalization) 시대, 80년대의 장기입원의 증가시대를 거쳐 90년대의 의료비억제와 재택개호를 중심으로 한 개호보험 실행으로 전환하였다고 지적한다.

재택복지는 이념적으로 가족복지, 공공복지와 구별된다. 우선 지금까지 가족에 의해서 수행된 많은 개호역할을 보험료를 매개하여, 준/전문적 개호서비스 공급체계가 대행한다. 이러한 측면에서 재택복지는 노인개호역할을 어느 정도 탈가족화(defamiliation)하고 있다. 또한 서비스 이용에 필요한 재원을 사회보험에 기초하여 확보하고, 서비스는 민간사업체가 공급하는 점에서 사회보험과 민간서비스의 복합적 특성을 가지고 있다.

재택복지정책의 이념은 1970년대 이후부터 이미 구체화되기 시작하였다. 1972년판《후생백서》에는, 시설대책에서 재택복지대책으로의 이행을 강조하고 있다. 오일쇼크 이후에 '일본형 복지사회론'이 제기되면서, 1979에는 총괄적으로 '일본형 복지사회'와 '신경제사회 7개년 계획'이 표명되었다. 같은 해 전국사회복지협의회는 '재택복지서비스의 전략'을 제시하였다. 80년대부터는 재택복지에 대한 제도적 노력이 더욱 본격화되었다. 재택복지를 구축하기 위하여 1989년 12월 '고령자보건복지추진 10개년 전략'(골드플랜)이 제정되었다. 이 플랜에는 (1) 시정촌의 역할중시, (2) 재택복지의 충실, (3) 민간복지서비스의 건전육성, (4) 복지와 보건, 의료의 연대화, 통합화, (5) 복지도우미의 양성과 확보, (6) 서비스통합화, 효율화 등이 포함되어 있다.

개호보험이 출범한 지 1년이 채 되지 않은 현 시점에서, 개호보험의 효과를 진단하는 것은 시기 상조일 수 있다. 그러나, 현재 추진되고 있는 개호사업의 실태에 비추어 볼 때, 재택복지 정책과 그 이념, 그

리고 개호의 현실 사이에는 괴리가 큼을 지적하지 않을 수 없다. 개호
보험과 재택복지 정책은 이념적으로 '고령자 본인의 의사에 기초하여,
전문가 조언을 얻어, 본인의 자립을 위하여 적절한 서비스를 선택하는
이용자본위의 시스템'을 목적으로 하고 있다. 그러나 개호의 현실에서
는 재택개호서비스는 가족개호를 전제로 한 서비스라는 비판을 받고
있다. 홈헬퍼의 24시간 파견을 예로 들자면, 주 3회, 1회 3시간 파견
이 대부분을 차지하고 있다. 또한 여성 노동과 개호와의 양립을 도모
한다는 정책 이념과는 상치되어, 여성의 가족개호역할을 보완하는 기
능은 상당히 취약하다.

1995년 제정된 독일의 개호보험의 경우, 재택복지서비스 비용이 사
회보험에 의해 마련되는 외에, 재택복지서비스를 이용하지 않는 장기
요양보호노인 가족에게도 현금급여가 지급되고 있다. 이러한 제도마
련은 가족복지의 기능을 사회적으로 보장하는 의의를 지닌다. 또한 가
족복지에 대하여 화폐적 가치를 부여하는 의의를 지닌다. 그러나, 일
본에서 시행되고 있는 개호보험에서는 현금급여가 존재하지 않는다.

또한 재택복지를 제공하는 생산자로서, 시장의 기능이 강화되었음
에 유의할 필요가 있다. 개호보험이 실시되기 이전, 장기요양보호노
인은 공공기관이 제공하는 보건, 복지서비스를 저렴한 비용으로 이용
할 수 있었다. 그런데 개호보험 이후, 노인은 총 복지서비스 비용에
대하여 1할을 자신이 부담하게 되었다. 환자의 본인부담이 증가함에
따라 서비스에 대한 이용자의 선택권이 어느 때보다 보장되어야 하는
데, 적절한 선택을 위한 정보접근이 여전히 쉽지 않다. 민간참여는 가
격기제를 통하여 서비스의 질을 확보하므로, 공적으로 제공되는 서비
스보다 질이 높다고 믿어지고 있다. 그러나 이용자의 선택권이 보장되
지 못한다면, 그리고 서비스에 대한 정보접근과 감시기능이 제한된다
면, 민간참여가 서비스 향상을 보장한다고 전제하기 어려운 것이다.
실제 개호사업 서비스와 인력의 질이 여러 측면에서 취약하다고 지적
되고 있다(日本經濟新聞, 2000/5/2; 2000/5/30). 또한 지역별로 개호

서비스 공급체계 및 보험료 재정구조가 차이가 커서, 서비스 이용권이 크게 제약받고 있다(日本經濟新聞, 2000/3/14).

또한 일부 페미니즘 입장에서는 개호보험 실시로 공공서비스의 역할이 감소되는 것을 신랄하게 비판하고 있다. 공공서비스 역할을 감축하려는 정책의 배경에는, '고부담 고복지'가 노동자의 근로의욕과 경제활력을 저해한다는 인식이 전제되어 있다. 그런데 남성노동자의 현금 기여는 '고부담'으로 파악하는 반면 여성의 무상 노동은 저부담으로 간주하는 것은 일본의 복지체제가 가부장적 복지이념의 굴레를 벗어나지 못하고 있음을 반영하는 것이라고 비판한다.


## 4. 결론

일본의 1990년대는 정치, 경제, 사회적으로 커다란 도전의 시대였다. 1980년대 말의 버블경기와 90년대 초의 버블붕괴는 평성불황으로 이어졌다. 경제침체가 장기간 지속된 결과 1993년 자민당의 55년 집권체제가 해체되기에 이르렀다. 1999년 새로이 결성된 보수연합 3당 체제는 일본 경제의 전면적인 대외개방을 천명하였고, 국제적 경쟁력의 제고를 목표로, 사회구조 전반에 걸쳐 '발본적' 개혁을 제창하였다. 복지체계에 있어서도 커다란 개혁이 이루어졌다. 국민연금제도의 보험료, 급여, 기금운영 방법이 크게 개편되었고, 의료비증가의 중요한 요인이었던 노인보건, 복지제도가 대폭 수정되었다. 바야흐로 개호보험이 2000년 4월을 기점으로 출범하게 된 것이다.

일본 복지제도의 개혁은 세계화, 경제논리에 의해 크게 방향지어졌다. 무엇보다 복지정책의 효율성, 슬림화가 강조되었다. 국민연금의 수급연령이 연장되었고, 연금액이 하향조정되었다. 부담과 급여의 균형원칙 아래 세대간, 세대 내 재분배효과는 약해졌다. 또한 민간보험

320

인 확정거출연금제도(일본판 401k)의 도입, 연금기금의 시장운영, 개호서비스 제공자로서 민간사업체의 본격적인 진입 등으로 인해, 복지서비스 생산자이며 운영자로서 시장의 역할이 강해졌다.

같은 배경에서, 복지제도의 생산성이 강조되었다. 그러나, 생산적 복지는 우산과 같은 개념이다. 기업의 입장에서는 저비용, 기업 수익성 제고로 간주되는 반면, 노동자의 입장에서는 고용과 임금의 안정성으로서 파악된다. 그런데 현 일본 복지개혁에서 부각되는 복지의 생산성은 주로 기업의 수익성과 복지부담의 측면에서만 고려되고 있는 듯하다. 기업수익제고에 복지부담이 크게 우려되었으며, 복지비용을 줄이는 전략으로서 고용의 유연성이 선호되고 있다. 결과적으로 기존의 장기적 노사관계가 크게 동요하고 있으며, 구조조정에 따른 중고령층의 이직이 증가하고 있다. 이와 동시에, 비정규직 노동 수요가 증가하면서 외국인노동자, 여성, 노인의 취업이 장려되고 있다. 취약계층의 경제활동을 생산연계 복지의 이념으로 미화하고 있지만, 그 이면에는 비정규직 노동활용을 통한 복지부담완화라는 경제적 이해가 관철되고 있다.

요컨대 생산적 복지는 오직 반쪽의 의미에서만 생산적이다. '취업을 통한 복지'는 많은 인구를 유동노동력으로 전환하고 있다. 고용구조가 유연화되면서 기업복지의 혜택을 받았던 핵심노동자의 비중이 크게 줄어든 반면, 기업복지 부담이 적은 비정규직 노동자의 비율이 증가하고 있다. 여성, 고연령층의 경제활동 참여가 고무되고 있지만, 취업기회가 고용 및 임금안정성이 취약한 부분에 제한되어, 취업을 통한 기초생활권 보장이 힘든 것이 사실이다.

효율성, 생산적 복지원리와 함께 가족복지의 역할이 더욱 중요하게 되었다. 효율성, 생산성을 목적으로 국가, 기업이 복지 부담을 피하려고 할 때, 당연히 가족의 복지 역할은 더욱 가중화될 것이다. 개호보험은 사실 기존 가족복지제도를 대체하는 것이 아니라, 가족의 복지기능을 제도화하는 결과를 초래할 수 있다.

요컨대 일본의 사회복지제도 개혁은 저비용의 복지, 가족복지, 시장주의의 선택적인 접합을 특징으로 하고 있다. 한편으로 저비용, 효율성, 슬림화 등의 원리는 세계화의 경제·이데올로기적 맥락에서 강화되었다. 다른 한편으로 가족 중심의 복지, 제한된 사회안전망, 주변적 사회복지정책은 전후 지속되어 왔던 일본의 저비용복지체제와 연결선상에 위치한다. 시장주의, 가족복지의 접합으로 방향지어진 복지개혁이 과연 경제회생에 얼마나 기능적일까? 일본에서 복지와 경제 위기론이 등장한 배경은 흔히 서방사회가 경험한 것처럼 복지과잉의 폐단과는 별로 유관성이 없다. 일본정부의 복지역할은 후발공업국의 발전전략에 의해 효과적으로 제한되었다. 경제관료제, 보수정당, 기업인의 보수 연합은 일본식 경제시스템, 노사문화를 구축하고, 발전에 대한 국민적 열망을 성공적으로 동원하였다. 경제정책 주도형 발전 속에서, 일본은 사회복지에 대한 공적 확대를 제한하고, 가족, 지역, 비공식적 자원을 일본식 복지체제로서 제도화하였다. 90년대의 경제위기와 대외압력은 사회보장제도에 있어 공적부담을 더욱 제한할 수 있는 맥락으로 작용하였다. 또한 세계화 이념은 일본 복지체제(복지의 빈곤)의 구조적 문제점을 은폐하고, 복지에 대한 개인의 책임(시장주의)을 강화하는 데 동원되고 있다.

사실 일본 복지체제의 문제점은 고비용구조에 있는 것이 아니라, 오히려 저비용구조에 있다. 또한 경제위기가 복지체제와 관련되었다면, 그 연관성은 복지과잉이 아니라 복지빈곤에서 찾아야 할 것이다. 통화불안을 조성한 70~80년대의 엔고는 저축과다가 주요한 원인으로 작용하였다. 일본인의 저축수준이 높은 것에 대하여 일본인의 검소, 근면의식을 강조하기에 앞서, 사회 수준의 안전망이 취약한 문제점을 지적해야 할 것이다.

단기적 입장에서, 저비용의 복지는 기업수익에 긍정적으로 작용할 수 있다. 그러나 경쟁에 따른 승자와 실패가 있는 법. 더욱이 소수의 승자와 다수의 실패자라는 게임에서, 부의 불평등은 심화될 것이다.

저비용 복지의 경제적 효과를 보다 장기적으로 고찰할 필요가 있는 것이다.

또한, 가족복지에 의존한 국가에서 복지 위기의 위험이 더욱 크다는 점에 유의하자. 출산력이 계속해서 감소하고 고령화가 급속하게 진전되는 고비용복지사회는 가족의 복지역할이 강조되고 여성, 노인이 노동시장으로부터 배제된 사회에서 두드러지게 출현하고 있다. 이러한 배경에서, 일본 복지사회가 앞으로도 가족복지체제를 성공적으로 유지할 수 있을지 의구심을 떨쳐버릴 수 없다.

일본 복지제도의 주요 골격을 이룬 저비용복지, 상대적으로 강한 가족, 기업복지 제도는 한국 복지제도의 주요 특징이기도 하다. 그러나, 구조적 유사성에도 불구하고, 복지주체로서 국가, 가족, 기업의 역할은 두 사회에서 차이가 크다. 일본은 다른 선진사회에 비하여 공적 사회보장 지출비가 낮다고 하지만, 한국에 비하여 몇 배 높은 지출비를 유지하고 있다. 두 사회 모두에서 가족복지가 복지체제의 중요한 토대를 이루지만, 일본은 한국에 비하여 훨씬 높은 강도로 가족복지에 대한 사회적 개입을 도모하고 있다. 일본 여성의 육아, 개호 역할과 노동 간의 양립조건도 한국에 비하면 훨씬 양호한 것으로 사료된다. 요컨대, 한국은 복지수혜대상이나, 복지비용, 복지에 대한 사회적 개입 정도에서 일본에 훨씬 뒤쳐져 있다. 이러한 배경에서 한국에는 적어도 일본에서처럼 복지재정의 위기나, 고비용복지를 우려할 여건이 크게 조성된 것은 아니다.

두 사회가 세계화 과정에 대응하여 선택한 복지제도의 변화 내용도 유사점만큼이나 차이점을 지니고 있다. 유사점은 두 사회 모두 생산연계적 복지이념을 강조하였다는 것이다. 그러나 금융위기 상황이 한국에 던진 과제는 고비용복지구조에 대한 수술이 아니라, 구조조정의 사회적 효과를 완충할 수 있는 사회적 안전망의 시급한 정착이었다. 실제 금융위기 이후 한국의 사회복지제도는 괄목할 만한 확대/도약기를 경험하였다. 이 점에서, 한국정부가 표방하고 있는 생산적 복지 이념은 일본에 비하여 확대지향적 사회복지정책을 추구하는 듯하다. 요컨대 소득보완정책을 고용보장정책으로, 사회안전망정책을 노동보장정책으로 대체하기보다는 양 정책의 동시적 확대를 이념으로 하는 것 같다.

문제는 이러한 정책 이념이 얼마나 튼튼하게 현실 상황에 뿌리내릴 수 있는가이다. 일본의 선택은 경제구조조정과 함께 저비용복지, 가족복지의 중심 골격을 더욱 강화하는 것이었다. 기업경쟁력을 도모되는 이면에서, 기업복지체제가 약화되었으며, 국가의 재정부담을 줄이는 방편으로 복지서비스의 민간화가 강조되었다. 이른바 '일본형 복지제도'를 기초하였던 가족/기업/국고지원의 타협구도가 가족/시장/국고지원감축으로 변환되고 있다. 세계화 과정은 한국경제에 더욱 가혹한 도전을 안길 것이다. 경제 경쟁력을 위한 선택지가 크게 제한된 상황에서, 확대지향적 복지정책을 추진할 수 있는 사회적 힘을 동원하기란 쉬운 일이 아니다. 그럼에도 불구하고, 가족, 기업 수준을 넘어서는 사회안전망 정착을 위한 노력이 생산성, 효율성의 원리에 의하여 퇴색되지 않아야 한다. 저비용복지의 토대가 되었던 요인들이 장기적으로는 복지제도의 위기 요인으로 변환되고 있음에 유의해야 할 것이다. 또한 노동을 통한 복지가 충실화되기 위해서는 개인의 시장능력 제고뿐 아니라, 중층적으로 구성된 노동시장의 구조적 불평등 문제를 대폭적으로 해결해야 할 것이다.

<br>

제 10 장
# 한국의 사례
### 자유주의와 보수주의의 갈림길


김 영 범


## 1. 문제제기[1]

IMF 경제위기 이후 한국에서도 사회복지정책과 노동시장정책에 대
한 관심이 빠르게 확대되고 있다. 양 정책을 확대 또는 변화시키라는
요구는 국내에서뿐만 아니라 해외에서도 제기되고 있는데, 국제통화
기금(IMF)이나 경제협력개발기구(OECD) 등의 정책권고 사항에서도
두 제도와 관련된 내용을 비중 있게 다루고 있는 실정이다. 내·외의
압력으로 두 정책은 크게 변화되었는데, 대표적인 경우로 사회보험의
가입자 확대와 노동시장의 유연성 증대를 꼽을 수 있다. 그러나 현재
까지 이러한 변화에 대한 연구는 개별 제도의 확충이나 변화에만 초점
을 맞추고 있을 뿐 전반적인 변화방향에 대해서는 거의 주목하지 않고
있다. 물론 경제위기 이후 정부 정책에 대해서는 신자유주의 유형이라
는 평가가 우세하다. 그러나 대부분의 논의는 주로 경제개혁에 대해

---

1) 본 논문은 《한국사회학》 2001년 봄호에 게재된 필자의 논문 "경제위기 이후 사
회정책의 변화 : 한국과 선진 자본주의국가들과의 비교"를 대폭 수정한 것이다.

주목한 것일 뿐 사회정책2)에 대해서는 큰 관심을 기울이지 않고 있다 (강수돌, 1999; 유문부, 1999; 장상환, 1998; OECD, 1999a).

1970년대 이래로 장기 불황을 겪고 있는 선진 자본주의국가의 경우 다양한 방식으로 노동시장정책과 사회복지정책을 결합시킴으로써 경제위기에 대응해 왔다. 선진 자본주의국가의 경우 두 정책을 어떻게 결합하느냐에 따라 고용과 평등의 측면에서 상이한 결과들을 보여주고 있는데, 이들의 경험이 보여주는 바는 '고용과 평등의 상충관계'로 요약할 수 있다. 즉 고용을 확대하기 위해서는 소득 평등의 후퇴가 불가피한 반면, 소득 평등을 유지하면 실업이 증가하게 된다는 것이다.

그렇다면 한국에서 현재 진행중인 사회정책의 개혁은 선진 자본주의국가에서 나타나고 있는 사회정책의 변화와 어떤 측면에서 유사성과 차별성을 갖는가? 본 논문은 위와 같은 문제의식으로부터 출발한다. 본 논문이 선진 자본주의국가와의 비교연구를 수행하는 이유는 현재까지 경제위기 이후 한국의 사회정책에 대해 신자유주의적(조영훈, 2000; 윤진호, 1998)이라고 평가하고 있음에도 불구하고 이를 입증할 수 있는 연구가 미진하다고 판단하기 때문이다. 본 논문은 지난 3년간 한국에서 나타난 변화를 선진 자본주의국가들의 경험과 비교하여 유사성과 차별성을 분석하는 것이 그 목적이다.

여기서 본 논문이 주목하는 점은 선진 자본주의국가에서 나타난 제도적 변화가 한국에서 나타난다 하더라도 그 결과는 전혀 상이할 수 있다는 점이다. 왜냐하면 선진 자본주의국가에서는 사회정책의 역사가 오래되었을 뿐만 아니라 그 수준 또한 한국과 큰 차이를 보이고 있기 때문이다. 이 점에서 제도 변화가 유사한 모습을 보인다 할지라도 그 결과가 선진 자본주의국가의 그것과 동일할 것이라고 확신할 수 없다.

---

2) 사회정책은 다양한 정책들을 포함하지만 본 논문에서는 노동시장정책과 사회복지정책을 의미한다.

## 2. 선행이론 검토

### 1) 선진 자본주의국가의 유형화에 대한 논의

선진 자본주의국가들의 유형화는 영·미권 국가들과 유럽 국가들에서 나타나는 사회·경제적 차이에 주목하여 다양하게 이루어져 왔다 (Katzenstein, 1985; Schmitter, 1979; Soskice, 1999; Calmfors & Driffill, 1988). 유형화는 그 기준을 어떻게 설정하느냐에 따라 상이한데, 예를 들면 슈미터(Schmitter, 1979)는 이익대표체제를 중심으로 사회조합주의, 다원주의, 그리고 국가조합주의로 구분하고 있으며, 카젠스타인(Katzenstein, 1985)은 경제정책을 중심으로 자유주의, 국가주의, 조합주의로 구분하고 있다. 이외에도 기업들 사이의 조정이 어떻게 이루어지는가를 중심으로 선진 자본주의국가를 조정된 시장경제(*coordinated market economy*)와 자유화된 시장경제(*liberal market economy*)로 구분한 사스키스(Soskice, 1999)의 연구, 그리고 임금협상제도의 중앙집중성을 중심으로 선진 자본주의국가들을 분류하고 있는 캄포스와 드리필(Calmfors & Driffill, 1988)의 연구는 선진 자본주의국가를 유형화한 대표적인 연구로 꼽을 수 있다.[3]

이러한 다양한 분류는 선진 자본주의국가가 동질적인 것이라기보다는 이질적인 것임을 보여주는 것인데 사회정책의 영역에서도 이러한 다양성은 비교적 일찍부터 주목받아 왔다.[4] 사회복지제도를 중심으로

---

3) 이외에도 자이스만(Zysman, 1983)은 국가-금융자본-산업자본 사이의 관계에 주목하여 프랑스와 일본을 신용중심 가격통제체제로, 독일을 신용중심 제도중심체제로, 그리고 영국과 미국을 자본시장중심체제로 구분한 바 있다. 최근 아이버슨과 폰튜손(Iversen & Pontusson, 2000; Iversen, 1999)은 거시경제정책의 특징과 임금협상제도의 특징을 결합하여 선진 자본주의국가를 4개의 범주로 구분한 후 고용과 복지국가의 변동을 설명하고 있다.

4) 일례로 독일과 스웨덴은 일견 유사해 보임에도 불구하고 사회보장에 대한 지출은 큰 차이를 보이고 있다. 구체적으로 총사회보장지출의 경우 독일은 1985

328

한 유형화로는 제도적 복지국가(institutional welfare state)와 잔여적 복
지국가(residual welfare state)라는 고전적 분류 외에도 미쉬라(Mishra,
1984)의 통합적 복지국가와 비통합적 복지국가, 에스핑-앤더슨
(Esping-Andersen, 1990)의 탈상품화(decommodification) 정도에 따른
세 가지 유형화,5) 그리고 팔메(Palme, 1990), 팔메와 코르피(Palme
& Korpi, 1997)의 소득보장제도 중심의 유형화6) 등이 대표적이다. 7)

---

년, 1990년, 1995년 각각 국내총생산대비 24.74%, 23.2%, 28.01%로 나타
난 반면 스웨덴의 경우는 31.1%, 32.18%, 33.01%로 후자가 전자에 비해
높은 수준을 유지하고 있다. 이러한 차이는 지출구성을 살펴보면 더욱 부각되
는데, 소득보장제도를 대표하는 공적 연금의 경우 독일은 10.11%, 9.52%,
10.29%, 스웨덴은 7.35%, 7.5%, 8.17로 독일이 스웨덴에 비해 더 많이
지출한 반면, 가족·노인·장애인에 대한 서비스 지출은 독일 0.85%,
0.89%, 1.36%, 스웨덴 4.26%, 4.53%, 5.09%로 스웨덴이 독일에 비해
월등하게 많음을 알 수 있다(OECD, 1999d). 물론 이러한 차이는 노령인구비
율의 차이 등으로 설명할 수도 있다. 그러나 1985년과 1990년도에 대한 총인
구 대비 65세 이상 노령인구비율은 독일이 18.53%, 18.88%, 스웨덴이
17.87%, 17.78%(통계청, 2000d)로 이를 통해서는 사회복지서비스에 대한
지출 차이를 설명할 수 없다.
5) 에스핑-앤더슨의 분류에 대해서는 유럽과 미국을 중심으로 이루어졌기 때문에
다른 지역에 대해서는 적용할 수 없다는 비판이 제기되고 있다. 구체적으로
그의 분류를 남부유럽, 호주나 뉴질랜드 등의 남반구 그리고 동아시아에는 적
용할 수 없다는 것이다. 이에 대해 에스핑-앤더슨은 우선 동아시아의 경우 잔
여주의적 성격과 보수주의적 성격이 혼합되어 있는 반면, 점차로 사회보험이
성숙함에 따라 보수주의적 성격을 갖게 될 것으로 예상하고 있으며, 남반구의
경우는 자유주의로 분류할 수 있다고 주장한다. 마지막으로 그는 남부유럽의
경우도 가족의 역할이 강조된다는 점에서 보수주의적으로 분류될 수 있다고
주장한다(Esping-Andersen, 1999: 88~91).
6) 연금과 공적부조 등 소득보장제도에 기반하여 팔메와 코르피(Palme & Korpi,
1997)는 제도의 가입규칙(rule of entitlement), 수혜수준(level of benefit)을 중
심으로 복지국가를 표적화(targeting) 모델, 자원적-국가보조(voluntarist-state
support) 모델, 조합주의(corporatist) 모델, 기본보장(basic security) 모델, 그
리고 포괄(encompassing) 모델로 구분하고 있다.
7) 스티븐스·휴버·레이(Stephens, Huber and Ray, 1999)도 에스핑-앤더슨과
유사하게 복지국가를 세 가지로 유형화하고 있는데, 양자의 차이점은 에스핑-

노동시장정책의 경우는 소극적 정책과 적극적 정책에 대한 지출 차이나 고용보호제도의 엄격성을 중심으로 비교 연구가 진행되어 왔는데, 실업보험과 적극적 노동시장정책의 지출을 중심으로 전자의 지출이 큰 국가군과 후자의 지출이 큰 국가군으로 구분하는 연구(Schmid(ed.), 1994), 그리고 고용보호제도가 엄격한 국가군과 그렇지 않은 국가군과의 비교에 주목하여 실업률에 대한 영향을 설명하고자 하는 연구(OECD, 1999b; Schmid, Reissert, & Bruche, 1992; Mosley, 1994) 등이 대표적이다.[8]

최근에는 독립적으로 진행되어 온 두 분야의 연구를 결합하여 현실을 분석하고자 하는 시도들이 등장하고 있다(Iversen & Wren, 1998; Esping-Andersen, 1993, 1999; Rueda & Pontusson, 2000; Kitchelt, Lange, Marks, and Stephens, 1999). 두 정책의 결합은 1990년대 부각된 현상, 즉 미국의 저실업과 소득 불평등 증가와 유럽의 고실업과 소득 평등이라는 대비되는 현상을 설명하기 위해 등장하였는데, 상호 대비되는 현상을 설명하기 위해서는 사회복지정책과 노동시장정책을 개별적으로 분석하는 것을 넘어서서 두 제도의 상이한 결합에 주목해야만 한다는 것이다. 즉 이들 연구에 의하면 두 제도를 어떻게 결합하느냐에 따라 고용과 평등에 대한 효과가 상이하기 때문에 이를 통해 유럽과 미국의 차이를 설명할 수 있다는 것이다.

---

앤더슨은 세 가지 유형의 복지제도가 등장하게 된 이데올로기에 주목하여 보수주의, 자유주의, 그리고 사회민주주의라는 용어를 선택한 반면, 스티븐스·휴버·레이는 정당정치에 주목하여 기독교민주주의, 자유주의, 사회민주주의라는 용어를 사용하고 있다는 점이다.

8) 선진 자본주의국가들에 대한 국내 연구는 주로 개별 국가에 대한 연구나 특정 국가들의 비교연구에 집중하고 있는데, 국내에서의 선행 연구로는 최경구(1993), 신광영(1994), 김영순(1996), 송호근(1997), 김윤태(1998), 엄규숙(1999), 김영범(1999), 김종일(2000) 등을 들 수 있다.

2) 선진 자본주의국가의 세 가지 선택 :
   자유주의, 보수주의, 그리고  사회민주주의

　　1980년대 이래로 선진 자본주의국가들에서 진행되고 있는 사회정책
의 변화를 검토하기에 앞서 왜 완전고용과 소득 평등이 상충되는 목표
로 등장하게 되었는가를 살펴보자. 1970년대 이후 두 가지 바람직한
결과를 동시에 달성하는 것이 어려워진 이유는 경제적 세계화와 고용
구조의 변화라는 두 가지의 주요한 사회·경제적 변화 때문이다
(Iversen & Wren, 1998). 2차 대전 이후 세계 경제를 규정했던 브레
튼 우즈 체제(bretton woods system)는 국제무역에 대해서는 자유화를
추구한 반면, 자본이동에 대해서는 개별 국가의 자율성을 인정하였다.
이로 인해 개별 국가는 완전고용과 소득 평등을 위해 거시 경제정책을
이용할 수 있었다. 그러나 1970년대 이후 상황이 변화되었는데, 미국
의 금 태환 금지와 변동환율제로의 이행 등 브레튼 우즈 체제가 붕괴
되는 조짐이 보이자 개별 국가들은 적극적으로 금융시장의 자유화를
추구하였다. 이 과정에서 건전재정을 유지하는 것이 새로운 목표로 추
가되었는데, 문제는 건전재정을 유지하면서 완전고용과 소득 평등을
동시에 추구하는 것이 매우 어렵다는 점이다. 9)
　　다른 한편으로 고용구조의 변화 역시 완전고용과 소득 평등을 동시
에 추구하는 것을 어렵게 만들었는데, 왜냐하면 서비스 부문의 고용증
가에 따라 비용악화의 문제(cost disease problem)가 심각해졌기 때문이
다. 2차 대전 후 1960년대까지 고용의 가장 큰 원천은 제조업이었다.

---

9) 이는 금융시장의 자유화로 인해 재정정책이나 통화정책의 효율성이 약화되었
　　다는 점, 해외로부터의 차입을 위해서는 보다 건전한 재정상태를 유지할 필요
　　성이 증가했다는 점, 그리고 무역의 자유화로 인해 국내 산업을 보호하던 많
　　은 제도들이 국제적 분쟁의 대상이 되었다는 점 등 때문이다. 이로 인해 완전
　　고용을 유지하기 위해 건전재정을 포기하거나 역으로 건전재정을 위해 완전고
　　용을 포기할 수밖에 없는 상황에 직면한 것이다.

당시까지 고용 증가와 임금 인상은 동시에 가능했는데, 왜냐하면 제조업의 경우 생산성 증가가 임금 인상으로 고스란히 반영되지 않는 한 상품가격을 낮출 수 있었기 때문이다. 낮은 상품가격은 상품에 대한 수요를 크게 증가시켰고 이는 다시 고용 증가로 이어질 수 있었다. 그러나 1960년대 말부터 생활수준의 향상에 따른 삶의 질에 대한 관심 증가, 그리고 기존 제조업 상품의 수요 포화 등으로 인해 제조업의 생산성 증가는 수요의 증가로 연결되지 못하는 결과가 나타났다. 이로 인해 제조업 부문의 고용이 정체 또는 후퇴되는 반면 서비스업이 고용의 주요한 원천으로 등장하였다.

서비스 부문에 대한 수요 증가는 삶의 질에 대한 관심이 증가했다는 점에 기인하는 것이지만 여성들의 노동시장 참여가 크게 증가했다는 점에 기인하는 것이기도 했다. 서비스 부문의 고용증가는 그러나 고용과 관련하여 어려운 문제를 발생시키는데, 보몰(Baumol, 1967)이 주장한 바 있는 비용악화의 문제가 그것이다. 그에 의하면 서비스 부문은 제조업 부문과는 달리 생산성이 크게 증가하지 않는다는 단점을 갖는다. 따라서 이 부문에서 제조업과 동일한 임금인상이 이루어질 경우 조만간 비용이 가격을 능가하는 상황에 직면하게 된다는 것이다. 결과적으로 그는 비용악화의 문제로 인해 서비스 부문은 시장에서 소멸될 가능성이 있다고 주장한다(Baumol, 1967: 418). 따라서 서비스 부문이 유지되기 위해서는 임금을 전적으로 시장이 결정해야만 하는데, 이는 서비스 부문과 제조업 부문 사이의 임금격차를 증가시켜 소득 불평등을 증가시키는 결과를 초래하게 된다. 즉 생산성이 상대적으로 낮은 서비스업이 고용을 증가시키는 새로운 대안으로 부각되자 소득 평등과 완전고용이 상충되는 문제로 등장한 것이다.

소득 평등과 완전고용, 그리고 건전재정이 서로 대립하는 상황에 직면하여 선진 자본주의국가는 개별 국가가 처한 고유한 정치·사회적 상황에 따라 상이한 전략을 추진하고 있는데(Iversen & Wren, 1998; Esping-Andersen, 1993, 1999), 선진 자본주의국가들에서 진행중인 전

략은 크게 세 가지로 구분할 수 있다. 10)

첫 번째 전략은 완전고용과 건전재정을 유지하기 위해 노동시장을
유연화하고 사회복지제도를 후퇴시키는 것이다. 에스핑-앤더슨은 이
전략을 앵글로-색슨형 전략, 또는 자유주의 전략으로 명명한다. 우선
노동시장의 유연화는 저임금을 가능케 하는데, 이로 인해 고용은 증가
된다. 다음으로 사회복지제도의 후퇴 역시 고용의 증가에 기여하게 되
는데, 왜냐하면 사회보장세 등의 축소를 통해 생산비용을 절감할 수
있기 때문이다. 즉 임금이나 생산비용의 감소는 노동력의 공급과 수요
두 측면에서 고용 증가에 유리한 조건을 만든다. 우선 공급의 측면에
서 보면 저임금으로 인해 1인 소득원으로는 생활이 어려워지는 계층이
확대되기 때문에 여성 등 이전까지 경제활동에 참여하지 않던 집단들
의 경제활동 참여가 증가한다. 수요의 측면에서도 역시 낮은 임금과
낮은 생산비용은 생산성이 낮은 산업이나 기업을 시장에 잔존시킴으로
써 노동력에 대한 수요를 증가시키는 효과를 갖는다. 11) 그러나 이 전

---

10) 최근 선진 자본주의국가에서 나타나고 있는 사회정책의 변화에 대한 논의는
크게 차이를 강조하는 입장과 수렴을 강조하는 입장으로 구분할 수 있다. 전
자를 대표하는 에스핑-앤더슨은 1970년대에 볼 수 있었던 사회복지제도의 차
이는 1990년대에도 여전히 관찰될 수 있다고 주장한다. 이에 반해 클라이톤과
폰튜손(Clayton & Pontusson, 1998)은 1970년대 관찰할 수 있었던 사회정책
의 차이는 점차 축소되고 있으며, 결과적으로 영국은 미국에 가까운 방향으
로, 스웨덴은 독일과 유사한 모습으로 변해가고 있다고 주장한다. 그러나 후
자의 주장은 근거가 불충분한데, 왜냐하면 클라이톤과 폰튜손은 제도 변화보
다는 실업률이나 빈곤층비율, 공공부문의 고용비율 등을 강조하고 있지만, 이
들 변수는 경제적 변화에 민감하다는 점에서 수렴을 입증하기 위한 확고한 증
거는 되지 못하기 때문이다. 이들이 수렴을 확실하게 증명하기 위해서는 제도
의 수렴현상을 입증해야만 하지만 현재까지 스웨덴의 사회정책이 독일의 그것
과 유사해진다는 명확한 근거는 없다. 특히 지출자료는 여전히 스웨덴과 독일
의 차이를 입증하고 있다. 이 점에서 본 논문은 차이를 강조하는 논의에 초점
을 맞추고자 한다. 선진자본주의 국가들의 사회복지지출 차이에 대해서는 강
철희·김교성·김영범(1999) 참조.

11) 이 유형을 대표하는 국가로는 미국을 꼽을 수 있다.

략은 저임금 노동자를 양산한다는 점에서 소득 불평등을 확대하는 결과를 낳는다. 물론 소득 불평등은 공공부문의 고용이 증가하는 경우 축소될 수도 있지만12) 공공부문의 고용 증가는 건전재정에 대한 강조로 인해 증가하기 어렵다.

이 전략은 미국과 영국으로 대표되는 영·미권 국가들에서 발견할 수 있는데, 이들 국가들은 노동자들의 권력자원(*power resource*)이 비교적 적었다는 점, 그리고 사회민주주의 정당을 중심으로 한 좌파가 정권을 담당한 기간이 전무하거나 짧다는 특징을 가지고 있다. 따라서 이들 국가들에서 복지제도는 그 수혜수준이나 범위를 최소화하는 방향으로 제도화되었다. 13) 이러한 잔여적인 제도로 인해 복지국가는 중간계급과 노동자계급의 상층으로부터 외면당하게 되었는데, 이는 경제위기시 복지국가의 후퇴와 노동시장의 유연성 강화를 가능케 하는 정치적 환경을 제공한다.

두 번째 전략은 건전재정과 소득 평등을 유지하기 위해 완전고용을 포기하는 것이다. 에스핑-앤더슨은 이 전략을 대륙유럽형 전략, 또는 보수주의 전략으로 명명한다. 이 전략에서 노동시장의 유연화와 사회복지제도의 후퇴는 최소화된다. 이 전략은 노동시장의 유연화를 최대한 자제하기 때문에 직종이나 산업과 무관하게 비교적 높은 임금이 유지될 수 있다. 즉 노동시장에 대한 규제가 임금에 대한 시장의 영향력을 제한하기 때문에 생산성과 임금 사이의 연관성은 축소된다. 이로 인해 저숙련·저생산성 부문의 임금을 상대적으로 높게 유지할 수 있고 소득 불평등의 증가를 방지할 수 있다. 14)

---

12) 소득 불평등에 대한 한 연구(Rueda & Pontusson, 2000)는 공공부문은 민간부문에 비해 부문내 임금격차가 크지 않기 때문에 소득 불평등을 전반적으로 축소하는 효과가 있다고 주장한다.
13) 구체적으로 보편주의적 제도에 최소한의 급여가 결합(영국)되어 있거나 또는 자산조사적 제도에 최소한의 급여가 결합(미국)되어 있는 경우가 그것이다.
14) 사회복지제도 역시 소득 평등을 유지하는 데 기여하게 되는데, 즉 비교적 긴

그러나 노동시장이 경직되어 있는 점은 고용증가를 어렵게 하는 요인이 되는데, 왜냐하면 경직된 노동시장은 해고비용을 증가시키고 이로 인해 기업은 신규고용에 대해 보다 신중해지기 때문이다. 즉 높은 해고비용으로 인해 향후 경기변동에 따라 고용을 조정해야만 하는 기업들은 신규고용을 최적수준에 비해 축소하게 된다는 것이다 (Buechtemann, 1993: 9).

다른 한편으로 노동시장의 경직성은 외부 노동시장에 대한 의존을 낮춤으로써 균형실업률을 증가시키는 경향을 갖는다. 즉 노동시장의 경직성으로 인해 정규 고용된 내부자는 일종의 지대(rent) [15]를 갖게 되는데, 이로 인해 이들은 시장임금에 비해 보다 높은 임금을 요구할 수 있으며 결과적으로 실업이 증가된다는 것이다. 특히 노동시장의 경직성은 저숙련 노동자들의 실업을 크게 증가시키며, 이들을 장기실업자로 만들 가능성이 큰데, 왜냐하면 경기 침체시 기업은 저숙련 노동자들에 대해 해고를 집중하는 반면 경기 상승기에는 이들의 고용을 최대한 억제하기 때문이다. 이를 보완하기 위해 이들 유형의 국가들은 임시직을 중심으로 노동시장을 유연화하는데, 이를 통해 저숙련 노동자들의 일부는 임시직이나 파트타이머 등으로 흡수된다. [16]

이 전략은 독일과 오스트리아 등 대륙 유럽에서 발견할 수 있는데 이들 국가들은 노동자계급의 권력자원이 비교적 높은 편이지만 사민당 등 좌파의 집권이 비교적 뒤늦게 이루어졌기 때문에 복지제도의 발전이 보수주의적 정당의 주도로 이루어졌다는 특징을 갖는다. 보수주의

---

수혜기간과 높은 수혜수준은 실업자들이나 은퇴자들의 소득이 일정수준 이하로 하락하는 것을 방지한다.

15) 내부자들이 갖게 되는 지대는 이직비용(turnover cost) 때문에 발생한다. 이 비용은 채용과 해고 과정에서 기업이 부담하게 되는 비용뿐만 아니라 생산과정에서 신규 취업자에 대해 내부자가 협력하지 않을 경우 나타나는 생산성 하락에 따른 손실 등을 포함한다. 내부자·외부자 이론에 대해서는 린드벡(Lindbeck, 1988), 린드벡과 스노위(Lindbeck & Snower, 1993) 참조.

16) 이 전략을 대표하는 국가로는 독일을 들 수 있다.

정당은 두 가지 목표를 달성하기 위해 복지국가를 이용하였는데, 첫째, 복지제도를 통해 기존 질서에 대한 시장으로부터의 위험을 제거하는 것이며, 둘째, 사회주의 지향의 노동운동을 약화하는 것이다. 두 가지 목표를 달성하기 위해 복지제도는 직업집단별로 분권화되었으며, 비교적 높은 수혜수준을 보장하게 되었다. 이러한 복지제도는 비교적 지지도가 높다는 점에서 후퇴시키기 어려운 한편, 바로 그 구조로 인해 노동력의 자유로운 이동을 제약하는 효과를 낳는다. 결과적으로 이러한 복지국가의 구조는 부문이나 직종간 노동력의 이동을 제약하는 보수주의 전략과 친화성을 갖게 된다.

세 번째 전략은 완전고용과 소득 평등을 유지하는 것이다. 이 전략은 노동시장을 유연화하는 반면 복지제도의 후퇴를 최소화한다. 에스핑-앤더슨은 이 전략을 북구형 전략, 또는 사회민주주의적 전략으로 명명하고 있다. 이 전략에서 완전고용은 두 가지 수단을 통해 이루어지는데, 우선 노동시장을 유연화하여 민간부문에서의 고용을 극대화한다. 다음으로 민간부문에서 고용될 수 없는 상황에 처한 집단들을 위해 공공부문의 고용을 증가시킨다. 여기서 공공부문의 고용은 주로 사회복지 서비스에 집중하는데, 왜냐하면 민간부문에서 고용되기 어려운 저숙련 노동자의 다수가 여성이기 때문이다. 즉 민간부문은 주로 남성 노동력을 고용하는 반면 여성 노동력의 경우는 공공부문의 사회복지 서비스부문으로 흡수되는 것이다.

다른 한편으로 소득 평등은 관대한 사회복지제도와 공공부문의 고용 증가를 통해 보장되는데, 전자는 소득을 상실한 실업자들에게 비교적 높은 수혜를 보장함으로써, 그리고 후자는 임금격차를 축소시킴으로써 소득 불평등의 증가를 억제한다. [17] 그러나 이 전략은 공공부문

17) 보수주의와 사회민주주의는 소득 평등을 유지하는 수단에 있어서 차이가 있는데, 전자는 민간 부문에서의 비교적 평등한 임금을 통해 소득 평등을 유지하는 반면, 후자는 공공부문에서의 고용을 통해 소득 평등을 유지한다. 그러나 양유형 모두 사회복지제도가 소득평등을 유지하는 데 기여한다는 점은 동일하다.

의 저숙련 노동자들에게 시장가격 이상의 임금을 지급한다는 점, 그리고 사회복지제도가 관대하다는 점 때문에 재정적자에 직면할 가능성이 크다. 특히 외적 상황의 변화 등으로 경제상황이 안 좋아지는 경우 재정적자가 급속하게 증가한다는 약점을 갖는다. [18]

이 전략은 스웨덴을 비롯한 북구 국가들에서 발견할 수 있는데, 이들 국가들은 정치적으로 노동자의 권력자원이 매우 높다는 점, 그리고 사회민주주의 정당을 중심으로 좌파 정당의 집권기간이 길다는 공통점을 갖고 있다. 결국 비교적 일찍부터 집권한 사민당은 2차 대전 이후 보편적(universal)이며 관대한(generous) 복지국가를 건설함으로써 복지국가에 대해 새로운 지지기반을 확대할 수 있었는데, 복지국가의 새로운 지지집단으로는 노인, 여성, 그리고 공공부문을 들 수 있다. 새로운 지지집단을 포섭하는 데 성공했다는 점에서 이들 국가에서 좌든 우든 복지제도를 후퇴시키는 것은 매우 어려운 과제일 수밖에 없다.

1980년대 이래로 선진 자본주의국가들에서 나타난 변화들을 정리하면 〈표 10-1〉과 같다.

다음에서는 한국이 지난 2년간 겪어왔던 노동시장정책[19]과 사회복

---

18) 이러한 유형을 대표하는 국가로는 스웨덴을 들 수 있다.

19) 노동시장정책의 변화를 분석하는 연구는 개별 국가에서 나타나고 있는 노동시장의 유연성을 비교·분석하는 작업에 집중하고 있다(Mosley, 1994; Grubb & Wells, 1993; OECD, 1999b). 노동시장의 유연성을 어떻게 측정할 것인가에 대해서는 합의된 기준이 존재하는 것은 아닌데, 일반적으로 고용보호제도(employment protection law)를 중심으로 측정하고 있다. 기존 논의에 의하면 노동시장의 유연성은 개별 국가에 따라 차이가 날 뿐만 아니라 종사지위에 따라서도 차이가 난다는 사실 또한 확인되고 있다. 이 점에서 노동시장의 유연성을 고용보호제도를 중심으로 분석할 경우 상이한 종사지위에 따른 유연성을 분석할 수 있어야만 한다. 기존 연구 중 경제협력개발기구(OECD, 1999b)의 분석은 시기적으로도 가장 최근일 뿐만 아니라 종사지위에 따라 그 유연성 정도를 비교할 수 있다는 점, 그리고 비교적 제도의 변화를 측정하기 위한 세부 규칙을 제공한다는 점에서 다른 연구들에 비해 본 연구에 적합하다고 판단된다.

〈표 10-1〉 완전고용·소득 평등·건전재정 사이의 선택

| 구분 | 국가정책목표 | 복지에 대한 국가의 역할 | 복지국가의 변화 | 노동시장의 유연화 | 문제점 |
|---|---|---|---|---|---|
| 사민주의 | 완전고용/ 소득평등 | 소득보장/ 사회복지서비스 | 현상유지 | 유연화 | 재정적자의 증가 |
| 보수주의 | 건전재정/ 소득평등 | 소득보장 | 현상유지 | 부분적 유연화 | 고용불안정 집단 증가 |
| 자유주의 | 완전고용/ 건전재정 | 잔여적 | 후퇴 | 유연화 | 소득불평등 심화 |

지정책[20]의 변화를 분석하고 그것을 선진 자본주의국가들의 경험과 비교함으로써 유사성과 차별성을 검토하고자 한다.


## 3. 한국의 사례

선진 자본주의국가와 마찬가지로 경제위기 이후 한국의 노동시장과 사회복지제도도 많은 변화를 겪어왔다. 아래에서는 1997년 경제위기 이후 두 제도가 어떻게 변화되어 왔는지를 살펴보고자 한다.

### 1) 노동시장의 유연화 : 종사지위에 따른 차이의 증가

노동시장 유연화에 대한 움직임은 경제위기 이전부터 존재해 왔다.

---

[20) 사회복지제도의 변화에 대한 기존 연구는 지출변화보다는 제도 자체의 변화에 주목하고 있다(Alber, 1988; Pierson, 1996; Therborn & Reobroek, 1986: 328; Esping-Andersen, 1999). 제도 분석에 있어서 특히 주목해야할 부분은 사회복지제도를 하부 영역으로 구분하여 분석하는 경향이 증가하고 있다는 점이다. 이는 사회복지제도가 다양한 프로그램들로 구성되어 있을 뿐만 아니라 그 변화 또한 프로그램 별로 상이하기 때문이다. 본 논문에서도 사회복지제도를 소득보장제도와 사회복지서비스로 구분한 후 그 제도적 변화에 주목하고자 한다.

338

일례로 문민정부 시절에도 노동관계법의 개정을 추진한 바 있지만 대
다수 노동자들의 반대에 부딪혀 좌절된 바 있다. 이후 1997년 여·야
의 재협상을 통해 개정된 노동관계법은 노동시장 유연화의 최대 쟁점
이었던 정리해고제를 포함하고 있었지만, 2년간 그 시행을 유보한다
는 단서조항이 붙어 있었다. 그러나 1997년 말 경제위기 이후 노동시
장의 유연성을 증대시키라는 내·외의 요구로 인해 1998년 노·사·정
위원회는 정리해고에 대한 단서조항을 삭제하는 데 합의하였다(노중
기, 1999: 133~134). 이외에도 파견근로제도가 도입되었는데, 고용보
호를 중심으로 하여 1998년을 전후로 변화된 내용을 요약하면 〈표
10-2〉, 〈표 10-3〉과 같다.

1998년 이전과 이후의 고용보호제도를 경제협력개발기구(OECD,
1999b)의 기준에 따라 평가하면 다음과 같다(〈표 10-4〉, 〈표 10-5〉
참조). 첫째, 전반적으로 노동시장의 유연성이 증가했다는 점을 알 수
있다. 즉 1998년 2월 이전까지는 한국의 고용보호제도 엄격성 지수는
64였지만 이후 제도의 변화를 통해 60.75로 노동시장의 유연성이 증
가된 것을 확인할 수 있다. 그러나 다른 한편으로 노동시장의 유연성
은 정리해고를 중심으로 나타났던 사회적 갈등에 비추어 볼 때 크게
유연화되지 않았다는 점 역시 알 수 있다.[21]

---

21) 노동시장 유연화에 대한 경제협력개발기구의 평가를 단순 합산한 순위에 따르
면 한국은 동구권을 제외한 23개국 중 11위를 차지하고 있다. 노동시장이 가
장 유연한 국가는 미국이며 가장 경직된 국가는 터키이다. 일본은 한국보다
약간 유연화되어 10위를 차지하고 있다(OECD, 1999b: 66). 한국의 노동시
장이 유럽 국가들에 비해 그렇게 유연화되지도 또 그렇게 경직되지도 않았다
는 점을 알 수 있다. 한국 노동시장의 경직성에 대한 논의는 김학노(1999:
334) ; 정인수(1997: 7~8) ; 조우현·조준모(1998: 197) 참조.

〈표 10-2〉 근로 기준법상 해고 관련 조항 및 내용 : 파견근로제도의 경우

| 구 분 | 1998년 2월 이전 | 근 거 | 1998년 2월 이후 | 근 거 |
|---|---|---|---|---|
| 합법계약 대상 | 불법(법이 허용하지 않는 중간이득 금지) | 근기법* 37조 | 특정 대상만이 가능 | 파근보법** 제2조1항 |
| 연속계약 회수 제한 | 불법 | 조항 없음 | 1회 | 파근보법 제5조 1항 |
| 연속계약 최대 기간 | 불법 | 조항 없음 | 24개월 | 파근보법 제5조 1항 |

* 근로기준법, ** 파견근로자보호 등에 관한 법률.

〈표 10-3〉 근로기준법상 고용보호 관련 조항 및 내용 : 집단적 해고의 경우

| 구 분 | 1998년 2월 이전 | 근 거 | 1998년 2월 이후 | 근 거 |
|---|---|---|---|---|
| 집단해고 규정 | 일반 해고와 동일 (정리해고 조항은 1997년 도입, 2년 유예) 단 경영상의 해고는 판례로 인정. 이 경우 아래 조건을 충족시켜야만 함 - 긴박한 경영상의 필요 - 해고회피를 위한 노력 - 합리적이고 공정한 정리기준과 대상자 선별 - 노동조합이나 근로자측과 성실 협의 | 근기법 27조 1 대법원 판례 | 경영상 해고 인정 - 경영정상화를 위한 인수·합법 등도 경영상의 이유에 포함 | 근기법 31조 1항 |
| 추가적인 사전 고지사항 | - 노조와 성실협의 | 없음 | 노조와 성실하게 협의 /일정규모 이상인 경우 노동부 신고 | 근기법 32조 3, 4, 5 |
| 추가적인 연기일 | 없음 | 없음 | 해고전 60일 (일반의 경우 30일) | 근기법 31조 3 |
| 기타 비용 | 해고회피를 위한 노력 | 대법원 판례 | 해고회피를 위한 노력 | 근기법 31조 2 |

〈표 10-4〉OECD 기준에 따른 고용보호제도의 엄격성 :
1998년 2월 이전·이후의 비교[1]

| 항 목 | | | 기본단위 | 1998년 2월 이전 | | 1998년 2월 이후 | |
|---|---|---|---|---|---|---|---|
| | | | | 기본지수 | 평가지수[2] | 기본지수 | 평가지수 |
| 정규고용 | 절차의 편리함 | 해고절차 | 지수 0-3 | 1 | 2 | 1 | 2 |
| | | 해고 결정에서 해고까지 기간 | 요일 | 31 | 4 | 31 | 4 |
| | 비자책 해고에 대한 사전고지와 보상 | 고지기간 9개월 | 월 | 1 | 3 | 1 | 3 |
| | | 고지기간 4년 | 월 | 1 | 2 | 1 | 2 |
| | | 고지기간 20년 | 월 | 1 | 1 | 1 | 1 |
| | | 퇴직보상금 9개월 | 월 | 0 | 0 | 0 | 0 |
| | | 퇴직보상금 4년 | 월 | 4 | 5 | 4 | 5 |
| | | 퇴직보상금 20년 | 월 | 20 | 6 | 20 | 6 |
| | 해고의 어려움 | 불공정해고에 대한 정의 | 지수 0-3 | 2 | 4 | 2 | 4 |
| | | 고용보호 적용예외기간 | 달 | 규정없음 | 6 | 규정없음 | 6 |
| | | 보상 | 달 | 규정없음 | 0 | 규정없음 | 0 |
| | | 복직 | 지수 0-3 | 1 | 2 | 1 | 2 |
| 단기계약 | 단기고용계약 | 객관적 이유 외 타당한 조건 | 지수 0-3 $6-$지수$\times 2$ | 2.5 | 1 | 25 | 1 |
| | | 연속계약의 최대회수 | 회수 | 제한없음 | 0 | 제한없음 | 0 |
| | | 연속계약의 최대기간 | 달 | 제한없음 | 0 | 제한없음 | 0 |
| | 파견근로제도 | 합법적 노동의 유형 | 지수 0-4 $6-$지수$\times 6/4$ | 0 | 6 | 2.5 | 2.25 |
| | | 계약 갱신의 회수에 대한 제한 | 예/아니오 | 불법 | 4 | 예 | 4 |
| | | 연속계약의 최대 기간 | 달 | 불법 | 6 | 24 | |
| 정리 해고 | | 정리 해고의 규정 | 지수 0-4 | 4 | 6 | 3 | 4.5 |
| | | 추가적인 사전고지사항 | 지수 0-2 | 1 | 3 | 2 | 6 |
| | | 추가적인 해고연기 | 요일 | 0 | 0 | 30 | 3 |
| | | 기타 자본에 대한 비용 | 지수 0-2 | 1 | 3 | 1 | 3 |
| 합 계 | | | | 65 | | 60.75 | |

주 : 1) 자세한 평가방법에 대해서는 OECD, 1999b: 115~118 참조.
　　 2) 지수는 낮을수록 유연화되었음을 의미함.

둘째, 노동시장의 유연성은 종사지위에 따라 큰 차이를 보이고 있음을 알 수 있다. 1998년 2월 이전의 경우 가장 유연화된 부문은 단기계약이었는데, 이 부문에 대해서는 파견근로제도를 법으로 금지한 것이 유일한 제약이었다. 그러나 1998년 2월 이후 파견근로제도가 특정 직종에 대해 허가됨으로써 합법화의 길이 열리게 되었다. 따라서 단기계약 전체로 보면 1998년 2월 이전에는 엄격성 지수가 17이었지만 이후에는 9.25로 크게 감소하였으며 특히 파견근로제도의 경우 16에서 8.25로 크게 유연화되었다. 반면에 정규직의 경우 정리해고제가 도입되었다는 점에서 유연성이 증가한 것으로 생각하기 쉽지만 노동시장의 유연성은 크게 증가하지 않았다. 이는 1998년 이전에도 정리해고가 법원의 판례 등을 통해 인정되고 있었을 뿐만 아니라 정리해고의 입법 과정에서 이전에는 없던 몇 가지 규제 조항이 삽입되었기 때문이다.[22] 구체적으로 정규직의 경우 고용보호제도의 엄격성은 1998년 2월 이전이나 이후에 큰 변화가 없으며, 정리해고의 경우는 12에서 16.5로 오히려 증가된 것으로 알 수 있다.

결과적으로 고용보호의 측면에서 보면 노동시장의 유연성은 지난 2년 사이에 종사지위에 따라 상이하게 변화되었다는 것을 알 수 있는데, 정규 고용의 경우는 큰 변화가 없는 반면, 단기 고용의 경우에만 노동시장의 유연성이 크게 증가한 것이다.

경제위기나 고실업에 직면해 노동시장을 유연화하는 것은 일반적으로 나타나는 현상이다. 일례로 미국뿐만 아니라 독일, 그리고 노동시장에 대한 규제가 가장 엄격하다고 평가되는 스페인에서도 노동시장을 유연화하는 경향이 나타나고 있기 때문이다(Mosley, 1994: 64~67). 문제는 유연화의 정도가 어느 정도 급속히 진행되고 있는가, 그리고 누구의 노동시장이 더욱 유연화되었는가 하는 점이다.

---

22) 일반적인 해고에 추가로 요구되는 사전고지기간이나 해고연기기간이 신설되거나 연장되었기 때문이다.

앞서 살펴본 바에 의하면 경제위기를 거치면서 한국의 노동시장은
첫째, 급속히 유연화된 것은 아니라는 점, 둘째, 그 속도가 종사지위
에 따라 차별적이라는 점을 확인할 수 있었다. 이러한 유연화의 경향
은 종사지위와 무관하게 유연화를 추진하는 자유주의 유형보다는 종사
지위에 따른 차별을 강조하는 보수주의 유형에서 나타난 제도변화[23]
에 보다 근접한 것이라고 판단할 수 있을 것이다.

## 2) 사회복지정책의 변화 : 소득보장제도 중심의 확대

사회복지제도도 경제위기 이후 몇 가지 주요한 변화를 겪어왔다. 사
회복지제도의 변화는 크게 단기적 실업대책의 등장, 사회보험 및 공공
부조제도 등 소득보장제도의 변화, 그리고 '생산적 복지'라는 복지 이
념의 등장이 대표적이다.

먼저 소득보장제도와 사회복지서비스의 변화를 살펴보자. 우선적으
로 주목할 점은 지난 3년간 사회보험의 대상자가 크게 확대되었다는
점이다. 실업의 급증에 따라 변화가 가장 컸던 고용보험의 경우 적용
사업장이 1998년 상반기에 142,200개소에서 1999년 상반기에는
570,748개소로 4배 이상 증가하였고, 가입자 수도 같은 기간 동안
4,796,775명에서 5,844,018명으로 약 100만 명 이상 증가하였다(고
용보험연구센터, 2000: 10). 국민연금의 경우도 자영자가 당연적용 대

---

23) 고용보호제도가 엄격한 독일의 경우 1980년대 중반까지 객관적 이유(특정한
  프로젝트나 계절적 직업, 임시적인 결원의 충원)가 있는 경우에만 임시직의
  고용이 가능했지만 1980년대 말부터 객관적 이유가 없는 경우에도 임시직의
  고용을 허용하고 있다. 반면 정규직의 경우는 여전히 노동위원회(*work
  council*)의 허가가 있어야만이 해고가 가능하다(Buechtemann, 1993: 273~
  278). 남부유럽 국가들에서도 정규직에 대한 노동시장을 엄격하게 규제하는
  가운데 임시직에 대한 노동시장을 유연화하여 왔는데, 이로 인해 남부 유럽
  국가들에서는 임시직의 비율이 매우 높다는 특징을 가지고 있다(Mosley,
  1994: 74).

〈표 10-5〉 사회복지제도의 주요 변화 : 1997~2000

| 사회복지 제도 | 연도 | 변화 내용 | |
|---|---|---|---|
| | | 가입규칙 | 비용·수혜 규칙 |
| 국민연금 | 1999 | - 도시 지역주민 확대 실시<br>- 5인 미만 사업장으로 확대<br>- 최소가입기간을 5년으로 단축 | - 퇴직금전환제도의 폐지<br>  (노사 각각 4.5%씩 부담)<br>- 연금의 임금대체율 하향조정<br>  (종전 소득월액의<br>   70% → 60%)<br>- 수급개시연령의 장기적인 연장 |
| | 2000 | - | - 평균소득월액을 조정 |
| 의료보험 | 1998 | - 공·교조합과 지역조합 통합<br>  (국민의료보험관리공단으로<br>  통합) | - 진료권 제한제도 폐지<br>- 요양급여일 연장<br>  (270일→300일)<br>- 보험료율 인상(직장조합<br>  평균: 3.13%→3.27%) |
| | 1999 | - | - 요양급여일 연장<br>  (300일→330일)<br>- 보험료율 인상(직장조합<br>  평균: 3.27%→3.75%) |
| | 2000 | - 국민의료보험관리공단과 직장<br>  의료보험의 통합<br>  (국민건강보험공단으로 통합,<br>  단 재정통합은 2002년)<br>- 의약분업실시 | - 급여제한기간 철폐<br>- 산전진찰 보험급여 확대<br>- 본인부담금 경감대상확대<br>  (70세 이상→65세 이상)<br>- 보험료 인상 |
| 고용보험 | 1998 | - 1인 사업장으로 대상 확대 | - 특별 연장급여 실시 |
| | 1999 | - 기준 기간, 피보험기간 단축<br>  (기준기간 18개월, 피보험기간<br>  12개월→기준기간 12개월,<br>  피보험기간 6개월) | - 보험료율 인상<br>  (실업급여 0.6→1.0%)<br>- 실업급여지급기간 확대<br>  (60~210일→90~240일)<br>- 최저지급수준인상<br>  (최저임금 70%→90%) |
| | 2000 | - | - |
| 공적부조 | 2000 | 생활보호법의 국민기초생활보장법으로의 대체 | |
| | | - 근로능력 유·무의 철폐<br>- 부양자가 없거나 또는 능력이<br>  없는 최저생계비 미만 소득 가<br>  구나 개인 | - 최저생계비 부족 액수 지급<br>- 주거급여 등 다양한 수혜<br>  신설 |

자료 : 보건복지부, 각년도. 보건복지백서; 노동부, 각년도.
　　　노동백서; 노동부, 1999. 고용보험백서.

상으로 포함됨에 따라 역시 가입자 수가 크게 증가하였는데, 1997년 12월 7,356,931명에서 1999년 4월 10,684,645명, 2000년 6월 16,686,000명으로 크게 증가하였다. 그러나 사회보험의 가입률은 여전히 낮은 편인데, 고용보험의 경우 1999년 12월 말 현재 임금근로자 대비 46.5%만이 가입되어 있으며, 국민연금의 경우 가입률은 2000년 6월 현재 15세 이상 인구의 46.2%에 불과하다.

반면 비용과 수혜의 측면에서 보면 실업보험을 제외하고는 후퇴되었음을 알 수 있는데, 국민연금의 경우 장기적인 재정적자의 가능성이 제기됨에 따라 수급개시연령이 연장되었을 뿐만 아니라 수혜의 임금대체율이 인하되었고, 의료보험의 경우는 통합을 위해 각 조합의 부실을 최대한 축소해야만 했기 때문에 보험료가 대폭 인상되었다. 고용보험의 경우 실업급여 보험료가 인상되었지만 수급기간이 연장되었고 최저 지급수준이 인상되었다(〈표 10-5〉 참조).

그러나 이러한 사회복지의 개혁이 사회집단들로부터 전폭적인 지지를 얻은 것은 아니었다. 특히 저항은 연금과 의료보험 부문에서의 개혁에 집중하여 나타났는데, 근본 원인은 두 가지 복지제도가 비용부담과 수혜를 연계시키는 형태로 구성되었기 때문이었다. 구체적으로 연금의 경우 재정은 조합별로 관리되며 수혜는 보험료에 연관되어 결정된다. 의료보험의 경우 보험료부담과 수혜의 연관성은 적지만 보험재정은 각 조합별로 관리된다. 이러한 제도적 특징은 피보험자들로 하여금 연금과 의료보험을 자신들이 소유한 재산으로 생각하게끔 만들었는데, 이로 인해 비용부담과 수혜를 변화시키는 개혁에 대해 민감하게 반응했던 것이다.

국민연금의 경우 도시지역 자영업자로의 확대는 임금근로자를 중심으로 한 기존 가입자들로부터 큰 저항에 부딪혔는데, 이는 무엇보다도 자영자의 소득을 정확하게 파악할 수 없었기 때문이었다. 즉 사업장 가입자는 지역 가입자의 소득이 제대로 파악되지 않았기 때문에 실제 소득에 비해 낮게 소득을 신고할 가능성이 높고, 따라서 비용에 비해 상대적으로 수혜를 더 많이 받을 가능성이 높다는 것이다. 다른 한편으로 지역 가입자는 강제적인 가입에 대해 불만을 품고 있었다. 정부는 지역 가입자의 가입률을 높이기 위해 지역가입자들의 자발적 신고금액을 보험료 부과의 소득으로 인정하였는데, 결과적으로 이는 사업자 가입자들이 우려했던 것처럼 지역가입자의 소득신고액이 사업장 가입자의 그것보다 매우 낮은 결과를 초래하였다.24)

다른 한편으로 의료보험의 통합 역시 강한 저항에 직면하였는데, 조합주의 구조에 발생하였다. 의료보험은 조합별로 재정을 관리하는 관계로 조합에 따라 재정상태가 큰 차이를 보이고 있었는데, 정부는 통합을 통해 재정적자의 문제를 해결하고자 시도한 것이다. 따라서 흑자재정의 직장 가입자들은 통합에 불만을 갖게 되었던 것이다. 의료보험 통합에 대한 이러한 저항은 결국 조직은 2000년 7월 통합되었지만 재정통합은 2002년으로 연기하는 결과를 낳았다(김영범, 1999: 254~263).

또다른 변화로는 소득보장제도의 일종인 공적 부조 제도의 변화를 들 수 있다. 과거 공적 부조를 규정한 생활보호법이 국민기초생활보장법으로 대체된 것이다. 국민기초생활보장법은 우선 근로능력을 지원대상자의 선정기준에서 제외했다는 점에서 이전의 생활보호법과 큰 차이를 보이고 있다. 다음으로 국민기초생활보장법은 수혜의 종류에 있어서도 주거 급여를 신설해 주거안정을 위한 수급품을 제공하는 내용을 새롭게 포함하고 있다. 마지막으로 국민기초생활보장법은 자활지원계획을 통해 근로능력자의 경우는 자활을 위한 계획과 이에 대한 지원을 포함한다는 점에서 생활보호법과 차이를 보이고 있다. 국민기초생활보장법은 또한 부양자가 부양능력이 있는 경우 수혜 대상으로부터

---

24) 1999년 4월 발표된 소득신고 결과를 살펴보면 도시지역 자영업자가 직장가입자에 비해 소득을 훨씬 낮게 신고하고 있음을 알 수 있다. 직종별 평균소득신고액을 보면 직장가입자의 경우 144만 원인 반면, 도시지역 자영업자는 84만 원, 농어민은 63만 원으로 직장가입자의 평균소득신고액 가장 높다(중앙일보, 1999. 4. 24일자 참조).

346

제외시켰는데, 이는 가족을 복지의 기본적 주체로 파악하는 보수주의
적 인식을 반영하는 것이라고 볼 수 있다. [25]

국민기초생활보장법에 따라 4인 가족의 경우 받을 수 있는 최대 수
혜 액수는 최저생계비인 92만 8천 원(보건복지부, 1999: 4)으로, 이는
1999년 제조업 평균임금인 147만 6천 원의 62.9%, 그리고 민주노총
이 2000년 발표한 4인 기준 도시근로자 표준생계비인 288만 4천 원의
32.2%에 불과하다(전국민주노동조합총연맹, 2000: 1).

소득보장제도의 성장과는 달리 사회복지서비스에 있어서는 큰 변화
가 없었다. 사회복지서비스는 공공부문의 고용을 증가시킴으로써 소
득 불평등을 억제하는 효과를 갖는다. 그러나 사회복지서비스가 확대
되지 않았다는 점에서 공공부문의 고용증가를 통한 소득 불평등 억제
또한 매우 미미했다고 판단할 수 있을 것이다. 중앙정부와 일반정부의
고용비율[26]은 1990년대 초반 이래 경제위기에 직면하기 전까지 대체
로 4%대를 유지하고 있었는데(행정자치부, 1999: 66), 이는 사회민주
주의 유형의 국가들은 말할 것도 없고 자유주의 유형 국가의 15%와
비교해도 매우 낮은 비율임을 알 수 있다(OECD, 1999c). 경제위기를
경험하면서 공공부문의 고용비율은 더욱 더 감소하는 경향을 보이고
있는데, 구체적으로 공공부문의 정원은 1997년 934,247명에서 1998
년 888,481명으로 약 4.9% 감소했다(행정자치부, 1999: 65). [27]

결국 소득보장제도와 사회복지서비스 분야에서 지난 3년간 나타난
변화를 요약하자면 우선 소득보장제도가 크게 확대된 반면 사회복지

---

25) 구체적으로 국민기초생활보장법 제5조 1항에 의하면 "수급권자는 부양의무자
가 없거나 부양의무자가 있어도 부양능력이 없거나 또는 부양을 받을 수 없는
자로서 소득인정액이 최저생계비 이하인 자로 한다"로 규정되어 있다.
26) 입법부와 사법부를 포함한 정원을 경제활동인구로 나눈 비율.
27) 1993년 3월 현재 공기업의 피고용자 수는 모기업과 자회사를 합해 166,415명
으로 나타나고 있는데, 이는 경제활동인구의 0.8% 정도에 해당한다. 그러나
공기업의 경우도 구조조정을 통해 2000년 1월까지 약 19.4%의 인원감축을 예
정한 바 있다(기획예산처, 2000).

서비스는 큰 변화가 없었다는 점인데,  소득보장제도 중심의 사회복지
제도는 주로 대륙유럽의 보수주의 유형에서 발견할 수 있다는 점에서
한국의 사회복지제도 역시 제도 자체의 변화만 볼 때는 보수주의 유형
과 유사한 방향으로 변화하고 있다고 평가할 수 있을 것이다.

다음으로 실업대책에 대해 살펴보자.  경제상황이 악화됨에 따라
1998부터 실업대책이 등장하였는데,  그 내용은 고용보조,  직업훈련
및 취업알선 등의 적극적 노동시장정책과 실업자의 소득보장을 위한
소극적 노동시장정책으로 구성되어 있다.  구체적으로 1998년에서
2000년까지 실업대책에 대한 지출을 살펴보면 〈표 10-6〉과 같다.

우선 지난 3년 동안 지출이 크게 변화하고 있음을 알 수 있다.  이는
실업률의 급격한 변동에 따른 것으로 해석할 수 있다.  지출 총액은
1998년 수준에 비해 1999년은 약 1. 4배 증가했다가 다시 2000년에는
전년도에 비해 약 40% 감소했다.  세부 항목의 경우를 살펴보면 적극
적 지출의 경우 변화 폭이 가장 큰 항목은 고용보조이다.  1998년에서

〈표 10-6〉 연도별 실업대책

(단위 : 억 원)

| 구 분 | 1998 | 1999 | 2000 |
|---|---|---|---|
| 고용보조 | 10, 377 | 25, 300 | 16, 615 |
| - 고용안정지원 | 1, 125 | 2, 028 | 1, 327 |
| - 단기일자리제공 | 9, 252 | 23, 272 | 15, 288 |
| 직업훈련 및 취업알선 | 7, 765 | 6, 260 | 4, 403 |
| - 실업자 직업훈련 | 7, 151 | 5, 563 | 3, 681 |
| - 취업알선지원 | 614 | 697 | 722 |
| 적극적 노동시장정책 합계 | 18, 142 | 31, 560 | 21, 018 |
| - 실업급여지급 | 8, 050 | 9, 362 | 4, 708 |
| - 실직자 대부 | 7, 153 | 6, 078 | 956 |
| - 한시생활보호 | 2, 558 | 8, 741 | 5, 601 |
| - 기존생활보호 | 13, 791 | 14, 531 | 15, 943 |
| - 기 타 | 3, 627 | 4, 264 | 2, 011 |
| 소극적 노동시장정책 합계 | 35, 179 | 42, 976 | 29, 219 |
| 합 계 | 53, 321 | 74, 536 | 50, 238 |

자료 : 노동부,  2001: 21.

1999년 사이에 고용보조에 대한 지출은 두 배 이상 증가한 반면 2000
년에는 큰 폭으로 하락했다. 소극적 지출의 경우 항시 지출되는 기존
생활보호를 제외하고는 실업률의 변동에 따라 민감하게 지출 수준이
변화되는데, 가장 변화폭이 큰 항목은 한시생활보호로 이 항목은 1999
년의 경우 전년도에 비해 약 3.5배 가까이 증가한 반면 2000년 들어서
실업률이 감소하자 큰 폭으로 감소하였다.

항목별 지출비율을 살펴보면 소극적 지출 대비 적극적 노동시장정
책에 대한 지출 비율은 1998년 51.5%, 1999년 73.4%, 2000년
71.9%로 적극적 노동시장정책의 비율이 비교적 많은 부분을 차지하
고 있음을 알 수 있다. 세부 항목별로 살펴보면 적극적 노동시장정책
내에서도 특히 고용보조의 비율이 매우 높다는 점을 알 수 있는데, 적
극적 노동시장정책 지출에서 차지하는 비율은 1998년 57.2%, 1999년
80.2%, 2000년 78.9%이다. 이에 반해 적극적 노동시장정책의 핵심
으로 인정되는 훈련의 경우는 1998년 39.4%, 1999년 17.6%, 2000
년 17.5%로 비율이 상대적으로 낮다는 점을 확인할 수 있다.

적극적 노동시장정책에 대한 지출 수준은 복지국가의 유형에 따라
큰 차이를 보이고 있는 것으로 알려져 있는데(Janoski, 1994: 54~57), [28]
세 가지 유형은 지출 수준뿐만 아니라 주된 지출 프로그램에 있어서도
차이를 보이는 것으로 나타나고 있다(Noël, 1995: 52~57). 즉 사회민
주주의의 경우는 주로 타깃집단(*target group*)에 대한 훈련에 지출을
집중하는 반면, 보수주의 유형은 고용보조에, 자유주의 유형은 직업
소개에 지출을 집중하는 경향을 보인다. 이 점에서 한국의 경우 경제
위기를 거치면서 확대된 적극적 노동시장정책은 주로 보수주의와 흡사
한 방식으로 전개되었음을 알 수 있다.

마지막으로 1999년 초 복지제도의 기본 이념이 새롭게 정립되었는

---

28) 적극적 노동시장정책에 대한 지출은 사회민주주의 유형에서 가장 많으며, 자
유주의 유형에서 가장 적다.

데, 경제위기의 과정에서 새롭게 등장한 '국민의 정부'는 사회복지의
기본 이념으로 '생산적 복지'를 제시한 것이다. 생산적 복지는 '기초적
인 생활보장과 자립적이고 주체적으로 경제 ·사회 활동에 참여할 수
있는 기회를 확대하고 분배의 형평성을 제고하는 것'(대통령비서실 삶
의 질 향상기획단, 1999: 33)을 그 목적으로 하는데, 가장 큰 특징은 사
회적 약자들에게 단순한 수혜를 제공하는 것을 넘어서서 적극적으로
근로동기를 부여하고 노동시장참여를 유도하는 근로연계복지(*welfare
to work*)적 성격을 강조하고 있다는 점이다(방하남 · 황덕순, 2001: 2).

근로연계복지 프로그램은 개별 나라마다 그 성격이 차이가 날 뿐만
아니라 동일 국가에서도 그 목표가 무엇인가에 따라 큰 차이를 보이고
있다. 일례로 근로연계복지는 장기고용가능성을 중시하느냐, 근로로
의 빠른 전환을 강조하느냐에 따라 인간자본 개발(*Human Capital
Development*) 전략과 노동력 편입(*Labour Force Attachment*) 전략 두 가
지로 구분되고 있는데(김종일, 2000; Thoedore & Peck, 2000: 89), 신
자유주의를 대표하는 미국의 경우는 주로 후자에 초점을 맞추고 있다.
반면 스웨덴에서 볼 수 있는 적극적 노동시장정책은 주로 전자에 초점
을 맞추고 있다.

이런 측면에서 볼 때 현재까지 생산적 복지는 그 이념이 추상적인
수준에서 제시되고 있을 뿐 국민기초생활보장법을 제외하곤 구체적인
정책으로 전환된 바가 없기 때문에 어떤 방향으로 구체화될 것인지는
쉽게 판단하기 어렵다. 다만 2001년 국민기초생활보장사업계획의 경
우 자활계획은 크게 근로의욕을 고취하는 지역봉사재활프로그램, 자
활능력 개발을 목적으로 하는 자활근로 프로그램, 그리고 노동시장의
진입을 시도하는 자활공동체취업지원 프로그램으로 구성되어 있는데
(보건복지부, 2000: 6~17), 단순한 직업소개를 넘어서서 노동시장의
진입을 위한 준비과정을 강조한다는 점에서 자유주의적인 방식과는 차
별성을 갖는 것으로 보인다.

앞서 살펴본 지난 3년간의 변화를 요약하면 다음과 같다. 첫째, 고

용보험과 국민연금 등 소득보장제도의 가입대상자가 크게 확대된 반면, 그 비용과 수혜라는 기준에서는 점차 가입자의 부담이 증가하였다. 둘째 실업의 급증에 따라 단기적인 실업대책이 증가했는데, 단기적인 실업대책은 주로 고용보조를 중심으로 구성되었다. 셋째, 복지제도의 이념적 토대로 '생산적 복지'를 제공하였지만 현재까지는 그것이 근로연계복지를 의미한다는 점을 확인할 수 있을 뿐 현재까지 제도를 통해 구체화된 바가 없기 때문에 어떤 성격을 갖고 있는지에 대해서는 판단하기 어렵다.

앞서 살펴본 사회복지제도의 변화를 선진 자본주의국가들의 경험에 비추어 보면 소득보장제도 중심의 사회복지제도는 주로 대륙유럽의 보수주의 유형에서 발견할 수 있다는 점에서, 그리고 실업대책 역시 보수주의와 유사한 방향으로 구성되었다는 점에서 경제 위기 이후 한국의 사회복지제도는 보수주의 전략과 유사한 방향으로 전개되었다고 판단할 수 있을 것이다.


## 4. 소득불평등의 심화와 낮은 장기실업률 : 한국의 특수성

앞서의 분석에 의하면 경제위기 이후 지난 3년간 한국의 사회정책은 보수주의 유형과 유사한 제도를 확대하고 있음을 알 수 있다. 그렇다면 이러한 제도 변화가 그 결과에 있어서도 보수주의와 유사한 모습을 보이고 있는지를 검토해 보아야만 한다.

구체적으로 고용과 소득 평등이 경제위기 이전과 이후 어떻게 달라졌는지 비교해 보자. 우선 고용과 관련해 살펴보면 경제위기의 심화로 인해 경제활동참가율이나 실업률 모두 크게 악화되었다. 그러나 경제가 점차 회복되면서 두 항목은 점차 개선되는 모습을 보이고 있다. 경기침체가 심화됨에 따라 경제활동참가율은 1997년 62.2%에서 1998년에는 60.7%, 그리고 1999년에는 60.5%로 감소하였다. 그러나 1999년 1/4분기에 58.6%로 최저치를 기록하였던 경제활동참가율은 이후 상승하여 3/4분기와 4/4분기동안에는 61.2%로 점차 증가하는 모습을 보이고 있다. 경제활동참가율의 변화와 유사하게 실업률도 빠르게 증가하였다가 급속하게 하락하는 모습을 보여주고 있는데 실업률은 경제위기가 시작된 1997년 말부터 빠르게 상승하여 1998년에는 연평균 6.8%를 기록하였지만 이후 하락하기 시작하여 1999년 연평균 6.3%를 기록하고 있다. 1999년을 분기별로 살펴보면 실업률이 점차 하락하고 있음을 다시 확인할 수 있는데, 1/4분기에는 8.4%를 기록했다가 2/4분기에는 6.6%, 3/4분기에는 5.6%, 4/4분기에는 4.6%로 시간이 지날수록 실업률이 감소하고 있음을 알 수 있다. 실업률의 급속한 감소 경향은 2000년에도 지속되어 3/4분기의 경우 3.6%에 이르고 있다(통계청, 2000a: 42).

그러나 종사지위별 구성에서는 바람직하지 않은 결과들이 나타나고 있음을 확인할 수 있는데, 즉 상용근로자의 비율이 감소하는 반면 임시직과 일용직의 비율이 증가하고 있다는 점이다. 구체적으로 상용직의 경우 1996년 총근로자의 36.6%를 차지하고 있었던 반면 1998년에는 32.3%, 1999년에는 29.8%로 나타나 약 5% 이상 그 비율이 감소한 것으로 나타나고 있다. 2000년에 들어서도 상용직은 감소하고 있는 것으로 나타나고 있는데, 즉 2000년 3/4분기의 경우 29.4%에 불과하다. 반면에 같은 기간 동안 임시직은 18.5%에서 21.1%로 3% 가까이 증가했으며, 일용직도 8.7%에서 11.1%로 역시 2% 이상 증가한 것으로 나타나고 있다. 일용직과 임시직을 합한 불안정한 종사지위가 임금근로자 전체에서 차지하는 비율도 당연히 증가했는데, 1996년 43.2%에서, 1999년 51.6%로 약 7% 이상 증가했다. 경기가 회복되고 있다는 2000년에 들어서도 불안정한 종사지위는 계속 증가하고 있는데, 2/4분기 52.8%, 3/4분기 52.3%를 기록하고 있다(통계청, 2000a: 56).

여기서 흥미로운 사실은 실업률이 급속히 변화하고 불안정한 종사지위가 증가함에도 불구하고 장기실업률은 크게 증가하지 않고 있다는 점인데, 장기실업률의 변화를 살펴보면 〈표 10-7〉과 같다. 구체적으로 12개월 이상의 초장기실업률의 경우 1997년 2.6%, 1998년 1.6%로 경제위기가 심화되었던 1998년에 오히려 낮아지는 모습을 보이고 있으며, 6개월 이상의 장기실업률은 경제위기 이전과 큰 차이를 보이지 않고 있다. 1999년 상반기까지는 낮은 장기실업률을 장기실업자가 비경제활동인구로 전환되었기 때문으로 해석할 수 있지만 경기가 다시 상승하던 2000년 상반기에도 비교적 낮은 수준을 유지하고 있다는 점에서 비경제활동인구의 증가만으로 낮은 장기실업률을 설명하기는 어렵다. 장기실업률은 미국의 경우 14.1%로 한국과 유사한 반면, 독일이나 일본의 경우는 각각 69.2%와 39.0%로 한국에 비해 매우 높은 수준을 유지하고 있다.

〈표 10-7〉 구직기간별 장기실업률

(단위 : %)

| 구 분 | 1996 | 1997 | 1998 | 1999.<br>1~6 | 2000.1 | 3 | 6 |
|---|---|---|---|---|---|---|---|
| 6개월<br>이상 | 16.0 | 15.8 | 14.7 | 19.0 | 11.2 | 11.2 | 12.6 |
| 12개월<br>이상 | 3.9 | 2.6 | 1.6 | 4.7 | 2.3 | 2.4 | 2.5 |

| 구 분 | 미국<br>(1998) | 영국<br>(1998) | 독일<br>(1998) | 프랑스<br>(1998) | 일본<br>(1998) | OECD<br>(1998) |
|---|---|---|---|---|---|---|
| 6개월<br>이상 | 14.1 | 48.0 | 69.2 | 64.2 | 39.0 | 47.8 |
| 12개월<br>이상 | 8.0 | 33.1 | 55.2 | 44.1 | 20.3 | 32.0 |

자료 : 통계청, 《고용동향》, 각월호(1999년 이전과 서구사례는 이병희·황덕순, 1999: 7에서 재인용).

장기실업률이 경제위기의 과정에서 큰 변화가 없다는 사실과 실업률이 크게 변동했다는 점은 실업과 취업을 단기간 동안 반복하는 반복실업자들이 크게 증가했음을 보여주는 것으로 해석할 수 있을 것이다. [29] 반복실업자들의 증가는 경기침체의 결과이기도 하겠지만 노동시장의 차별적 유연화에 따른 결과로도 해석할 수 있을 것이다.

다른 한편으로 소득 평등의 측면에서 지난 2년 사이의 결과를 살펴보면 소득 격차가 증가하고 있음을 알 수 있다. 우선 지니계수(*Gini coefficient*)가 점차 증가하고 있는 것으로 나타나고 있는데, 구체적으로 지니계수는 1997년 0.283이었다가 이후 1998년 0.313, 1999년 0.320으로 시간이 지날수록 증가하였다(통계청, 2000b: 4). [30] 1997년 이후 도시근로자 가구의 소득 계층별 소득증감률을 살펴보면 1분위의 경우 전년도 대비 1998년 17.2% 감소, 1999년 4.0% 증가를 기록한 반면 5분위의 경우 1998년 0.3% 감소, 1999년 5.4% 증가한 것으로 나타나고 있다. 1분위에 대한 5분위의 소득배율도 지난 2년 사이에 크게 증가하였는데, 1997년의 경우 1분위에 대한 5분위의 배율이 4.49였다가 1998년에는 5.41, 1999년에는 5.49로 크게 증가한 것으로 나타나고 있다(통계청, 2000b: 4).

지난 2년 사이에 나타난 고용과 소득 불평등 변화는 특정 유형으로는 분류하기 어려운 복잡한 양상을 보이고 있음을 알 수 있다. 첫째, 실업률의 급속한 변동에도 불구하고 낮은 장기실업률을 유지하고 있다

29) 실업 플로우(*flow*)에 대한 한 연구 역시 한국의 노동시장은 점차 안정적인 고용상태를 유지하는 부문과 실업과 고용이 반복되는 반복실업부문으로 양분화되고 있음을 보여주고 있다(이병희·황덕순, 1999).
30) 각 유형을 대표하는 미국, 독일, 스웨덴의 경우 지니계수의 변화를 살펴보면 다음과 같다. 미국의 경우 1979년 .305에서 1997년 .372로, 독일의 경우 1978년 .264에서 1994년 .261로, 스웨덴은 1975년 .215에서 1995년 .221로 각각 변화하였다. 즉 자유주의 유형의 사회정책을 고수하고 있는 국가들이 다른 유형의 국가들에 비해 소득불평등의 증가가 크다는 점을 확인할 수 있다. 각국의 소득불평등계수의 변화에 대해서는 Luxembourg Income Study, 2000 참조.

는 점은 보수주의 유형보다는 자유주의 유형에 가깝다. 둘째, 불안정한 종사지위의 급속한 증가는 자유주의 유형보다는 보수주의 유형에서 쉽게 발견할 수 있다. 셋째, 소득 불평등의 심화라는 측면에서 보면 보수주의 유형과는 상당한 차이를 보이는 대신 자유주의에 가까운 모습을 보이고 있다.

결국 한국의 경우 경제위기를 거치면서 제도는 보수주의와 유사한 방향으로 변화하는 반면, 그 결과는 특정 유형으로 분류하기 어려운 양상을 보이고 있음을 확인할 수 있다. 즉 제도 변화의 내용은 소득보장제도의 확대와 노동시장의 차별적 유연화라는 보수주의 유형을 보여주는 반면 그 결과들은 불안정한 종사지위의 증가, 낮은 장기실업률, 그리고 높은 소득 불평등 등 보수주의와 자유주의가 혼합된 양상을 보이고 있다.

제도변화와 그 결과를 함께 고려하면 한 가지 의문이 생기는데 한국의 사회정책은 제도적 측면에서 보면 보수주의와 유사한 반면 왜 그결과는 차이가 나는가 하는 점이다. 이 문제에 대해서는 보다 본격적인 분석이 필요하지만 대략 몇 가지 추론이 가능하다. 우선, 한국은 선진 자본주의국가들에 비해 자영업자의 비율이 매우 높다. 선진 자본주의국가들의 경우 비농업 자영업자 비율[31]은 대체로 10% 미만인 반면 한국은 1996년 23.8%, 1998년 24.9%로 두 배 이상 많은 비율을 차지하고 있다(OECD, 2000: 158). 따라서 경기침체기에도 노동력의 공급이 수요를 크게 초과하지 않을 가능성이 높다. 이 점은 왜 장기실업률이 낮은가에 대한 한 가지 설명이 될 수 있을 것이다.

다음으로, 한국의 경우 사회복지제도의 발전이 다른 국가들에 비해

---

31) 선진 자본주의국가들의 비농업자영업자의 비율은 1996년, 1998년의 경우 미국 7.3%, 7.0%, 독일 9.0%, 9.4%, 스웨덴 9.1%, 9.0%으로 한국에 비해 월등하게 낮다는 점을 확인할 수 있다. 일본의 경우도 두 해 모두 9.7%로 한국에 비해 매우 낮으며, 그리스, 멕시코, 터키 등은 한국과 유사한 모습을 보이고 있다(OECD. 2000: 158).

뒤늦게 시작되었다. 의료보험을 제외한 사회보험들은 1980년대 후반과 1990년대 중반에 시작되었으며, 공공부조의 경우도 근로능력을 강조하였기 때문에 사회복지제도로부터 수혜를 받을 수 있는 사회집단은 극히 제한되어 있었다. 특히 사회보험은 거대기업의 정규직 노동자들을 중심으로 시작되었기 때문에 불안정한 종사지위의 노동자들은 대부분 배제될 수밖에 없었다. 비록 경제위기를 거치면서 사회보험이 확대되고는 있지만 보험제도의 특성상 일정 기간 이상의 가입기간이나 보험료 납입기간을 충족시켜야만 수혜를 받을 수 있기 때문에 불안정한 종사지위의 노동자들은 그 혜택을 보기가 어렵다. 따라서 불안정한 종사지위의 근로자의 실업은 곧 소득의 급격한 감소를 의미한다. 32) 이는 결과적으로 소득 불평등의 급속한 증가를 낳았다.

선진 자본주의국가들의 경우 비교적 정규고용의 비율이 높고 사회복지제도가 성숙한 이후에 보수주의적 개혁이 추진되었기 때문에 소수의 사회적 배제자들을 제외하고는 소득 평등을 유지할 수 있었다. 그러나 한국의 경우는 보수주의적 제도변화를 추진할 만큼 여건이 성숙되지 않았기 때문에 제도 변화와 그 결과가 일치하기 어려웠던 것이다. 이러한 차이는 사회정책의 핵심 과제가 무엇인가에 대한 차이로 연결되는데, 보수주의 유형의 선진 자본주의국가들의 경우 장기실업자나 이민자 등 사회적으로 배제된 소수를 어떻게 노동시장에 복귀시킬 것인가가 주된 문제로 부각되는 반면, 한국의 경우는 실업과 취업을 반복하는 상대적으로 다수인 불안정한 취업자들의 소득을 어떻게 보장할 것인가가 주된 문제로 부각될 것이다.

---

32) 노동연구원의 노동패널조사에 의하면 정규직의 67.3%가 국민연금에 가입되어 있는 반면, 비정규직은 10.5%만이 가입되어 있는 것으로 나타나고 있으며, 고용보험의경우도 정규직은 64.2%의 가입률을 기록하고 있는 반면, 비정규직은 10.4%에 그치고 있다. 임금도 차이가 있음을 확인할 수 있는데, 정규직은 월 118.8만 원인 반면 임시직은 68.1만 원으로 나타나고 있다(최강식, 2000: 65).

## 5. 결론 : 보수주의와 자유주의의 갈림길


본 논문은 지난 3년 사이에 사회정책이 어떻게 변화했으며, 완전고용, 소득 평등 두 측면에서 어떤 결과를 낳고 있는지를 살펴보았다. 사회정책은 경제위기에 대응하기 위해 급속히 변화되었는데, 노동시장의 경우 경쟁력 제고라는 명분을 통해 유연화가 진행되었고, 실업이 증가함에 따라 사회복지제도는 확대되었다. 이러한 사회정책의 변화는 서구 사회의 경험에 비추어 보면 보수주의 전략과 유사한 것으로 평가할 수 있을 것이다. 그러나 보수주의적 방향으로의 제도 변화에도 불구하고 완전고용과 소득 평등의 측면에서 살펴보면 선진 자본주의국가들의 경우와는 상이한 결과를 보여주고 있는데, 즉 제도는 보수주의 유형과 유사하게 변화하고 있음에도 불구하고 그 결과는 자유주의와 보수주의의 혼합으로 나타나고 있다.

그러나 불일치를 가져오는 요인들은 점차 소멸될 가능성이 크다는 점에서 한국의 사회정책은 새로운 문제에 직면할 가능성이 크다. 우선 선진 자본주의국가들의 경험에 비추어 볼 때 한국의 비임금 근로자 비율은 점차 축소될 가능성이 크다. 이는 장기실업자의 증가를 초래할지도 모른다. 다른 한편으로 제조업의 고용 정체 혹은 감소와 서비스업의 고용 증가 또한 한국사회에서 점차 가시화되고 있다.[33] 이는 저임금 노동자를 양산할 가능성이 크다.

결국 조만간 제도와 결과 사이의 불일치를 어떤 방향으로든 해소해야만 하는 상황에 직면하게 될 가능성이 높은데, 불일치를 해소하기 위한 선택이 쉬운 것은 아니다. 왜냐하면 사회보험의 통합과 의약분업

---

[33] 사회간접자본 및 서비스업의 취업자 비율은 1993년 52.1%를 기록한 이래 꾸준히 증가하고 있으며, 국내총생산에 대한 비율도 1980년대 후반 이래로 제조업을 능가하고 있다(한국은행, 각년도; 노동부, 1999).

과정에서 보여준 집단 사이의 갈등에서 알 수 있듯, 사회복지제도가
정비되어 감에 따라, 그리고 사회복지제도의 근간인 사회보험의 구조
로 인해 사회복지제도에 대한 사회집단의 이해(*interest*) 또한 점차 명
확해질 것이기 때문이다. 이런 상황에서는 사회복지제도를 변화시키고
자 하는 그 어떠한 시도도 그 방향이 무관하게 큰 저항에 직면할 가능
성이 크다. 우선 불일치를 해소하기 위해 소득보장을 강화할 경우, 선
진 자본주의국가들의 사례에서 보듯 실업이 증가할 가능성이 크다. 만
약 실업률 증가에 대해 사회적 저항이 클 경우 보수주의적 사회정책은
근본적인 변화를 겪게 될 것이다.34) 다른 한편으로 소득 평등을 포기
하고 노동시장의 유연화를 보다 적극적으로 추진할 수도 있다. 그러나
이 경우 역시 정규직 노동자들로부터의 엄청난 저항에 직면하게 될 것
이다. 이런 맥락에서 한국의 사회정책은 보수주의와 자유주의의 갈림
길에 놓여 있지만 양자 모두 쉽지 않은 길이 될 것임을 예상할 수 있
다.

---

34) 따라서 보수주의의 길을 가는 경우 실업을 억제할 수 있는 대안적 방법들, 예
   컨대 적극적 노동시장정책의 활성화 등을 병행함으로써 실업의 증가로 인해
   나타나는 사회적 불만을 극소화시켜야만 한다. 그러나 적극적 노동시장정책의
   활성화 역시 내부자의 임금을 인상시켜 고용에 부정적이라는 연구 결과
   (Calmfors & Lang, 1993)를 고려할 때 적극적 노동시장정책 역시 보수주의
   의 길이 갖고 있는 문제를 해결하는 완전한 방법은 아니다.

<sup>제</sup> 4 <sup>부</sup> 결 론

제 11 장
# 전환하는 복지국가
사회정책의 개혁과 한국

송호근

## 1. 사회정책의 개혁 : 수요중심에서 공급중심으로

이 연구에서 보았듯이, 세계의 모든 국가는 1980년대 초반 이후 사회정책의 기본 골격을 근본적으로 바꾸었거나 바꾸려는 노력을 하고 있다. 1980년대는 정책 전환의 필요성이 대두된 시기였으나 지향해야할 패러다임이 그다지 뚜렷하게 보이지 않았기 때문에 여러 가지의 시도가 복합적으로 나타난 이른바 '시행착오의 시대' 또는 '암중 모색의 시대'로 특징지을 수 있을 것이다. 그러던 것이, 세계화로부터 유래하는 구조적 전환의 외압이 보다 강하게 작용했던 1990년대에 접어들면서, 각국의 정부들은 긴급히 수행해야 할 개혁의 대상이 무엇이며 개혁원리와 방향이 어떤 것이어야 하는지에 대하여 비교적 뚜렷한 비전을 갖게 되었다. 1980년대는 '복지국가의 황금기'를 창출했던 제도적 장점에 막연하게나마 기대감을 갖고 있었던 시대였다. 그런데, 1990년대는 과거와의 단절을 구체화하고 새로운 시대의 요구에 부응하여 사회정책의 외양과 내부 구조를 근본적으로 수정하고자 했던 '개혁의 시대'였다. 복지국가의 내적 구성요소로서의 사회정책은 1970년대 말까지 그 골격이 완성되자마자 다시 대수술의 길로 접어들었던 것이다.

사회정책에 근본적 수정이 요구된 이유는 비교적 명백하다. 그것은 복지국가를 둘러싼 쟁점이 복지수요를 충당하는 '수요중심적 시각'에서 복지혜택을 공급하는 '공급중심의 시각'으로 옮겨갔기 때문이다. 수요자로부터 공급자로의 중심이동은 결코 우발적인 것이 아니다. 복지국가의 성장기에 해당하는 1950년대~1970년대에는 복지수요를 개발하고 그것을 충족하는 것이 국가의 가장 중요한 기능이자 목표였다. 복지수요의 충족이 곧 경제성장을 촉진해 주는 한, 다시 말해 복지와 경제성장 간 순순환적(*procyclical*) 관계가 성립하는 한, 사회지출비를 증액하고 복지프로그램을 확장하는 것에 아무런 저항이 있을 수 없었다. 유럽은 '생산과 소비의 사회적 통제'를 통하여 자본주의와 시장경제가 촉발하는 폐해를 최소화할 수 있었으며, 동시에 정치적 안정과 경제성장을 구가할 수 있었다. 그렇기에 복지국가는 자본주의체제의 최대 약점인 분배적 정의와 성장효율성 간의 상호모순을 해결하는 최선의 선택이었다.

그러나, 성장기를 거친 복지제도는 제도적 효율성을 상실하기 시작했다. 복지국가 위기론자들이 주장하듯이, 복지국가는 비용이 너무 많이 들 뿐만 아니라 사회지출비가 오히려 근로의욕을 감퇴시켜 경제성장에 역효과를 창출한다는 비판이 광범위한 설득력을 얻었던 것도 이 때문이다. 그러나, 따지고 보면 문제는 그리 간단치만은 않다. 복지국가가 고비용구조이기는 하지만, 그것이 반드시 경제성장에 역행한다는 논리는 일반화되기 어려우며 그 증거도 희박하다는 것이다(Pfaller, 1991). 복지비용이 국가재정을 압박하고, 그물망처럼 얽힌 복지제도가 서로 충돌을 일으켜 원래의 기능이 약화되었으며(*Eurosclerosis*), 노동시장의 규제가 노동의 원활한 수급을 교란시켜 급기야는 기업의 노동비용이 증가할 뿐만 아니라 일자리 - 인력의 조응과정을 어렵게 한다는 것이 저간에 쏟아진 복지국가에 대한 비판의 핵심적 내용이다. 그러나, 유럽의 경우 국가마다 사정이 다르기 때문에 이러한 비판이 일률적으로 적용되지는 않으며, 더욱이 효율성을 상실하고 있음이 입증되더라도 한 번 도입된 복지제도를 철회하려면 정치적 위험부담을 무릅써야 한다. 각 국가의 대응방식이 달라지고 그 결과로 나타난 사회정책의 개혁내용에 많은 차이점이 발견되는 이유가 이것이다.

이 연구는 사회정책에 대한 '세계화'의 영향력이 무엇인가 라는 질문으로부터 출발하였으며, 세계화의 거센 조류 속에서 '복지제도의 축소'가 보편화되고 있다는 견해가 일반화의 오류를 범하고 있음에 주목하였다. 이 연구가 분명하게 보여주었듯이, 세계의 주요 국가들은 복지제도의 개혁에 국가의 모든 역량을 집중하고 있다. 왜 세계의 주요 국가들은 사회정책의 집합체로서의 복지제도를 개혁하고 있는가 라는 질문은 '복지국가 위기론'으로 설명할 수도 있겠으나, 이 연구는 사회정책의 설계와 실행의 초점이 수요자중심에서 공급자중심으로 옮겨간 점에 주목하고자 한다. 복지제도의 효율성 상실에 초점을 두는 복지국가위기론은 경제성장에 대한 공헌도를 중시하기 때문에 복지제도의 성장기에 형성된 미시적 내부 동학의 쟁점들을 간과할 위험이 많다. 반면에, 수요자중심에서 공급자중심으로의 비중이동이라는 관점을 취하면국가간에 발견되는 유사성과 차이점, 국가 내에서 진행되는 복합적 패턴을 이해하는 데에 융통성을 부여한다. 실제로, 이 연구에서 다루었던 국가들의 개혁양상을 종합적으로 관찰하면, 어떤 일관성 있는 패턴이 발견되지 않는다. 또한, 사회정책의 범위가 넓고 그 종류가 너무 다양하기 때문에 사회정책의 개혁에 관한 일반화된 언명은 거의 불가능하다(Pierson, 근간).

그러나, 한 가지 분명한 사실은 1980년대 이전까지 사회정책은 복지수요를 개발하고 충족하는 데에 초점을 두었던 반면, 1980년대 이후에는 복지혜택의 공급자인 국가가 당면한 문제를 우선 해결하고 복지제도에 내포된 단점을 수정하는 데에 역점을 두게 되었다는 점이다. 복지제도의 단점을 수정하는 과정에서 복지수요의 축소와 수혜자의 자

364

격요건 강화가 공통적으로 나타나고 있음도 사실이지만, 이를 복지국
가의 위기 내지 복지국가의 축소로 일반화할 필요는 없다. 왜냐하면,
복지국가의 이념을 폐기할 의도를 가진 국가는 하나도 없으며, 세계화
의 외압 속에서도 사회지출비를 지속적으로 늘려가는 국가와(독일과
스웨덴), 이제는 낡은 기제로 비판받는 조합주의적 합의정치를 다시
부활시켜 위기상황을 돌파해 가는 국가(이탈리아, 네덜란드, 덴마크)도
발견되기 때문이다.

개별 연구에서 확인된 사회정책의 개혁요인은 세 가지로 집약된다 :
환경변화에 따른 사회정책 재설계의 필요성, 국가의 재정위기, 그리
고 세계화의 외압.

첫째, 사회정책을 재설계해야 할 절박성. 세계 각 국가들이 도입한
사회보험은 복지제도의 성장기에 설계된 것이기 때문에 1980년대에
접어들면서 사회의 변화를 적절히 반영할 수 없게 되었다. 예를 들면,
노령연금은 증가하는 고령인구의 복지수요를 모두 수용할 수 없을 정
도가 되었으며, 의료보험 역시 폭증하는 의료수요를 충족시킬 수 없게
되었다. 비교적 너그러운 형태의 산재 및 질병보험은 그것을 악용하는
사람들을 양산하여 작업장의 긴장을 파괴하고 생산성 악화를 초래하는
원인이 되기도 하였다(복지 부작용). 인구구조의 변화는 사회보험의
근본적 수정을 불가피하게 만들었다. 부과방식으로 설계된 연금제도
가 제대로 작동하려면 세대간 보험료 부담자의 규모가 비슷해야 하지
만, 청년실업률이 증가하고 장기실업자가 증폭하면 연금재정의 고갈
이 우려된다. 연금제도의 개혁은 노동시장정책과도 직결된다. 대부분
의 유럽 국가에서는 연금재정의 고갈을 막기 위하여 연금수혜 자격을
강화하고 수혜연령을 높이는 정책을 선택하였는데, 이는 취업자의 조
기퇴직을 막아 청년실업률을 높이는 결과로 나타났다(한국도 그러하
다). 그래서, 연금생활자의 재취업을 엄격히 금지하고 조기퇴직을 유
도하는 정책을 함께 실행하기도 하였다. 정부주도의 복지서비스 전달

체계도 문제다. 복지수요의 폭증과 함께 복지서비스 행정과 관리를 전 담하는 공공부문이 점차적으로 확대되어 왔는데, 이것이 부가가치를 생산하는 부문을 축소시키고 급기야는 성장저해 요인으로 기능하게끔 되었다. 이런 경우, 공공부문의 축소가 일단은 바람직한 대안이지만, 정치적 지지기반이 약화될 것을 우려하여 실행이 유보되기도 한다. 아 무튼, 복지국가의 성장기에 비교적 너그럽게 설계되었던 사회정책의 기본구도는 인구구조의 변화, 기여와 혜택의 불균형, 제도의 역효과 등 시대적 적합성을 상실하면서 개혁과정을 거치고 있는 것이다.

둘째, 국가의 재정위기. 이는 공급자가 당면한 문제 중 가장 중요하 고 심각한 사안이다. 복지제도의 확대는 국가의 재정부담을 늘린다. 세계의 주요 국가들은 복지국가의 구축이라는 시대적 이념에 부응하여 1950년대 이후 사회지출비의 비중을 점차적으로 늘려왔다. 특히, 복 지제도와 친화력을 가진 사회민주주의 정당이 집권하는 국가일수록 사 회지출비의 비중이 대단히 높다는 것은 잘 알려진 바이다. OECD 국 가의 경우 GDP 대비 사회지출비의 평균비율은 20%이며(1994년), 남 미는 10%~15%, 아시아국가들은 5%~10%를 기록하고 있다. 그런 데 현행의 사회보험제도를 유지할 경우, 사회지출비의 비중이 큰 국가 일수록 국가의 재정부담은 더욱 커질 전망이다. 재정적자는 이미 1980 년대 초반 세계 주요 국가들의 현안문제로 부상하였는데, 미국과 영국 을 필두로 재정적자와의 전쟁이 선언된 배경이기도 하다. 재정적자는 자국화폐의 구매력을 약화시키고 인플레를 부추겨 국가경쟁력의 악화 를 초래하고 급기야는 국가파산이라는 비극을 만들어낸다. 그러므로, 1980년대 이래로 세계의 모든 국가들이 재정적자를 경감하는 데에 혈 안이 되어왔던 이유를 이해할 수 있다. 여기서, 사회보험은 가장 심각 한 적자요인으로 지적되었다. 어떤 국가에서는 저부담-고혜택의 연금 제도가 연금재정을 악화시켜 국가부담을 점차적으로 늘리는 요인으로 작용하였으며, 또 어떤 국가에서는 방만한 기금운영 방식과 기금을 둘 러싼 정치적 부패가 연금재정의 위기를 자초하기도 하였다. 그리하여

부담률과 급여율의 조정, 수혜연령의 변경과 자격요건의 강화 등의 크고 작은 조치들이 취해졌으며, 어떤 국가에서는 연금제도의 민영화라는 극단적 조치가 실행되기도 하였다. 실업보험 역시 급여액의 하향조정, 대기기간의 연장, 자격심사의 강화 등 제한 조치들이 도입되었으며, 의료보험도 그 혜택을 대폭 삭감하고 사용자와 피보험자의 납부액을 늘리는 조치들이 행해졌다. 이런 모든 조치들은 국가의 복지부담을 줄이고 재정적자를 경감하려는 공통의 목적을 갖는다. 그러나, 복지제도에 개입된 이익집단들의 저항과 반발을 무마하지 못하면 축소개혁은 불가능하다. 재정적자에 시달리면서도 국가가 곧바로 복지의 축소를 단행하지 못하는 이유가 여기에 있으며, 이런 경우 국가는 민영화를 감행하여 완전히 재정적 부담에서 벗어나거나 경쟁적 요소를 부분적으로 도입하여 기존제도의 효율성을 높이려는 시도를 하게 된다. 이 경우에도 전환의 비용(transition cost)을 고려하지 않으면 안된다.

셋째, 세계화의 외압. 세계화는 모든 국가들로 하여금 복지제도를 위시하여 노동시장, 단체교섭, 고용규칙과 관행, 임금제도 등의 영역에서 유연성을 늘리도록 압력을 가하고 있다. 유연성 증대란 경제활동을 시장기능에 종속시키는 것을 의미하는데 이는 사회협약을 통하여 시장의 폐단과 고용불안정을 제어하였던 지난 시대의 원리와는 정면으로 배치되는 것이다. 그러므로, 세계화는 시장기능을 관리하여 왔던 복지국가의 기반을 침식한다. 특히, 임금, 고용, 단체교섭 등과 같이 취업과 직결된 제도들의 전면적 수정을 촉발하고, 실업위험과 생활불안정에 처해진 많은 취약계층을 위하여 사회안전망을 보다 단단하게 구축할 것을 요구한다. 그러나, 대체적으로 보면, 노동자에 대한 보호조치가 해체되는 폭과 속도가 사회안전망의 구축보다 더 넓고 빠른 것이 관찰된다. 근로연계복지(workfare)가 대부분의 국가에서 도입되고 있으며, 무조건적 복지혜택이 취업을 전제로 한 조건적 복지로 전환되고 있는 것이다. 세계화의 이런 영향력은 단지 노동분야에 국한된 것이 아니라 임금생활자들에게 제공되는 모든 유형의 사회보험에 공통적

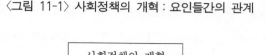

〈그림 11-1〉 사회정책의 개혁 : 요인들간의 관계

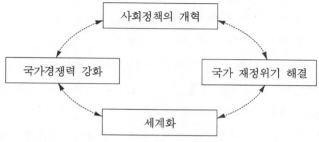

으로 관철되고 있다는 사실에 주목할 필요가 있다. 사회정책을 재설계해야 할 필요성과 국가의 재정위기의 문제는 모두 직·간접적으로 세계화의 파장과 연결되어 있으며, 그것을 낳는 환경변화의 요인들이 모두 세계화로부터 파생되었다고 해도 과언이 아닐 것이다.

사회보험과 고용분야의 개혁조치들은 모두 세계화의 외압을 받고 있는데, 이는 국가경쟁력의 강화와 재정위기의 극복이라는 기본목적과 연결된다. '사회정책의 개혁'을 중심으로 놓고 보면 위 각 요인들은 〈그림 11-1〉과 같이 순환적 관계에 놓여 있음을 알 수 있을 것이다.

서장에서 지적하였듯이, 세계화는 사회정책 변화의 가장 중요한 독립변수이자 배경변수이다. 그러나, (1) 세계화가 복지제도의 축소를 낳고 있다는 일반론과 (2) 축소를 단행해야 국가경쟁력을 강화할 수 있다는 신자유주의적 견해는 우리의 연구에서는 지지되지 못하였다는 사실에 주목을 요한다. 우리의 연구에서는 그 패턴이 다양하게 나타난다. 미국과 중남미는 복지제도를 축소하려는 정치적 의지를 갖고 있고 또 실지로 축소를 단행한 국가이며, 일본은 국가부담을 줄이면서 복지제도의 발전적 개편을 시도하는 사례이다. 이탈리아와 네덜란드는 약간의 축소와 내부수정을 통하여 효율성을 높이려는 시도를 보이고 있고, 독일, 스웨덴, 덴마크는 가능한 한 복지국가의 이념을 살리면서 시대적 요구에 맞게 복지제도의 원리를 수정하고 적응력을 높이려는 시도를 하고 있다. 사민당 지배 국가에서 표방하는 '제3의 길'은 복지제도의 비효율성을 제거하여 복지정책의 성장기여도를 높이려는 정책노선으로서 신자유주의적 방식과는 근본적으로 구별됨을 강조하려는 의도에서 붙여진 이름이다. 그러나, 사민주의자들에게 주어진 입지가 그다지 큰 것은 아니라는 점에 북구를 포함한 중부 유럽국가들은 곤혹스러워한다. 아무튼, 미국과 중남미가 복지제도의 축소를 가장 큰 폭으로 단행한 국가로 나타나는 반면, 독일, 스웨덴, 덴마크, 네덜란드는 정책영역에 따라 소폭의 축소와 대폭의 수정이 두드러진다(영국도 여기에 포함시킬 수 있을 것이다). 후자의 경우는 고실업률을 고려하여 경기부양, 고용안정, 재분배를 동시에 꾀하려는 개혁정책을 선호한다. 위의 고찰을 종합하여 다음과 같은 결론을 내릴 수 있을 것이다.

세계화가 복지제도의 기반을 침식하는 현상은 세계 모든 국가에서 보편적으로 나타나고 있지만, 그 정도는 대단히 달라서 '축소'로 분류하기 어려운 경우가 다수 발견된다. 독일, 스웨덴, 덴마크가 그러한 예인데, 이들은 오히려 복지제도의 내부 수정을 통하여 세계화의 구조적 요건에 적응력을 높이는 시도로 이해하는 것이 보다 적절하다. 일본, 이탈리아, 네덜란드, 영국 역시 큰 폭의 축소를 단행한 것은 아니다. 이들 국가에서는 프로그램 유형에 따라 축소와 확대가 복합적으로 관찰된다. 그러므로, 신자유주의적 가설(또는 효율성 가설)은 미국과 중남미에 적용될 수 있으며, 사민주의적 가설(보상가설)은 스칸디나비아국가, 독일, 네덜란드, 이탈리아, (부분적으로 영국) 등에 적용될 수 있다. 이런 국가들에 비하여, 일본의 사회정책 개혁은 기존의 제도적 경계 내에서 소폭으로 이루어지고 있다.

## 2. 개혁정책의 영역

개혁이 추진된 정책영역(*policy domain*)은 대체로 세 유형으로 구분된
다. 사회보험, 노동시장(임금 및 고용정책), 조세정책이 그것이다. 모
든 국가가 개혁대상으로 설정하고 있는 것은 사회보험으로서, 이는 노
령연금, 장애 및 유족연금, 산재와 질병연금 등의 연금정책, 의료보
험, 빈곤정책으로 구성된다. 임금 및 고용정책분야는 기존의 물가-임
금연동제를 폐지하는 것과 실업자 및 저소득근로계층을 보호하려는 목
적의 노동시장정책을 포괄한다. 조세정책은 경기부양과 국가재정의 정
상화를 목적으로 하면서, 경우에 따라서는 저소득계층의 세금부담을
감면해 주는 방식으로 진행된다. 이 세 가지 정책유형은 독립적인 것이
아니라 사실상 상호 긴밀하게 연결되어 있다. 예를 들어, 연금수혜자
의 자격요건을 강화하고 연금급여액을 줄이는 조치는 기업 및 국가재정
부담을 완화하여 기업의 고용능력을 증대하려는 것에 목적을 둔다. 대
부분의 유럽국가에서 '연금개혁이 곧 일자리 창출'이라는 슬로건이 설
득력을 얻었던 이유가 바로 이것이다. 중남미의 연금개혁은 국가재정
의 위기를 완화하려는 데에 우선적 역점을 두고 있으며, 연금기금의 민
영화를 통하여 경기부양을 촉진하려는 이중적 목적을 갖는다. 빈곤정
책도 마찬가지이다. 빈곤계층의 무조건적 보호가 국가재정의 효율성을
약화시키고 근로의욕을 감퇴시킨다는 비판은 예산 축소와 더불어 노동
시장정책을 근로연계복지로 전환시키는 동력으로 작용하기도 한다.

노사관계의 핵심적 영역인 단체교섭의 개혁은 노동자에게 임금/물
가의 연동제를 폐지하는 대신 고용창출과 취업안정을 제공하는 정치적
교환(*political exchange*)의 기제이다. 이는 노동시장의 유연성 제고와
생산성 향상에 목적을 두는데, 이 과정에서 피해를 입는 노동자들을
보호하기 위한 일련의 조치들이 함께 실행되기도 한다. 예를 들면, 사

회안전망을 확충하고 취약계층을 위한 보장제도가 강화되는 것이다. 그러므로, 임금/고용제도의 개혁은 노동시장제도와 노사관계의 개혁을 동반하는 경우가 많다. 조세개혁은 이러한 일련의 개혁조치들이 원활하게 작동하도록 해주는 포괄적 정책영역이다. 조세는 국가재정의 가장 중요한 원천이므로 사회지출비의 원천을 재조정하고 기업과 임금생활자의 세금부담을 재편하여 복지제도의 효율성을 제고하려는 목적을 갖는다.

이 연구의 분석대상 국가가 개혁을 추진했던 정책영역을 종합해 보하면 〈표 11-1〉과 같다.

〈표 11-1〉 개혁이 추진된 영역

| 정책<br>영역<br>국가 | 사회보험 | | | 의<br>료 | 빈<br>곤 | 노동시장/노사관계 | | 조<br>세 |
|---|---|---|---|---|---|---|---|---|
| | 연금 | | | | | 임금,<br>고용 | 노동시장<br>정책 | |
| | 노령 | 장애/유족 | 산재/질병 | | | | | |
| **유럽** | | | | | | | | |
| 이탈리아 | ———————— | | | | | ———————— | | |
| 네덜란드 | | ———————— | | | | | | |
| 스웨덴 | ———————————————— | | | | | ———————— | | — |
| 독일 | — | | | | | ———————————————— | | ◄► |
| 영국 | ———————————————— | | | — | | ———————————————— | | |
| 덴마크 | ———————————————— | | | | | | | |
| 미국 | | | - - | — | | ———————— | | — |
| 중남미 | ———————— | | — | | | | | |
| 일본 | ◄► | | — | | | | | |
| 한국 | — | | ◄► | | ◄———————————► | | | |

——— 개혁완료    - - - 실패    ◄► 진행중

앞의 표를 보면, 세계의 주요 국가들은 1980년대와 90년대를 걸쳐서 세 가지 정책영역에 있어 근본적인 수술을 단행한 것을 알 수 있다. 대체적인 경향을 요약하면 다음과 같다.

첫째, 이 연구의 분석대상인 대부분의 국가들은 세 가지 영역에 있어 부분적 혹은 총체적인 개혁을 단행하였다. 연금, 의료정책은 모든 국가에서 공통적인 개혁대상이 되었으며, 노동관련 정책도 다수의 국가에서 개혁이 추진되었음을 알 수 있다. 조세개혁은 스웨덴에서 환율정책의 변동과 더불어 부분적으로 이루어졌고, 미국은 레이건 집권시에 이미 완료되었으며, 독일은 2001년 전반기에 사민당 주관하에 조세개혁 입법이 완료되었다.

둘째, 연금정책이 가장 중요한 개혁대상이 된 이유는 재정적자의 문제이다. 연금생활자가 늘고 기여액/급여액 간의 불균형이 커짐에 따라 대부분의 국가에서는 연금제도의 관용성을 제거하고 자격요건 강화 및 기여액 인상을 골자로 하는 개혁을 추진하였다. 이 경우, 노령연금이 별도로 운영되는 일본, 미국, 영국, 독일, 한국과 같은 나라에서는 개혁이 비교적 용이하게 진행된 데에 반하여, 노령연금, 유족 및 장애연금, 산재 및 질병연금이 하나의 단위로 묶여져 있는 중남미국가는 연금개혁에 많은 어려움을 겪었으며 실패할 경우 위험부담도 그만큼 늘어난다. 중남미의 연금개혁이 정치적, 경제적 안정과 직결될 만큼 큰 비중을 차지하고 있었던 이유도 이것이다.

셋째, 공공복지를 기본원리로 설정하였던 유럽은 아무리 재정적자가 위험수위를 넘고 기금의 효율성이 문제시된다고 하더라도 연금을 민영화한다는 것은 상상하기 어려운 대안이다. 그런 반면, 중남미의 몇몇 국가들은 재정위기를 돌파하기 위하여 이른바 민영화라는 신자유주의적 대안을 선택하였다. 시장기능을 어느 정도 끌어들이는가의 여부, 다시 말해 연금운영에 민간기업의 참여를 어느 정도 허용할 것인가의 문제가 연금제도를 대체형/혼합형/경쟁형으로 유형화하는 관건이다. 그리하여, 중남미국가들은 칠레처럼 완전 민영화로 전환한 국가도 있고, 민간기업을 대거 참여시킨 국가군과, 여전히 공공관리하에 두는 국가(코스타리카)로 나뉘게 되었다. 일본은 공적 연금과 사적 연금의 역할분담이 논의되면서 퇴직금을 민간보험의 일종인 확정거출 연금으로 전환하자는 안이 국회에서 논의되었으나, 2000년 5월 중의원이 조기 해산되면서 입법이 지연되고 있다. 스웨덴은 개인의 연금기여금을 올리고 지급액의 차등화와 질병급여의 축소를 실행하였으며, 영국은 기초연금을 보완하기 위하여 민간기업이 운영하는 2차 연금의 가입을 적극 권장하는 실정이다. 한국도 기업연금의 도입 등 사적 연금의 부분적 도입이 검토되고는 있으나 정부 중심의 공적 연금제도가 지배적인 형태로 정착되고 있는 중이다. 그러나 한국의 경우, 연금기금이 고갈될 위험을 줄이고 운영의 효율성을 높이기 위하여 2000년 상반기에 연금제도의 획기적 개혁이 추진되었다. 사회 일각에서 연금축소와 기여금인상에 대한 비판이 제기되기도 하였지만, 2000년의 연금개혁은 그런대로 시의적절한 것이었다는 평가를 받는다.

넷째, 의료개혁 역시 대부분의 국가에서 개혁대상이 되었던 정책분야이다. 유럽의 경우는 정부의 공공의료지원액을 삭감하고(스웨덴), 산재/질병보험의 악용소지를 차단하여(네덜란드, 이탈리아, 영국) 의료보험의 효율성을 높이려는 목적에서 개혁이 추진된 반면, 중남미는 의료재정의 적자위험을 줄이기 위하여 의료혜택을 대폭 축소하는 형태로 진행되었다. 일본의 개호보험은 이런 관점에서 시사하는 바가 크다. 개호보험이란 65세 이상의 고령자를 대상으로 장기요양을 요하는 사람에게 의료 및 복지서비스를 제공하는 제도이다. 이 제도를 도입한 이유는 의료서비스를 요하는 고령인구의 보호의무를 가족으로부터 분리하여 특히 여성들의 경제참여를 활성화하고 고령인구의 증가에 따른 국가재정의 부담을 경감하려는 것이 그것이다. 고령인구의 증가가 의료복지 재정에 압박을 가하자 일본정부는 가족의 의료비부담을 상향조정하고 의료서비스를 민간기업에 맡기는 형태의 장기보호정책을 입법화하였다. 의료보호를 요하는 고령자의 개인부담은 낮추어졌지만, 전체적으로는 의료보험료의 인상과 서비스의 질 향상이라는 두 가지 목적을 동시에 달성하려는 정책이었다. 미국은 1993년 클린턴이 의료카드를 발급하여 빈곤계층과 하위소득계층에게도 저렴한 비용으로 양질의 의료서비스를 제공하려는 의료개혁을 추진하였는데, 의사집단과 제약회사의 반발로 무산되었다. 한국의 의약분업도 세계 국가들이 추진하였던 의료개혁과 궤를 같이한다. 한국의 경우, 약의 오·남용을 방지하려는 것이 가장 중요한 목적이었지만, 늘어나는 의료수요에 비하여 지역의보의 재정고갈이 심화되고 있는 수요/재정의 불균형을 미연에 방지하려는 목적도 중요한 계기로 작용하였다. 그러나, 많은 저항에 부딪히면서 시행된 의약분업은 재정적자를 가속화하는 결과를 초래하였으며 향후 가장 큰 정치적 부담으로 작용할 전망이다.

마지막으로, 노동관련 정책분야이다. 이 분야는 우선 대부분의 유럽국가들에서 가장 활발하게 추진되었다. 유럽의 경우, 임금-물가연동제를 폐기하는 대신 사회안전망과 노동관련 사회보장제도의 강화를 통하여 임금생활자의 실질임금을 보전해 주려는 형태로 추진되었는데, '노정합의'라는 양자합의(bilateral agreement)가 개혁의 주요한 기제로 기능하였다. 네덜란드의 와세나르 협약, 독일의 '임금, 고용, 성장을 위한 연대', 덴마크의 '고용을 위한 전국행동계획', 스웨덴의 '성장을 위한 동맹'이 전형적인 사례이다. 세계화의 외압에 의해 심화되는 노동자의 고용불안정을 수용하면서 여러 가지 형태의 사회보장제도를 통하여 노동자의 실질임금을 보전해 주는 조치들이 잇달았다. 노동시장과 노사관계 분야에서는 유연성을 제고하고, 이것에 의한 실질적 피해를 보상해 주는 방식의 정책을 선택한 것이다. 이에 비하면 중남미와 미국은 신자유주의적 정책의 전형이다. 미국의 대표적인 빈곤정책인 AFDC를 TANF로 전환하고 수혜자들로 하여금 취업을 명시한 것은 근로연계복지의 대표적인 사례라고 할 것이다. 중남미 역시 기존의 노동자에게 제공하였던 보호조치들을 제거하고 취업을 강제하는 조치들을 취하였는데, 사회안전망이 지극히 빈약하고 일자리가 부족하여 빈곤층이 늘어나고 있으며, 소득 불평등도 악화되고 있는 실정이다.

이에 비하면, 한국은 상당한 발전을 꾀한 국가로 분류된다. 국민기초생활보장법의 도입으로 빈곤정책의 발전적 개편을 단행하였으며, 빈곤층과 저소득층에게 취업기회를 제공하는 한편, 직업훈련과 전직훈련 등을 위한 제도적 인프라를 강화하여 노동시장의 유연성제고에 따른 임금생활자의 적응력 향상을 지원해 주고 있다. 그러나, 이 책의 한국 연구가 보여주듯, 노동시장의 유연성 향상은 정규직의 경직성과 비정규직의 유연성의 총합으로 나타나는 극단적인 것이어서 노동시장에서의 약자 혹은 취약계층에 대한 사회적 보호가 시급한 실정이다. 김대중 정부의 노력은 지난 정권에 비하면 돋보이는 것이기는 하나 정교한 기획과 실행능력에 있어 많은 아쉬움을 남긴다. 그럼에도, IMF라는 국가적 위기상황을 돌파하면서 임금생활자를 보호하고자 하는 정책적 의지가 높았던 것은 일단 환영할 만한 일이다.


## 3. 개혁과정에 개입하는 요인과 그 결과

정책개혁의 원리와 방향이 설정되었더라도 그것이 그대로 실행되기란 대단히 어렵다. 왜냐하면, 기존제도에 의하여 혜택을 누리고 있었던 기득권집단의 반발, 제도운영과 연관되어 있었던 이익집단의 저항, 제도적 관성, 제도혁신의 위험부담 등을 고려해야 하기 때문이다. 미국의 의료개혁이 실패한 것은 그 대표적인 사례이다. 민간기업 주도의 시장형 의료보험 제도하에서 일종의 사회주의적 요소를 도입하고자 하였던 클린턴의 시도는 애초부터 난관이 예상되었던 개혁사례이다. 마찬가지로, 중남미의 연금개혁과 의료개혁 역시 기존의 기득권집단의 반발 때문에 많은 저항에 부딪기도 하였으며, 완전 민영화를 추진한 칠레의 경우도 교사, 은행인, 군인, 전문인집단 등 기득권계층의 연금제도는 민영화에도 불구하고 기여액/급여액의 큰 변동이 없는 채로 진행되었다.

한편 노동시장 개혁에 있어 노조의 반발은 결정적인 것이었다. 노동자에 대한 보호조치를 제거하려는 정책은 흔히 노동조합의 반발에 부딪히는데, 노정합의를 통하여 노조의 협력을 얻은 국가는 개혁에 성공할 수 있었던 반면, 노조의 극단적 반발을 무마할 수 없었던 국가는 개혁의 폭이 작은 데에 만족하거나 실패로 귀결되는 경우가 많다. 대체로, 유럽은 노조의 합의를 이끌어내는 데에 성공한 국가들이 많으며, 중남미와 한국은 노조의 집단적 반발에 어려움을 겪고 있는 중이다. 그러나, 이 경우에도 경제적 사정에 따라 그 결과가 달라진다. 경제적 침체국면이 지속되어 일종의 경제위기에 직면했던 국가는 노조의 합의를 이끌어내기가 용이했으며(한국, 영국, 남미 일부 국가), 경제적 문제가 위험수위에 도달하지 않은 국가들은 노조의 조항에 직면하여 개혁정책을 자주 변경해야만 했다(호주, 네덜란드, 이탈리아, 스웨덴).

선진 자본주의국가의 사회정책 개혁양상을 분석한 연구들은 세 가지 요인을 가장 중요한 정책개혁의 걸림돌로 지적한다. 거부권(*veto points*), 제도적 특성(또는 경로의존성, *path dependence*), 그리고 대중의 선호도(*popularity*)가 그것이다(Pierson, 근간; Myles, 1997; Stephens, Huber, Ray, 1995). 이 각 요인에 대하여 간략히 고찰해 보자.

(1) 거부권이란 특정 개혁안을 거부하거나 찬성하는 여러 형태의 정치적, 비정치적 제도와 집단들이 정책입안 과정에서 개입하는 것을 의미하는데, 연방제, 사법부, 투표제도, 소환제도, 연립내각을 구성하는 정치동맹, 시민단체의 동의와 저항 등이 거부권의 소재들이다. 집권당이 정책강령이나 다수의사로 정책개혁을 결의하더라도 그것만으로는 충분치 않고, 개혁안을 이러저러한 방식으로 견제하는 여러 가지의 난관을 돌파하여야 한다. 거부권의 소재가 다양하게 포진되어 있는 국가일수록 개혁안은 자주 수정되어 개혁폭이 작아지는 것이 보통이다. 실제

376

로 연방제국가일수록 개혁의 폭과 속도는 작고 느리다. 미국의 의료개
혁안이 부결된 것, 독일의 사회보장제도가 그 전에 비하여 별로 달라
지지 않은 것 등은 연방제가 발 빠른 개혁행보에 비교적 불리하고 개
혁의 폭도 작게 만든다는 것을 의미한다. 반면, 중앙집권제와 대통령
제는 정책개혁에 유리하고 그 속도도 빠르다. 칠레와 코스타리카의 개
혁이 상대적으로 성공한 것은 중앙집중적 정치체제 때문이며, 브라질
과 아르헨티나의 개혁이 지지부진한 것은 연방제의 지연효과 때문이
다. 내각제도 역시 근본적인 정책개혁에 별로 도움이 되지 않는다. 그
러나, 일단 개혁에의 합의가 이루어지면 그에 대한 신뢰기반이 단단해
져서 정책수행에 무리가 없다는 장점을 지닌다. 내각제에 기초한 일본
이 정책개혁에 있어 지지부진한 것은 바로 이 때문이며, 일단 제안된
정책이 입법부를 통과하는 데에 많은 시간이 소요된다. 한국이 지난 3
년 동안 빠르고 폭이 큰 개혁성과를 낼 수 있었던 것은 대통령제와 중
앙집중적 정치구조에서 기인하지만, 개혁정책의 부작용과 실패의 위
험을 모두 집권당이 안아야 하는 부담이 존재한다. 다시 말해, 장점과
단점을 동시에 갖고 있는 것이다.

한편, 복지제도를 지지하는 정치동맹이 강할수록 복지축소론자들의
입지는 약화된다. 사민당 또는 좌파정당이 집권하는 유럽국가들이 이
러한 경우인데, 신자유주의적 이데올로기의 공세를 받으면서도 복지
제도의 전면적 축소가 발생하지 않은 이유가 이것이다. 스웨덴을 위시
한 북구국가들은 복지동맹의 정치적 기반이 강하고 그 영향력도 크기
때문에 고실업률과 재정적자에도 불구하고 복지제도의 전면적 축소를
단행하지 않았다. 이에 반하여, 남미는 정반대의 사례이다. 남미는 비
교적 오랫동안 복지제도를 발전시켜온 국가일지라도 악화되는 경제구
조 앞에서 복지동맹의 입지는 무력화되었으며, 이에 반비례하여 신자
유주의적 기조에 기반을 둔 자본가와 집권정당의 복지축소 정책은 실
효를 거두었다.

시민단체와 시민운동의 활성화 여부도 큰 몫을 차지한다. 지난 3년

동안의 한국이 그러한 사례이다. 한국은 민주화 과정에서 시민단체의 정책개입이 현저하게 늘어난 사례인데, 국민기초생활보장법과 의약분업에 있어 시민단체의 영향력은 놀라운 것이었다. 시민단체들은 개혁의 명분과 개혁의 필연성을 계몽하는 데에 중요한 역할을 담당하는데, 시민단체의 역할이 크면 클수록 개혁안에 저항하는 집단들의 입지는 좁아지게 마련이다. 유럽은 시민단체의 영향력이 강하여 사안에 따라 정책개혁의 용이도가 달라지는 반면, 중앙 수준에서 시민단체가 활성화되어 있지 않은 남미와 일본은 정부주도의 개혁이 추진되고 있다 (권태환 외, 근간).

(2) 제도적 특성은 사회보험과 노동시장정책의 초기 설계와 관련된 것이다. 그것이 집단별로 분산된 구조를 갖고 있다면 중앙집중적 구조로 이전하는 데에 대단히 큰 전환의 비용이 따르고, 그 역도 마찬가지이다. 그러므로, 제도의 구조를 전면적으로 바꾼다는 것은 대단히 어렵고 위험부담이 따른다. 공공부문이 활성화되어 있는 국가의 경우 공공부문의 민영화는 적지 않은 논란을 일으키게 되는 것과 같은 이치이다. 제도 도입 당시의 '초기 선택'(initial choice)은 이미 제도의 발전양상과 성장형태를 결정한다고 보아도 무리가 아니다. 일단 어떤 형태로 도입된 제도는 성장기를 거치면서 그것의 운영과 연관된 집단들을 양산하며 이들간에 형성된 사회적, 경제적 네트워크는 제도개혁의 저항요인으로 작용하는 것이다. 부과방식(pay-as-you-go)으로 운영되어 온 연금을 적립방식으로 바꾼다면 연금가입자의 반란이 일어날 것이다. 왜냐하면, 부과방식은 국가의 재정지원을 바탕으로 한 제도인 것에 반하여, 적립방식은 국가의 지원을 없앤 것이기에 급여액의 현격한 감소가 예상된다. 그러므로, 적립방식을 도입하려면 기존의 연금가입자들에게 피해를 보전할 수 있는 비상조치를 강구해야 한다. 따라서, 대부분의 국가에서는 애초의 설계를 대폭 변경하지 않은 채 재정적자의 요인을 제거하는 개혁방식을 택하게 된다. 노스(North)의 지적처럼, "제도적 복합체로서의 상호의존적 연결망은 개혁정책 자체를 제어하는 요

378

인이다". 이것을 제도개혁의 '경로의존성'(path dependence)이라고 부른다.

　(3) 대중의 선호도(popularity)는 복지제도의 존속을 원하는 국민 대중의 지지도 또는 국민정서를 의미한다. 이미 복지제도에 길들여진 국민들은 아무리 복지비용을 충당하기에는 경제사정이 어렵고 성장의 저해요인으로 작용한다고 비판받더라도 복지제도의 존속을 원하고 또한 근본적 변혁을 원치 않는다. 복지제도의 변화는 곧 소득불안정을 초래하고 이는 다시 생활불안정으로 이어지기 때문이다. 세계금융기구들이 재정위기와 금융공황을 우려하여 민영화를 도입하도록 강한 압력을 가하고 있음에도 러시아를 포함하여 동구권의 국가들이 과감한 조치를 취하지 못하는 것도 공공복지에 의존해 온 오랜 습성과 민영화에 대한 국민들의 정서적 거부감 때문이다. 복지축소가 성공하려면 국민들이 이것의 불가피성에 대한 폭넓은 이해와 합의가 전제되어야 한다. 그렇지 않으면 복지축소를 단행하는 정부는 지지도의 하락을 감수해야 한다.

　이런 저항요인들을 고려하면, 선진 자본주의국가에서 복지축소가 단행되고 있다는 일반적 견해는 경험적 실체와는 유리된 비현실적인 것이다. 여러 가지 단점과 폐단들을 부각시켜 사회정책의 전면 축소를 강행할 수 있다고 믿는 정치인들은 찾아보기 어려운 것이 현실이며, 가급적이면 이미 알려진 폐단을 제거하거나 제도적 설계를 부분적으로 수정하는 데에 한정될 뿐이다(Stephens, Huber, Ray, 1995). '제3의 길'을 표방한 유럽국가들이 시장적 요인을 강화하면서도 본격적인 복지축소를 단행하지 못하는 이유도 이것이다. 다시 한 번 강조하면, "복지제도에 대한 폭넓은 지지, 수혜자들의 집착, 사회의 주요 집단들의 전략, 현상유지를 지원하는 제도적 양상 등이 복지축소론자들을 궁지에 몰아넣는다"(Pierson, 근간). 그러나, 복지축소가 비교적 큰 폭으로 추진되었던 '자유주의적 복지체제'에서는 이 같은 저항요인이 상대적으로 작았기에 가능했다고 보인다(미국, 호주, 뉴질랜드).

　위의 요인들은 이미 각국의 정책개혁을 고찰하는 과정에서 검토되고 있다. 예를 들어, 이탈리아는 정당의 부패 때문에 정당정치의 공백

이 발생하자 정부와 노조 간의 직접적 협상이 가능한 상태가 만들어졌으며, 이를 계기로 노동시장개혁, 연금개혁, 노사관계 개혁 등을 내용으로 하는 일련의 노정합의가 가능했다는 것이다. 합의주의 정치의 전통이 강한 네덜란드 역시 와세나르 협약이 어느 정도 성과를 거두자 정부에 대한 신뢰와 정책효과에 거는 국민적 기대가 상승하여 재정적자의 주범이었던 산재/질병보험의 대폭 삭감과 같은 혁신적 조치들이 가능하게 되었으며, 1997년에는 노동시간단축, 임금자제, 사회안전망 확충을 골자로 하는 신노선협약이 만들어질 수 있었다. 중남미 연금개혁에서 검토되고 있는 다섯 가지의 요인은 이런 의미에서 대단히 중요하다(8장 참조). 남미국가들은 모두 연금개혁을 실행하였는데, 재정위기의 탈출이라는 공통적 목표를 갖고 있었음에도 국가마다 그 개혁의 유형과 폭이 달라지는 이유를 다섯 가지의 요인 — 정치적 조건과 제도적 제약, 사회경제적 발전수준, 경제구조조정의 성패여부, 연금제도의 성숙도, 전환의 비용 — 으로 설명하였다. 즉, 제도개혁의 절박성이 아무리 크더라도 국가의 정치적, 경제적 특성과 제도의 초기설계에 따라 채택하는 방식과 결과가 달라지는 것이다. 특히, '전환의 비용'은 주목을 요한다. 정책개혁에 따르는 초기 재정부담이 너무 커서 국가의 관리능력을 벗어난다고 판단되면 개혁목록에서 제외된다. 남미에서 연금개혁이 어느 정도 정착될 수 있었던 것은 아직 연금기금의 부채비율이 위험수위에 이르지 않았거나, 국민에게 제도 골격의 근본적 개혁과 기여액 인상의 불가피성을 설득시킬 수 있을 만큼 경제위기가 심각한 상황이었기 때문이다.

선진 자본주의국가의 복지개혁을 고찰한 피어슨은 다음과 같은 흥미있는 결과를 제시한다(Pierson, 근간). 앞에서 제시한 여러 가지 저항적 요인들 때문에 대폭적인 복지축소를 단행한 국가는 비교적 적으며, 소폭의 축소나 적응력 제고를 위한 수정개혁을 행한 국가가 많다는 것이다.

이를 도표로 예시하면 이렇다. 세계의 주요 국가들을 '현상유지'(sq)

〈그림 11-2〉 정책개혁의 실제적 위치와 지향방향

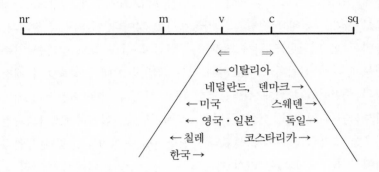

* 화살표는 지향방향을 나타냄.

와 신자유주의적 '전면 축소'(nr)를 양극으로 하는 연장선상에 배열한
다고 하자. 이때 복지개혁과 관련된 국민들의 평균적 선호도는 전면
축소(nr)로부터 일정한 거리를 두게 되고(m), 앞에서 서술한 여러 형
태의 '거부권'은 정부의 위치를 (m)보다는 훨씬 더 현상유지 쪽으로
끌고 갈 것이다(v). 이런 경우, 정부는 정권지지도를 높이고 국민들로
부터 안정지향적 동의를 확보하기 위하여 (v)보다 훨씬 더 '현상유지'
에 가까운 지점을 선택하려 한다. 따라서, 이런 제약을 모두 고려하면
실제의 개혁정책은 (v)와 (c)의 중간 어느 지점에 머물게 되는 것이
다. 〈그림 11-2〉는 이런 논의를 요약한 것이다.

위 그림에서 (v) ~ (c) 영역이 대부분의 국가가 위치한 정책개혁의
지점(position)이다. 이를 해석하면,

(1) 사회정책의 축소개혁은 세계 도처에서 진행되고 있지만, 그다
지 큰 폭의 것은 아니다.

(2) 이탈리아, 네덜란드, 스웨덴, 독일, 덴마크가 (v) ~ (c) 사이에
위치한 대표적인 국가로서 스웨덴과 독일은 현재의 복지수준을 유지하
려고 노력하는 국가인데, 네덜란드와 영국은 사안에 따라 신축적이다.
이탈리아는 전반적으로 보아 하향 조정을 추진하고 있다.

(3) 미국과 중남미는 국가의 재정적자를 메우려는 의도가 강하여 하향 조정의 폭이 크며, 일본 역시 그러한 정책기조를 지향하고 있다.

(4) 칠레는 전면 축소와 민영화를, 코스타리카는 현상유지와 공공복지의 강화를 지향한다.

(5) 한국은 출발 수준이 워낙 낮아서(남미보다 복지수준이 낮다) 이 도표에 표시하기 어렵다. 대략 방향만 표시한다면, 일단 낮은 수준에서 출발하여 경제수준이 유사한 국가들의 평균치에 도달하려는 노력이 돋보이는 사례이다. 그런데 한국의 경우, 제도는 보수주의 유형과 유사한 반면, 그 결과는 자유주의적 유형에 근접한다는 10장의 분석결과는 대단히 흥미로운데, 정책의 원리와 실행방식에 관하여 재고의 여지가 있음을 시사한다.


## 4. 사회정책의 개혁과 한국 : 정책개혁의 10가지 원칙

### 1) 기본원리 비교

우리는 이 연구에서 세계화의 외압과 구조적 요건이 점증하고 있음에도 불구하고 세계 국가들의 사회정책의 재편양상은 대단히 다르다는 사실을 확인하였다. 다시 말해, 세계 국가들은 세계화와 격화된 시장경쟁이 부가하는 사회적 영향에 대하여 서로 다른 방식으로 대응하고 있다는 점이다. 로드릭의 지적대로, 세계화는 임금생활자에게 취업불안정과 소득불안정을 초래하고 계층간 경제적 불평등을 확대한다 (Rodrik, 1997). 이러한 현상은 선·후진국을 막론하고 공통적으로 발생하고 있는 것인데, 로드릭은 세계화에 의한 사회적 폐해(*social displacement*)를 완화하기 위한 정부의 적극적 대응책, 또는 사회정책이 필요함을 역설한다. 이는 곧 복지체제를 강화해야 할 필연성에 해당한다. 그러나, 이러한 견해가 반드시 모든 국가에서 국가운영의 기본원리로 수용되는 것은 아니다. 서장에서 지적하였듯이, 어떤 국가는 복지체제의 전면적 감축을 통하여 재정위기를 완화하고 임금생활자들로 하여금 시장경쟁에 나서도록 독려하고 있다. 이른바 신자유주의적 정책기조를 선택한 국가들은 복지제도의 축소가 성장효율성을 가져올 것이라고 믿는다. 그러나, 복지제도는 경제적 압력이 심각해진다고 해서 쉽사리 철회되거나 축소되는 성질의 것이 아니다. 사민주의적 전통이 강한 국가에서는 복지제도의 경제성장 기여도가 낮아진다고 해서 전면 축소의 전략을 택하지는 않았다. 다만 앞에서 지적하였듯이, 복지제도의 내부 수정을 통하여 적응력과 현실적합성을 높이는 방향으로 사회정책을 재편하고 있는 것이다. 이를 우리는 사민주의적 견해, 또는 보상가설(compensation hypothesis)로 요약한 바 있다.

우리가 분석한 국가들이 사회정책의 개혁에서 어떤 원리에 역점을 두고 있는가를 유형화하면 재편양상이 보다 분명해진다. 여기에는 대체로 세 가지 핵심원리가 존재한다. 재상품화(recommodification), 비용억제(cost-containment), 그리고 재조정(recalibration)이 그것이다(Pierson, 근간).

(1) 재상품화 : 에스핑-앤더슨의 '탈상품화'(decommodification) 개념은 임금생활자의 실질생활이 노동력 가격에 완전히 의존하게 되는 자본주의적 시장경쟁 법칙을 복지제도를 통하여 완화해 주는 정도를 의미한다. 에스핑-앤더슨에 따르면, 노동시장에서 결정되는 자신의 노동력 가격에 의존하지 않고 인간다운 생활을 누릴 수 있게 하는 것이 바로 복지제도이며, 보호의 정도에 따라 복지체제는 자유주의, 보수주의, 사민주의의 세 가지 유형으로 구분된다. 그런데, '재상품화'는 바로 탈상품화의 역과정이다. 즉, 노동자에게 제공되는 사회적 임금을 삭감하거나 수혜자격을 강화하여 노동력 가격에의 의존성을 높이는 것이 바로 재상품화의 기본 원리이다. 우리가 다룬 국가 중에는 근로연계복지를 실행한 미국과 영국이 그러한 사례이며, 심각한 재정위기와 경제침체에 처한 중남미는 재상품화의 정도가 더욱 심하다. 유럽은 노동시

장정책에서 부분적으로 이러한 정책기조를 채택하였다.

(2) 비용억제 : 세계의 주요 국가들이 사회정책의 개혁을 추진한 것은 국가의 재정적자를 줄이기 위한 것이다. 국가의 재정위기는 곧 국가경쟁력의 악화를 낳고, 이는 다시 경제위기와 실업률상승, 물가인상, 실질소득 하락이라는 악순환으로 이어진다. 그러므로, 시장경쟁이 격화된 세계화의 추세 속에서 세계 국가들은 국가재정을 압박하는 가장 중대한 요인인 사회지출비를 축소하기 위한 전쟁을 수행하고 있다. 유럽국가들이 유럽통화(EMU)에 서둘러 가입한 것도 재정적자를 축소하려는 것이 가장 중요한 목적이었으며, 남미국가들이 긴축정책을 통하여 사회지출비를 줄인 것, 미국이 AFDC의 자격요건을 제한하고 수혜기간을 축소한 것도 재정적자의 문제였다. 일본의 개호보험과 독일의 조세개혁이 재정 적자를 줄이려는 정치적 의도에서 추진되었음은 두말할 나위가 없다. 사회지출비의 억제야말로 사회정책 개혁의 가장 중요한 이유이다. 비용억제 시도는 사회지출비의 비중이 높은 국가일수록 강하게 나타난다. 그렇다고, 대폭적인 삭감조치를 취하는 것은 아니고, 사회지출비의 인상률을 가능한 한 억제하거나 소폭 축소하는 형태로 추진되었다.

(3) 재조정 : 상황과 환경변화에 맞추어 복지제도의 내부 기제와 제도적 설계를 새롭게 하는 것을 의미한다. 여기에는 두 가지 유형이 존재한다.

① '합리화'(rationalization) : 복지제도의 본래의 취지와 목적을 달성하기 위하여 새로운 아이디어로 내부 수정을 기하는 것.

② '최신화'(updating) : 가족구조, 생애주기, 노동시장구조, 인구구조의 변화에 맞추어 새로운 복지수요를 수용하고 사회의 전반적 변화에 부응하려는 것.

이런 세 가지 패턴으로 우리가 분석한 국가들의 개혁양상을 유형화할 수 있다. '비용억제'는 모든 국가들이 가장 높은 비중을 두고 있는

핵심 항목이다. '재상품화'는 미국과 중남미(그리고, 부분적으로 영국)
등 신자유주의적 정책기조를 채택하고 있는 국가에서, '재조정'은 복지
전통이 오랜 유럽국가들이 추진하는 개혁원리이다. 재조정을 다시 두
개의 하위유형으로 구분하면, '합리화'는 주로 복지제도의 효율성을 높
이려는 데에 역점을 두고 있는 스웨덴을 위시한 사민주의국가, '최신
화'는 새로운 복지수요를 수용하고 공공복지의 내실화를 기하려는 독
일을 포함하여 중부 유럽의 개혁원리에 각각 부합한다. 이러한 유형화
를 서장에서 제시한 복지제도의 확대, 수정, 축소라는 세 유형과 결합
하면 다음과 같은 표가 도출된다.

　　다음의 표는 한국의 사회정책의 개혁양상에 대한 비교론적 관점을
제공한다. 한국은 '확대'유형에 속하며, 비용억제라는 제약 속에서도
새로운 복지수요를 충족하려는 시도(updating)를 하고 있으며, 복지수
준에 있어 점진적 조정/확대가 두드러진다. 그러나, 복지동맹이 약하
고 다만 집권자의 정치적 의지에 기대고 있다는 점이 복지제도 발전의
걸림돌이다.

<표 11-2> 사회정책의 개혁유형 : 확대, 수정, 축소

| 재편유형 | 국가 | 기본원리 | 복지동맹 | 비고 |
|---|---|---|---|---|
| 확대 (Expansion) | 한국 | 비용억제 최신화(updating) 점진적 조정 | 약함 | 집권자의 의지로 추진 |
| 수정 (modification) | 스웨덴 (사민주의국가) | 비용억제 합리화(rationalization) 점진적 조정 | 대단히 강함 | 중앙집권적 개혁 |
| | 독일, 이탈리아, 중부유럽, 영국* | 비용억제 최신화(updating) | 강함 | 노정합의 |
| 축소 (retrenchment) | 미국, 중남미 | 비용억제 재상품화 (recommodification) | 약함 | 집권당/ 집권자의 의지 |

* 영국은 수정과 축소의 혼합형에 해당.

## 2) 정책개혁의 10가지 원칙

　그렇다면, 이러한 비교분석으로부터 한국의 사회정책 개혁에 있어 고려할 점을 정립하는 것이 중요할 것이다. 한국은 IMF 사태를 계기로 사회정책의 중요성이 날로 커지고 있으며, 경제정책의 종속성을 탈피하여 사회정책의 독자성을 만들어가고 있다. 국민의 정부가 기여한 바가 바로 이것이다. IMF 사태를 극복하는 과정에서 사회정책의 중요성을 국민들에게 인식시켰으며, 정부의 정책비중을 사회정책 분야로 이전시키는 데에 공헌하였다. 사회정책의 중요성 확대는 한국사회의 선진화에 대단히 중대한 계기가 될 것임에 틀림없다. 그러나, 앞에서 언급하였듯이, 정책원리와 실행방식에 있어 많은 재고의 여지를 남기는 것도 사실이다. 의약분업의 실패에서 보았듯이, 정부는 이익집단의 갈등을 조정하는 데에 미숙함을 드러냈으며, 재정위기라는 '예기치 않은 결과'를 만들어 국민의 빈축을 사기도 하였다. 그런데, 정부의 정책에는 사회정책적 구상이 결여되었으며 그 때문에 '경제에 종속된 사회'를 방치할 수밖에 없었던 작금의 현실을 생각하면 사회정책의 비중을 높인 것만으로도 다행스러운 일이라 하겠다. 사회통합이 어느 때보다도 절실한 이 시점에서 선진적 사회정책의 중요성은 재론할 필요가 없을 것이다.

　지금까지의 비교분석으로부터 한국이 사회정책을 개발하고 실행하는 데에 반드시 고려해야 할 10가지 사항을 제시하는 것으로 결론에 대신하고자 한다. 이를 '사회정책의 개발과 실행의 원칙'이라고 하자.

　(1) OECD 평균 : 주지하다시피 한국의 GDP 대비 사회지출비는 OECD 국가 중 가장 낮은 수준에 머물고 있다. 이런 면에서, 비용제약 속에서도 복지제도를 확대하고 있는 것은 바람직한 현상이다. 향후 5년 내지 10년을 단위로 하여 정부의 사회지출비 비율을 OECD 평균 수준까지 점진적으로 확대하는 것이 필요하고, 이를 위한 단계적 계획

이 마련되어야 한다.

(2) 보편적 원리 : 한국은 정부 주도의 공공복지를 근간으로 하고 있다. 이는 모든 국민이 골고루 복지혜택을 누리도록 하는 보편적 원리에 기초하고 있음을 뜻하는데, 4대 사회보험의 선진화를 위하여 보편적 원리를 더욱 강화할 것이 요구된다. 다시 말해, 정부 주도의 공공복지를 우선 OECD 평균 수준으로 끌어올리는 데에 국가의 역량이 바쳐져야 한다는 말이다. 그런 다음, 정책영역에 따라 민영화를 부분적으로 도입하는 방안을 검토하는 것이 좋다. 민영화의 전면적 도입은 보편적 원리에 위배되므로 가급적 피하는 것이 좋고, 다만 영역에 따라 공공복지의 효율성 제고에 도움이 되는 한에 있어 부분적 도입을 검토할 수 있을 것이다.

(3) 민간부문과 제3섹터 활성화 : 공공복지는 민간부문과 제3섹터와의 상호긴밀한 관계를 맺지 않고는 효율성을 기할 수 없다. 특히, 공공복지에서 소외되는 영역과 집단이 늘고 있는 최근의 사회변화를 고려하여 제3섹터와의 긴밀한 협조는 복지제도의 사각지대를 축소하는 데에도 반드시 필요한 과제이다. 공공복지가 아무리 발전되어도 서비스전달체계가 경직된다면 수혜자에게 돌아가는 혜택은 반감된다.

(4) 재정의 건전성 : 연금과 의료보험, 고용보험과 같이 실질생활에 직접적인 영향을 미치는 중요한 정책분야는 복지수요와 공급을 정확히 예측하여 재정의 건전성을 기해야 한다. 적어도 10년 단위의 재정 예측을 기초로 기여액과 급여액의 상호조정, 자격요건과 수혜기간의 조정이 이루어져야 한다. 이를 둘러싼 사회적 갈등이 첨예화될 위험이 많으므로, 사회 내부에 단단한 복지동맹(welfare coalition)을 구축하는 데에 주력할 필요가 있다. 한국사회에서 가능한 복지동맹은 집권당을 위시하여, 정부의 주무부서, 시민단체, 노동조합, 복지수혜자, 지식

인집단 등이 될 것이다.

(5) 성장공헌도 제고 : 사민주의 국가들이 복지제도의 합리화 작업을 추진한 것은 복지제도의 성장공헌도를 제고하려는 목적에서였다. 복지제도가 근로의욕을 감퇴시키고 노동시장의 인력수요-공급을 교란하여 성장저해적 효과를 낸다면 사회지출비가 소모적인 비용으로 전락한다. 연금제도의 기존 규정과 골격을 수정하여 노동시장에의 활력을 불어넣고자 하는 독일, 네덜란드, 이탈리아 등의 개혁시도는 향후 한국의 연금제도 개혁에 많은 시사점을 제공한다. 독일처럼 노사정합의가 뒷받침되는 것을 전제로, 연금개혁이 일자리 창출과 직결되는 형태의 정책개혁을 고안해야 한다.

(6) 복지행정의 합리화 : 한국의 복지행정은 제도적 발전과정의 특성상 분절화되어 있기 때문에 복지서비스의 관리와 전달체계의 효율성이 떨어진다. 이는 노동행정 역시 마찬가지이다. 유럽은 국가별, 정책분야별로 복지행정의 구조가 다르지만, 복지수준이 높은 국가일수록 대체로 통합구조를 지향하고 있다. 한국의 경우, 4대 보험의 행정통합 및 재정통합은 수요자중심의 관점에서 보다 바람직하다는 것이 일반적인 견해이다. 중단기적으로는, 산재와 고용보험, 국민연금과 의료보험을 각각 통합하여 일원적 시스템을 갖추고, 장기적으로는 4대 보험을 완전히 통합하는 방안을 강구하는 것이 좋다. 그리하여, 노동과 복지가 하나로 연계된 선진형 복지행정체계를 만들어갈 필요가 있다.

(7) 복합적 원리 : 신자유주의적 이념이라고 하여 무조건적으로 거부할 필요는 없다. 정부는 정책영역에 따라 신자유주의적 정책과 사민주의적 정책을 신축적으로 활용할 필요가 있다. 예를 들면, 노동시장에서 근로연계복지(*workfare*)를 실행하고, 이로부터 탈락하는 취약계층을 위한 다양한 형태의 보호책을 강구하는 복합적 정책을 구사해야

한다. 결국, 근로의욕과 생산성향상에 기여하지 못하는 사회정책은 그 자체로 경쟁력이 취약하다. 영국의 블레어 정부가 고안한 New Deal은 실업에 취약한 표적집단을 설정하여 집중적으로 지원하는 정책인데, 한국 역시 이러한 정책프로그램을 적극적으로 도입할 필요가 있다. 정책영역에 따라 효율성과 사회적 보호를 결합하는 정책프로그램을 개발하여야 한다.

(8) 노동시장/노사관계와의 연계 : 노사관계 개혁이 동반되지 않는 사회정책은 효율성이 떨어진다. 예를 들면, 경제침체시 임금자제가 전제되면 사회정책은 탄력성을 얻을 수 있다. 중남미와 이탈리아에서 임금-물가연동제를 폐지하고 다양한 형태의 임금보상을 강구한 것은 그러한 예이다. 이를 위해서는 단체교섭구조의 혁신과 중앙수준에서 노사정위원회의 활성화가 필수적이다. 독일의 '임금-고용-성장을 위한 연대'가 노동시간 단축과 실업극복의 견인차로 작동하는 것은 좋은 사례이다. 복지를 위한 사회정책은 노동과 직결되어 있다. 노동시장의 구조변화에 시의적절하게 대응하는 사회적 합의는 사회정책의 개발과 실행에 전제조건이다.

(9) 조세정책과의 연계 : 조세정책은 사회정책의 성패를 좌우하는 관건이자, 그 자체 사회지출비의 부담을 분배하고 소득불평등을 조정하는 중요한 사회정책이다. 부의 소득세의 일종인 미국의 EITC(*earned income tax credit*)가 저소득계층을 위한 소득재분재 효과를 갖고 있음은 잘 알려진 바이다. 한국 역시, 선진적 사회정책을 위해서는 조세정책의 포괄적 재편이 이루어져야 한다. 조세정책은 소비와 지출에 영향을 미치고 복지비용의 재정적 원천을 재조정한다. 우선은, 40여 가지로 나뉘어진 목적세를 통폐합하여 저소득층 지원과 복지지출비의 점진적 증대에 최대의 역점을 두도록 재편할 필요가 있다. 조세정책은 경기, 구매력, 재분배, 실질임금 등을 총체적으로 조절하는 가장 효율적

인 정책수단이다.

(10) 미래대응적 설계 : 4대 사회보험은 선진자본주의 국가에서 공통적으로 실행되고 있는 가장 기본적인 복지제도이다. 이를 토대로 하여 선진국들은 가족지원 프로그램(가족수당, 육아수당, 교육수당), 출산 및 질병급여 등의 다양한 복지서비스를 제공한다. 한국 역시, 기본적인 제도가 완비되면 새로운 복지수요가 한층 늘어날 것이다. 고령자 인구의 증가, 가족 구조의 변화, 신산업의 발전 등에 따라 기존의 복지제도가 수용하지 못하는 새로운 욕구들이 표출될 것이기 때문에 이에 대비하는 미래대응적 사회정책을 구상하여야 한다.

☆★ 참고문헌

강명세, 1999. "사회협약의 이론," 강명세 편, 《경제위기와 사회협약》, 세종연구소.

_____, 2000. "EMU와 국내 정치적 조건," 강명세 외, 《유로 대 달러 대엔》, 세종연구소.

강수돌, 1999. "신자유주의 경제정책과 노동계의 대응," 《역사비평》 48호 가을.

강원택, 1998. "영국 행정 개혁과 국가 통치 기능의 변화 : 국가의 공동화 혹은 중앙집중화?" 《한국행정학보》 32권 4호, pp. 53~66.

강철희 · 김교성 · 김영범, 2000. "복지국가의 사회복지비 지출변화(1982~1992)에 관한 실증적 연구 : Fuller-Battese Model을 이용한 분석," 《한국사회복지학》 40호, 가을.

고세훈, 1999. "서유럽 사민주의의 대안과 선택," 《경제와 사회》 통권 42호, 여름, pp. 30~52.

_____, 1999. 《영국 노동당사 : 한 노동운동의 정치화 이야기》, 나남.

고용보험연구센터, 2000. 《고용보험동향》 제5권, 제1호, 서울 : 한국노동연구원부설 고용보험연구센터.

國立社會保障 · 人口問題研究所, 1993. 《社會保障費用》.

_____, 1997. 《人口推計》.

국중호, 1998. 《일본의 재정구조개혁》, 한국조세연구원.

기획예산처, 2000. "공기업 인력조정 실적", www. mpb. go. kr.

김상호, 2000. 《독일 공적연금제도의 기여와 재정 위기》, 프리드리히 에버트 재단.

김수진, 2001. 《민주주의와 계급정치 : 서유럽 정치와 정치경제의 역사적 전개》, 백산서당.

김영범, 1999. 《세계화와 복지국가의 구조변동 - 스웨덴, 일본, 한국의 사례》, 연세대학교 본대학원 박사학위 논문.

김영순, 1996. 《복지국가의 위기와 재편》, 서울 : 서울대학교 출판부.

_____, 1999a. "제3의 길." 《국제정치논총》 39집 3호, pp. 99~116.

_____, 1999b. "제3의 길 위의 복지국가 : 블레어 정부의 '일을 위한 복지' 프로그램." 《한국정치학회보》 33집 4호, pp. 203~220.

김윤태, 1999. "복지국가와 사회정책 : 영국 노동당의 개혁과 토니 블레어의 정치이념,"《동향과 전망》40호, 봄.

김의영, 1999. "한국 이익집단 정치의 개혁방향,"《계간사상》여름호, pp. 136~163.

김인춘, 1998. "후기케인즈시대의 사회민주주의,"《동향과 전망》여름호, 38호, pp. 115~152.

김종일, 2000. "미국의 노동중심적 복지개혁에서의 노동시장연결모델과 인간자본개발 모델 비교,"《한국사회복지학》41호, 서울 : 한국사회복지학회.

김학노, 1999. "노동시장의 경직성이 필요하다,"연구논문 99-08, 세종연구소.

_____, 1999. 《노동시장의 경직성이 필요하다》, 서울 : 세종연구소.

김호균, 2000. 《독일 사민당의 신중도 노선》, 프리드리히 에버트 재단.

노구치 유키오(野口烈紀雄, 1996. 성재상 역), 1996. 《여전히 전시체제에 있는 일본의 경제구조》, 비봉출판사.

노동부, 1999, 《고용보험백서》, 서울 : 노동부.

_____, 각년도. 《노동백서》, 서울 : 노동부.

노중기, 1999. "기로에선 노동운동, 노동의 선택-IMF이후의 한국 노동운동,"《실천문학》54호, 여름, 서울 : 실천문학사.

大藏省, 2000a. 《大藏省貿易統計》.

_____, 2000b. 《景氣回復への 取組み》.

_____, 2000c. 《財政の 現狀と 今後の あり 方》.

박길성, 1996. 《세계화 : 자본과 문화의 구조변경》, 사회비평사.

방하남·황덕순, 2001. "노동과 복지 : 제도현황과 정책과제 - 국민기초생활보장제도를 중심으로," 이화여자대학교 두뇌한국 21 사업단 주최 "한국사회복지의 쟁점-노동과 복지의 새로운 연계 가능성"세미나 발표논문, www. kli. re. kr.

보건복지부, 1999. "2000년도 최저생계비", www. mohw, go. kr.

_____, 2000. '2001년도 국민기초생활보장사업계획 : 별첨자료1- 2001년도 종합자활지원계획 - 복지와 고용의 연계를 통한 저소득계층 자립기반 구축,'blss. mohw. go. kr.

_____, 각년도. 《보건복지백서》, 과천시 : 보건복지부.

사타키바라 에이스케·다하라 소이치로(榊原英資·田原總一郎, 1996. 이상호·박광민 역), 1999. 《일본재생》, 한울.

杉本敏夫 編, 2000. 《高齡者福祉論》, ミネルバ書房.

선한승, 1999.《독일 구조조정기의 노사관계와 시사점》, 프리드리히 에버트 재단.

송호근, 1997.《시장과 복지정치 : 사민주의 스웨덴 연구》, 서울 : 사회비평사.

_____, 1999.《정치없는 정치시대 : 한국의 민주화와 이해충돌》, 나남.

_____, 2000. "세계화와 사회적 합의 : 한국적 의미," 노사정위원회.

_____, 2000. "세계화와 사회정책 : 현실과 신화," 한국사회과학연구협의회 주최 '세계화와 글로벌 가버넌스 : 세계질서와 민주주의의 미래' 심포지엄 발표 논문, 2000. 12. 1.

_____, "'시장의 시대'와 조합주의,"《계간 사상》, 1998 여름호.

신광영, 1994. "스웨덴 사회민주주의 60년 : 가능성과 한계,"《계간사상》6권, 1호.

엄규숙, 1999. "사회국가의 위기와 독일 연금제도의 재구성,"《계간 동향과 전망》41호, 봄·여름.

여유진, 1999. "칠레의 사회보장체계 : 민영화의 정치경제학," 한국사회과학연구소 사회복지연구실 편,《세계의 사회복지》, 인간과 복지.

年金審議會, 1998.《國民年金·厚生年金保險制度改正に 關する 意見》, 厚生省年金局.

유문부, 1999. "국민의 정부 사회정책의 이념적 기초에 대한 연구 : 신자유주의 사조에 대한 비판적 대안,"《공공정책연구》5호.

윤석명, 2000. "ILO의 공적연금 개혁방향,"《보건복지포럼》제41호.

윤석명·김원식·박상현, 1999.《공적연금과 사적연금의 균형적 발전방안》, 서울 : 한국보건사회연구원.

윤진호, 1998. "IMF 체제와 고용조정,"《계간 동향과 전망》37호, 봄.

醫療保險審議會, 1996.《今後の醫療保險制度のあり 方と 平成9年改正について》, 厚生省保險局.

이병희·황덕순, 1999. "경제위기 이후 노동시장구조의 변화," 한국사회경제학회·한국사회과학연구소 발표문.

이상록, 1999. "남미국가 사회복지제도의 구조적 특성과 최근 변화동향의 특성," 한국사회과학연구소 사회복지연구실 편,《세계의 사회복지》, 인간과 복지.

이헌근, 1998. "스웨덴 모델의 특성과 산업평화,"《국민윤리연구》제38호.

_____, 1999a.《제3의 길로서의 스웨덴 정치》, 부산대학교출판부.

_____, 1999b. "'제3의 길' 논의와 유럽 사회민주주의의 미래,"《21세기정

치학회보》제9집 2호.

_____, 2000. "임금협상의 정치경제학 : 스웨덴의 새로운 실험?", 《스칸디나비아연구》창간호.

_____, 2000a. 《현대유럽의 정치 : 그 이상과 현실》, 신지서원.

이호근, 2000. "유럽 통합과정과 사회정책."《한국정치학회보》34집 3호, pp. 275~292.

이호철, 1996. 《일본경제와 통상정책》, 삼성경제연구소

日本經濟新聞, 2000/6/27; 2000/6/8; 2000/5/30; 2000/5/26; 2000/5/2; 2000/3/14; 2000/3/7.

임무송, 1997. 《영국의 노동정책변천사》, 한국노동연구원.

장 훈·강원택·김영순·구갑우, 2000. "영국에서 국가성 변화의 이중성에 대한 연구,"《국제정치논총》40집 3호, pp. 297, 316.

장상환, 1998. "김대중정권 경제정책의 성격과 전망,"《경제와 사회》38호, 서울 : 한울출판사.

전국민주노동조합총연맹, 2000. "2000년 민주노총 표준생계비," 정책 2000-2, 서울 : 전국민주노동조합총연맹.

전남진, 1994. "미국의 사회보장,"신섭중·김상균 외(편), 《각국의 사회보장》, 서울, 예풍출판사.

정인수, 1997. 《주요국 노동시장 정책의 변화》, 서울 : 노동연구원.

정진영, 2000. "라틴아메리카와 신자유주의 : 희망인가 또 다른 좌절인가?" 안병영·임혁백 편, 《세계화와 신자유주의 : 이념, 현실, 대응》, 나남출판.

_____, "세계금융과 민주주의 : 공존이 가능한가?"《계간 사상》, 1998 여름호.

正村公宏, 2000. 《新福祉經濟社會の構築: すべての人びとの'安心'と'社會的連帶'をめざして》.

조영훈, 2000. "생산적 복지론과 한국 복지국가의 미래,"《경제와 사회》45호, 서울 : 한울출판사.

조용래, 1997. "경제구족개혁 중 지주회사해금문제."《월간 아태지역동향》70(10월), 한양대학교.

_____, 1997. "행정구조개혁."《월간 아태지역동향》71(11월), 한양대학교.

_____, 1998. "재정구조개혁."《월간 아태지역동향》73(1월), 한양대학교.

_____, 1998. "경제구조개혁."《월간 아태지역동향》77(5월), 한양대학교.

_____, 1998. "금융시스템개혁."《월간 아태지역동향》76(4월), 한양대학교.

_____, 1998. "사회보장구조개혁."《월간 아태지역동향》 78 (6월). 한양대학교.

_____, 1998. "사회보장구조개혁."《월간 아태지역동향》 79 (7월). 한양대학교.

조우현·조준모, 1998. "신정부 노동시장정책 – 분석적 정책제안,"《노동경제논집》 21권, 1호, 한국노동경제학회.

중앙일보, 1999년 4월 24일자.

直井道子, 1998. 福祉社會の家族と高齡者介護.《福祉社會の家族と共同意識: 21世紀の市民社會と共同性: 實踐への指針》, 靑井和夫 외 (편), 梓出板社.

總理部, 1998.《社會保障制度のあらまし》.

최강식, 2000. "노동시장의 문제점과 개선방향," 사회과학연구소·이화여자대학교 가버넌스 교육연구단 학술대회 자료집.

최경구, 1993.《조합주의 복지국가 (제2판)》, 서울: 도서출판 한나래.

統計廳, 1997.《國勢調查》.

_____, 1997.《人口動態》.

통계청, 2000a.《경제활동인구월보》 1월호, 대전: 통계청.

_____, 2000b. "보도자료-1999년 4/4분기 및 연간 도시근로자가구의 가계수지동향 요약", www. nso. go. kr.

_____, 2000c. "보도자료-2000년 고용동향" 각월호, www. nso. go. kr.

_____, 2000d, "표준통계수치조회 – 독일과 스웨덴의 인구," www. nso. go. kr.

通商産業省, 2000.《2000年版 通商白書: グローバル經濟と日本の針路》.

한국은행, 각년도,《국민계정》, 서울: 한국은행.

행정자치부, 1999.《행정자치부 통계연보》, 서울: 행정자치부.

호세 삐녜라, 하상욱 역 (1997),《칠레 연금개혁 이야기》, 자유기업센터.

황기돈, 1998.《적극적 복지를 통한 노동시장 유연화 – 네덜란드의 사회경제개혁》, 서울: 한국노동교육원.

厚生省, 1999.《厚生白書》.

_____, 2000a.《今後5か 年間の 高齡者保健福祉施策の 方向: ゴールドプラン21》.

_____, 2000b.《醫療保險制度·老人保健制度の 改革》.

_____, 2000c.《介護保險法の 槪要》.

396

厚生省年金局, 1997.《年金自主運用 檢討會 報告書》, 厚生省.

_____, 1997.《21世紀の 醫療保險制度: 醫療保險及び 醫療提供體制の 拔本的改革の 方向》.

_____, 1998.《年金改革に 關する 有識者調査》.

_____, 1999.《年金制度改正案大綱の 槪要》.

_____, 2000.《平成11年年金改正 そのねらいと內容》.


Aiyer, S., 1997. "Pension Reform in Latin America: Quick Fixes or Sustainable Reform?" Policy Research Working Paper 1865, The World Bank.

Alber, J., 1988. "Is there a crisis of the Welfare state? Crossnational Evidence from Europe, North America, and Japan," *European Sociological Review*, Vol. 4, No. 3.

Alcock, Pete, 2000. "Welfare policy," in Dunleavy et al. *Developments in British Politics* 6, London: Macmillan, pp. 238~256.

Allender, Paul, 2001. "What's New About 'New Labour'?" *Politics* vol. 21, No. 1, pp. 56~62.

Andersen, Torben M., S. E. Hougaard Jensen and O. Risager(eds.). 1999. *Macroeconomic Perspectives on the Danish Economy*. London: Macmillan Press.

Anderson, Perry and Patrick Camiller(eds.), 1994. *Mapping the West European Left: Social Democrats, Socialists, Communists, Post Communists*. London: Verso Press.

Auer, Peter and M. Fortuny, 2000. "Aging of the Labor Forces in OECD Countries: Economic and Social Consequences." Employment Sector, International Labour Office, Geneva.

Baer, W. & W. Maloney, 1997. "Neoliberalism and Income Distribution in Latin America," *World Development*, Vol. 25, No. 3.

Barro, R., 1991. "Comment," in A. Alesina and G. Carliner(eds.), *Politics and Economics in the Eighties*, Chicago: University of Chicago Press.

Baumol, W., 1967. "Macroeconomics of Unbalanced Growth: The

Anatomy of Urban Crisis," *American Economic Review*, Vol. 57, No. 3.

Beatly, Jack, 1999. "Against Inequality," in *The Atlantic Monthly*, April.

Beck, Ullich, 1998, "The cosmopolitan manifesto", New Statesmann, 20.

Berg, Janine and Lance Taylor, 2000. "External Liberalization, Economic Performance, and Social Policy." Working Paper, Center for Economic Policy, New School University.

Bertranou, J., 1998. "Mexico: The Politics of the System for Retirement Pensions." In Cruz-Saco & Mesa-Lago, *Do Options Exist?*

Bischoff, Joachim/Richard Detje, 1999. "Widersprueche der *Neuen Mitte*, Strategie zur Baendigung des Kapitalismus?", Doere, Klaus/Leo Panitch/Bodo Zeuner u. a., Die Strategie der *Neuen Mitte*, Verabschidet sich die moderne Sozialdemokratie als Reformpartei?, Hamburg, pp. 25~49.

Bowles, Paul and Barnet Wagman, 1997. "Globalization and the Welfare State: Four Hypotheses and Some Empirical Evidence." MacLean's Economic Policy Page. http://www.geocities.com/WallStreet/8691/plainglb.html.

Boyer, Robert and Dennis Drache(eds.), 1996. *State Against Markets: The Limits of Globalization*. London: Routledge.

Brooks, S. & E. James, 1999. "The Political Economy of Pension Reform," Paper presented at World Bank Research Conference, September 14~15, 1999.

Bruhn, 1996. "Social Spending and Political Support: The 'Lessons' of the National Solidarity Program in Mexico," *Comparative Politics*, Vol. 28, No. 2.

Budge, Ian, Ivor Crewe, David McKay and Ken Newton, 1998. *The New British Politics*. Harlow: Addison Wesley Longman.

Buechtemann, C. F., 1993. "Employment Security and Deregulation: the West German Experience," Buechtemann, C. F. (ed.), *Employment Security and Labor Market Behavior*, Ithaca: ILR Press.

Buettner, Hans, 1999. "Neue Mitte und soziale Demokratie. Wofuer steht Gerhard Schroeder?", in: Soziale Sicherheit, Juni.

Bundesministerium der Finanzen, 2000, Referat Presse und Information 65(14. Juli 2000): Steuerreform 2000- Fortentwicklung nach Beschlusslage Bundesrat.

_____, Referat IV A 1(26. Juli 2000): Die Steuerreform 2000 im Ueberblick.

_____, Referat IV A 1(28. Juli 2000): Sterreform 2000 ist gezielte Mittelstandsfoerderung.

Calmfors, L., Driffill, J., 1988. "Bargaining Structure, Corporatism and Economic Performance," Economic Policy, Vol. 6.

Calmfors, L., Lang, H., 1993. "Macroeconomic Effects of Active Labour Market Programmes-The Basic Theory," Seminar paper No. 541, Stockholm: Institute for International Economic Studies.

Campbell, John, 1992. How Policies Change: The Japanese Government and the Ageing Society, New Jersey: Princeton University Press.

Cerny, Philip G., 1997. "Paradoxes of the Competition State: The Dynamics of Political Globalization." Government and Opposition 32(2): 251~274.

Christiansen, Niels F., 1994. "Denmark: End of an Idyll?", in Anderson, Perry and Patrick Camille(eds.).

Clasen, Jochen, 2000. Motives, Means and Opportunities: Reforming Unemployment Compensation in the 1990s, West European Politics, 23: 2, 89~112.

Clayton R. & Pontusson, J., 1998. "Welfare-State Retrenchment Revisited: Entitlement Cuts, Public Sector Restructuring and Inegalitarian Trends in Advanced Capitalist Societies," Vol. 51, No. 1.

Comisíon Económica para América Latina y el Caribe(CEPAL), 2000. Panorama Social de América Latina, 1999~2000. Santiago, Chile: CEPAL.

Cox, Robert Henry, 1998. From Safety Net To Trampoline: Labor

Market Activation in the Netherlands and Denmark, *Governance*, 11: 4, 397~414.

Crouch, Colin., and Anand Menon, 1997. "Organized Interests and the State," Martin Rhodes, Paul Heywood, and Vincent Wright (eds.), *Developments in West European Politics*, pp. 151~168.

Cruz-Saco, M. & C. Mesa-Lago (eds.), 1998. *Do Options Exist?: The Reform of Pension and Health Care Systems in Latin America*. Pittsburgh: University of Pittsburgh Press.

Daalder, Hans, 1966. The Netherlands: Opposition in a Segmented Society, in Robert A. Dahl, ed., *Political Opposition in Western Societies*, New Haven: Yale University Press, 188~236.

Danziger, S., 1983. "Budget Cut as Welfare Reform," *American Economic Review*, 73: 65~70.

Doering, Dieter, 1999. "Sozialstaat in unuebersichtlichem Gelaende. Erkundung seiner Reformbedarfe unter sich veraendernden Rahmenbedingungen," D. Doering (Hg.), Sozialstaat in der Globalisierung, Frankfurt a. M., 1999, pp. 11~39.

Doerre, Klaus, 1999. "Die SPD in der Zerreissprobe. Auf dem *Dritten Weg*," Doere, Klaus/Leo Panitch/Bodo Zeuner u. a., Die Strategie der *Neuen Mitte*. Verabschidet sich die moderne Sozialdemokratie als Reformpartei?, Hamburg, pp. 6~24.

Dokumentation: Das Schroeder/Blair-Papier. "Der Weg nach vorne fuer Europas Sozialdemokraten", *Soziale Sicherheit*, Zeitschrift fuer Arbeit und Soziales, 6/1999.

Due, Jesper et al., 1995. "Adjusting the Danish Model," in Franz Traxler and Colin Crouch (eds), Organized Industrial Relations in Europe Aldershot: Avebury Esping-Andersen, G. 1985. *Politics Against Markets*. Princeton, NJ: Princeton University Press.

Due, Jesper, Jorgen S. Madsen, Lars K. Petersen, and Carsten S. Jensen, 1994. *Survival of the Danish Model*. Copenhagen: DJOF Publishing.

Ebbinghaus, Bernhard and Anke Hassel, 1999. "The Role of Concertation in the Reform of the Welfare State," Paper to be presented at the ECPR Mannheim.

ECLAC, 1994, 1998. *Social Panorama of Latin America.* Santiago: CEPAL.

Economic Commission for Latin America and the Caribbean (ECLAC), 2000. *The Equity Gap: A Second Assessment.* Santiago: CEPAL.

Edwards, S., 1996. "The Chilean Pension Reform: A Pioneering Program," *NBER Working Paper*, No. 5811.

Ellwood, David, 1988. *Poor Support: Poverty in American Family*, New York: Basic Books.

Esping-Andersen, G., 1985. *Politics Against Markets.* The Social Democratic Road to Power, New Jersey.

_____, 1990. *The Three Worlds of Welfare Capitalism*, Princeton: Princeton University Press.

_____, 1993. "Mobility Regimes and Class Formation," Esping-Andersen, G. (ed.), 1993. *Changing Classes: Stratification and Mobility in Post-industrial Societies*, London: Sage.

_____, 1999. *The Social Foundations of Post-industrial Economies*, Oxford: Oxford University Press.

Esping-Andersen, G. and K. van Kersbergen, 1992. "Contemporary Research on Social Democracy," *Annual Review of Sociology*, Vol. 18.

European Trade Union Institute, 1992. *Collective Bargaining in Western Europe in 1991 and Prospects for 1992*, Brussels: ETUI.

Ferrera, Maurizio and Elisabetta Gualmini, 2000. "Reforms Guided by Consensus: The Welfare State in the Italian Transition," *West European Politics*, 23: 2, 187~208.

Ferrera, Maurizio, 1996. "The Southern Model of Welfare in Social Europe," *Journal of European Social Policy*, 6: 1, 17~37.

_____, 1997. The Uncertain Future of the Italian Welfare State, in Martin Bull and Martin Rhodes (eds.), *Crisis and Transition in Italian Politics* (Frank Cass), 231~249.

Finer, Catherine, 1997. "Social Policy," in Dunleavy et al. *Developments in British Politics* 5. London: Macmillan, pp. 304~325.

Fligstein, Neil, 1998. "Is Globalization the Cause of the Crisis of Welfare States?" Paper prepared for the Annual Meetings of the American Sociological Association in Toronto, Canada.

Franzese, R. Jr. and Peter Hall, 2000. "Institutional Dimensions of Coordinating Wage Bargaining and Monetary Policy," in T. Iversen, Jonas Pontusson and David Soskice (eds.).

Fukuyama, Francis, 1992. *The End of History and the Last Man*, New York: Free Press.

Gaimo, Susan and Philip Manow, 1999. Adopting the Welfare State: The Case of Health Care Reform in Britain, Germany, and the United States, *Comparative Political Studies*, 32: 8, 967~1000.

Garrett, Geoffrey and Christertopher Way, 1999. Public Sector Unions, Corporatism and Macroeconomic Performance, *Comparative Political Studies*, 32: 4, 411~434.

Garrett, Geoffrey, 1998. *Partisan Politics in the Global Economy* (Cambridge).

Giddens, Anthony, 1998. *The Third Way: The Renewal of Social Democracy* (한상진 · 박찬욱 옮김, 《제 3의 길》, 서울, 1998).

_____, 1998. *The Third Way: The Renewal of Social Democracy*. Cambridge: Polity Press.

Gilder, George, 1981. *Wealth and Poverty*, New York: Basic Books.

Ginsburg, Norman, 1992. *Division of Welfare: A Critical Introduction to Comparative Social Policy*. London: Sage.

Golden, M., M. Wallerstein, & P. Lange, 1999. "Postwar Trade-Union Organization and Industrial Relations in Twelve Countries," in Kitschelt, Herbert, Peter Lange, Gary Marks, and John D. Stephens, 1999, *Continuity and Change in Contemporary Capitalism*. Cambridge: Cambridge University Press.

Golden, Merriam Wallerstein, Michael, and Peter Lange, 1999. Postwar Trade-Union Organization and Industrial Relations in

Twelve Countries, in Herbert Kitschelt, et al., eds., *Continuity and Change in Contemporary Capitalism* (Cambridge), 194~230.

Goldthorpe, John H. (ed). 1984. *Order and Conflict in Contemporary Capitalism*, Oxford: Clarendon Press.

Goul Andersen, Jørgen, 1997. "Scandinavian Welfare Model in Crisis? Achievements and Problems of the Danish Welfare State in an Age of Unemployment and Low Growth," *Scandinavian Political Studies*, Vol. 20, No. 1, pp. 1~31.

Gray, John, 1998. *False Dawn- The Delusions of Global Capitalism*, London: Granta Books.

Green-Pedersen, Christoffer, Kees van Kersbergen, Anton Hemerijk, 2000. "Neo-Liberalism, the 'Third Way' or What? European Social Democracy and the Welfare States at the Beginning of the New Millennium," Paper for the Twelfth International Conference of Europeanists, Chicago, March 30~April 2.

Grubb, D. & Wells, W., 1993. "Employment Regulation and Patterns of work in EC Countries," *OECD Economic Studies*, No. 21 Winter.

Grundwertekommission der SPD, 1999. Dritte Wege - Neue Mitte. Sozialdemokratische Markierung fuer Reformpolitik im Zeitalter der Globalisierung, Berlin.

Gylfason, Thorvaldur (ed.). 1997. *The Swedish Model under Stress: A View from the Stands*. Stockholm: SNS.

Hadenius, Stig, 1990. *Swedish Politics During the 20th Century*, Stockholm: The Swedish Institute.

Hannes, Walter, 1999. "Der Sozialstaat in der Globalisierung", Aus Politik und Zeitgeschichte, Dezember (pp. 3~10).

Hassel, Anke and Reiner Hoffmann, National Alliances for Jobs and Prospects for a European Employment Pact, ETUI, working papers, *DWP*, 2000. 01. 01.

Hatland, Aksel, 1998. "The changing balance between incentives and economic security in Scandinavian unemployment benefits schemes," Paper represented at ISSA Research Conference on Social Security, Jerusalem January 25~28.

Hauser, Richard/Irene Becker, 1999. "Wird unsere Einkommensverteilung immer ungleich", Doering, 1999, pp. 89~116.

Hay, Colin, Matthew Watson and Daniel Wincott, "Globalisation, european Integration and the Persitence of european Social Models," Univ. of Birmingham Working Paper 3/99 (www. one-europe. ac. kr/subpages/papers. htm).

Hazen, Reuven Y., 1995. "Attacking the Centre: 'Moderate-Induced Polarization' in Denmark and the Netherlands," *West European Politics*. 18 (2) : 73~95.

Heine, Eckard/Achim Truger (Hg.), 2000. Peerspektiven sozialdemokratischer Wirtschaftspolitik in Europa, Marburg.

Hemerijck, Anton and Jelle Visser, 2000. Change and Immobility: Three Decades of Policy Adjustment in the Netherlands and Belgium, *West European Politics*, 23: 2, 229~256.

Hirst, Paul and Grahame Thompson, 1992. "The Problem of 'Globalization': International Economic Relations, National Economic Management and the Formation of trading Blocs." *Economy and Society* 21 (4).

Hirst, Paul, "Can the European Welfare State Survive Globalization? Sweden, Denmark, and the Netherlands in Comparative Perspective," (http://polyglot. lss. wisc. edu/eur/works/hirst. html, 검색일자 1999년 12월 24일).

Hombach, Bodo, 1998. Aufbruch. Die Politik der Neuen Mitte, Muenchen.

Hortzmann, R., 1998. "Financing the Transition to Multipillar," World Bank.

http://www. eiro. eurofound. ie/에서 덴마크 관련 자료 다수.

Huber, E. J. D. Stephens, 1998. Internationalization and the Social Democratic Model: Crisis and Future Prospects, *Comparative Political Studies*, 31: 3, 353~397.

404

_____, 1999. "Globalization and Social Policy Developments in Latin America." Paper presented at the conference on Globalization and the Future of Welfare States: Interregional Comparisons. Brown University, October 12~23.

Huber, E. J. D. Stephens, and C. Ragin, 1993. Social Democracy, Christian Democracy, Constitutional Structure and the Welfare State, *American Journal of Sociology*, 99: 771.

Hyman, Richard, 1994. "Industrial Relations in Western Europe: An Era of Ambiguity?", *Industrial Relations* 33: 1~24.

Isuani, E. & J. Martino, 1998. "The New Argentine Social Security System: A Mixed Model." In Cruz-Saco & Mesa-Lago, *Do Options Exist?*

Iversen, T. & Pontusson, J., 2000. "Comparative Political Economy: A Northern European Perspective," Iversen, T. Pontusson, J. and Soskice, D. (eds.), *Unions, Employers, and Central Banks: Macroeconomic Coordination and Institutional Change in Social Market Economies*, Cambridge: Cambridge University Press.

Iversen, T. & Wren, A., 1998. "Equality, Employment and Budget Restraint: The Trilemma of the Service Economy," *World Politics*, Vol. 50, No. 4.

Iversen, T., 1999. *Contested Economic Institutions: The Politics of Macroeconomics and Wage Bargaining in Advanced Democracies*, Cambridge: Cambridge University Press.

_____, 2000. "Decentralization, Monetarism, and the Social Democratic Welfare State", in T. Iversen, Jonas Pontusson and David Soskice (eds.).

_____, Jonas Pontusson and David Soskice (eds.). 2000. *Unions, Employers, and Central Banks: Macroeconomic Coordination and Institutional Change in Social Market Economies*, Cambridge: Cambridge University Press.

Jacob, D., 2000. Low Public Expenditures on Social welfare: Do East Asian Countries Have a Secret? *International Social Welfare* 9: 2~16.

Janoski, T. , Hicks, A. M. , 1994. "Direct State Intervention in the labor market: the explanation of active labor market policy from 1950 to 1988 in Social Democratic, Conservative, and Liberal regimes," *The Comparative Political Economy of the Welfare State*, Cambridge: Cambridge University Press.

Janoski, Thomas, 1990. *The Political Economy of Unemployment: Active Labor market Policy in West Germany and the United States*, Berkeley: University of California Press.

K. S. Park, 1998. "Geographic Proximity between Elderly Parents and their Children in the US and Japan: Convergence of Individualism and Familism?" Ph. D. Dissertation. Brown University.

Katz, Harry C. , 1993. "The Decentralization of Collective Bargaining: A Literature Review and Comparative Analysis," *Industrial and Labor Relations Review* 47: 3~22.

Katz, M. , 1986. *In the Shadow of the Poor House: A Social History of Welfare in America*, New York: Basic Books.

Katzenstein, P. J. , 1985. *Small States in World Market: Industrial Policy in Europe*, Ithaca: Cornell University Press.

Kingson Eric R. and John B. Williamson, 1998. "Understanding the Debate Over the Privatization of Social Security," in *Journal of Sociology and Social Welfare*, Vol. XXV, No. 3.

Kischelt, H. Lange, P. Marks, G. & Stephens, J. D. , 1999. "Convergence and Divergence in Advanced Capitalist Democracies," Kitschelt, H. (et al.), *Continuity and change in Contemporary Capitalism*, Cambridge: Cambridge University Press.

Kitschelt, Herbert, 1994. *The Transformation of European Social Democracy*. Cambridge: Cambridge University Press.

Kjellberg, Anders, 1998. Restoring the Model?, in Anthony Ferner and Richard Hyman, *Changing Industrial Relations in Europe* (Blackwell), chapter 3.

Koedermann, Ralf, 1999. "Wie konkurrenzfaehig ist der Standordt deutschland?", Doering, pp. 145~167.

406

Kosai, Yutaka, Jun Saito, and Nohiro Yashiro, 2000. "Declining Popula-
    tion and Sustained Economic Growth: Can They Co-Exist?" *Japan
    Center for Economic Research discussion paper*, No. 50.
Kuhnle, Stein, 2000. The Scandinavian Welfare State in the 1990s:
    Challenged but Viable, *West European Politics*, 23: 2, 209~228.
Kuhnle, Stein, Aksel Hatland, and Sven Hort, "Work-Friendly Welfare
    State: Lessons from Europe," 한국사회보장학회 · 아셈 · 월드 뱅
    크 · 한국노동연구원 외, '사회보장과 노동유연성' 국제심포지엄 발표
    자료집.
Lafontaine, Oskar, 1999. *Das Herz schlaegt links*(진중권 옮김, 《심장은 왼
    쪽에서 뛴다》, 서울, 2000).
Lee, H. K., 1987. "The Japanese Welfare States in Transition." pp. 24
    3~263 in Roberg R. Friedmann, Neil Gilbert, and Moshe Sherer
    (eds.), *Modern Welfare States: A Comparative View of Trends and
    Prospects*. New York. New York Univ. Press.
Levy, Jonah D., 1999. "Vice into Virtue: Progressive Politics and
    Welfare Reform in Continental Europe," *Politics and Society*, 27:
    2, 239~273.
Lijphart, A., 1968. *The Politics of Accommodation: Pluralism and
    Democracy in the Netherlands*(University of California).
Lindbeck, A. & Snower, D. J., 1988. *The Insider-Outsider Theory of
    Employment and Unemployment*, Cambridge: MIT Press.
Lindbeck, A., 1993. *Unemployment and Macro Economics*, Cambridge:
    The MIT Press.
Lindbeck, A., 1997. *The Swedish Experiment*. Stockholm: SNS.
Lister, Ruth, 2000. "Citizenship: theoretical perspectives and develop-
    ments in European welfare states," Paper for the 12th
    International Conference of Europeanists, *Roundtable panel on
    Gender, Citizenship and Subjectivities*. Chicago, March 30~April 2.
Luxembourg Income Study, 2000. "Income Inequality Measures",
    www. lis. ceps. lu/ineqtable. htm.
Manow, Philip and Eric Seils, 2000. The Employment Crisis of the

German Welfare State, *West European Politics*, 23: 2, 137~160.

Maor, Moshe, 1992. "Intra-Party Conflict and Coalitional Behaviour in Denmark and Norway: The Case of 'Highly Institutionalized' Parties," *Scandinavian Political Studies*, Vol. 15, No. 2, pp. 99~116.

Mark Wickham-Jones, 1997. "How the Conservatives lost the economic argument," in Geddes and Tonge(eds.). *Labour's Landslide*. Manchester: Manchester University Press, pp. 85~97.

Marks, Gary, 1986. "Neocorporatism and Incomes Policy in Western Europe and North America," *Comparative Politics* 17(3): 253~277.

Marshall, T. H., 1950. *Citizenship and Social Class*. Cambridge: Cambridge University Press.

Mead, Lawrence, 1986. *Beyond Entitlement: The Social Obligations of Citizenship*, New York: Free Pres.

_____, 1997. 'From Welfare to Work: Lessons from America," in A Deacon(ed.), *Choice in Welfare*, London: IEA Health and Welfare Unit.

Meas-Lago, C., 1997. "Social Welfare Reform in the Context of Economic-Political Liberalization: Latin American Cases," *World Development*, Vol. 25, No. 4.

Meidner, Rudolf, 1980. "Our Concept of the Third Way: Some Remarks on the Socio-political Tenets of the Swedish Labour Movements," *Economic and Industrial Democracy*, Vol. 1.

_____, "The Rise and Fall of the Swedish Model," *Studies in Political Economy*, Vol. 39, Autumn 1992.

_____, "The Swedish Model: Experiences and Lessons," 서울 : 건국대학교 부설경제경영연구소 주최 국제학술세미나 발표논문, 1997. 10.

Merkel, Wolfgang, 1992. "After the Golden Age: Is Social Democracy Doomed to Decline?" in Christiane Lemke and Gary Marks (eds.), *The Crisis of Socialism in Europe*, Duke University Press.

Mesa-Lago, C. & A. Arenas de Mesa, 1998. "The Chilean Pension System: Evaluation, Lessons, and Challenges." In Cruz-Saco &

Mesa-Lago, *Do Options Exist?*

Meyer, Thomas, 1998. Die Transformation der Sozialdemokratie. Eine Partei auf dem Weg Ins 21. Jahrhundert, Bonn.

_____, 1999. "Wie die Sozialdemokratie sich erneuert", in: Die Neue Gesellschaft. Frankfurter Hefte, Mai.

Miller, Susanne/Heinrich Potthoff, 1988. Kleine Geschichte der SPD. Darstellung und Dokumentation 1848~1983, Bonn.

Ministry of Health and Social Affairs, The Pension Reform: Final Report, June 1998.

_____, "Old age pensions in Sweden," Fact Sheet No. 4, Stockholm, February 2000 (www. regeringen. se).

_____, "Pension Reform in Sweden: a short summary," Stockholm, 2000. 3. 1 (www. pension. gov. se/inEnglish/summary. html).

Mishra, R., 1984. *The Welfare State in Crisis: Social Thought and Social Change*, Brighton: Wheatsheaf Books.

Mjøset, Lars, Adne Cappele, Jan Fagerberg, and Bent Sofus Tranoy, "Norway: Changing the Model" in Anderson, Perry and Patrick Camiller, 1994. *Mapping the West European Left: Social Democrats, Socialists, Communists, Post Communists.* London: Verso Press.

Moene, K. O. and M. Wallerstein, 1999. "Social Democratic Labor Market Institutions: A Retrospective Analysis," in Kitschelt, Herbert, Peter Lange, Gary Marks, and John D. Stephens, 1999, *Continuity and Change in Contemporary Capitalism.* Cambridge: Cambridge University Press.

Moran, Michael, 2000. "Understanding the Welfare state: the case of health care." *British Journal of Politics and International Relations* Vol. 2, No. 2, pp. 135~160.

Moscovice Ira and William Craig, 1984. "The Omnibus Budget Reconciliation Act and the Working Poor," *Social Service Review*, Chicago: The University of Chicago Press.

Moses, Jonathan, 2000. Floating Fortunes: Scandinavian Full Employment in the Tumultous 1970s~1980s, in Robert Geyer, et al.

(eds.), *Globalization, Europeanization and the End of Scandinavian Social Democracy?* (St. Martins).

Mosley, H. G., 1994. "Employment Protection and Labor Force Adjustment," Schmid, G. (ed.), *Labor Market Institutions in Europe: A Socioeconomic Evaluation of Performance,* Armonk: M. E. Sharpe.

Murray, Charles, 1984. Losing Groud: American Social Policy 1950~1980. New York: Basic Books.

Myles, John, 1998. "How to Design a 'Liberal' Welfare States: A Comparison of Canada and the United States," in *Social Policy and Administration,* Vol. 32, No. 4.

Nakano, Ikuko, Y. Shimizu, K. Hiraoka, Y. Nakatani, J. Wake, A. Honma, T. Okamato, and Y. Izumo, 1996. "Measuring the Social Care Service Needs of Impaired Elderly People in Japan." *Ageing and Society* 16: 315~332.

Nannestad, Peter, 1991. *Danish Design or British Disease?.* Arhus: University of Arhus Press.

Notermans, T., 1993. "The abdication of national policy autonomy," *Politics and Society,* 21: 133~168.

Noël, A., 1995. "The Politics of Workfare," Evans, P. M., Jacobs, L. A., Noël, A., Reynolds, E. B., *Workfare: Does It Work? Is It Fair?,* Montreal: IRPP.

Ocampo, J., 1998. "Income Distribution, Poverty and Social Expenditure in Latin America," *Cepal Review* No. 65. December.

OECD, 1994. *The OECD Jobs Study,* Paris: OECD.

_____, 1994. "Collective bargaining," *Employment Outlook,* July, 167~194

_____, 1995. *Historical Statistics,* Paris: OECD.

_____, 1996. "Social Expenditures Statistics of OECD Member Countries." *Labour Market and Social Policy Occasional Papers 17.*

_____, 1997. "Economic Performance and the Structure of Collective Bargaining," *Employment Outlook* (July 63~92).

_____, 1999a. OECD Economic Survey: Korea, 1998/99, Paris:

OECD(한국개발연구원·재경부 역, 1999. 《OECD 한국경제보고서 -1999》, 서울 : 한국개발연구원).

_____, 1999b. *OECD Employment Outlook*: 1999, Paris: OECD.

_____, 1999c. OECD "General Government Employment" Analytical Databank, www. oecd. org.

_____, 1999d. *Social Expenditure Database*: 1980~1995, CD-Rom, Paris: OECD.

_____, 2000. *OECD Employment Outlook*: 2000, Paris: OECD.

Oyague, M. & C. Mesa-Lago, 1998. "Conclusion: Conditioning Factors, Cross-Country Comparisons, and Recommendations." In Cruz-Saco & Mesa-Lago, *Do Options Exist?*

Oyague, M., 1998a. "Introduction: Context and Typology of Reform Models," in Cruz-Saco & Mesa-Lago, *Do Options Exist?*

_____, 1998b. "The Pension System Reform in Peru: Economic Rationale versus Political Will." In Cruz-Saco & Mesa-Lago, *Do Options Exist?*

O'Connor John, 1998. "US Social Welfare Policy: The Reagan record and Legacy," in *Journal of Social Policy*, Cambridge: Cambridge University Press.

Palier, Bruno, 2000. Defrosting the French Welfare State, *West European Politics*, 23: 2, 113~160.

Palme, J., 1990. *Pension Rights in Welfare Capitalism: The Development of Old Age Pensions in 18 OECD Countries 1930 to 1985*, Stockholm: Swedish Institute for Social Research.

Palme, J. & Korpi, W., 1997. "The Paradox of Redistribution and Strategies of Equality: Welfare State Institutions, Inequality and Poverty in the Western Countries," *Working Paper* 3/1997, Institute for Social Research.

Pedersen., P. J., 1993. "Welfare State and Taxation in Denmark," in A. B. Atkinson and G. V. Mogensen. *Welfare and Work Incentives: A North European Perspective.* Oxford: Clarendon Press.

Pennings, Paul, 1995. "The Impact of Parties and Unions on Welfare

Statism," *West European Politics*, Vol. 18, No. 4, pp. 1~17.

Pestoff, Victor A., 1999. "The Disappearance of Social Partnership in Sweden during the 1990s and its Sudden Reappearance in late 1998," Paper to be presented at the ECCR Mannheim.

Pierson, P., 1996. "The New Politics of the Welfare State," *World Politics*, Vol. 48 January.

_____, 1994. *Dismantling the Welfare State?: Reagan, Thatcher, and the Politics of Retrenchment* (Cambridge).

_____, 1996. "The New Politics of the Welfare State." *World Politics* 48 (2) : 143~79.

_____, 1998. Irresistable forces, immovable objects: post-industrial welfare states confront permanent austerity, *Journal of European Public Policy*, 5: 4, 539~60.

Piven, F. and R. Cloward, 1993. *Regulating the Poor*, New York: Vintage Books. Pontusson, Jonas, 1997. Between Neo-liberalism and the German Model: Swedish Capitalism in Transition, in C. Colin and W. Streeck (eds.), *Political Economy of Modern Capitalism* (Sage), 55~70.

Pontusson, Jonas and Peter Swenson, 1996. "Labor Markets, Production Strategies, and Wage Bargaining Institutions: The Swedish Employer Offensive in Comparative Perspective," *Comparative Political Studies*, 29: 223~247.

Powel, Martin and Martin Hewitt, 1998. "The End of the Welfare State?" in *Social Policy and Administration*, Vol. 32, No. 1, March.

Przeworski, Adam and Michael Wallerstein, 1982. "The Structure of Class Conflict in Democratic Capitalist Societies," *American Political Science Review*, 76: 215~238.

Quadagno, Jill, 1994. *The Color of Welfare: How Racism Undermined The War on Poverty*, Oxford: Oxford University Press.

Regini, Marino, 1997. Still Engaging in Corporatism?: Recent Italian Experience in Comparative Perspective, *European Journal of*

412

*Industrial Relations*, 3: 3, 259~278.

_____, 1999. "The Role of Tripartite Concentration in the Reform of the Welfare State," *Transfer*, 1: 2, 64~81.

Rengger, Nick, 1997. "Beyond Liberal Politics? European Modernity and the Nation-State," Martin Rhodes, Paul Heywood, and Vincent Wright(eds.), *Developments in West European Politics*, pp. 247~262.

Ritter, G. A., 1996. "Probleme und Tendenzen des Sozialstaates in den 1990er Jahren," in: Geschichte und Gesellschaft 22, pp. 393~408.

Rodes, Martin, 1997. "The Welfare State: Internal Challenges, External Constraints," Martin Rhodes, Paul Heywood, and Vincent Wright (eds.), *Developments in West European Politics*, pp. 57~74.

Rodes, Martin, and Bastiaan van Apeldoorn, 1997. "Capitalism versus Capitalism in Western Europe," in Martin Rhodes, Paul Heywood, and Vincent Wright(eds.), *Developments in West European Politics*, pp. 171~189.

Rodrik, Dan, 1997. *Has Globalization Gone Too Far?* New York: Brookings Institute.

Rofman, R., 2000. "The Pension System in Argentina: Six Years after the Reform." Pension Reform Primer. The World Bank.

Roger, Goodman, Gordon White, and Huck-Ju Kwon, 1999. *The East Asian Welfare Model: Welfare Orientalism and the State*. London and New York.

Rosenthal, G., 1996. "On Poverty and Inequality in Latin America," *Journal of Interamerican Studies and World Affairs*, Vol. 38, No. 2/3.

Rueda, D., Pontusson, J., 2000. "Wage Inequality and Varieties of Capitalism," *World Politics* 52.

Sandmo, A., 1991. "Economists and the Welfare State." *European Economic Review*, Vol. 35, pp. 213~239.

Sauerberg, Steen, 1991. "The Danish Parliamentary Election of December 1990," *Scandinavian Political Studies*, Vol. 14, No. 4, pp. 321~334.

Scharpf, Frenz, 1999. Viability of the welfare state in advanced welfare states in the international economy: Vulnerabilities and options, *MPIfG working paper* 99/9.

Scharpf, Fritz W., 1991. *Crisis and Choice in European Social Democracy*. Ithaca, N. Y.: Cornell University Press.

_____, "Economic Integration, Democracy and the Welfare State," MPIfG Working Paper 96/2, July 1996(http://www. mpi-fg-koeln. mpg. de/publikation/working_papers/wp96-2/index. html).

Schmid, G. (ed.), 1994. *Labor Market Institutions in Europe: A Socioeconomic Evaluation of Performance*, Armonk: M. E. Sharpe.

Schmid, G., Reissert, B., Bruche, G., 1992. *Unemployment Insurance and Active Labor Market Policy: An International Comparison of Financing System*, Detroit: Wayne State University Press.

Schmitter, 1979. "Still the Century of Corporatism?," Schmitter, P. & Lehmbruch, G. (eds.), *Still the Century of Corporatism?*, London: Sage Publications.

Schneider, Michael, 1989. Kleine Geschichte der Gewerkschaften. Ihre Entwicklung in Deutschland von den Anfaengen bis heute, Bonn.

Schroeder, Gerhardt, 1999. "Alte Linke und Neue Mitte," in: Die Neue Gesellschaft. Frankfurter Hefte, Mai.

Schwartz, H., 1998. "Social Democracy Going Down or Down Under: Institutions, Internationalized Capital, and Indebted States", *Comparative Politics* pp. 253~271.

Sheahan, J., 1997. "Effects of Liberalization Programs on Poverty and Inequality: Chile, Mexico, and Peru," *Latin American Research Review*, Vol. 32, No. 3.

Skocpol, Theda, 1994. "From Social Security to Health Security? Opinion and Rhetoric in U. S. Social Policy making," in *Political Science and Politics*, March.

Smith, N., 1991. "Labor Supply, Unemployment and Taxes in

Denmark." *Department of Economics*, Aarhus University.

Soskice, D., 1999. "Divergent Production Regimes: Coordinated and Uncoordinated Market Economies in the 1980s and 1990s," Kitschelt, H. (et al.), *Continuity and change in Contemporary Capitalism*, Cambridge: Cambridge University Press.

_____, 1999. "Globalisierung und industrielle Divergenz: Die USA und Deutschland im Vergleich," in: Geschichte und Gesellschaft 25, pp. 201~225.

SPD und Buendnis 90/Die Gruenen, 2000. Beschluss(30. Mai 2000): Deutschland Erneuern - Rentenreform 2000.

SPD-Parteivorstand, 2000. Beschluss(3. 7. 2000): Zur Rentenreform.

Steen, Anton, 1995. "Welfare-State Expansion and Conflicts in the Nordic Countries: The Case of Occupational Health Care," *Scandinavian Political Studies*, Vol. 18, No. 3, pp. 159~186.

Steinmo, S., K. Thelen and F. Longstreth, 1992. *Structuring Politics: Historical Institutionalism in Comparative Analysis*, Cambridge: Cambridge University Press.

_____, 1996. Decline or Renewal in the Advanced Welfare States?, in Esping-Anderson(1966).

_____, 1999. "Economic Internationalization and Domestic Compensation." Paper prepared for the conference on Globalization and the Future of the Welfare State: Interregional Comparison, Watson Center, Brown University.

Stephens, J. D., 2000. "Is Swedish Corporatism Dead?: Thoughts on Its Supposed Demise in the Light of the Abortive 'Alliance for Growth' in 1998," paper presented at *the 12th International Conference of Europeanists*, Council of European Studies, Chicago, March 30~April 1, 2000.

Stephens, J. H., Huber, E., Ray, L., 1999, "The Welfare State in Hard Times," Kitschelt, H. (et al.), *Continuity and change in Contemporary Capitalism*, Cambridge: Cambridge University Press.

Stoez David and Howard Karger, 1991. "The Corporatization of the

United States Welfare State," in *Journal of Social Policy*, Vol. 20, No. 2.

_____, 1992. "The Decline of the American Welfare States," in *Social Policy and Administration*, Vol. 25, No. 1.

Stoez David and Howard Karger, and David Saunders, 1999. "Welfare Capitalism: A New Approach to Poverty Policy?" in *Social Service Review*, September.

Strange, Susan, 1997. The Future of Global Capitalism: Or, Will Divergence Persist Forever?, in C. Colin and W. Streeck (eds.), *Political Economy of Modern Capitalism* (Sage), 55~70.

Suzuki, Reiko, 1999. "Income Transfer Among Generations Through Government Programs in Japan: An Analysis Using Individual Generational Accounting." *Japan Center for Economic Research discussion paper* No. 59.

_____, 1999. "Long-Term Employment vs Labor Liquidity." *Japan Center for Economic Research discussion paper*.

Svensson, Anna-Carin, "The Swedish Presidency, January~June 2001," *Current Sweden*, No. 431, Stockholm: The Swedish Institute, December 2000.

Søndergaard, Jørgen, 1999. "The Welfare State and Economic Incentives" in Andersen, Torben M., S. E. Hougaard Jensen and O. Risager (eds.), *Macroeconomic Perspectives on the Danish Economy*. London: Macmillan Press.

Therborn, G. &, Roebroek, J., 1986. "The Irreversible Welfare State: Its Recent Maturation, Its Encounter with the Economic Crisis, and Its Future Prospect," *International Journal of Health Services*, Vol. 16, No. 3.

Thurow, Lester C., *The Future of Capitalism*, 유재훈 옮김, 1997. 《자본주의의 미래》, 서울: 고려원.

Traxler, Franz and Colin Crouch (eds.), 1995. *Organized Industrial Relations in Europe*, Aldershot: Avebury.

Vandenbroucke, 1998. *Globalization, Inequality and Social Democracy*.

416

London: Institute for Public Policy Research.

Visser, Jelle & Anton Hemerijck, 1997. *A Dutch Miracle: Job Growth, Welfare Reform and Corporatism in the Netherlands* (Amsterdam University).

Visser, Jelle, 1989. *European Trade Unions in Figures* (Kluwer Law and Taxation Publishers).

Vobruba, George, 1990. "Lohnarbeitszentrierte Sozialpolitik in der Krise der Lohnarbeit," Vobruba (Hg.), Strukturwandel der Sozialpolitik, Frankfurt.

Walker, Robert. 1999. "'Welfare to Work' Versus Poverty and Family Change: Policy Lessons from the USA," in *Work, Employment and Society*, Vol. 13, No. 3.

Wallerstein, M. and M. Golden, 2000. "Postwar Wage Setting in the Nordic Countries," in T. Iversen, Jonas Pontusson and David Soskice (eds.), *Unions, Employers, and Central Banks: Macroeconomic Coordination and Institutional Change in Social Market Economies*, Cambridge: Cambridge University Press.

Walwei, Ulich, 1999. "Die Europaeisierung der nationalen Arbeitsmaerkte," Doering, 1999, pp. 168~191.

Ware, Alan D., 1996. *Political Parties and Party Systems*. Oxford: Oxford University Press.

Wood, Adrian, 1994. *North-South Trade, Employment and Inequality: Changing Fortunes in a Skill-driven World*. Oxford: Clarendon Press.

World Bank, 1994. *Alleviating the Old Age Crisis*. New York: Oxford University Press.

Zeuner, Bodo, 1999. "Der Bruch der Sozialdemokraten mit der Arbeiterbewegung. Die Konsequenzen fuer die Gewerkschaften," Doere, Klaus/Leo Panitch/Bodo Zeuner u. a., Strategie, pp. 13 1~147.

Zukunftskommission der Friedrich-Ebert-Stiftung, 1999. Wirtschaftliche Leistungsfaehigkeit, sozialer Zusammenhalt, oekologische

Nachhaltigkeit. Drei Ziele-ein Weg, Bonn.

Zysman, J., 1983. *Governments, Markets, and Growth: Financial Systems and the Politics of Industrial Change*, Ithaca: Cornell University Press.

# 필자 약력

(가나다 순)

## ■ 강 명 세

미국 캘리포니아 대학(Los Angeles) 정치학 박사, 현재 세종연구소 연구원.
주요 논문으로 "사회협약의 이론", "유럽의 통화통합과 그 국내정치적 조건"
등이 있다.

## ■ 강 원 택

London School of Economics and Political Science 정치학 박사, 현재 숭실
대학교 정치외교학과 교수. 저서 및 논문으로 《유럽의 부활》, "유럽 통합과
다층 통치체제 : 지역의 유럽 혹은 국가의 유럽?", "영국 양당제의 약화와 자
유민주당 지지의 증가에 대한 연구", "1997년 영국 총선에 미친 유럽 통합 이
슈의 영향" 등이 있다.

## ■ 김 영 범

연세대학교 사회학 박사, 현재 한림대학교 사회복지연구원 연구조교수. 주요
논문으로 "세계화와 복지국가의 구조변화 : 스웨덴의 사례", "복지국가의 사회
복지비 지출변화에 관한 실증적 연구 : Fuller-Battese Model을 이용한 분
석", "복지국가에 대한 비교사회학적 접근 : 에스핑-앤더슨을 중심으로" 등이
있다.

## ■ 김 인 춘

연세대학교 사회학과 졸업, 미국 미시간 대학 석사, 박사. 현재 연세대 동서
문제연구원 연구교수. 주요 논문으로 "정당정치, 사회민주주의, '제3의 길':
독일, 네덜란드, 덴마크, 노르웨이 비교연구", "후기 케인스시대의 사회민주
주의", "Governance and Civil Society in Korea" 등이 있다.

## ■ 박경숙

서울대 사회학과, 미국 브라운 대학 인구노년학 박사. 현재 서울대학교 사회학과 교수. 저서 및 논문으로《한국노인의 삶》,《고령화사회의 장기요양보호》, "미국, 일본에서의 노부모와 자녀의 지리적 근접성", "노동시장의 연령차별화와 고연령층의 취업생활" 등이 있다.

## ■ 박근갑

성균관대학교 사학과 졸업, 고려대학교 대학원 사학과 석사, 독일 빌레펠트대학 사학 박사. 현재 한림대학교 사학과 교수. 저서 및 논문으로는《역사상의 분열과 재통일》(공저),《시민계급과 시민사회》(공저), "독일 철강공업과 보호관세정책", "정치적 노동운동, 독점대기업, 비스마르크의 노동정책" 등이 있다.

## ■ 송호근

서울대학교 사회학과 졸업, 동대학원 사회학 석사, 미국 하버드대학 사회학 박사. 현재 서울대학교 사회학과 교수, 서울대학교 사회발전연구소 소장. 주요 저서로《의사들도 할 말 있었다》,《정치없는 정치시대》,《또 하나의 기적을 위한 짧은 시련》,《시장과 복지정치》 등이 있다.

## ■ 이헌근

건국대학교 정치학 박사, 현재 부경대학교 전임연구교수. 저서 및 논문으로《제3의 길로서의 스웨덴 정치》,《현대 유럽의 정치 : 그 이상과 현실》, "스웨덴 모델의 특성과 산업평화", "임금협상의 정치경제학 : 스웨덴의 새로운 실험?" 등이 있다.

## ■ 정진영

서울대학교 정치학과 졸업, 미국 일리노이 대학(Urbana-Champaign) 정치학 박사. 현재 경희대학교 국제관계학과 부교수. 주요 논문으로는 "외환·금융위기와 동아시아 발전의 미래", "라틴아메리카와 신자유주의 : 희망인가 또 다른 좌절인가?", "라틴아메리카의 경제위기와 사회협약 : 이론적 매력과 현실적 제약" 등이 있다.

나남신서 856

# 세계화와 복지국가
## 사회정책의 대전환

2001년 7월 31일 발행
2006년 9월 5일 2쇄

편 자 : 송 호 근
발행자 : 趙 相 浩

발 행 처 : (주) 나남출판

4 1 3-7 5 6       경기도 파주시 교하읍 출판도시 518-4
전화 : (031) 955-4600 (代),   FAX : (031) 955-4555
등록 : 제 1-71호 (79. 5. 12)
http://www.nanam.net
post@nanam.net

ISBN 89-300-3856-5

책값은 뒤표지에 있습니다.

# 나남커뮤니케이션스 ④

나남신서 　　나남출판사의 책은 쉽게 팔리지 않고 오래 팔립니다 　　2006. 4

**나남출판** 파주시 교하읍 출판도시 518-4 TEL : 031)955-4600 FAX : 031)955-4555 www.nanam.net

# 나남커뮤니케이션스 ⑤

나남신서    나남출판사의 책은 쉽게 팔리지 않고 오래 팔립니다    2006. 4

나남출판 파주시 교하읍 출판도시 518-4 TEL : 031)955-4600 FAX : 031)955-4555 www.nanam.net

# 나남커뮤니케이션스 ⑥

나남신서

### 나남출판사의 책은 쉽게 팔리지 않고 오래 팔립니다

2006. 4

**나남출판** 파주시 교하읍 출판도시 518-4 TEL : 031)955-4600 FAX : 031)955-4555 www.nanam.net

# 나남커뮤니케이션스 ⑦

나남신서

나남출판사의 책은 쉽게 팔리지 않고 오래 팔립니다

2006. 4

나남출판 파주시 교하읍 출판도시 518-4 TEL : 031)955-4600 FAX : 031)955-4555 www.nanam.net